START LINE

スタートライン債権法

【第7版】

Masao Ikeda

池田真朗

日本評論社

第7版はしがき

　時代が変わり、民法も大きく変わる。

　本書『スタートライン債権法』は、初版が1995（平成7）年に出版された。2020（令和2）年の今年、ちょうど25年目の春を迎えることになる。まさにその年の4月1日に、民法債権法の120数年ぶりの大改正（平成29年公布）が施行されることになった。

　25年前、本書はそれなりに画期的な教科書として登場した。「初心者が取りつきやすく、しかも最後まで読みきれる入門書」を標榜して、トランプマークで注のグレードを表したのも、さらには法律と関係ないキャンパスの四季をめぐるコラムまでつけたのも、すべて法律学の大学教育用テキストでは初の試みであったかと思う。

　幸い毎年多数の読者の支持を得て、改訂を重ねることができ、このたび第7版を世に問うことになった。

　第6版の注にも書いたように、本書は、「決して奇をてらうのではなく、徹底して初学者の目線に立って、いわば世間の（法律教科書「業界」の）常識の一歩先を行く発想を取りいれてきた」つもりである。それであれば、この民法大改正の機会にも、ただ新しい改正法に対応させた改訂をするだけではなく、何か一歩先を目指す付加価値を加えなければならない。

　これも第6版はしがきに書いたところだが、これまでの法律学は、所与の条文規定の解釈を伝授することにばかり比重を置いていて、判例や学説を詳細に教えることが良いことだと考えてきた傾向がある。そうではなくて、法律を学ぶことで、一つひとつのルールの意味や役割を理解し、誰の利益をどう保護するルールなのか、そのルールがなかったら人はどう行動するのか、などを考え、ひいては、自分が将来所属するさまざまな集団にあって、それらの構成員を幸福に導けるルール創りができるようになる、そういう人を育てることこそが現代の法律学の教育の要諦となるべきではないかと私は考えている。

実際、今回の2020年施行の民法大改正は、人間の営みである以上、うまくいったところも多々あるが、そうでないところもある。従来の疑問点を払拭してわかりやすくなったところもあれば、かえって複雑でややこしくなったり、中には新たな紛争を生み出しそうなところさえある。改正作業の途中でも、試案を作った学者たちに対して、他の学者や法曹や市民団体などが反対をしたところも多かった。実際、できあがった改正法を見ると、市民法の改正というよりは、取引法の改正となっているところが多い。つまり、市民といっても消費者のための改正というよりも、取引実務を扱う法律家や企業の法務部員を名宛てにしたような改正も多いのである。

　けれども、そういう紆余曲折を経て、このような新しい改正民法が誕生したことの総体が、令和時代の、2020年代の、わが国の「時代意思」の表れとみるべきなのである。伝統的な、「市民の基本法」という「民法観」自体が変容してきているという言い方もできよう。だからこそ、これから民法を学ぶ人たちには、新しいルールの意味するところ、目指すところ、問題を含むところ、を適切に教え、このルールの下でどう生きていくべきなのかを教えなければならない。A説だB説だなどということはまさに二の次なのである。

　いささか偉そうな話をしてしまったかもしれない。そんなことはどうでもいいんです、目の前の期末テストに向けて、この民法債権法というものを私にわからせてください、という初学者の皆さんの声が聞こえてきそうである。

　目指すのは、時代を変えていくイノベィティブな法律学教育。しかしそれと同時に目指すべきは、目の前の一人ひとりの学生諸君のニーズに応えること。

　かくして、25年目の本書の目標は、初版はしがきの初心に立ち戻るのである。「教えとは、希望を永遠(とわ)に語ること」。本書で学んだ諸君が一人でも多く民法を好きになること、ひいては一人でも多くの諸君が民法を必要とする進路に進んでいくこと、を目標にする。この初心回帰を述べて、本書第7版のはしがきとしたい。

民法学教育イノベーションを謳うこの第7版では、大教室双方向授業など、私の民法学教育改革の実践も新たにコラムに盛り込んだ。その他、従前からの読者には、コラムのどこを変えてどこをあえて残したかを読み比べていただくと、令和時代の学生諸君に私が何を伝えたいかを、わかっていただけるのではないかと思う。

　第7版出版にあたっても、日本評論社編集部の室橋真利子さんに大変にお世話になった。また、武蔵野大学池田ゼミの第1期生川合佑莉亜さんには校正等のお手伝いをいただいた。記して深甚の謝意を表したい。

　2020年1月

池 田 真 朗

第6版はしがき

　本書『スタートライン債権法』は、初版出版が1995（平成7）年であるから、2017年の今年、22年目の春を迎えることになる。この間、幸い毎年多数の読者の支持を得て、各版ともほぼ6刷で次の版に移行することを繰り返し、このたび第6版を世に問うことになった。

　もとより、「初心者が取りつきやすく、しかも最後まで読み切れる入門書」を標榜して出版したものであるが、すでに中堅の域に達した弁護士や裁判官などの方々から、本書で勉強を始めましたと声をかけられるたびに、著者としての幸福を実感している。

　ただ、この22年を振り返ると、民法典は大きな変革の歴史の只中にあるといえる。2005年に第4版を出版したのは、2004年公布の（私も原案作りに参加した）民法典現代語化改正と、同年の法科大学院開設を受けてのことであったし、2010年の第5版出版は、2009年に法務大臣が法制審議会に契約を中心とした民法（債権関係）改正を諮問した直後のことであった。そしてこの第6版は、2015年3月にその民法（債権関係）改正法案が国会に上程され、2016年10月にようやく審議を開始したという時期に出版されることになったのである。

　私は、『スタートライン債権法』は、常に「新しく若々しい」入門書でありたいと考えてきた。いつまでも、民法学を学び始める人の「学問の春」に寄り添う一書でありたいと願ってきたのである。

　しかし、今回は民法債権法が大改正を受けようとしているさなかという、重要な時期の出版である。しかもなかなか改正審議が進まない状況に、どのような情報を提供すべきか迷った教員も多いと聞く。

　けれども私は考えた。条文が変わったらまったく役に立たなくなる教科書というものは、取りもなおさず、ただ現行の法律の規定を解説しているだけのものであろう。そうではなくて、学びの途中で条文が変わっても対応できる能力を学習者に与える教科書こそが、そしてそういう教育法こそが、まさに現代に要求されているのではないか。

つまり、これまでの法律学は、所与の規定の解釈を伝授することにばかり比重を置いていて、判例や学説を詳細に教えることが良いことだと考えてきた傾向がある。そうではなくて、法律を学ぶことで、一つひとつのルールの意味や役割を理解し、誰の利益をどう保護するルールなのか、そのルールがなかったら人はどう行動するのか、などを考え、ひいては、自分が将来所属するさまざまな集団にあって、それらの構成員を幸福に導けるルール創りができるようになる、そういう人を育てることこそが法律学の教育の要諦となるべきではないかと考えたのである。

　さらに言えば、法学部生の9割以上が法曹やキャリア国家公務員にならないわが国の現状を踏まえれば、まずはその「マジョリティ」の法学部生に、民間企業に進むにせよ地方公務員になるにせよ必要となる上記の「ルール創り」教育を施し、その中から法曹等を目指してより詳細な解釈学の勉強に進んでいく人が輩出すればよいという発想に立つことが肝要なのではなかろうか。

　そのような発想から、この第6版では、本文の修正は一部にとどめ、新たに「ルール創りの観点から」というコラムを50項目以上設けた。上述の民法改正についても、その中で、「2015年改正法案」として、その基本的な考え方やポイントとなる改正点を紹介し解説している。

　『スタートライン債権法』は、決して奇をてらうのではなく、徹底して初学者の目線に立って、いわば世間の（法律教科書「業界」の）常識の一歩先を行く発想を取り入れてきたつもりである。それが結果的に、常に「新しく若々しい」入門書でいられたことに結びついているのだとしたら、このたびも、この「マジョリティ」のための「ルール創り教育」の試行例として、本書が新世代の法律学学習者に受け入れられるかという、新たなチャレンジをする意味は十分にあるだろう。

　第6版出版にあたっては、日本評論社編集部の室橋真利子さんに大変にお世話になった。ここに記して心からの感謝の意を表したい。

2016年12月　　　　　　　　　　　　　　　　　　　池田真朗

初版はしがき

「教えとは、希望を永遠に語ること」
——アラゴン『フランスの起床ラッパ』より

　1冊の本にはどんなことができるだろう。

　たとえば大学のテキストならば、まずはその科目の正確・適切な情報を伝達するものでなければならないし、それで必要十分であるかもしれない。けれどもそれが初学者のための入門書ということになれば、誤りのない情報を伝達するだけでは足りないはずである。テキストの要素に加えて、学習方法のガイダンスの要素も持たなければならない。そしてそれらの情報を、やさしく、かつ興味深く読者に伝える工夫もなければならない。さらに、入門書がその分野への導きの書であるならば、読者にその分野の魅力を伝え、その分野に入っていく勇気を与えることもできなければならないはずである。

　本書は、このような狙いをすべて実現しようとする、たいへん欲張りな意図をもって書かれた。そして初出誌への連載（『法学セミナー』1993年4月号〜1995年4月号）の際には、学習内容を、大学の講義の臨場感をもって、さらにはキャンパス・ライフの季節感をもって読者に伝えることができないだろうかと考えて、いくつかの構成上の工夫を凝らした。二兎も三兎も追って一兎も得ていないおそれはあったが、幸いにその連載は読者に好感をもって迎えられたので、単行書とする際にも、読者の感想を入れて、その連載の原型をなるべく残すものとすることにした。各章前後のコラムの文章も多少手を入れたが、12課ごとに1年の季節の巡りをたどる構成は連載のときのままである。本書の読者にはあらかじめご了解をいただきたい。ただし記述の細部については単行書用に改め、内容についても全体に見直しをして整理・改良をはかっている。

本書は、読者層として、まずは大学法学部生でこれから民法を本格的に学ぼうとする人を想定して、「独習できる入門書」となるように書かれている。いきなり内容の記述に入るのではなく、読み進むためのガイダンスから記述されているのはそのためである。しかし、大学等で民法債権法のテキストとして1年間ないし2年間の講義に使用されることも可能なように配慮してある。前半は債権各論、後半は債権総論の内容となっており、前後半それぞれの中は民法の条文編成順に記述しているので、法学部生や司法試験の勉強をこれから始めようとするレベルの学生の場合は、担当者が論点を補足しながら債権法を講義するテキストとして用いることができよう。そのために中級者や上級者向けの課題も提示してある。本書独自のトランプマークで♣と♠のついている注は中・上級者向けである（♡はまったくの初心者向け、◇は多少民法の学習をしたことのある人向けの注である）。法学部以外の学生を対象とする場合は、ほぼそのままで債権法の4単位程度のテキストとして使用することが可能と思われる。「独習できる入門書」としての性質は、たとえば大学通信教育課程の学生諸君や、大学生以外の一般の方々が独学で民法を学ぼうとする場合にも適合すると思う（そのために、民法総則等、民法の他の部分を学習していなくてもほとんど支障なく理解ができるように説明を加えたつもりである）。1人でも多くの読者の手助けができれば、そして1人でも多くの読者に民法を好きになってもらえれば、著者として本当にうれしい。

　なお、本書をテキストとしてお使いになる先生方には、私の独習者向けの記述の冗長と思われる部分について、あらかじめご海容をお願いしておきたい。

　本書をまとめる上では、日本評論社編集部の信国幸彦氏に大変お世話になった。ここに記して心からの御礼を申し上げたい。

　　1995年5月11日　　　　　　　　　　　　　　池田真朗

判例について──その引用法と学習方法・検索方法

　本書では、判例は「最判昭和49・3・7民集28巻2号174頁」というふうに引用される。最初の「最判」は最高裁判決、次は判決年月日、以下はその判決の載っている判例集で、「民集」は最高裁判所民事判例集（最高裁の公式判例集）である。先頭が「最大判」とある場合は最高裁大法廷判決を指す（普通の最高裁判決は第1から第3までの小法廷でなされるが、過去の最高裁の判例を覆す判断をする場合や、憲法違反に関する判断をする場合には、最高裁判所の裁判官15名の全員で構成される大法廷で判断されるのである）。

　最高裁判所が発足したのは1947（昭和22）年であり、それ以前は大審院（明治憲法下での最高の司法裁判所。1875〔明治8〕年設置）であったから、「最判」のかわりに「大判」とあれば大審院判決である。大審院の場合は大法廷ではなくて「連合部」といったから、大審院連合部判決は「大連判」と略す。なお最高裁判所民事判例集にあたる大審院の公式判例集は前半の大正10年までは大審院民事判決録といい、それ以降のものは大審院民事判例集といったので、前者は「民録」と略し、後者は「民集」となる（これは最高裁民事判例集と間違えないように）。なお、「民録」のほうは巻で呼ばず輯（しゅう）という呼び方をしていた。したがって大審院判決の引用は、「大連判大正3・12・22民録20輯1146頁」「大判大正14・11・28民集4巻670頁」などということになる（大審院時代は各年の号数が多かったこともあり、「号」は引用に用いないのが慣例である）。

　最高裁判所民事判例集には、先例としての意義の大きいものが選択して載せられるが、それ以外でも比較的重要な判決はある。それらについては、収録された民間の判例雑誌で引用する。判例時報（「判時」）、判例タイムズ（「判タ」）、金融・商事判例（「金判」）、金融法務事情（「金法」）等がそれである。

判例は、条文の文言（もんごん）だけではよくわからない、あるいは、条文がかならずしも想定していなかった紛争に対処して解決を示すことによって、裁判所による法の補充ないし創造という役割を果している。ある種の紛争に最高裁判所の判例が同一の趣旨で繰り返されたりして、裁判所の判断が確定したと考えられる状況になった場合、それを「判例法理が確立している」とか「判例の準則が出来上がっている」などと表現する（したがって、下級審つまり地方裁判所や高等裁判所のレベルでいくつか判決が出ているという段階では、まだ判例としては評価できない。下級審の判決については、「裁判例」と呼んで、「判例」と区別する使い方をすることも多い）。

　学習が進んでくると、いわゆる判例解説書（「判例百選」など）を読む機会も多くなるだろうが、判例解説書では、そもそも事実関係が要約されている。判決も、いわゆる判決要旨だけが載っていることが多い。判例を本当に勉強するためには、判例集や判例雑誌でオリジナルにあたることが重要である。できれば、第1審の判決から順次控訴審判決、そして上告審判決と読み進んで、裁判官がどういう事実関係にどういう法律の規定をあてはめて、さらにそれらの規定をどう解釈・適用して具体的解決を導いたかを勉強することが大切なのである（判例解説書を勉強するときも、学者の書いた難しい解説や、学説の紹介などを覚えるのではなく、事実に対する裁判所の法のあてはめと解釈を読み取ることに努力しなければならない）。そして、条文だけではどこが足りなくて、裁判官が判例によってどういう法創造をしたのかを知るのが最も重要なことなのである。

　もちろん大学図書館などには上記の判例集や判例雑誌が備えてあるので、それらを読むことによって判例を知ることができるが、それ以外にも今日では、データベースのオンライン検索が普及するようになった。これらは、判例年月日やキーワードから検索するなどの場合には大変便宜である。ただし、データベースによっては、収録年代が限られているものもあり、またPDFでないものは、判決原文から当事者名を抜く等の加工がしてあり、中には誤植もみられる。したがって、

データベース検索だけに頼るのもいささか危険である（また、いわゆる「判旨」つまり判決の核心の部分などは、カギカッコをつけてそのまま原文通りに引用するのが習わしである。レポート作成などの際には注意すること）。

　なお、判例雑誌の場合には、重要と思われる判決には、「コメント」と呼ばれる無署名の解説記事が附されており、その判決の位置づけや関係する学説などを紹介している。判例研究の取りかかりには便宜である。

　要するに、今日の判例学習では、紙ベースのものとデータベースとを上手に並用するのが最も良いやり方である。

　なお、判例学習にかぎらないことだが、パソコン上のデータを簡単にコピーアンドペーストでレポートに取り込めるようになったため、学生諸君には、著作権法の遵守が求められることを付言しておきたい。引用文と自分の文章をはっきり区別することを心がけていただきたい。

●スタートライン債権法〔第7版〕・目次

《ガイダンス》

第1課―――――― 2
ガイダンス

1 読者の皆さんへの挨拶 ……………………2
2 本書についてのガイダンス PART 1 …… 4
　⑴ 本書の内容と読者対象
　⑵ レベルごとに分けた注記
　⑶ ルール創りの観点から
3 民法（債権法）についてのガイダンス
　……………………………………………6
　⑴ 民法の構成
　⑵ 債権法の面白さ　　⑶ 債権の概念
　⑷ 契約による債権の発生──契約自由の原則
　⑸ 債権の性質──物権との比較
　⑹ 債権法の内容
　⑺ 記述の順序──各論・総論の順に
4 本書についてのガイダンス PART 2 … 12

《契約総論》

第2課 契約総論⑴
　――――――15
契約総論序説・
契約の成立

1 契約総論・序説 ………………………… 15
　⑴ 学習の内容
　⑵ 前提としての理解──現実の契約
　⑶ 契約の種類　　⑷ 契約の拘束力
2 契約の成立 ……………………………… 21
　⑴ 学習の内容　　⑵ 契約の定義と構成要素
　⑶ 申込みと承諾　　⑷ 契約の成立時期
　⑸ 懸賞広告

第3課 契約総論⑵
　――――――29
契約の効力・
契約上の地位の移転

3 契約の効力 ……………………………… 29
　⑴ 学習の内容　　⑵ 同時履行の抗弁
　⑶ 危険負担　　⑷ 第三者のためにする契約

第4課 契約総論⑶
————39

契約の解除・
定型約款

4 契約上の地位の移転 ……………………37
　⑴ 概説　　⑵ 規定の内容

5 契約の解除 ………………………………39

　1 序説――学習の内容　39

　2 契約の「解除」とは　40
　　⑴ 「解約」との違い　　⑵ 解除の定義
　　⑶ 解除のできる場合　　⑷ 解除の根拠
　　⑸ 解除の効果

　3 解除の要件　42
　　⑴ 解除権という権利　　⑵ 債務不履行とは
　　⑶ 債務不履行の2つの効果
　　⑷ 損害賠償と解除の関係
　　⑸ 解除と帰責事由　　⑹ 催告による解除
　　⑺ 催告によらない解除
　　⑻ 債権者の責めに帰すべき事由による場合

　4 解除の効果　49
　　⑴ 総説　　⑵ 解除と第三者の関係
　　⑶ 同時履行の抗弁権の準用
　　⑷ 解除に基づく原状回復義務の内容

　5 解除権の不可分性　51

　6 解除権の消滅　51

6 消費者保護とクーリング・オフ ………53

7 定型約款 …………………………………54
　⑴ 学習の内容　　⑵ 定型約款の概念
　⑶ 規定の概要

《契約各論》

第5課 契約各論⑴
————60

契約各論序説・
贈与

1 契約各論・序説 …………………………61
　⑴ 学習の内容　　⑵ 学習上の留意点

2 贈与 ………………………………………62

　1 意義　62
　　⑴ 定義　　⑵ 性質　　⑶ 無償契約の特質

　2 贈与契約の成立――日本的構造　65
　　⑴ 諾成契約としての成立
　　⑵ 書面によらない贈与の解除

3 贈与契約の効力 67
　⑴ 贈与者の義務
　⑵ 贈与者の担保責任（引渡義務等）
　⑶ 贈与の解除

4 特殊の贈与 69
　⑴ 負担付贈与　　　　⑵ 定期贈与
　⑶ 死因贈与

第6課 契約各論⑵
　　　　　————73
売買(1)

●ミニテスト問題
　　　　　79

第7課 契約各論⑶
　　　　　————86
売買(2)

●ミニテスト問題・
　解説　　97

第8課 契約各論⑷
　　　　　————99
交換・消費貸借・
使用貸借

3 売買 ・・・・・・・・・・・・・・・・・・・・・・・・・73
　1 意義 73
　　⑴ 定義　　⑵ 性質

　2 売買契約の成立 75
　　⑴ 原則　　⑵ 売買の予約　　⑶ 手付

　3 売買契約の効力 80
　　⑴ 売主の財産権移転義務・対抗要件具備義務
　　⑵ 売主の担保責任──総説
　　⑶ 売買契約の効力
　　　　──買主の権利（売主の担保責任）
　　⑷ 担保責任に関するその他の規定

　4 買戻し 93
　　⑴ 意義
　　⑵ 現状──再売買の一方の予約との関係
　　⑶ 買戻しと再売買の一方の予約の比較

4 交換 ・・・・・・・・・・・・・・・・・・・・・・・・・99
5 消費貸借 ・・・・・・・・・・・・・・・・・・・・100
　1 意義 100
　　⑴ 定義　　⑵ 性質──有償性と要物性
　　⑶ 要物性の緩和──要式契約の追加

　2 成立 104
　　⑴「金銭その他の物を受け取る」の意義
　　⑵ 準消費貸借

　3 効力──貸主の責任 105
　4 終了 105
　5 金銭消費貸借の実務 106

6 使用貸借 ・・・・・・・・・・・・・・・・・・・・107
　1 意義 107
　　⑴ 定義　　⑵ 性質

2 成立 108
　⑴ 諾成での成立
　⑵ 目的物受取り前の貸主による解除権

3 効力 109
　⑴ 貸主の責任　　⑵ 借主の義務
　⑶ その他
　⑷ 終了時の借主による収去義務と収去権
　⑸ 損害賠償および費用償還の期間制限と時効の
　　完成猶予

第9課 契約各論⑤
──────113
賃貸借

7 賃貸借 ･････････････････････････113

1 意義 113
　⑴ 定義　　⑵ 性質　　⑶ 成立
　⑷ 賃貸借固有の問題点

2 期間 116
　⑴ 期間についての民法の規定
　⑵ 旧借地法・旧借家法の規定
　⑶ 借地借家法の規定

3 効力 118
　⑴ 新所有者に対する対抗力の原則
　⑵ 新所有者に対する対抗力の付与の新しい方法
　⑶ 不動産賃貸人の地位の移転
　⑷ 賃貸人・賃借人の権利義務
　⑸ 借地借家法上の地代や借賃の増減請求権
　⑹ 賃借権の譲渡・転貸

4 賃貸借の終了 125
　⑴ 民法上の終了規定
　⑵ 終了時の賃借人の原状回復義務
　⑶ 敷金と終了時の敷金返還請求権
　⑷ 借地借家法上の終了時の借主の保護

第10課 契約各論⑥
──────130
雇用・請負・委任・
その他の典型
契約

8 雇用 ･････････････････････････130

1 序説 130

2 意義 131
　⑴ 定義と性質
　⑵ 民法の規定と労働法の規定

9 請負 ･････････････････････････132

1 意義 132
　⑴ 定義　　⑵ 性質

2 請負契約の成立　134

3 報酬の支払時期と注文者の利益の割合に
応じた報酬の請求　134
　⑴ 報酬の支払時期
　⑵ 注文者の利益の割合に応じた報酬の請求

4 請負契約の効力　135
　⑴ 請負人の義務と責任
　⑵ 完成物引渡義務と目的物の所有権の帰属
　⑶ 請負人の担保責任　　⑷ その他の規定

10　委任 ･･････････････････････････････140

1 意義　140
　⑴ 定義　　⑵ 性質

2 委任契約の成立　141

3 委任契約の効力　142
　⑴ 受任者の義務
　⑵ 委任者の義務（受任者の権利）

4 委任契約の終了　144
　⑴ 両当事者による任意の解除
　⑵ その他の規定

11　その他の典型契約 ･･････････････････145

1 寄託　145
　⑴ 定義と性質
　⑵ 目的物受取り前の両当事者の解除権
　⑶ 受寄者の注意義務
　⑷ 受寄者の通知義務と返還義務
　⑸ 混合寄託

2 組合　148

3 終身定期金　149

4 和解　150

《契約以外の債権発生原因》

第11課─────151
事務管理・
不当利得

1 契約以外の債権発生原因 ･････････････151

2 事務管理 ･････････････････････････････152

1 序説・事務管理の意義　152

2 事務管理の成立要件　153

　　　3 事務管理の効果　155
　　　　(1) 総説　　　(2) 管理者の義務
　　　4 事務管理の対外関係　156

　　3 不当利得 ・・・・・・・・・・・・・・・・・・・・・・・・・・・・・・157

　　　1 序説　157

　　　2 不当利得の意義　157

　　　3 一般不当利得の成立要件　158

　　　4 一般不当利得の効果　159
　　　　(1) 善意の受益者の場合
　　　　(2) 悪意の受益者の場合

　　　5 三者間不当利得　160
　　　　(1) 転用物訴権
　　　　(2) 騙取金銭による弁済

●学年末試験対策
　──事例問題の
　　解答の仕方
　　165

　　　6 特殊不当利得　162
　　　　(1) 債務がないのに弁済した場合
　　　　(2) 不法原因給付

第12課───────168

不法行為

　　4 不法行為 ・・・・・・・・・・・・・・・・・・・・・・・・・・・・・・168

　　　1 不法行為の意義　168

　　　2 不法行為の成立要件　170
　　　　(1) 故意または過失　　　(2) 違法性
　　　　(3) 損害の発生　　　　　(4) 因果関係
　　　　(5) 責任能力

　　　3 不法行為の効果　175
　　　　(1) 損害賠償の方法　　　(2) 損害賠償の範囲
　　　　(3) 過失相殺　　　　　　(4) 損益相殺

　　　4 特殊な不法行為　178
　　　　(1) 序説　　　　　　　　(2) 使用者責任
　　　　(3) 土地工作物責任　　　(4) 共同不法行為

　　　5 その他の問題　183
　　　　(1) 胎児の地位
　　　　(2) 死者の損害賠償請求権の相続性
　　　　(3) 不法行為の損害賠償請求権の消滅時効

　　　6 現代的不法行為　186

　　　7 不法行為の特別法　186
　　　　(1) 自動車損害賠償保障法
　　　　(2) 国家賠償法

《債権総論》

第13課————189
債権総論序説・
債権の目的

1 序説——債権総論ガイドマップ ········189
2 債権の内容と種類 ·····················190

  1 序説 190
    (1) 学習の内容
    (2) 債権として成立するための基本的要件
    (3) 債権（債務）の分類

  2 特定物債権と種類債権 194
    (1) 特定物債権　　(2) 種類債権

  3 金銭債権 196
    (1) 金銭債権の特殊性
    (2) 元本債権と利息債権

  4 選択債権 200
    (1) 定義　　(2) 選択権
    (3) 選択権の移転と特定

第14課 債権の効力(1)
————202
強制履行・
債務不履行

3 債権の効力 ·····························203

  1 序説 203
    (1) 学習の内容　　(2) 債権の基本的効力

  2 強制履行 204
    (1) 強制履行の方法
    (2) 強制履行の要件と効果
    (3) 強制履行手段の相互関係

  3 債務不履行 207
    (1) 総説　　(2) 基本概念の変更
    (3) 債務不履行の成立要件
    (4) 債務不履行の類型別の考察

第15課 債権の効力(2)
————215
損害賠償・
受領遅滞

4 損害賠償 215
    (1) 学習の内容　　(2) 損害
    (3) 賠償の対象となる損害の範囲
    (4) 賠償の内容　　(5) 賠償額の調整
    (6) その他の特殊問題

  5 受領遅滞 224
    (1) 問題の所在　　(2) 受領遅滞の法的性質
    (3) 受領遅滞の要件と効果

  6 債権の対外的効力 228

第16課 責任財産の保全
（債権者の権能）
⑴
——————230
債権者代位権

4 責任財産の保全（債権者の権能）……231
　1 序説 231
　　⑴ 責任財産とは何か
　　⑵ 責任財産の保全（債権者の権能）とは
　　　どういうことか
　2 債権者代位権 233
　　⑴ 債権者代位権の意義
　　⑵ 債権者代位権の要件
　　⑶ 債権者代位権の客体（被代位権利）
　　⑷ 債権者代位権の行使
　　⑸ 債権者代位権の効果

第17課 責任財産の保全
（債権者の権能）
⑵
——————243
詐害行為取消権

　3 詐害行為取消権 244
　　⑴ 詐害行為取消権の意義
　　⑵ 詐害行為取消権の法的性質
　　⑶ 詐害行為取消権の要件
　　⑷ 詐害行為取消権の行使
　　⑸ 詐害行為取消権行使の効果

第18課 多数当事者の
**　　　債権関係⑴**
——————260
分割債務・
不可分債務ほか

5 多数当事者の債権関係………………260
　1 序説 260
　　⑴ 多数当事者の債権関係の意義
　　⑵ 多数当事者の債権関係の機能
　2 分割債権・分割債務 263
　　⑴ 分割債権・分割債務の意義
　　⑵ 分割債権・分割債務の要件と具体例
　　⑶ 分割債権・分割債務の効力
　3 不可分債権・不可分債務 265
　　⑴ 不可分債権・不可分債務の意義
　　⑵ 不可分債権・不可分債務の要件と具体例
　　⑶ 不可分債権の効力　　⑷ 不可分債務の効力

第19課 多数当事者の
**　　　債権関係⑵**
——————272
連帯債務

　4 連帯債務 273
　　⑴ 連帯債務の意義
　　⑵ 連帯債務の要件
　　⑶ 連帯債務の効力
　　⑷ 不真正連帯債務
　5 連帯債権 283

**第20課 多数当事者の
　　　　債権関係③**
　　　　　　　　———286

保証債務

**第21課 債権関係の
　　　　移転(1)**
　　　　　　　　———305

債権譲渡

●模擬試験問題
　　　332

**第22課 債権関係の
　　　　移転(2)**
　　　　　　　　———334

債務引受・
契約譲渡
●模擬試験問題・
　解答例と解説
　　　345

第23課 債権の消滅(1)
　　　　　　　　———349

弁済

6 保証債務 287
　(1) 保証債務の意義
　(2) 保証債務の成立
　(3) 保証債務の効力
　(4) 保証人の求償権
　(5) 連帯保証　　　(6) 共同保証
　(7) 継続的保証　　(8) 身元保証
　(9) 個人保証人の保護の強化

6 債権関係の移転 ‥‥‥‥‥‥‥‥‥‥306
　1 序説 306
　　(1) 債権譲渡・債務引受・契約上の地位の移転
　　(2) 債権の譲渡性
　　(3) 移転の機能からみた債権の種類

　2 債権譲渡 310
　　(1) 債権譲渡の意義と機能
　　(2) 債権譲渡と譲渡制限特約
　　(3) 将来債権の譲渡
　　(4) 債権譲渡の成立要件
　　(5) 債権譲渡の対抗要件
　　(6) 債権譲渡と供託による解決
　　(7) 債権譲渡と債務者の抗弁

　3 債務引受・契約譲渡 334
　　(1) 序説──広義の債務引受
　　(2) 免責的債務引受
　　(3) 併存的（重畳的）債務引受
　　(4) 履行引受
　　(5) 契約譲渡（契約引受・契約上の地位の移転）

7 債権の消滅 ‥‥‥‥‥‥‥‥‥‥‥‥349
　1 序説 349
　　(1) 債権の目的と債権の消滅
　　(2) 債権の消滅原因
　　(3) 目的の実現からみた消滅原因

2 弁済 352
(1) 弁済の意義と性質　(2) 弁済の内容と方法
(3) 弁済の提供　　　　(4) 弁済の充当
(5) 弁済を証明するための弁済者の権利
(6) 第三者による弁済　(7) 弁済による代位
(8) 弁済受領権と受領権のない者への弁済

第24課 債権の消滅(2)
————364
代物弁済・
供託・相殺ほか

3 代物弁済 364
(1) 意義と性質
(2) 代物弁済における「他の給付」
(3) 代物弁済の担保利用

4 供託 367
(1) 意義と性質　　(2) 供託原因
(3) 供託の場所と方法
(4) 供託物引渡（還付）請求権と
　　供託物取戻請求権

5 相殺 369
(1) 意義と性質　　(2) 相殺制度の機能
(3) 相殺の可能となる要件（相殺適状）
(4) 相殺の方法と効果
(5) 相殺の禁止　　(6) 差押えと相殺
(7) 相殺充当

6 更改・免除・混同 376
(1) 更改　　(2) 免除　　(3) 混同

8 民法上の有価証券 ······················380
(1) 平成29年改正前の状況
　　——「証券的債権」の規定
(2) 平成29年改正の内容——「有価証券」の規定
(3) 指図証券・記名式所持人払証券・無記名証券
(4) 免責証券

●事項索引 384

スタートライン債権法〔第7版〕

第1課　ガイダンス

> 　新学年最初の時間。大教室の後ろのドアを開けて、喧騒と熱気の中を教壇に向かう。しだいに、学生諸君のざわめきが引き潮のように静まってゆく。私は教壇に上がり、正面を向く。一斉に多くの視線が集まる。瞬間に私は読み取る。好奇心と、期待と、中にはすでに少しの倦怠と。私はこの瞬間が好きだ。この視線のあるうちに、この視線をそらさないように。──第1課は、大学の講義でいえば最初のガイダンス風に、皆さんに本書による学び方の説明をしておこう。

▶1　読者の皆さんへの挨拶

　初めに私の体験から述べよう。私は、法学部ではない学部に在籍しながら法律の勉強を始めた。その当時、民法には評判の高い入門書があった。私も人に勧められてその入門書から取りついたのだが、実は（もちろん私の未熟さの故かもしれないが）これが大変な苦痛だった。難しかったというのではない。「簡潔にして要を得た」といわれるその記述が、民法の勉強のスタートラインに立っていた当時の私個人にとっては、砂を噛むような索漠とした

ものに映って、まったく面白くなかったのである。なんとか自らを義務づけて通読したが、あとには何の感興も残らなかった。もしあのまま、良い先生にめぐりあわず、すばらしい論文を読む機会にめぐまれなかったら、私は絶対に民法学者にはならなかったろうし、それどころか、法律に関係する職業に就くことすらしなかったと思う。

　世に入門書といわれるものは数多い。しかし考えてみると、とくに法律の世界では、入門書は、詳細な体系書の記述を簡略にした形のものが多い。けれどもそれは、往々にして記述を粗くしただけに終わってしまい、わかりやすくなっているわけではない。さらにいえば、入門書には、体系書あるいは標準的な教科書と質的・構造的な違いがあってしかるべきだと思われる。知識の概略を与えるのではなく、その学問への取りつき方、学習のコツなどを示すのが「入門」書であろうと思うのである。いくら格調の高い本であっても、これから勉強を始めようとする人がその意欲を失うような本は、入門書とはいえないであろう。

　そこで私は、こう考えた。①まず、とにかく苦痛なしに読み切れる。②読み切れば、それだけで民法とはどういうものか、どうやって勉強するものなのか、のアウトラインは十分理解できる。③そのうえ、読み切ったあとでさらに本格的な教科書・体系書を読む気が起きる。……そんな本はないものか。

　その、私なりの入門書の理想像に少しでも近づこうとして書き始めるのが本書である。それゆえ、本書では、これだけで民法（債権法）が全部わかるなどという大それたことは考えていない。ただ、これを読んだ皆さんが民法に興味を持って、本格的な勉強を始める気になってくれる、そして、本格的な勉強を始めてみると、本書で得た知識が確実に役に立っていることがわか

る、という、その点をひたすらに狙ったものである。その狙いがどこまで実現できるか、皆さんの興味をどこまでつなぎ止められるか、確たる自信はないけれども、とにかく、最後まで読み切っていただければ幸いに思う。

　学問に王道はない。しかし、正道はあるはずである。その正道と思われる所へ少しでも近づこうという趣旨の道しるべがあってもいいではないか。これから先、走るべき道はどこにあって、目指すゴールはどのへんなのか。あるいは、さらに適切な道はないものなのか。それらを、初学者だった頃を思い出しながら、あとから走り出す人に教えつつ、自らもなお模索していくという作業ができれば、本当にうれしい。「スタートライン債権法」と名づけた所以である。

　何を、どんなふうに学べばいいのか。どんなふうに教えてくれるのか。それが一番聞きたいところだろう。昔の大先生には、そんなことには頓着せずに、自分のペースでただちに本題に入って難しい話をした人もいる。けれどそれは、たとえば水泳を教えるのに、いきなりプールに放り込んで、さあ泳げというのと同じだ。私はそういうやり方をされるのが嫌いだから、読者の皆さんにも、自分がそうされたいと思うやり方で学んでいただくことにする。

▶2　本書についてのガイダンス PART 1

⑴　本書の内容と読者対象

本書では、民法のうち、債権法の分野を扱う。基本的には、これから債権

法をはじめて勉強する人を対象にする。債権法は、大学ではだいたい２・３年生以上に配当されている。しかし、大学に入りたての１年生で、まだ民法をまったく勉強していない人でも、十分にわかるように記述したい。あるいは通常の通学課程ではない、通信教育課程の学生諸君でも、この本を読んで、与えられたテキストを勉強すれば、おおいに理解が進むようにしたい。そのような独習者のために、本書は、大学の講義の臨場感を味わっていただけるよう、年間の講義の進行を模して書かれている。なお、読者の中には、すでに一通り民法を勉強したという人もいるだろうから、そういう人たちのためには、盲点になっているようなところを指摘して、より知識を確実にするお手伝いをしたい。さらに勉強の進んでいる人に対しては、各課にひとつくらい、上級者向けの論点もちらりと提示して、読者として確保しておきたい（大変ぜいたくな望みだが、とにかく最初の目標は高いほうがいいだろう）。

⑵　レベルごとに分けた注記

　そこで、第１の約束事だが、記述の中で、初学者に理解してもらうための説明を注記するときは、♡を使う。少し勉強の進んだ人のための注は◇、さらに中級者に注意を喚起するときは♣、上級者の課題として注を付けるときは♠を使うことにする（これはトランプの正式な順序とは異なるようだが、お許しいただきたい。だからたとえば♠が出てきたら、初学者は安心して無視してよい）。

⑶　ルール創りの観点から

　本書では、第６版から、新たに「ルール創りの観点から」というコラムを

（♡1）池田真朗『スタートライン民法総論〔第3版〕』（日本評論社、2018年）2～19頁、同『民法への招待〔第5版〕』（税務経理協会、2018年）7～17頁、240～260頁参照。

（♡2）こういう条文を「**任意規定**」という。当事者が、任意規定と異なる内容の合意をしたときは、それが反社会的なもの（**公序良俗違反**という。90条参照）でない

限り、その合意が優先し、民法の規定は当事者がとくに何も定めておかなかったときに、補充的に使われる（⇔**強行規定**）。

（♡3）「私的自治の原則」と書かれることもある。

ここが Key Point

法律には、いろいろな性質のものがある。

設けている。ここでは、法文そのものの解説よりも、ルールとしてのその法文の発想や構成の考え方を示して、いたずらに細かい解釈学を学ぶのではなく、法律に限らないさまざまなルールの「創り方」を学んでもらおうとしている（第7版からはここで、後述する平成29年民法改正に関して、その「改正の仕方」について私なりの解説を述べているところもある）。

▶3 民法（債権法）についてのガイダンス

(1) 民法の構成

　民法は、六法を開いてもらうとすぐわかるように、総則・物権・債権・親族・相続の5編からなっている。このうち、（ひとつの分類法として）前3編を財産法、後2編を家族法（身分法）などと呼ぶ。総則というのは、民法全体の総合的規則というよりは、前3編の、物権編・債権編についての共通の規則と考えられている。民法の財産法全体についての説明と、民法の勉強の仕方などについては、別のところに書いたので、できればそれを参照していただきたい（♡1）。ここでは、以下で、債権法と債権についての最低限度の説明をしておくのにとどめる。

(2) 債権法の面白さ

　民法を学ぶのには債権法から入るのがいいと思う。なぜか。私の答えははっきりしている。少なくとも私にとって、それが一番面白いと思えるから。どうして債権法は面白いか。これも答えははっきりしている。それが一番民法らしいところだから。どうして一番民法らしいか。それは、身近な個人と

法律をこれから学ぼうとする人の多くは、法律の規定は絶対で、ただ中にはそれを守らない人もいる、と考えているだろう。けれども、そういう法律ばかりではない。民法は、平等な私人間の法律関係を規律する目的で作られているから、法律よりもお互いに自由な意思で合意して作ったルールのほうが優先する場面が、とくに債権法の分野にたくさんある。これは、他の法律の多くとはだいぶ異なる点である。たとえば、

刑法では、条文に書いていない罪で人を罰することは絶対にできない（罪刑法定主義）。道路交通法を考えても、個人が勝手に交通法規を変えることができないのはもちろんのことである。それらの法律が絶対なのは、それぞれ、人権の擁護とか、社会の秩序維持などの大きな理由があるからである。これに対して民法は、基本的には個人の自由意思による自治を考えている。どうしたら他人の権利を害さずに自分の権利

個人のさまざまな関係を律する民法の中で、債権法が一番、個人の自由な意思によってルールを作る場面がたくさんあり、しかもその個人間で作ったルールが、民法の条文に書いてあることに優先する（♡2）ことが多く、いわば「おカミが決めた法律」よりも、自分たちの意思による相互規律（**意思自治の原則**という）（♡3）が行われる分野だからである（⇧**ここがKey Point**）。

③ 債権の概念

たとえば、「Ｘ君がＹ時計店と、ある時計を買う約束をした」というのは法律的にいうとどういうことか。この場合、Ｘ君には、Ｙ時計店に代金を支払う義務と、Ｙ時計店から時計を渡してもらう権利とが発生する。逆にＹ時計店には、Ｘ君に時計を渡す義務と、Ｘ君に代金を請求する権利が発生するわけである。このように、「ある人が、ある人に対して、特定の行為ないし給付（時計の引渡しや、代金の支払）を請求できる権利」を「債権」と呼び、逆に「特定の行為をしなければならない義務」を「債務」と呼ぶ。なお、債権を有している当事者を「債権者」、債務を有している当事者を「債務者」という。ただし、ここで注意してほしい。上の例では、Ｘ君もＹ時計店も、債権と債務を持っている。だから、両者とも「債権者」であり、「債務者」である。こういうときは、「どの給付についての債権者（債務者）か」を明らかにすること。たとえば「時計の引渡し」については、Ｘ君が債権者でＹ時計店が債務者である。

なお、この「一定の人に、一定の行為（給付）をさせる」というときの「行為」とか「給付」とかいうものは、「何かをする」こと（作為〔さくい〕）

を十分に享受できるか。そのバランスを考えるのが民法の Key Point である（ただし、この平等な私人の自由な意思による秩序づくりは、現在の世の中では必ずしも常に達成できるものではない。また、同じ民法でも物権法の場合には、物権の性質からして、法があらかじめ私人の持つ権利関係を整序する部分が多い。本文後述5参照）。

だけではなく、「何かをしない」ということ（不作為〔ふさくい〕）でもいい。だから、たとえば、隣人に対して「夜10時以降はピアノを弾かせない」と要求できる権利を持っているとすれば、それも債権である。

　さて、前の例で、X君が無事に代金支払と引換えに時計を入手した場合、X君はそれ以降、この時計を自分で自由に使え、他人に貸したりも、また気に入らなくなったら処分したりもできる。これは、X君がこの時計について、所有権という物権を持つことになったからである。つまり、物権というのは、債権と異なり、「ある人が、ある物に対して持つ、直接の支配権」というわけである。物権は、あとに述べる理由で、種類が決まっている。所有権は代表的な物権である。

⑷　契約による債権の発生 ── 契約自由の原則

　この「債権」と「債務」は、いまの例ではX君とY時計店との約束によって発生しているわけだが、こういう約束を「契約」という。つまり「契約」とは、2人以上の当事者（普通は2人だが、債権者が複数いたり債務者が複数いたりする場合などもある）が、お互いに反対向きの意思表示（この時計をいくらで買う、その時計をいくらで売る）を合致させることによって、債権・債務という一定の法律上の効果を作り出すものである。

　なお、債権は、契約によって、すでに述べたようにその内容が反社会的なものでない限り、当事者が自由な意思で、自由な内容のものを作り出すことができる。これが「契約自由の原則」である（契約自由の中には、契約を締結する自由と、内容の自由、がある。平成29年の民法改正で明文化された521条を参照）。ただし、今日では、契約の双方当事者が必ずしも平等でなく、またも

（♠1）上級者への課題。契約自由の原則
の衰退とその今日的修正について述べなさ
い。

っぱら一方の当事者の主導によって契約を結ばされてしまう場合も多い
（♠1）。（⚖）

> ### ⚖ ルール創りの観点から
>
> 契約の成立の仕方とか契約自由の原則とかは、契約法においては一番根本
> 的なルールである。こういう一番の基本ルールが、日本民法典では条文にな
> いケースが結構ある。これは、明治29（1896）年に現在の民法典の基本形と
> なった民法典を作ったときに、すでに公布されていたボワソナードの旧民法
> 典（明治23〔1890〕年公布。これが日本初の近代民法典である）にそういう
> 教科書的な基本ルールが多すぎたから穂積陳重ら当時の起草委員が削ったと
> いう話もある。平成29（2017）年の改正法（2020年4月1日施行）では、こ
> れらのうちいくつかのものが明文化されることになった。

⑤ 債権の性質 —— 物権との比較

上に述べた、人はさまざまな債権を自由に作り出すことができるというこ
と（債権の自由創設性）は、債権というものの、当事者間だけを拘束する相
対的な効力しか持っていない性質（債権の相対性）と密接に関連している。
これに対して、物権と呼ばれるものは、すでに述べたように、人の、物に対
する直接の支配権（使用・収益・処分など）であるから、世の中の誰に対し
ても自分がその物権を持っていることを主張できる（物権の絶対性）。そして、
その物に対する支配権は、自分だけができるという意味で排他的なので（物
権の排他性）、同じ物の上には、同じ種類の物権はひとつしか成り立たない

（♡4）したがって、物権法定主義を定めた175条は強行規定ということになる。

（◇1）この場合、そのひとつの債権は、債務不履行によって損害賠償債権に変わることになる。債務不履行については、債権総論の部分で詳しく説明する。

（♡5）日本では「債権法」と呼ぶが、裏返しに見れば「債務法」であり、外国では「債務法」と呼んでいる例も多い。

（一物一権主義）。そうすると、このような絶対的・排他的な権利は、第三者（他の人たち）への影響が大きいので、当事者が自由に作り出せることを認めるわけにはいかない。したがって、物権の場合は、民法その他の法律に定めた以外の種類の物権を勝手に創出できないようになっている（物権法定主義。民法175条。以下民法典の条文は法律名を省略する）（♡4）。ちなみに、債権には排他性がないので、同じ人を対象に同じ内容の債権が複数成立しうる（たとえば、2つのテレビ局が同じ歌手と契約して、それぞれ同じ時間に出演させる債権を持ってしまうことはありうる）。ただしこの場合は、もちろんひとつの局にしか出演できないのだから、そのままいくとどちらかひとつの債権は履行してもらえないことになる（債務不履行という）（◇1）。

⑥　債権法の内容

　さて、そうすると、債権法というのはこの債権（債務）（♡5）について学ぶものであるのだが、民法典はこれをどのような順序で規定しているのだろうか。民法典の第3編「債権」の中も、まず「総則」から始まるが（◇2）、これは第1編の「総則」（民法総則）という名称とはいささか意味が異なる。どういうことかというと、民法総則の「総則」は、先に述べたように、財産法全体に共通する規定という内容だが（たとえば民法総則の中の「時効」は、物権についても債権についても規定されている）、債権編の中の「総則」は、債権の種類とか、さまざまな性質とか、債権の発生から消滅までのプロセスなどについて規定しているのに対して、債権編の残りの部分は、債権の発生原因について規定しているのである。つまり債権総則は、債権というものの性質を規定し、残りの部分（すなわち後述の債権各論の部分）は、そういう債権

（◇2）最初に総則を置く編別は、パンデ
クテン・システムといって、ドイツ民法
（正確にはその草案）にならった形態であ
る。ただし日本民法の内容は、必ずしもそ
れほどドイツ民法的ではなく、おおまかに
いって、ドイツ民法の影響と、ボワソナー
ド旧民法（高校の日本史で「民法典論争」
は勉強したかと思うが）を経由したフラン
ス民法の影響が、全体的にはほぼ半分ずつ
あると考えておいていただきたい。債権法

がどういうことから発生するかを規定しているので、債権をそれぞれ別の面
から見ているということになるのである。債権の発生原因は4つあり、一番
多いものが、すでに説明した「契約」で、その他にたとえば交通事故によっ
て損害賠償の債権が発生するというような「不法行為」によるもの、さらに、
あとで説明する「事務管理」「不当利得」による発生がある。そうすると、
前半の「総則」の部分と、後半の債権の発生原因の部分とは、前半が後半の
共通規定になっている、という関係ではない。したがって、一般の教科書や
大学のカリキュラムでは、この前半部分を「債権総論」と呼び、後半部分を
「債権各論」と呼んでいるが、この2つは実際にはどちらから先に勉強して
もかまわないものである、ということになる。

(7) 記述の順序 ── 各論・総論の順に

そこで本書では、債権各論のほうから記述したい。というのは、やはりそ
のほうが初学者には具体的で面白いからである。債権総論は、債権の性質論、
移転、消滅論などが内容であるから、債権各論で扱う債権発生原因論と比べ
ると、どうしても抽象的・観念的になる。実は債権総論は学問的には大変奥
が深く、研究者にとっては（少なくとも私にとっては）非常に面白い分野なの
だが、ここはあくまでも初学者の基準でいきたいと思う（実際、全国の大学
の中にも、債権各論を総論より先に教えるカリキュラムを持っているところが、
かなりある）。

したがって、本書は最初の12課で債権各論、次の12課で債権総論、という
形で記述していくが、その各論・総論の中では、取り上げる順序は、ほぼ条
文の配列に従うことにしたい。そのほうが、たとえば本書を大学の講義と並

法律の勉強は、１人で教科書を読んでいるよりも、大学の講義と並行して勉強をするほうがよほど効果が上がる。初心を忘れず、ぜひ授業には出席してほしい。

さて、そこで、大学に入ってマスプロ教育だと嘆いている君にひとこと。君はいったい大教室で前から何列目の席に座っているのだろう。数えてみたことがない？ そう、大多数の人はそうなのだ。

大学の教室は映画館ではない。前の席のほうが、黒板の字が見やすいばかりでなく、絶対に講義がよく頭に入る。だまされたと思って、これから、出席する講義は全部、毎時間、**前から５列目以内**に座るように自分を義務づけてみてほしい。それが学習効果を上げる第１の Know How である。

行して読んでくださる諸君に便宜だろうと考えるからである。

たとえば大学の90分くらいの授業だと、このへんでだんだん学生諸君の集中力が続かなくなってくる。かつて私の教室に、Ａ君という学生がいた。その年の最初の授業の時、後ろのほうで私語をしていた彼を、私は教壇に呼びつけ、強制的に一番前の席に座らせ、しかもそこを彼の年間の指定席にした。彼は、講義が後半にさしかかり、少し難しい話が続くと、（ちょっと彼に失礼な譬えだが）犬のように口を開いて舌呼吸（？）を始めるくせがあり、私はそれを見ては雑談を入れたりして、彼を講義のペースメーカーにしていた。その彼も、毎回一番前に座らされるうちに、だんだん習い性となったのか、最後まで休まずに出席してくれた。学年末試験の採点で、彼がたいへん立派な答案を書いているのを見つけたのが、その年の一番うれしいことだった（△**ここが Know How**）。

▶**4** 本書についてのガイダンス PART 2

それでは、忘れないうちに次の課からの約束事をもう少し決めておきたい。次の課から、①まず最初の囲みの文章の中に、その課の内容やポイントを摘示することにする。それから、できれば授業に出るときと同じように、いつも六法を側に置いてこれを読んでいただきたい。ただ、かつての民法典は、前３編に関していえば、明治29年に作られたときのまま、カタカナ・文語体で、濁点なし、句読点なしで書かれていたため、現代の学生諸君には流暢に

（◇**3**）故・星野英一東京大学名誉教授を座長とする8名の学者による研究会が組まれ、私もその一員であった。平成8年には、今回の改正の原案にあたる研究会案が法務省に提出されていた。

（♣**1**）難解な用語や、日常生活で用いられなくなった単語については、60数か所にわたって平易化した。また、判例・学説によって確立されたと思われる修正点は、約10か所、条文を変更した。その他、同時に実質的改正として、保証の規定を改正し、個人の根保証の責任を制限する規定を新設している（→第**20**課）。

読めない人もいた。しかし、平成3（1991）年から現代語化の研究が始められ（◇**3**）、平成16（2004）年11月に、基本的には法文の意味内容を変えずにひらがな・口語体に書き改める改正法が成立した（2005年4月1日施行）（♣**1**）。そこで、学生諸君にはずいぶん読みやすい法文になった。これが今回平成29（2017）年に、債権関係を中心とした120数年ぶりの民法大改正を受けたわけである（令和2〔2020〕年4月1日施行）。②したがって以下本書では、この民法改正法を、（成立・公布の年を基本とする慣例に従って）「平成29年改正法」と表記することにする（ただ市民感覚では「2020年の新民法」としたほうがしっくりくるだろうが）。③そして本書では、大事な条文については、欄外に書き出し、必要があれば簡単に解説を付けることにしたい。ただしこれはあくまでも学習の基本である条文に慣れることと、参照の便宜を考えてのものであるから、なるべくすべての条文を、そのつど六法で確認しながら学習を進めていくべきである。④なお、条文の見方について注意をしておくと、本書では、民法の条文については、法律名を省略して条文番号だけで引用する。また、今回の平成29年改正法で、たとえば529条の2というような条文番号が多く出てくることになったが、これは、「枝番（えだばん）」と言って、全体の条文の番号を大きく変えないように、たとえば529条と530条の間に新しい条文を加えるときは、529条の2、529条の3、というように番号を付けていくのである。さらに言うと、529条の2の最初の文章には番号が付いていないが、これが529条の2の第1項であり、その先に2と書かれて出てくる2番目の文章が、同条の第2項である（そしてひとつの項の中に漢数字で一、二と書かれているのは「号」と呼ぶ）。紛らわしいので、本書では、項については①②の表記を使用する。したがって、「529条の2①項」と

か、「548条の2①項1号」などと表記することになる。また、⑤説明の中で、特に注意を喚起したいところ、あるいは、間違えやすい、覚えにくいところには、「**ここがKey Point**」として表示し、欄外にコメントを付けることにしたい。⑥さらに、一般的にこんな学習上の工夫をしたらいいだろう、と思うような点は、随時欄外に「**ここがKnow How**」として書き出したい。このように、独習入門書としての価値を高めるためのさまざまな努力をするつもりでいるので、前記のトランプマークとともに、これらのマークや記載に十分注意を払いながら読み進んでいただきたいと思う。

　　どうやらこのガイダンスは最後まで集中してお付き合いいただけたようだ。次の課から、徐々に本格的な講義に入る。どうか最後まで読み続け、読み通していただきたい。

　　なお、このコラムには時折、私の素人短歌が登場する。それらの短歌は、初版の元になった1993年の雑誌連載のときから収録されているもので、この第7版でもあえていくつかを残した。法律をはじめて学ぶ人たちに、専門のテキストであっても法律以外のことを書いた部分があったほうがいいという、当時の「業界初」の破格の発想を残すという意味もあるが、それ以上に、若い日の大教室の教壇から学生諸君を見ていた「目」を、何年たっても変わらずに持ち続けたいという願いを込めてのことである。

　　君たちは気付かぬままに原石の

　　　　　光り放ちて我を魅了す

注のマークについて
♡……まったくの初心者向けの注（補足
　　説明）
◇……少し民法の勉強をしたことのある
　　人向けの注
♣……ひととおり民法を学んだ中級者向
　　けの注
♠……かなり民法の勉強の進んでいる上
　　級者向けの注ないし課題

第2課　契約総論⑴ 契約総論序説・契約の成立

　新学年の開始からひと月ほどたつと、大学に失望したり、環境の変化に適
応できなかったり、さまざまな誘惑に負けて自分を見失ったりする学生が出
てくる。その人たちをどう講義につなぎ止められるか。教師の真価が問われ
るところだ。この第2課では、債権各論の最初の、契約総則と呼ばれる部分
について、序説と契約の成立とを講義する。難しく考えることはない。それ
ぞれの項目で何を勉強するのか、どこがポイントなのかを、まずしっかり読
み取って、説明の流れを追っていこう。

▶1　契約総論・序説

⑴ 学習の内容

　これから契約について学ぶことになるが、まず総論として、契約というの
がどういうもので、どういうものが揃えば成り立つもので、法律的にどうい
う効力を持つもので、どういうときにやめられるものか、を順次勉強してい
く。そのあと各論として、それぞれの具体的な契約（売買契約、請負契約な
ど）を勉強することになる。

15

（♡1）敷金・礼金などについては、第9課の賃貸借の「用語解説」を参照。

（◇1）フランスのサレイユという学者が考えた言葉で、コントラ・ダデジオンという。コントラ（契約）は英語のコントラクト、ダデジオンは英語のオブにあたるドゥとアデジオン（加入、同盟など）という名詞でできている。

なお、付合契約だからすべていけない、ということではない。電気の契約のように、大量に行われる契約について画一的な処理をすることにはそれなりの合理性がある。しかし、一方当事者の決めた約款の個々の正当性については、裁判等でも争われうるものである。

⑵　前提としての理解 ── 現実の契約

　第1課で述べたように、契約とは、人が自由な意思で、自分たちの間に通用する（そして、反社会的な内容でなければ、任意規定と呼ばれる種類の法律の定めよりも優先する）ルールを作ることである。実際には、契約をする両方の人（当事者）が、まったく平等であることは少ない。たとえば、アパートに入居するときは、敷金・礼金（♡1）何か月などという条件を、不動産屋さんの言う通りにのまなければならないし、ガス会社などと契約するときは、契約する相手の会社もほぼ決まっているし、契約内容は全部紙に印刷してあるし（あらかじめ一方の当事者が定めている契約条項を約款〔やっかん〕と呼ぶ）、料金も決められている（こういう都市ガスの使用契約のようなものを、相手の契約条件にこちらがそのまま同意してくっつくしかない、という意味で「付合〔ふごう〕契約」〔◇1〕という）。こういうところから、前回ちょっと触れた契約自由の原則は、修正を加えられる必要が出てくる（弱いほうの立場の当事者に何らかの保護を与える必要が出てくる）のだが、民法は、一応、平等な私人の間の、自由な意思形成によって成立する契約を考えていることを理解していただきたい。（⚖️）

⚖️ ルール創りの観点から

　平成29年改正法で論議を呼んだものに、「定型約款」という規定の新設がある（548条の2から548条の4）。詳しくは、第4課54頁以下で学ぶが、これは、約款一般のルールではなく、不特定多数の相手に対する、画一的な内容で使われることに合理性があるなどという要件を満たす約款だけを、民法で特別にルール化しようとしたものである。ただ、そこで規定したものの中には、

（◇2）いや、もらう側にだって厳密にいうと「引き取る義務」があるだろう、という人があるかもしれない。それは決して「屁理屈」ではない。けれど、これをいわゆる契約上の義務（債務）とみるかどうかは実は大きな問題である。第15課の債権総論の「受領遅滞」のところで触れる。

定型約款に同意すれば、その後の契約内容の補充などにも同意したことになるという規定もあり、これは約款を作る大企業側には便利なルールであるが、逆に消費者には知らないうちに契約内容を変えられてしまうという懸念もある。ルール創りの基本は当事者双方の利益のバランスを考えることにあるので、これが最適ルールかどうかは論議を呼んで当然であろう。

⑶　契約の種類

　中身もよくわからないのに分類を勉強しても仕方がない、と言われそうだが、これからの説明に必要なことだけをとりあえず述べておきたい。

　①双務契約・片務契約　　前回も出てきた売買契約では、売主には品物を渡す債務と代金を請求する債権とが発生し、買主には代金を支払う債務と品物の引渡しを請求する債権とが生じる。このように、当事者の双方に債権・債務がともに発生する契約を、（その債務のほうに注目して）「双務（そうむ）契約」と呼ぶ。これに対して、単純に人に物をあげる契約（贈与契約）ならば、あげる側の当事者には引き渡す義務（債務）が発生するが、もらう側の当事者には、（お金も払わなくてよく、ただ受け取ればいいのだから）いわゆる債務は何も発生しない（◇2）。こういう契約を、片側の当事者にだけ債務が発生するという意味で、「片務（へんむ）契約」という。この分類は、次の課の「契約の効力」のところで大きな意味を持ってくる。

　②有償契約・無償契約　　とりあえず、何か給付を受けるのに対価が必要なのが「有償契約」、対価なしに給付を受けられるのが「無償契約」、としておこう。ただしこの対価というのは、当事者が（あれと引換えにこれを渡すと

（♡2）契約の成立要件を満たしていても、その効力が否定される場合がないわけではない。民法総則で学ぶことだが、契約の当事者に意思能力や行為能力が欠けていて無効や取消しとされることもあれば、後述のように公序良俗違反で無効となる場合もある。

いう）対価性を認めていればいいのであり、客観的にみて同じ価値のものが必要なわけではない。有償契約・無償契約の分類はほとんど双務・片務の分類と一致するが、有償性・無償性は次の諾成か要物かとも強く関係している。

③**諾成契約・要物契約・要式契約**　これもとりあえず、当事者の合意だけで成り立つのが「諾成（だくせい）契約」、合意に加えて目的物を渡してはじめて成り立つのが「要物（ようぶつ）契約」、そして合意に加えて一定の形式を履践してはじめて成り立つのが「要式契約」、としておこう。今日の世の中では、大多数の契約は諾成契約で、合意だけで（たとえば売買契約ならば、この品物を1週間後に売りましょう、1週間後に買いましょうという約束だけで）成立し、効力を持つ。けれども、たとえばお金やお米など、借りたものを使って（同種・同量の別のものを）返す契約（消費貸借契約）の一部のものは、約束だけではだめで、要物契約として、貸し渡してはじめて効力を持つと民法には規定されている。これは実は、契約の拘束力の問題と関係してくる。詳しくは契約各論に入って勉強しよう。平成29年改正法では、要物契約が諾成契約に変えられたものがいくつかあり、新たに要式契約とされたものもある。また、債権総論に出てくる「保証」契約は、平成16（2004）年の改正で書面を必要とする要式契約とされた。

　なお、厳密にいうと、「成立」と「効力発生」というのは法律的には区別して使い分けなければいけない概念なのだが、現在の民法典の表現は必ずしも正確にその区別をしていない（♡2）。

④**典型契約・非典型契約（有名契約・無名契約）**　これは、③までの契約の分類とは少し性質が違う。前に述べたように、我々はさまざまな内容の契約をする（作り出す）ことができるのだが、民法は契約の章で、13種類の

（◇**3**）予約についてはさらに売買契約の
ところで学ぶ（第**6**課**2**(2)参照）。

契約を規定している。これは、民法典制定の段階で、起草者が世の中でよく
行われる契約を選び出して規定したもので、これら13種類の契約については、
当事者の約束事があればそれが最も優先するのだけれど、それがなければ、
この民法の規定が使われることになりますよ、という意味である。そこで、
この民法典が取り上げた13種類の契約を、一般によく行われる典型的な契約、
という意味で「典型契約」と呼び、それ以外の、ここに挙げられていない契
約（たとえば、リース契約とか、クレジットカード契約など）については、「非
典型契約」と呼ぶのである。この両者はまた、民法典に名前がある、という
意味で「有名契約」（だからこれは famous という意味ではない）、名前がない
という意味で「無名契約」、と呼ばれることもある。もちろん世の中には、
一部だけが典型（有名）契約で、一部が非典型（無名）契約というようなも
のもあり、2種類の典型契約の組み合わさったようなものもある（これを
「混合契約」と呼ぶこともある）。

　⑤**本契約・予約**　　これも④までの分類とは意味が異なり、契約の成立過
程からみた区別である。将来において一定の内容の契約（本契約）を成立さ
せることを約する契約を、広く予約という。予約も契約の一種であって、拘
束力がある。つまり、予約をした場合には、本契約をしようと申し込まれた
らそれを承諾する義務があるということである（契約の申込みと承諾という意
思表示についてはすぐこのあとで学ぶ）（◇**3**）。

(4)　契約の拘束力

　①**原則**　　有効な契約をした以上は、それを守り、誠実にその通りの履行
をしなければならない。その拘束力の根拠は、古くは宗教的な背景に求めら

（◇**4**）しかし、事情変更の原則はそう簡単に認められてよいものではない。わが国で、この事情変更の原則を認めた判決としては、古く大審院に大判昭和19・12・6民集23巻613頁が1例だけあり、最高裁のものとしては、最判平成9・7・1民集51巻6号2452頁までいくつかのものがあるが、これらの判決も当事者に予見可能性および帰責性があったなどとして適用は否定しており、結論的に最高裁がこの原則によって訴えを認容したものはまだない。興味のある人は調べてみよう。

れていた（神に誓って守る等）。しかし今日の民法では、すでに前課で触れた、個人の意思による相互規律に求められるのである（意思自治の原則）。

　②**例外**　　しかし、契約は守られなければならないといっても、そこには以下のような例外がある。まず、その契約の内容が公序良俗（公の秩序善良の風俗）に違反しているものである場合（たとえば禁じられている麻薬の売買契約とか人身売買契約など）には、その契約（法律行為）が無効とされる（90条）。また、契約をした申込みや承諾の意思表示が、表意者が間違って内心で思っていなかったことを表示したものであるような場合も、錯誤として取消しができる（95条）（⚖）。だまされたり、おどされたりしてした意思表示も、詐欺や強迫といって、取り消すことが認められている（96条）。さらに、契約そのものには何の問題もなかったが、その後に当事者の予期できなかった事情の変更（天災や戦争の勃発など）があって、当初の契約内容通りの実現を要求することが当事者にとってはなはだ不公平になるような場合には、条文はないが、裁判官が当事者の請求によって契約内容の改定を認めたり、契約の解除を認めることができると理解されている（これを「**事情変更の原則**」という）（◇**4**）。

⚖ ルール創りの観点から

　95条の錯誤の効果は、従来は「無効」であったものが、平成29年改正法から、「取消し」となった。これは学理的には（伝統的な意思表示理論から脱却するという）大きな議論なのであるが、市民にとってはさして意味のわからない（変える理由がよくわからない）改正であったと思われる。ただこうして詐欺と錯誤の効果を「取消し」で統一することによって、従来議論されて

いた問題点がかなり消滅し、学習が楽になったというメリットがあることは
確かである。

　前の課でのアドバイス（12頁）は守っていただけているだろうか。全部の
大教室講義を前から５列目までの席で聞くというのは、やってみるとそう簡
単なことではない（それにもちろん全員が前から５列目までに座れるわけで
はない）。だいいち、遅刻ができないし講義途中で抜けるわけにもいかない。
けれど、そうして集中して聞いていれば、熱心に講義している教師とそうで
ない教師の区別もつく。これはだめだ、と思ったら、履修申告をしていない
同一科目の別の先生の講義を聞く手もある。期待はずれ、などという前に、
打つ手は学生側にもいろいろあることを忘れないでほしい。

▶2　契約の成立

(1)　学習の内容
　契約を成り立たせる構成要素は何か（どういうものが揃えば契約は成り立つ
か）。契約の当事者は、どういう状況でそれらの構成要素を出したり引っ込
めたりできるか。どういう時期に契約が成り立ったことになるか。簡単に言
ってしまえば、ここで勉強するのはこういうことである。

（♡ 3）法律では、一般に「意志」ではなく「意思」という言葉を使う。これは、「意志」という言葉は一定の目的を達成しようとする志とか意欲の意味を含むものなので、それと区別して使っている。

（♡ 4）民法総則で学ぶ概念であるが、「法律行為」とは、「意思表示をその不可欠の要素とする法律要件である」と定義される。しかしこれでは何のことかわからない。

ここで「法律要件」というのは、法律の力によってある権利義務が生まれる必要条件という意味である。したがって、法律行為というのは、「意思表示をその要素とするもので、法がその意思表示の内容に従った私法上の効果を発生させるもの」ということになる。その大部分は①契約で、それ以外には、遺言や解除（⇒第 4 課）などの②単独行為、さらに会社設立などの③合同行為、という 3 つのカテゴリーが含まれる。

⑵　契約の定義と構成要素

　契約は、双方の当事者の意思（♡ 3）が相互に同じ内容で合致することによって成立する（やさしくいえば、A さんが「この時計を 1 万円で B さんに売る」、B さんが「この時計を 1 万円で A さんから買う」ということ）。ただし、意思の合致といっても、当然のことながら、その意思を相手に伝えて理解させなければならない。意思を、何らかの法律的な効果（効力）を発生させることを意欲して外部に表示することを「**意思表示**」という（これは民法総則で勉強する概念だが、まだ総則を学んでいない人は、何かやさしい教科書を買って読んでください）。だから、契約は当事者の意思表示の合致によって成立する法律行為である（♡ 4）、と普通は定義される（♣ 1）。

　そうすると、契約の構成要素は、当事者 A さんと B さんの 2 つの意思表示ということになる。このうち、先にされた、契約の内容を示してその締結を申し入れる意思表示を「申込み」、後のほうを「承諾」と呼び、契約は申込みに対して相手方が承諾をしたときに成立する（522 条①項）。どちらが先かはっきりしない場合もあり、特殊なケースでは、両方からほぼ同時に申し込むこともある。これは「交叉申込み」といって（♡ 5）、もちろんこれでも契約は成立する。申込みは、「承諾があれば契約を成立させようという意思表示」だから、商店で値札を付けて商品を展示しているのは申込みである（お客が「買います」と承諾の意思表示をすれば契約成立）。しかし、たとえば人を雇う契約をする場合、求人広告は申込みだろうか。普通は、応募者がどんな人でもいいわけではなく、面接してこの人なら、ということになって契約する。そうすると、求人広告を見て面接に応募してくるのが「申込み」で、求人広告は「申込み」を誘うもの（これを「**申込みの誘引**」という）にすぎな

したがって、「法律行為」と出てきたら、契約を思い浮かべればほとんど間違いがない。200頁の「用語解説」も参照。

（♣1）ただし、ここにも本当は難しい問題がある。間違って意思表示したときに、表面的に表示が合致していれば契約は成立するのか、内心の意思で食い違っているならば契約は成立しないのか、という問題である。ひととおり民法を勉強した人は、外見が合致していて内部で不合致の場合、契約不成立とするのか成立して錯誤で取消しとするのかについて考えてみてほしい。

（♡5）これも今は「交差」という字が普通だが、昔は「交差点」ではなく「交叉点」と書いた。

いことになる。一方、承諾は、「申込みと一緒になって契約を成立させようとする意思表示」だから、もし申込みに変更を加えて承諾するというのであれば、これは承諾とはいわない（「1万円で売ります」というのを、「はい、8000円で買います」と答えても承諾にはならない）。ただ、これは何にもならないのではなく、新しい条件での申込みと考えられるから、最初の申込者は、それでもよければ、（「じゃあ8000円で売ります」と）承諾をすれば契約は成立することになる（528条）。なお、承諾については、申込者が「返事はいらない」と言った場合や、慣習上とくに承諾を必要としない場合には、承諾の意思表示と認められるような行為（たとえば注文された品物を作り始めたような場合。これを「意思実現」という）があれば、その時に契約が成立したとされる（527条）。

⑶　申込みと承諾

　民法の523条から528条は、この申込みと承諾について、どういう期間に有効かとか、どういう状況なら引っ込められるか、いついつまでに返事をくれと言ったのに返事が遅れて着いたらどうすればよいか、などのことを規定している。「引っ込める」と書いたのは、言い出したことを「撤回する」ということである。これを平成16年改正までの条文では「取消し」（当時は送りがななし）と書いていた。ただ、「取消し」というのは、（ちょっと面倒なのだが）民法総則で、いったん法律的に効果が発生したことを反故にして最初から何もなかったことにする（効果が最初の時点に遡って消える）制度があり、法律学者は、この「遡って効果が消える」のを「取消し」といい、言い出したことを引っ込めるというだけの場合は「撤回」というというように、2つ

523条①項　承諾の期間を定めてした申込みは、撤回することができない。ただし、申込者が撤回をする権利を留保したときは、この限りでない。

（注）条文では「**時**」と「**とき**」は使い分けられており、「時」は時間、時刻を指し、「とき」は「場合」の意味で使う。さらに、「ただし、」の前までを「本文」、「ただ

し、」から後を「ただし書（ただしがき）」と呼ぶ。

ここが Know How

条文の読み方

ここで条文の読み方を伝授しておこう。
①主体（登場人物）をA・B（X・Y）などと入れながら読む。
523条でいえば、条文には明示されてい

の言葉を区別して使ってきた。だから、平成16年の改正では、条文でもその使い分けをするようにしたのである。

それでは、最初だから少し丁寧に条文を見ていこう。523条は、①項本文で、申込者が承諾期間を定めて申し込んだときは（たとえば、「2週間以内にご返事ください」）、その申込みは撤回できないと定め（ただし、申込者が申込みを撤回する権利を留保したときは〔相手方も撤回可能性のあることをわかっているので〕撤回してもよい。同項ただし書）、②項で、その期間内に承諾の返事をもらわなかったときは、申込みは効力を失うと定めている。つまりこれは、期間のある申込みなら、承諾者はその期間を使って考え、返事をすればいいのだから、その期間中は（承諾者側は返事をするために何か準備したり調査したりしているかもしれないので）、申込者のほうは途中で申込みを引っ込めてはいけない。ただ逆にその期間を過ぎたら、今度は申込者としては他の人に申し込むなり、他の可能性を探したい。だから、申込みは効力を失う、つまり、もう申込みは有効ではなくなったから、その後で承諾をしても契約は成立しませんよ、というのである。言われてみればごく当然の規定である。しかし、ここで気づいてほしい。①項本文は、承諾者の利益を考え、②項は申込者の利益を考えている。両当事者の利益のバランス、これが民法の最も基本的な発想である。（⊿⊥）

⊿⊥ ルール創りの観点から

両当事者の利益のバランスを考えるのは、民法のルール創りの一番の基本である。新しい条文が出てきたら、それは誰をどう保護するルールなのかを常に考えよう。そういう意味で、民法の学習には、「相手の立場でものを考え

ないが、申込者Ａ、承諾者Ｂとして、Ａが
Ｂに申し込む、Ａが撤回をする権利をＢに
対して留保した、という具合に読んでいく。
そうすると具体的なイメージがわきやすい。
　②３人以上の主体が出てくるときは紙に
関係図を書いてみる。
　これは、適切な条文の例が出てきたとこ
ろでまた説明しよう（第**3**課36頁参照）。
　③何が言いたい条文かを考える。
　条文では省略されている「趣旨」「狙

い」を理解する。

　（♡**6**）ちなみに、皆さんの六法では、た
とえば523条には（承諾の期間の定めのあ
る申込み）という見出しが付いている。こ
れは平成16年の改正で新たに付けられたも
ので、法律の一部であるのだが、それまで
民法典には見出しは付いていなかった（以
前の六法で民法に付けられていた見出しは、
各出版社が便宜のために考案していたもの

　られること」が必要なのである。

　さて、ここであらためて条文を見てみよう（⚑**ザ・条文**）。こういうところ
でまず嫌気がさす人がいるが、本書ではそんな心配は絶対にないようにした
い。上の（注）と Know How を見てほしい。条文はこうやって読むのであ
る（⚑**ここが Know How**）（♡**6**）。

　その他、524条は、申込者が設定した承諾期間よりも完璧に遅れて着いた
（つまり申込者のほうで、もはや取り合わなくてよい）承諾でも、（申込者がそれ
でもよい、契約したい、というのであれば）申込者がそれを新しい申込みとみ
なして（それに承諾をすれば）よいという意味である。

　525条①項本文は、承諾期間を定めないでした申込みは、（いつ撤回しても
よさそうなものだが、承諾者が承諾しようと検討したり準備したりしているとこ
ろで撤回されると承諾者のほうが不測の損害を被るおそれがあるので）、申込者
が承諾を受けるのに相当な期間（検討の期間プラス返信に必要な期間程度）は
撤回してはいけない、という規定である（なおこれについても、申込者が撤回
権を留保している場合は撤回ができる。同項ただし書）。

　さらに同条②項は、対話者と対話している最中であれば、①項の承諾の期
間を定めない申込みであってもいつでも撤回できるという当然の規定であり、
また③項は、対話者に対してした承諾の期間を定めない申込みは、対話中に
承諾がなければ、その申込みの効力を失うと規定する（その場限りの申込み
と判断されるからである。したがって、同項ただし書が、「申込者が対話の終了後
もその申込みが効力を失わない旨を表示したときは、この限りでない」と規定す
るのは、たとえば、対話しながら「返事はいつでもいいから待っているよ」など

25

である）。最近作られる法律には、どれも見出しが（法律の一部として）付けられることになっている（現在の民法中ごく一部の条文で見出しがないものは、その前の条文の見出しと共通〔内容がつながっている〕と考えればよい）。

（◇5）たとえば承諾の電子メールの場合は、相手方（申込者）のメールサーバーに読み取り可能な状態で記録された時点で到達といえよう。逆に、メールサーバーが故障していて承諾の通知が記録されなかった場合や、いわゆる文字化けによって解読できなかった場合は、承諾は不到達ですなわち契約は不成立ということになる。

として申し込んだ場合を指す）。

526条は、申込者が申込み後に死亡したり意思能力を失ったり行為能力の制限を受けるに至った場合には、申込者があらかじめそういう場合には申込みは効力を失う旨を意思表示していたり、相手方が承諾の通知を発する前にそれらの事実を知ったときは申込みは効力を持たなくなるという、これも当然の規定である。

528条は、承諾者が申込みに条件を付けたり変更を加えて承諾したという場合は、（本来の承諾ではないのであるから無効であるが、何の意味もないとする必要はないので）、元の申込みを拒絶したうえで新たな申込みをしたものとみなせばよいというものである（それぞれカッコ内の説明を加えれば条文の意味がわかりやすい）。

(4) 契約の成立時期

契約の申込みと承諾という2つの構成要素は、いずれも上に学んだように「意思表示」である。そして、意思表示はいつ効力を発生するかというと、これはその意思表示が発せられた時ではなく、それが相手方に到達した時であるということが、97条①項（民法総則の範囲）で決められている（これを**「到達主義」**という）。そうすると、契約の成立時期は、申込みと承諾が揃った時点ということなので、承諾が申込者に返ってきた時（承諾の到達時）ということになる。したがって、承諾の通知が相手方に着かなければ契約は成立しない（◇5）。なおこの点、平成29年改正前の日本民法典は、契約成立時期を承諾の発信時として契約を早めに成立させるという特殊な規定を置いていたので、いろいろと議論があったが、その条文は平成29年改正で削除さ

れ、問題は解決した。

　なお前述の交叉申込みの場合は、契約は遅いほうの申込みの到達時点で成立すると考えられる。また先に述べたように、申込者が承諾は不要とした場合や、慣習上とくに承諾を必要としない場合には、承諾の意思表示と認められる意思実現行為があれば、その時に契約が成立することになる（527条）。

⑸　懸賞広告

　529条から532条には、懸賞広告の規定が置かれている。これは、たとえば新聞や雑誌で小説の新人賞作品を募集したりするものなどが思い浮かぶが、個人が電柱に「行方不明の飼い猫を探してください、見つけた方には謝礼を差し上げます」と貼り紙をするものなどもこれにあたる。なぜこのような規定がここにあるのかといえば、懸賞広告というのは、考えてみれば、不特定多数の相手への、到達するかどうかも不確定な申込みと考えられるので、「契約の成立」の特殊形態としてこの款に置かれたものである。その点さえ把握しておけば、広告に書かれた行為をした者に対して報酬を与える旨の広告をした者は、行為者が広告を見たかどうかにかかわらず、その報酬を与える義務を負うという529条の規定をはじめとする一連の規定は理解できるであろう。意思表示の理論からは面白い問題を含むが、一般には特段の重要性はないものとして講義でも省略されることが多い。

講義聞く揺れる視線に書いてある

　　　　　私はこれでいいのでしょうか

　私は、自ら開発した「大教室双方向授業」を、もう10年ほど実践している。高い教壇から何やらえらそうにしゃべるのは昔から嫌いなので、どんな大教室でも、講義中にハンドマイクを２本持って学生諸君の席の中に入って行き、その場その場で当てた学生にマイクを持ってもらって、質問に答えたりしてもらいながら授業を進行させるのである（これをやると、少しでもおしゃべりをしていると私が飛んで来るので、最後列までまったく私語がなくなり、学生諸君の集中力も高まる）。

　さて、そうしながら学生諸君を観察していると、入学して１、２か月たった頃、自分の進路選択がこれでよかったのか、迷っているように見える学生が必ず見つかる。そういう諸君に忠告しておこう。①大学の名前によりかかるのは間違い。頼れるのは自分だ。②選んだ学部がこれでよかったのかどうかは、１年みっちり勉強してみて答えを出そう。ひと月やそこらでわかったつもりにはなってほしくない。③転部や再受験などの判断も、最後は自分で決めて、決めたことには自分で責任を持とう。

　あまりえらそうなことは言えないけれど、私自身、1969年、激動の年に大学に入って、試行錯誤の末に上のようにして自分の人生を選んだ経験がある。

第3課　契約総論⑵ 契約の効力・契約上の地位の移転

> 　教室にいるのがもったいないような陽光の中、新入生の君は、受験生の時とすっかり変わってしまった自分に気づく。サークルとかバイトとかけっこう忙しいんですよ、と明るく言ってくれるのはいいとして、勉強のほうはどうなっている？初心忘るべからず。債権法はこのへんから佳境に入ってくる。この課の「契約の効力」もいろいろ工夫してみた。契約の効力といっても民法はここで何を規定しているのか。それをまず十分に把握してから学習に入ろう。

▶3　契約の効力

⑴　学習の内容

　ここでは、何を学ぶのかを把握することがとくに重要である。「契約の効力」と題された533条以下には、「同時履行の抗弁」「危険負担」「第三者のためにする契約」の３つの内容が規定されている。しかしこれらは、実は契約の効力一般に関することではない。一般に契約が有効かどうかは、内容が適法か、確定しているかなどで決まるのだが、そのことは日本の民法ではこと

29

（♡1）瑕疵というのは、一般の用語で置き換えるのが難しいが、物や権利についての「キズ」や欠陥のことをいう。

（♡2）法律用語では「牽連性（けんれんせい）」という。

●ザ・条文
　533条　双務契約の当事者の一方は、相手方がその債務の履行（債務の履行に代わる損害賠償の債務の履行を含む。）を提供するまでは、自己の債務の履行を拒むことができる。ただし、相手方の債務が弁済期にないときは、この限りでない。

さら書いてはいない。また、当事者に契約のような法律行為をする能力がないとき（たとえば子どもの場合）や、当事者の意思表示に瑕疵（かし）（♡1）があるとき（たとえば間違えて1桁多い金額を書いてしまったり、人にだまされて「買う」と言ったりした場合）に、契約の効力に問題が生じることは民法総則で学ぶことである。

　ここで学ぶもののうち、同時履行の抗弁と危険負担は、前の課で説明した「双務契約」に特有の問題を扱い、第三者のためにする契約は、契約の相対効（基本的には契約は、両当事者のみを拘束し、他の人には効力が及ばない、ということ）を扱っている。どうして双務契約に特有の問題を規定しておかなければならないのかといえば、双務契約では、当事者の双方に債務が発生するのだから、一方だけが履行して他方が履行しなかったりということが起こらないように、双方の立場を公平にして、お互いの債務に繋がりの関係（♡2）を持たせる必要があるからである。

⑵　同時履行の抗弁

　①意義　これは比較的わかりやすい。Aさんが、Bさんと、Bさんの時計を1万円で買う売買契約をしたとしよう。この契約は、Aさんの代金支払と、Bさんの時計の引渡しの両方がきちんと履行されなければならない。そのためには、Aさんとしては、「Bさんが時計を渡してくれるまでは私はお金を払わない」と言えるべきだし、Bさんとしては、「Aさんがお金を払うまでは時計を渡さない」と言えるべきである。それを規定しているのが533条である（⇧ザ・条文）。A・B双方がそう言う権利を持つ結果、一般には両方の債務が引換えに履行されることになる（もちろん、2人の話し合いで、た

（◇１）実は取引社会では２つの債務を同時履行させることはあまり多くない。品物を納入するのが先で、支払は60日とか90日とかあとになる契約が多いのである。だからそういう異時履行の契約では、同時履行の抗弁は問題にならない。

（♡３）履行の提供の概念については、第**23**課の債権総論の「弁済」のところで詳しく説明する。

♡◇用語解説♣♠
　効果　法律学で「効果」という場合は、ある規定や制度などが適用された場合に、どのような結果が生じるのかをいう。「ダイエットに効果がある」というような場合の「ききめ」という意味ではないので注意してほしい。これに対して**要件**というのは、これとこれがそろえばこの規定が使える、というものである。要件と効果をセットにして学んでいこう。

とえば先に時計を渡し、お金は給料日まで１週間待つ、という合意があるとすれば、その場合は合意通り時計を渡す債務を先に履行しなければならない。533条のただし書はそのことを述べている）（◇１）。なお、法律では、たとえばＡが「時計を渡せ」と請求するのに対し、Ｂが「いや、お金をもらうまではだめだ」というように言い返すことを「抗弁」という。そういう抗弁のできる権利が「抗弁権」である。したがってここでは「同時に履行せよという抗弁のできる権利」が規定されているというわけである。

　②**要件**　この同時履行の抗弁はどういうときに使えるか。条文に、「相手方がその債務の履行……の提供をするまでは」とあるから、これは、相手が自分の債務は履行しようとしないでただこちらの債務の履行ばかりを迫る場合にだけ使える、ということになる（♡３）。たとえばＡがお金をそろえて持ってきて、「時計を渡せ」と言う場合には、Ｂはもう同時履行の抗弁は使えない。それから条文のただし書に、「相手方の債務が弁済期にないときは、この限りでない」とあるから、たとえば先ほどの例のように、相手はまだ１週間先まで支払をしなくていい（弁済期日が来ていない）という場合は、Ａが約束の引渡日に「時計を渡せ」と言ってきたら、Ａはお金を用意せずに手ぶらで来たとしても、Ｂは同時履行の抗弁は使えない（引き渡さなければならない）ということになる。

　③**効果**　同時履行の抗弁の行使の効果は、上に述べたように相互に相手方の履行の提供があるまで自分の履行を拒めるというものだが、もうひとつ、同時履行の抗弁が存在することの効果というべきものがある。すなわち、同時履行の抗弁を持つ間は、履行を遅らせても、それは違法性がないので、いわゆる債務不履行にはならず、損害賠償を請求されたりすることはないとい

（◇2）なお、訴訟になった際に同時履行
の抗弁の存在が認められれば、判決は、
「相手方の給付と引換えに給付せよ」とい
う引換給付判決になる。無条件の給付判決
を求めた債権者からすれば、一部勝訴とい
うことになる（つまり債務者は、同時履行
の抗弁を持っていても、「無条件には負け
ない」というだけで、勝てるわけではな
い）。

うことをとりあえず覚えておこう（◇2）。

④**適用対象**　双務契約の一方の当事者に、複数の債務が発生する場合が
ある。その場合は、それらの債務のうちのどれが、相手方当事者の債務と同
時履行の関係に立つのかが問題になることがある。原則的には、両当事者の
中心的な債務同士、ということになるが、たとえば、不動産の売主は、目的
不動産を引き渡す債務と、対抗要件としての登記を移転する義務を負う。そ
のうち、売主の移転登記協力義務が買主の代金支払債務と同時履行関係に立
つというのが確定した判例である。もっとも、住宅の売買のように買主にと
って目的不動産の引渡しがとくに重要な意味を持つ場合は、引渡しも代金支
払と同時履行の関係に立つというべきだろう（登記は済んでも鍵をもらうま
ではお金を払わない、と言える）。

③　危険負担

①**意義**　これは上手に説明してもらわないとわからない制度であるが、
制度の内容は、平成29年改正によって、簡明なルールに変わり、これまで問
題とされていた点はかなり解決した。

これまでの債権各論の教科書では、危険負担とは、「双務契約において、
契約が締結され債権が発生した後で、当事者の責任のない理由でどちらかの
給付が不可能になった場合、相手方の債務はどうなるか（その給付不能のリ
スクをどちらが負担することになるのか）の問題である」などと定義されてい
た。これは一読して意味がわからなくてもいい。わからないのが普通である。

要するに、状況はこういうことである。たとえばAさんがBさんからある
品物を買う契約を結んだ。2人は1週間後に品物の引渡しと代金の支払をす

る約束だった。ところが、３日後にＢさんに責任のない理由で（たとえば隣家の火事の類焼で）その品物が焼失してしまった。あいにく代わりの物はない。でも２人は売買契約をしてある。契約というものは結ばれたならば拘束力を持つのが原則である。こういうときに、Ａさんは（契約した以上）品物はもらえなくてもお金を払わなければいけないのか（Ｂさんにしてみれば品物は渡さずにお金がもらえる）、品物がもらえないのだからお金も払わなくていいのか（Ｂさんが品物を失っただけ損をする）。つまり、品物が渡せなくなったリスクを当事者のどちらが背負い込むか、ということなのである。これは、先ほどの双務契約の両当事者の債務の繋がりという観点からみると、一方の債務が履行期の前に当事者に責任のない理由で履行できなくなったときに、反対の当事者も債務を免れるとするべきかどうか、という問題になる。

　②**誰が債務者？　誰が債権者？**　　ここからが肝心である。どんな教科書にも書かれていないが、危険負担の学習の最大のポイントは、まず、誰が債務者か誰が債権者かを決定するところにある。なぜなら、問題になっているのは双務契約なのだから（片務契約では、最初から一方にしか債務がないから、一方の債務が履行できなくなったときに相手の債務はどうなるかという問題は出てこない）、ＡさんもーＢさんも債権者であり債務者であるわけである（売主のＢについていえば、品物を引き渡すという点では債務者であり、代金を請求するという点では債権者である）。当たり前だといわれるかもしれないが、教科書を読んでわかった気になっていても、試験になって事例問題で聞かれたとたんに大混乱、というのが、実は大変よくあることなのである。

　混乱しない覚え方はこうである（これはしっかり**覚えてほしい**）。まず、不能になった給付が何か、を確認する。その**給付を中心にして**見るのである。

ここが Key Point

1 実際の事例では、どちらが債権者で どちらが債務者かを間違えないように。 「給付が不能になった債務」を中心に見て、 それについての債権者と債務者ということ で決めること。

2 危険負担の問題は、契約の後で目的 物の給付が不能になった場合（後発的不 能）にしか出てこない。しかもその不能が 両当事者に責任のない事由で起こった場合 だけである。給付が完了した場合も、危険 負担の問題はなくなる。

その給付を**なすべき**立場にあった当事者が債務者、その給付を**要求する**立場 にあった当事者が債権者である。先の例では、品物が燃えて給付不能になっ たのだから、品物を引き渡すべき売主Bが債務者、引渡しを請求する買主A が債権者となる（⇧**ここが Key Point 1**）。そして、給付不能のリスクを負担 するのが債権者Aなら債権者主義の立法（Aは目的物はもらえないのにお金 を払わなくてはならない）、債務者Bなら債務者主義の立法（Bが目的物が焼 失したリスクを引き受け、Aはお金を払わなくてよい）ということになる。

③危険負担はどこで出てくるのか　危険負担の中身を理解する前に、そ の外見・輪郭を知るのが第2のポイントである。

まず初めに、A・B間で契約した目的物は、契約の時に存在していたか （給付が可能であったか）を確認しよう。これは、契約の時にもし目的物が存 在せず給付が不可能だったら（たとえばBさんが自分の別荘を売る契約をした 前日に別荘は山火事でなくなっていたという場合）、危険負担の問題にはなら ないからである。そのようなケースは、「原始的不能」と呼ばれ、この点につ いてもいろいろ問題があるが、今は詳しくは触れないことにする（◇**3**）。 いずれにしても、危険負担は、契約の後で目的物の給付が不能になった（こ れを「後発的不能」と呼ぶ）場合にしか出てこないのである。

そしてさらに最後のチェック。これは当たり前のことだが、AがBから品 物を受け取り、その後でそれをなくしたり、盗まれたりしてもAはBに何も 文句を言えない。つまり給付が完了すれば、危険負担の問題は出てこないわ けである。

それゆえ、危険負担というのは、当事者が契約に拘束される関係に入った 後で、まだ履行の時期が来ないうちに、両当事者に責任のない理由で給付が

できなくなったという、にわかにはどちらに損失を負担させるべきか決められない状態を法が規律しようとするものなのである（⚑ここがKey Point 2）。

④平成29年改正後の規定の構造　平成29年改正後の条文では、すべての契約について債務者主義が採用され、わかりやすくなった。改正前には、売買契約など、特定物に関する物権の設定または移転を目的とする契約に関しては債権者主義が規定されていたが、それらの規定はすべて削除された。

改正法536条①項は、「当事者双方の責めに帰することができない事由によって債務を履行することができなくなったときは、債権者は、反対給付の履行を拒むことができる」と規定している。

つまり改正法では、すべてのカテゴリーの契約について、債権者の債務が消滅するかどうか（債務消滅構成）ではなく、債権者は反対給付（自分の債務）の履行を拒める、という**履行拒絶権構成**に変えたうえで、債務者がリスクを負担することにしたのである。

なお、改正法の同条②項前段は、「債権者の責めに帰すべき事由によって債務を履行することができなくなったときは、債権者は、反対給付の履行を拒むことができない」と規定する。この②項は、正確には危険負担の話ではなく、つまりは債権者が自分で債務者の債務を不能にした場合の規定であって当然である。さらに同項後段は、「この場合において、債務者は、自己の債務を免れたことによって利益を得たときは、これを債権者に償還しなければならない」と規定する。これら②項の規定は、改正前と同様の内容である。

⑷　第三者のためにする契約

①意義　第三者のためにする契約とは、そういう契約が独立してあるの

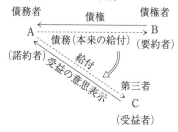

●第三者のためにする契約

●ザ・条文

537条①項 契約により当事者の一方が第三者に対してある給付をすることを約したときは、その第三者は、債務者に対して直接にその給付を請求する権利を有する。

同条②項 前項の契約は、その成立の時に第三者が現に存しない場合又は第三者が特定していない場合であっても、そのためにその効力を妨げられない。

同条③項 第一項の場合において、第三

ではなく、何らかの契約の中に含まれる、第三者に利益を与える特約のことをいう。たとえば売買契約の両当事者A・Bが、AがBに支払うべき代金を第三者のCに払うことにする、という合意をするような場合である。そもそも契約の効果は当事者だけに規律の効力が及ぶ相対的なものであるのに（合意の相対効という）、本来A・Bの間だけに通用するはずのルールが、第三者Cにまで効力を持ち、Cがその権利を直接Aに主張できることになる、というので、ここに定めてある（537条〔⇧**ザ・条文**〕以下）。

②**要件**　ここで覚えておいてほしいのは、当事者A・Bが自分たちの契約を第三者Cに影響させることができるのは、Cにプラスの権利を与える場合だけで、勝手にマイナスの義務を負わせることはできないということである。なお、契約時にはまだCがいない、または特定されていない、という場合でも、このような契約は有効に結ぶことができる（537条②項）。また、プラスの権利であっても、自動的に与えられるのではなくて、Cが利益を受けることを表明する「**受益の意思表示**」をしてはじめて発生するようになっている（同条③項）。

③**効果**　第三者は、受益の意思表示をした後は直接債務者Aに給付を請求することができる（537条①項）。また、受益の意思表示があって第三者Cの権利が発生した後は、当事者（AとB）はこれを変更したり消滅させたりできなくなる（538条。受益の意思表示によって第三者の権利が確定するわけである）。なお、契約の両当事者はあくまでもAとBなのだから、BはCに取得させることにした権利については、Cの受益の意思表示後でもAに対して、「Cに給付をせよ」と履行の請求をすることができる。さらに、Cの受益の意思表示後でAが履行をしない場合には、Bは、なお契約の解除権を持つが、

者の権利は、その第三者が債務者に対して同項の契約の利益を享受する意思を表示した時に発生する。

（注）前の課で説明したように、こういう条文は、登場人物をA、B、Cと入れて読み、関係図を書いてみるとわかりやすい。この場合、A・Bの契約で、第三者Cに給付することを約束するのだが、Cに給付する約束をした「当事者の一方」すなわち

「債務者」Aのほうを「諾約者」、約束をさせた相手方Bを「要約者」、第三者Cを「受益者」と呼ぶこともある。

（Cの利益が保護されるべきであるので）Cの承諾を得なければ、契約を解除することはできない（平成29年改正によって追加された538条②項）。また同様に（契約の両当事者はあくまでもAとBということからして）債務者AはBに対して主張できること（たとえばまだ品物をもらっていないからお金は払わないという同時履行の抗弁など）はすべてCにも主張できることになる（539条）。

▶4　契約上の地位の移転

(1)　概説

平成29年改正によって、ここに新しく契約上の地位の移転に関する条文が1か条挿入された（539条の2）。しかし、実はこの規定は契約総論のこの部分に入れるのが適切かという問題もあり、また、現代の民法典としては、諸外国の民法典と比較してみると、本来は契約上の地位の移転については当然もっと多くの規定がなされるべきであるということも指摘しなければならない。

(2)　規定の内容

改正法539条の2は、「契約の当事者の一方が第三者との間で契約上の地位を譲渡する旨の合意をした場合において、その契約の相手方がその譲渡を承諾したときは、契約上の地位は、その第三者に移転する」と規定する。そこで、元の契約の相手方の承諾を得る構成が、第三者のためにする契約と同様であることから、ここに置いたということなのであろう。

しかしながら、事の本質はそこにはない。これからの取引社会で重要にな

る契約上の地位の譲渡とは、さまざまな理由から、たとえばＡがＢとの間で結んだ契約をＣに譲渡する（Ａ・Ｂ間の契約がＢ・Ｃ間の契約になる）という形態である。従来から論じられてきたものには、たとえば不動産賃貸借契約における賃借人の地位の譲渡や賃貸人の地位の譲渡というものがあるが、これらは、それぞれ賃貸借契約のところで規定が置かれる（本書第 9 課参照）。問題は、それ以外の、売買契約（本書第 6 課・第 7 課参照）や金銭消費貸借契約（本書第 8 課参照）などで今後広く行われる可能性のある、自分がした（している）契約を他人に譲渡するケースなのである。

　本来は、これらについて広く妥当するルールをより詳細に規定するべきなのである。詳しくは、本書第22課の債権関係の移転(2)でまた述べるとしよう。

　　またひとつ恋終わる朝六月の
　　　　　図書館裏に無言の二人

　２年生になってサークルの責任者になった。３年生になって専門のゼミが始まった。そんなことも、２人の気持ちや考え方を大きく変えてしまうのかもしれない。

　人を恋して傷つくことも、君を成長させる大事なことだと思う。そして、（ひと昔前なら気晴らしに友人と飲みに行ったものだが、現代では20歳未満ではそうも行かず）１人のアパートで歯を食いしばって机に向かうというのも、またいいものではないかと思う。

　君たちの若さをほんの少しうらやみながら、第３課はこのへんで。

第4課　契約総論⑶ 契約の解除・定型約款

　前々課は、契約の成立を学び、前課では契約の効力（ただし一般論として
の効力の話ではなかったが）を学んだ。契約が生まれて、効力を持って存続
して、今度はその契約の生命を無にする話になる。だんだん力が入って説明
が難しくなってきてはいけないので、多少肩の力を抜いて書くことにしよう。
皆さんも、コーヒーでも飲みながら、リラックスして読んでみてほしい。

▶5　契約の解除

1　序説——学習の内容

　ここで学ぶことは、ごくおおざっぱにいえば、結ばれた契約をなかったも
のにすることなのだが、「解除」という形の「契約のやめ方」とはどういう
ものなのかを、まず正確に理解したい。そのうえで、それが契約法の中では
どういう意味を持つことで、どういう場合にできることで、どういう法律上
の効果を持つことなのか、を勉強しよう。

ここが Key Point

　解除というのは、解除権者の一方的な意思表示。「契約をやめよう」とお互いに合意することとは違う。契約法の世界では、これはかなりの強硬手段だから、それなりの理由がないとできない。

2　契約の「解除」とは

⑴　「解約」との違い

　まず、適法な両当事者の合意によってなされた契約は、当然、守られなければならない（拘束力を持つ）。お互いに信義を守り、誠実に、約束通り履行しなければならないのである。けれども、もちろん、両当事者がお互いに納得して「この契約は、なしにしよう」というのであれば、それはそれでいい。契約はなかったことにできる。しかしそれは、両当事者の合意による「解約」であって、ここでいう「解除」とは違うのである。

⑵　解除の定義

　それでは、「解除」とはどういうものか。「解除」とは、当事者の一方が、自分だけの意思表示によって、相手方に対して、契約をなかったことにする宣告をすることである（⇧**ここが Key Point**）。

　そこで、気づいてほしい。本来、しっかり守って履行しなければいけない契約を、一方的にやめる、というのが「解除」である。だからこれは、かなり思い切った、強硬な手段である。そんなものが、自由にできるはずはない。よほどの理由がなければできないはずである。

⑶　解除のできる場合

　ではその「よほどの理由」とは？　聞けば当然と思うだろう。その理由のほとんどは、相手方の約束違反、つまり債務不履行である（他に、法律の条文で規定してある、各種の契約についての固有の解除原因にあてはまったときに

（♡1）第2課にちらりと触れた「取消し」にも遡及効がある。

も解除ができる）。さらに、当事者が「こういう場合には解除する」と約束していたときは、それにあてはまる状況になれば解除ができる。前者を法定解除、後者を約定解除という。詳しくは、あとの「解除の要件」のところで述べよう。

⑷　解除の根拠

　だから解除という方法は、とくに債務不履行その他の法定解除においては、普通、双務契約についてだけ考えられる。前の課で勉強した同時履行の抗弁権は、やはり双務契約で、双方の債務の履行をなるべく関連性のあるものにさせて当事者間の公平を図ろうとする制度だったが、双方が債務を履行する必要があるときに、もし一方が履行してくれないという不均衡が起こってしまった場合には、この解除によって、契約をなかったことにして、アンバランスを矯正しようというのである。実際、履行してくれない相手を無理に強制するよりも、解除によって自分の債務もないことにしたほうが得策という場面も多い。

⑸　解除の効果

　そうすると、そこから解除の効果も導くことができる。つまり、解除すると、一般には契約は初めからなかったことになるのである。こういう効果を、初めに遡るという意味で、「遡及効（そきゅうこう）」という（♡1）。したがって、もし一方（あるいは双方）の当事者がすでに履行をしていたとしたら、それは元に戻されることになる。たとえば、時計の売買契約で、時計は渡したのに催促してもお金が支払われないので売主が解除する、というのであれ

（♡ 2）原状（げんじょう）は現状ではない（現状では元に戻らない）。

ば、時計も元の売主に返されなければならない。これを原状回復義務という（♡ 2）。双方の当事者が履行をしていても、あとで述べるように、一方の当事者の履行の内容が不完全・不十分だったので解除するというような場合には、双方にこの原状回復義務が発生することになる。

　もっとも、「一般には、遡及効がある」と書いたのは、一部の契約については、解除に遡及効がないからである。つまり、売買のような一回的な給付を目的とする契約では、品物を戻しお金を戻せばそれでいいのだが、たとえば賃貸借のような継続的な契約ではそうはいかない。3年間住み続けたアパートだったが、家賃を支払えなくなったので大家さんから契約を解除された、という場合であれば、大家さんは3年間の家賃を全部返し、賃借人は3年分の利用利益を全部返すというのは、ナンセンスな話である。だからこういう継続的な契約では、解除に遡及効はなく、契約は、解除の時点から将来に向かってのみ、効力が消滅するということになる。

♡◇ミニテストのお知らせ♣♠

　さて、ここでお知らせです。本書では、読者の皆さんが実際にどのくらい内容を理解し、身に付けているのかを自己診断できる機会を設けます。

　第6課まで進んだところで、ミニテストをしてみましょう。そのつもりで、惰性で読むのではなく、各課を復習しながら読み進めていってください。

3　解除の要件

(1)　解除権という権利

民法は、解除するということを、一定の場合に「解除権」という権利が発

540条①項　契約又は法律の規定により当事者の一方が解除権を有するときは、その解除は、相手方に対する意思表示によってする。

（◇1）　したがって解除権というのは、解除権を持つ当事者が1人で行使して、契約の消滅という法律効果を発生させる権利ということになる。こういう性質の権利を、

「形成権」という。

（♡3）　第12課169頁の「過失責任の原則」を参照。基本的にはこれは、交通事故で他人にケガをさせたなどの不法行為（709条以下）の場合に、故意も過失もなければ責任を負わないという形で、個人の行動の自由を保障するための考え方である。

生して、その権利を意思表示によって行使する、というふうに構成している（540条〔⬆ザ・条文〕）（◇1）。そして、法定解除権の発生する一般的な場合が、相手方の債務不履行の場合というわけである。

⑵　債務不履行とは

そこで、ここで債務不履行について概括的にお話をしておかなければならない。要するに、契約から発生した債務の本旨（本来の趣旨）にそった履行がされない場合を債務不履行というのだが（415条）、そのパターンは一般に3つの種類に分けられて説明されている。①約束の期日に履行がされないという「履行遅滞」と、②履行ができなくなったという「履行不能」、③その他、履行はされるにはされたのだが、どこか不完全なものになっている「不完全履行」（不良品だったとか、数が足りないとか、一部壊れていたとか、さまざまなものがありうる）の3つである（ただ、平成29年の改正では、そのような三分法での説明を避けているようである。しかしいずれにしても、これはわかりやすくするための説明手段なのであり、あまりそのあたりの学理にこだわる必要はなかろう）。

そして従来の伝統的な考え方では、債務不履行というには、それら3つのどの場合でも、債務者の帰責事由（故意・過失）が必要であると考えられてきた。これは、条文からは必ずしも明らかでないものもあったのだが、従来は民法の基礎になる過失責任主義（♡3）から考えても当然であると説明されてきたのである。しかしながら、近年は、契約の拘束力を重視する考え方から、債務不履行として評価する根拠は、過失責任主義（故意・過失があるから責めを負わせる）の問題ではなく、契約しておきながらそれを破ること

自体に求められるべきという考え方が世界的に強くなってきていた。その考え方からは、「帰責事由」を債務不履行の要件としないという帰結が導かれる（ただし、いわゆる無過失責任になるわけではないから、不可抗力その他債務者が思ってもみなかった事由による不履行の場合には責めを負わないということになる。つまり、帰責事由は、それがまったくないことを証明すれば〔たとえば天災による交通途絶等〕責任を免れるという「免責事由」として要求されることになったのである。詳細は第**14**課**3**を参照）。

⑶ 債務不履行の2つの効果

　債務不履行があった場合、不履行をされたほうの契約当事者は、2つの手段を取ることができる。それが、解除と損害賠償である。民法では、債務不履行の損害賠償については、415条以下、つまりいわゆる債権総論で講義される部分に規定しており、解除は契約総則の540条以下に規定しているので、ここ、すなわち債権各論で勉強することになっている。したがって、この時点では、債権総論と債権各論を繋げて勉強する必要がある。

⑷ 損害賠償と解除の関係

　さて、そうすると、債務不履行をされたときには、契約の解除と損害賠償との2つの手段が取れるわけだが、その2つの関係はどうなるのか。実は、外国では、この2つの二者択一（一方を選択したら他方は主張できない）という規定を置いていた国もある。けれど、日本では、フランスなどと同様に、どちらも（両方ともでも）主張することができる（545条④項）。

⑤　解除と帰責事由

以上の情報を得て、ここからようやく解除の要件論に戻る。平成29年改正法では、上記の、「契約（合意）したこと」を重視する世界的な考え方を入れて、契約の解除には、「契約通りの履行がされなかったこと」があればよく、それについての債務者の帰責事由は必要がないという考え方を採用した（⚖）。そして具体的な条文としては、以下のように、催告を必要とする解除と、催告を必要としない解除に分けて規定したのである。

なお、以上の改正規定には、国連のウィーン売買条約（♣1）の影響も見て取れることを付け加えておこう。

⚖ ルール創りの観点から

平成29年改正法は、上述のように、近年の考え方を入れて、解除に帰責事由を要求しない規定となった。「債務者に対する責任追及の手段としての解除制度から、債務の履行を得られなかった債権者を契約の拘束力から解放するための手段としての解除制度へ」大きく発想を転換したというのだが（そして実際に審議会でもずいぶん時間をかけて議論したようだが）、これは典型的な学者の（学理的な）議論であって、市民のためのルール創りという観点からはそれほど重大な変更には見えないだろう。

---

⑥　催告による解除

これは、当事者の一方（債務者）が約束通りの履行をしない（たとえば、約束の日に支払をしない）場合に、相手方（債権者）が相当の期間を定めて履

行の催告をし（お約束の日は過ぎています、ついてはいついつまでに履行してください、と催促する）、その期間内に履行がないときは、相手方（債権者）は契約の解除をすることができるという規定である（改正法541条本文）。つまり、債務者の履行が遅れたような場合に、債権者は直ちに解除ができるのではなく、いったん相当な期間を定めて催告をし、その期間内に履行がなければ解除できる、というわけである。

　この場合の「相当」の期間は、もちろんそれぞれの契約の内容によるが、新たに契約を結んだ場合に債務者がゼロから履行を準備して完了するのに必要な期間ではなく、一定の準備は終えているはずの債務者が履行を完了するのに必要と思われる期間でよいとされる（では、不相当に短い期間を示してした催告は無効か。これについては、そのような催告も、客観的に相当と思われる期間を経過した後は、相当期間を定めてした催告があった場合と同様に、有効に解除をすることができると考えられている）。

　ただし、その催告期間を経過した時における債務の不履行がその契約および取引上の社会通念に照らして軽微であるときはその限りではない（解除が認められない）という規定が、改正法で新たに置かれた（改正法541条ただし書）。したがって、債務者は、債務不履行が軽微なものであることを主張・立証すれば、契約の解除を阻止できることになる。

　この点、従来の規定の下での判例法理では、解除の可否は、契約の目的を達成できたかどうかで判断してきた（付随的な債務の不履行でも、それによって契約の目的を達成できなくなるような、契約の要素の債務の不履行であるならば解除は認められる）。それに対して平成29年改正法では、不履行が軽微であるという判断基準が取り入れられたわけであり、今後は、この「軽微かどう

か」をめぐって争われる紛争が多くなろう。その意味では、今回の改正は、新たな基準を導入したというだけで、従来よりも紛争の解決に資するものとなるかどうかは未知数である。

(7) 催告によらない解除

　これは、前者と異なり、債権者が催告をすることなく直ちに契約の解除ができる場合である（改正法542条）。基本的な考え方は、履行がすでに不能になっている場合（催告してもできない）とか、結婚披露宴用の料理の注文の場合（催告しても遅れてしまえば意味がない）など、催告をしても契約の目的を達成できないケースをまとめたものである。

　まず、改正法542条①項１号は、債務の全部について履行が不能であるときは、債権者が催告をすることなく契約の解除をすることを認めている。これは、改正前543条に対応するもので、当然である。

　改正法542条①項２号は、債務者が債務の全部の履行を拒絶する意思を明確に表示したときに解除を認める新規定である。これは、従来の判例でも、債務者が履行を拒絶した場合を履行不能として扱う裁判例が見られ、そういう趣旨を明文化したものとされる。この規定を使うには、債務者の履行拒絶の意思の明確性がポイントになる。

　同条①項３号は、債務の一部の履行不能、債務の一部の明確な履行拒絶の場合の、残存している部分だけでは契約の目的を達成できないときに解除を認めるものである。この規定を使うには、残存する部分だけでは契約をした目的を達成できないかどうかがポイントになる。

　同条①項４号は、改正前の542条とまったく同様のもので、披露宴用の料

（♡4）たとえば結婚披露パーティーのための食事の注文は、翌日催告して持ってきてもらうなどということはまったく意味がない。こういう、履行期が決定的に重要で、それを過ぎると契約をした目的を達成できなくなるような契約を、「**定期行為**」と呼ぶ。

（◇2）このように、列挙した場合にあてはまらないその他の場合に対して適用するような規定を、専門用語で「受け皿規定」などと呼ぶことがある。

理の注文など、契約の性質または当事者の意思表示によって、特定の日時または一定の期間内に履行をしなければ契約の目的を達成できないときには催告なしに解除できるとしたものである（♡4）。

同条①項5号は、上記の各号の規定にはあてはまらないが、その他債務者がその履行をせず、債権者が541条の催告をしても契約をした目的を達成するのに足りる履行がされる見込みがないことが明らかであるときは、催告なしでの解除が認められるというものである（◇2）。条文としては新規定であるが、具体的には、のちに学ぶ請負や委任など、役務（えきむ）提供型の契約（本書第**10**課参照）の場合には、（履行が客観的に不能ではなくても、債務者が履行をしようとしないケースなどで）この規定が有効に使われる可能性がある。

さらに、一部解除について、改正法542条②項は、債務の一部の履行が不能であるとき（同項1号）と、債務者がその債務の一部の履行を拒絶する意思を明確に表示したとき（同項2号）には、同様に無催告での契約の一部の解除を認めている。

⑧ 債権者の責めに帰すべき事由による場合

その他、債務の不履行が債権者の責めに帰すべき事由によるものである場合は、債権者は、前2条の規定による契約の解除をすることができない（改正法543条）。つまり、債権者が自己の責任のある事由で債務者の債務を履行できなくしたという場合には、解除権の行使が認められないというわけである。

4 解除の効果

(1) 総説

先に述べたように、解除がなされると、契約は遡及して消滅するので、当事者は相手方を原状に復させる義務を負う（545条①項本文）。つまり、まだ履行していない債務は最初からなかったことになり、履行済みのものは元の状態に戻るということである。この効果の点については、判例・通説はそう理解しているが、一部の学説は異なった解釈を主張している。ただ、それらの説は条文の素直な理解からは成り立ちにくい点もあるので、ここでは初心者の理解を混乱させないためにも、とくに紹介することはしない。

(2) 解除と第三者の関係

原状回復義務があっても、545条①項ただし書により、第三者の権利を害することはできないとされる。つまり、たとえばAさんがBさんに家を売り、さらにBさんがその家をCさんに売ったような場合に、何らかの理由（たとえばBさんが代金を半分しか払わない）でAさんが最初の売買契約を解除して原状回復となったときでも、Cさんの権利は守られるということである。

ここでちょっとだけ立ち入った説明をしてみよう。ここでいう第三者とは、判例・通説の考え方では、「解除された契約から生じていた法律関係を基礎として、解除までに新たな権利を取得した者」をいうとされる（つまり、「解除前に現れた第三者」ということになる。上の例では、Aによる解除のされる前に、CがBから家を買った場合）。ただこのとき、保護されるCとしては、（これはまだ勉強していないかもしれないが）自分の権利取得を他の人に対抗（主

（◇3）それでは、「解除後の第三者」はどうなるか。つまり、A・B間の売買契約が解除された後で、たとえばまだ登記はBのところにあるままの状態だったとき、BがCに売った、というようなケースである。結論からいうと、判例・通説の考え方では、これは545条①項の問題ではなくなる。どういう問題と考えるかというと、本文中にも述べた、同じ不動産を2人の人に二重に売った場合と同じように考えるのである。

つまり、甲という人が自分の土地を乙と丙とに二重に売った場合、乙と丙とでは、どちらか早く甲から登記を移させたほうが勝つとされる（これを177条の「対抗問題」と呼ぶ）。それと同様に考える。ということは、AがBから早く登記を戻せばAの勝ち、それより早くCがBから移転登記まで済ませてしまえばCの勝ち、ということである。だから、判例・通説の考え方は、「解除前の第三者」と「解除後の第三者」

張）できる要件までを備えていなければいけない、というのが、判例の態度である。家や土地のような不動産の場合、それを買い取って自分のものにすることは、相手方の売主との間では合意（契約）しただけで可能なのだが、自分が権利者となったことを世間の他の人に宣言して、他の人が、「いや、これは自分のものだ」と言ってきたときにも対抗できるためには、対抗要件としての登記というものが必要だとするのが日本民法の構成である（177条）。ただこれは本来は、売主XがYとZという2人の買主に同じ不動産を二重に売ったような場面で問題になることで、545条①項ただし書の場合はそれとは状況が異なるのだが、この場合も、登記がないと、Cは保護される完全な資格がない、と考えられているのである（したがってこの登記は、対抗要件としてではなく、権利保護資格要件として要求されるものと説明されている）。それゆえ、Aの解除があってもCが家を確保できるためには、Cは買ってさらに登記までを得ている必要がある（◇3）。

⑶ 同時履行の抗弁権の準用

解除がされて、両方の当事者がすでに一部なり全部なりの履行を済ませているときは、両者が相手方に履行済みのものを返さなければならない。このとき、その両者の原状回復債務は、お互いに、前課で学んだ、同時履行の抗弁権のある関係になる（546条）。

⑷ 解除に基づく原状回復義務の内容

解除された場合の原状回復義務については、もちろん動産などで現物が返還義務者の手元にあれば現物返還となるし、土地などは明け渡して登記を戻

とでは、考える根拠が異なるというわけだ
が、不動産のケースでは結局、どちらの場
合も第三者Cとしては、登記までを得てい
ないと保護されないということになる。

すことになるが、金銭の返還の場合は、改正前の規定と同じく受領の時から
利息を付けて返還しなければならないとし（改正法545条②項。これは、民法
典が金銭は持っていれば運用利益等を生むものと考えているからである）、新たに、
金銭以外の物を返還する場合もその受領時以後に生じた果実を返還しなけれ
ばならないという確認的な規定が追加された（同条③項）。

5 解除権の不可分性

なお、当事者の一方が複数いる（たとえば、数人の人が共同で1台のヨット
を買うなどという）場合には、解除は売主からするのなら買主全員に対して、
買主からするのなら買主全員によってされなければならない（544条①項）。
またこの場合、複数当事者の1人について解除権がなくなった場合は、他の
人の解除権もなくなる（同条②項）。これを「解除権の不可分性」という。
解除はドラスティックな手段であるのだから、ばらばらに使われたりして法
律関係が混乱するのを避けるためである。

6 解除権の消滅

①**催告による消滅**　解除権の行使についてとくに期間の限定がないとき、
解除されそうな相手方は、解除権のある当事者に対して、「解除しますか、
しませんか、これこれの日までに答えてください」と催告することができる。
そして、これによって、その日までに返事がないときには、解除権は消滅す
ると規定されている（547条）。

これはちょっとおかしな規定に思えるかもしれない。解除されそうな人と
いうのは、たとえば自分が自分に責任のある理由で債務不履行などをしてい

る人である。その人が、解除するかどうか返事をしろと催告して、返事がなければ解除権が消えるというのは、その人に甘すぎるのではないか。そんなふうに思う人もいるかもしれないが、これもやはり、解除がそれだけ強いカードなので、それを使うのか使わないのかいつまでも表明しないのでは、相手方が（落ち度はあるにせよ）あまりに不安定な立場に置かれるから、ということでバランスを図っている規定、と理解したい。

　②**目的物の減失・損傷による消滅**　　なお、解除権は、解除権者が契約の目的物を自分で壊したり、別の物に加工してしまったりしたときは、消滅する（そういう状態にしたらもう解除はできない）（548条）。これは当然の規定である（改正法では、解除権を有する者がその解除権を有することを知らなかったときはこの限りでないというただし書が548条に加えられた）。

　③**時効による消滅**　　さらに、解除権には時効による消滅も考えられる。判例は、一般の債権と同様に時効にかかるとし、解除権行使可能となった時から起算するというが、学説では、本来の債権の存続期間だけ解除権も存続するということのみ考えればよいとする説が有力である。（⚖）

⚖ **ルール創りの観点から**

　平成29年改正法では、一般の債権の消滅時効について、改正前の10年という規定から、①権利行使できることを知った時から５年、②権利行使できる時から10年、という改正がされ、かつ、③改正前の170条から174条までにあった、職業によって異なる１年から３年の短期時効は廃止された。ルールとしては債権の時効が統一化され（職業によって区別するような短期時効の廃止は合理的であろう）、主観的な起算点を入れた二重の期間制限になり、権利

（♡**5**）意思による自治を目的とする民法は、本来、判断力のある成年者がした契約などの法律行為については、拘束力を認めるのだが、だまされて意思表示した場合（詐欺）や、内心の意思がなかった書き間違いや思い違い（錯誤）については、取消しという効果を認めている。これらについては、民法総則で学ぶ。

行使できることを知った時から5年というルールが置かれたことによって、（多くの場合はこの権利行使できることを知るケースであろうから）基本となる時効期間が一部短縮化されたということになる。時代の趨勢で、世界的に時効期間は短くなる傾向にある（ただし、主観的起算点を入れた二重の期間制限は、これまでの日本法では、不法行為の消滅時効の規定など例外的であり、原則は主観的起算点のない一元的な時効であった。二元的な時効は英米法系統に多くみられ、この点では改正法は英米法のルールに接近しているともいえる）。

▶**6** 消費者保護とクーリング・オフ

　契約を結んだ以上、当事者は信義誠実の原則に従って債務を履行する義務がある。けれども、いわゆる悪徳商法やセールスマンの甘言に乗せられて、消費者がうっかりと契約してしまうことがある。もちろん民法では、詐欺による意思表示ならば取り消せるし（96条）、錯誤があっても取り消せるのだが（95条）（♡**5**）、甘言やその場の雰囲気に誘われただけでは詐欺や錯誤が成立しない場合も多い。また相手方が約束通りの品物を渡しているのであれば、債務不履行による解除もできない。このような場合に、民法規定では保護されない消費者を特別に保護して、一定期間は契約から脱退する機会を与えるのが、**特定商取引法**（「特定商取引に関する法律」。旧訪問販売法）などに規定されるクーリング・オフの制度である。

　クーリング・オフ（法文上は申込みの撤回または契約の解除）は、特定商取

引法のほか、割賦〔かっぷ〕販売法や宅地建物取引業法などで認められてき
たが（これらの法律については、本書75頁も参照）、それらは当初、個別業種を
対象にした規制法であったため、消費者の保護は必ずしも十分に図れないと
いう難点があった。

　そこで、不当な商品・サービスの売買・供給契約や、悪質な販売方法から
消費者を守る一般的・包括的な法の整備が望まれ、平成13（2001）年４月か
ら**消費者契約法**が施行された。この法律によって、民法に規定される詐欺や
錯誤による取消しにまで至らなくても、消費者が、重要事項について虚偽の
説明を受けたり（**不実告知**）、不確実な事項について断定的な説明を受けた
り、自宅に居座られたり営業所から帰してもらえなかったりして**困惑**した結
果締結された契約などは、取り消すことができるようになった。

　その後、特定商取引法もさらに改正され、規制対象とする商品や役務（サ
ービス）を指定していた制度を廃止し、ごく一部を除いたすべての商品・役
務を規制対象とすることになったので、クーリング・オフができる場面が大
きく広がった（平成20〔2008〕年６月改正、平成21〔2009〕年12月１日施行）。

▶7　定型約款

(1)　学習の内容

　これまで、民法典中には約款（前掲第２課16頁参照）に関する明文の規定
は置かれていなかった。平成29年改正で、はじめて「定型約款」の規定が新
設されるに至ったわけである（548条の２以下）。これによって、画一的な大
量の契約の取扱いを迅速円滑に処理することに資するというのが新設の根拠

である。ただ、一般論からすれば、約款は、大企業と消費者の関係でいえば大企業側が作るのであるから、約款関係の規定が民法典中に置かれることは、消費者の保護に繋がると考えられるのだが、今回の改正法では、大企業側に有利な規定も含まれていることに注意したい。

⑵　定型約款の概念

　平成29年改正法の説明では、改正法では約款全体を規定したのではなく、その中の「定型約款」と称するもののみを規定した、とされる。その概念は、改正法548条の2の柱書において、まず**「定型取引」**を、「ある特定の者が不特定多数の者を相手方として行う取引であって、その内容の全部又は一部が画一的であることがその双方にとって合理的なものをいう」と定義し、続いて**「定型約款」**を、「定型取引において、契約の内容とすることを目的としてその特定の者により準備された条項の総体をいう」と定義するのである。

　確かに、ある者が特定の取引先等に対して一方的に契約書の条項を作成する場合にその契約条項も広義の約款と解するとすれば、上記のように定義される「定型約款」は、その約款の中の一部であるということになるが、実際に社会で問題になるものの圧倒的な多くは、電気、ガス、保険、運送等、上記に定義される定型約款に該当するものであろう。

⑶　規定の概要

　①**定型約款の拘束力──みなし合意**　　改正法の規定の構造は、上記の「定型取引」を行う合意をした者は、次に掲げる場合には、「定型約款」の個別の条項についても合意をしたものとみなす、という、「みなし合意」の論

（◇4）なお、近時の学説は、相手方が合理的な行動を取れば約款の内容を知ることができることが約款が契約に組み入れられる要件であるという「組み入れ要件」という概念を使って論じてきたが、そのような学説の構成は今回の改正法には明示的には取り入れられていない。

（◇5）なお、近時の学説は、内容的に不当な条項を規制する「不当条項規制」と、相手方が予測できなかったような条項は契約内容にならないという「不意打ち条項排除」という表現で議論してきたが、今回の改正法の規定では、この②項で同様の趣旨の内容が取り込まれているとは見られるものの、そういう構成や用語自体は取り入れられなかった。

理を採用したものである（548条の2①項）。具体的にその合意としては、「定型約款を契約の内容とする旨の合意をしたとき」（同項1号）と、「定型約款を準備した者……があらかじめその定型約款を契約の内容とする旨を相手方に表示していたとき」（同項2号）を挙げている。このうち、1号は問題がないが、後者の2号の規定は、個別の条項についての合意までは不要となるということで、定型約款準備者（多くの場合は大企業側）に有利な規定ということになる（◇4）。

②**みなし合意が認められない場合**　ただし改正法は、上記の①項の条項のうち「相手方の権利を制限し、又は相手方の義務を加重する条項であって、その定型取引の態様及びその実情並びに取引上の社会通念に照らして第一条第二項に規定する基本原則に反して相手方の利益を一方的に害すると認められるもの」については、合意をしなかったものとみなすとした。それらについてまでみなし合意の拘束力が及ぶとすれば、相手方（多くは消費者）の利益が不当に害されるおそれがあるからである（548条の2②項）（◇5）。

③**定型約款の内容の表示**　定型約款準備者は、定型取引の合意の前、または定型取引の合意後相当の期間内に、相手方から請求があった場合は、遅滞なく、相当な方法でその内容を表示しなければならない（548条の3①項本文）。ただし、すでに定型約款を記載した書面を交付し、またはそれを記録した電磁的記録（つまりコンピューター上のデータ）を提供していた場合はその限りではない（同項ただし書）。このような表示義務が定型約款準備者に課されることは当然であろう。

④**定型約款の変更**　改正法では、定型約款の変更に関して、明らかに消費者側に不利になる可能性のある規定が置かれた。それが改正法548条の4

における、「みなし変更合意」と呼ぶべきものである。

　具体的には、定型約款準備者は、次に掲げる2つの場合には、自ら定型約款を変更することによって、変更後の定型約款の条項について相手方の合意があったものとみなし、個別に相手方と合意をすることなく契約の内容を変更することができるというものである（548条の4①項柱書）。そのひとつは、「定型約款の変更が、相手方の一般の利益に適合するとき」（同項1号）で、もうひとつが、「定型約款の変更が、契約をした目的に反せず、かつ、変更の必要性、変更後の内容の相当性、この条の規定により定型約款の変更をすることがある旨の定めの有無及びその内容その他の変更に係る事情に照らして合理的なものであるとき」（同項2号）である。

　いずれも、たとえば保険契約の約款などで、社会状況の変化で些細な変更をする際などには、定型約款準備者（大企業側）がいちいち顧客全員に変更通知を送って承諾を求めるような必要がなくなるという意味では合理的なものと言ってよい。しかし問題は、とくに2号の規定などで、定型約款準備者に有利に解釈されて濫用される（消費者に不利になる）危険がないかということである。

　もちろん、上記の規定による定型約款の変更をする定型約款準備者には、それなりの義務が規定されている。548条の4②項では、その変更の効力発生時期を定め、かつ、変更する旨および変更後の定型約款の内容とその効力発生時期をインターネットその他の方法で周知する周知義務が課されている。そして同条③項では、同条①項2号の規定による変更は、上記同条②項の要求する効力発生時期が到来するまでに周知をしなければ効力を生じないと規定している。

（◇6）いずれにしても、この改正法548条の4における、定型約款準備者が定型約款を変更できる規定は、改正法審議の最終段階で企業側からの要請で加えられたという経緯もあったもののようであり、施行後の運用が慎重に検討されるべきものであろう。

ただし、同条④項では、前掲548条の2②項にあった、相手方の利益を一方的に害すると認められるものについては合意をしなかったものとみなすという、みなし合意の除外規定は排除されている（◇6）。

「続けるしか勉強するしかないですね」
　　　　コーヒーカップを見つめたままで

　わが国の司法試験は、旧試験の時代から、国内最難関の試験として知られてきた。2004年でいえば、約5万人が出願し、約1500人だけが合格した（2003年までは1200人だった）。この司法試験制度も、大きな変革を遂げた。2004年から、法科大学院が開設され、法律既修者は2年、未修者は3年で卒業して新司法試験を受けることになった。旧司法試験が、大学のどの学部でも教養課程にあたる科目の履修を終えれば（もしくは司法1次試験という学力認定試験を通れば）誰でも受けられたのに対して、新しい司法試験は法科大学院の修了者にだけ受験資格が与えられる（修了後5年間受けられる）。なお、法科大学院に通えない人のために、予備試験という司法試験受験資格を与える試験も作られた。

　もっとも、新しい司法試験も、決してたやすいものではない。さらに、当初考えられた毎年の合格者数の増加計画がうまく行かず（2010年までに3000人程度にする計画だったが現段階では2000人以下に戻っている）、開設されている全国の法科大学院の数も減少している。そのうえ、上述の予備試験の合格者数が増えてきて、司法試験制度改革は失敗と批判されている。

　今日では、進路に迷う法学部生も多いかもしれないし、法学部教育自体も、これまでの法曹・官僚養成至上主義から、それらにならない9割以上の「マ

ジョリティ」の法学部生に目を向けたものに変容する必要があるだろう。

　けれど、どんな職業に就くにしても、どこかで自分を賭けなければいけないことに変わりはない。民間に就職する4年生も、就職活動の過程で、どこを断り、どこと心中するか、というような決断の時が必ずくる。

　自分を信じて、自分の決断に責任を持つことだ。コーヒーカップを見つめていた彼も、翌年合格し、立派な弁護士さんになった。この季節になると、彼を励ました、あの日の会話を思い出す。

第5課　契約各論(1) 契約各論序説・贈与

　外国の人に日本の学年暦を説明すると、不思議そうな顔をされることが多い。学年の真ん中で長い夏休みがあったら、勉強したことを途中で忘れてしまうのではないか、というのである。最近は日本でもセメスター制（前後期制）をとって半年で講義を完結させる大学が多数派になったが、中には最先端のクオーター制（四学期制）を採用した大学もある。ただ、法律学については、民法総則、債権各論などと伝統的に通年4単位に適した長さに区切られた科目が多いだけに、四学期制の場合はそのまま4分の1にしてしまっては体系的な授業ができない（したがって週2コマの集中講座にして効果を挙げている大学もある）。これからの法学部教育の大きな検証課題といえよう。

　君の大学がどういうシステムを採用しているにせよ、暑い夏でも、田舎の縁側で風鈴の音を聞きながら、あるいは旅先でリュックからひっぱり出して、気楽に本書を読んでみてほしい。継続は力なり、である。

（♡1）市販の教科書と対照する人のために、我々の居場所を確認しておこう。いま勉強しているのは、「民法」の中の「債権法」の中の「債権各論」。この「債権各論」の中に、契約と事務管理と不当利得と不法行為がある。この「契約」の中に契約総論と契約各論がある。今回からその「契約各論」が始まる。教科書では、1冊で「民法」全部という本もあるが、「債権各論」で1冊くらいの本が多い。少し詳しい本では、「契約法」で1冊のものもある。体系書と呼ばれる詳細なものでは、「契約総論」「契約各論」で各1冊という場合もある。

▶1 契約各論・序説

(1) 学習の内容

民法典債権編の第2章「契約」は、第1節「総則」のあと、第2節「贈与」以下第14節「和解」まで、13種類の契約を具体的に規定している。前の課まで学んできた第1節「総則」についての学習が、いわゆる「契約総論」と呼ばれるところで、契約の成立・効力・解除と、いわば抽象的に、契約というものの発生から終了までを学んできた。今回から入るのが、「契約各論」と呼ばれるところで、ここでは、具体的に13種類の契約を対象に、それらの個々の特徴を学び、契約についての理解を深めることにする（♡1）。

(2) 学習上の留意点

ただ、契約各論を学ぶうえでは、すでに述べたところだが、以下の諸点に注意したい。

第1に、この13種類は、世の中によく行われる代表的な契約を挙げて規定したもの（典型契約または有名契約と呼ぶ⇒第2課18頁）にすぎず、我々は、反社会的でない（公序良俗に反しない）内容なら、これらと違うさまざまな内容の契約を創造しうる（契約自由の原則⇒第1課8頁）。第2に、これら13種類の契約についても、我々は（これまた公序良俗に反しない内容なら）、自由な意思によって、民法の規定と異なる内容のルールを作ることができ、その場合は当事者の作ったルールのほうが優先して適用される。したがってそういう場合は、これから学ぶ民法の規定は、当事者がルールを作っておかな

549条 贈与は、当事者の一方がある財産を無償で相手方に与える意思を表示し、相手方が受諾をすることによって、その効力を生ずる。

かった場合に補充的に適用される（任意規定⇒第1課6頁）。

そして、以上のことから、もうひとつ大事なことが導かれる。それは、世の中で行われる一つひとつの契約の解釈（その契約の意味内容の検討）のために、まず重要となるのは、条文のあてはめよりも先に、その契約における当事者の意思を分析・確定すること（当事者の意思の解釈）だということである。そして、その結果、当事者が細かいルールを作っていなかったというときに、民法の条文を頼りにすることになるのである（たとえば、契約当事者の意思を吟味してみたら、間違いなく贈与契約をする意思だったと明らかになり、しかし当事者は細かいことは何も決めていなかったという場合には、民法の贈与契約の規定を適用して判断していけばよい、ということである）。

▶2　贈与

1　意義

(1) 定義

典型契約の規定が最初に贈与から始まる理由は、一般には、契約の構造が最も単純でわかりやすいから、と説明されている。どうわかりやすいか。549条によると、贈与とは、「当事者の一方がある財産を無償で相手方に与える」契約である。この場合の与える側の「当事者の一方」を贈与者、与えられる「相手方」を受贈者と呼ぶ。そして条文は、贈与契約は、贈与者がそういう意思を表示し、受贈者がその「受諾」をすることで効力を生じる、としている（⇧**ザ・条文**）。（△｜△）

　つまり、贈与は、日常生活でも出てくるように、相手からの反対給付なしに、「ただで財産を与える契約」である。その意味では確かに簡単でわかりやすいように思える。ただし、契約の持つ性質からいうと、贈与は、さまざまな契約の中で少数派に属するということを初めに述べておこう。

⑵　性質

　贈与は、相手からの反対給付なしに、「ただで財産を与える契約」だから、前に勉強した契約の分類（→第2課17頁）でいえば、「無償契約」ということになる。そして、与える側の贈与者には、約束の財産を引き渡す債務が発生するのに対し、もらう側の受贈者には、この契約によって法的に何か給付しなければならないという債務は何も発生しないわけだから、これは分類でいえば「片務契約」ということになる。また、「意思を表示し、相手方が受諾をす」れば効力を生じるというのだから、これは、契約の成立や効力発生に別段の（物を渡してはじめて契約が成り立つというような）要件を必要とせず、当事者の合意のみでよいということで、これまた分類でいえば「諾成契約」ということになる。この「無償・片務・諾成」が贈与契約の基本的性質であ

る。

ただ、その3つの性質の中で決定的に重要なのは、最初の「無償契約性」である。そして、この「無償契約性」を中心に理解していくことが、贈与契約の勉強のポイントであることを覚えておこう（⇧**ここが Key Point**）。

(3) 無償契約の特質

ただで物をあげる、というのは、大変偏った契約である。あげるほうは一方的に損をして、もらうほうが一方的に得をする。売買などの有償契約のように、双方に利益がある契約ならそれほど心配することはないのだが、民法は、他人にただで何か利益を与えるという無償契約については、利益を与える側が不利益を受けすぎないよう、いろいろと気配りをしているのである。それが具体的に示されるのが、このあとに出てくる贈与契約の解除の規定であり、担保責任の軽減の規定なのである。

この課あたりまでくるとよく実感していただけると思うが、これまでの内容が理解できていないと、読んでもわからないことがだんだんに多くなってくる。著者としては、まだ教えていない概念は極力使わず、現在あるはずの知識だけで理解できるように注意して説明している。したがって、途中を飛ばして読んできたという人は、ぜひ最初まで遡って読み直してみてほしい。

（◇１）公正証書は、主要都市にある公証役場に行って、公証人に作成してもらう。こうして作られた公正証書は、契約の内容、成立時などについて完全な証拠力を持つ。遺言についても、公正証書で作っておく方式がある。

（♣１）少し歴史的、社会学的考察をしておくと、現在の日本民法（前３編）を作った起草者は、当時（明治28年）の法典調査会で、欧米では（贈与契約をしにくくしたり、後から簡単に撤回することを認めたりして）贈与をたいへん軽いものと見ているようだが、日本では、社会上の義務、徳義上、交際上の義務などから贈与をしたり、恩に報いるために贈与したりするので、単に代価があれば保護し、そうでなければ保護しないとかいう主義は採らない、と発言している。欧米の贈与が、好意とか宗教的な恩恵の精神に基づくものであるのに対し、

2　贈与契約の成立──日本的構造

⑴　諾成契約としての成立

　もし君に人がただで物をくれると言ったら、君はきっと「本当にいいの？」と聞くだろう。各国の民法もそれと同じことで、贈与者の贈与の意思を確かめて、うっかりと贈与契約を結んでしまわないようにしている。多くの国では、他の一般の契約は合意だけで成立し効力を持つ諾成契約としても、贈与契約については、特別に、公正証書（◇１）を作らせたり、何らかの方式を必要とする（要式行為という）ように規定している。これが普通なのである（つまり、無償契約は、要式契約とか要物契約になることが多いのである）。しかし日本では、贈与を重視するごく日本的な発想もあって（♣１）、その点はこだわらず、他の多くの契約とともに贈与を諾成契約とした（549条）。

⑵　書面によらない贈与の解除

　しかし、日本でも、軽率な贈与はさせないほうがいいという価値判断は変わらないはずである。そこで起草者はどうしたか。起草者は、こう考えた。成立については、他の売買などの有償契約と同じように簡単に諾成にするけれど、うっかり「贈与する」と約束してしまった場合の危険を除くために、約束したのが契約書面を作っていない口約束で、しかもまだ履行していないというのなら、（諾成契約なら本来は、口約束であっても契約した以上必ず履行しなければいけないはずなのに、例外的に）これを解除することができる、という規定を置いたのである（550条）。これによって、わが国では、贈与契約は、成立は諸外国より簡単に規定されたが、その成立した贈与契約を一定の

日本のそれは、社会的な義務とか、義理、恩返しなどというわが国独特の贈与観に基づくものであったようにも思われる。

（♣2）けれど起草者はなぜこういう手の込んだ立法をしたのかが再度疑問になるかもしれない。さらに踏み込んで考察してみると、明治28〜29年当時の日本では、まだ公証制度などが完備していなかったことがわかる。契約の成立やその証拠を残すことなどについては、面倒な制度は、規定したくてもできなかったという側面もあるのかもしれない。

段階で解除できるという形で契約の拘束力を弱めることによって、受贈者の利益と贈与者の保護のバランスが図られることになったのである（♣2）。（⚖）

⚖ ルール創りの観点から

　平成29年改正前の550条の規定では、贈与の「撤回」となっていたが、改正法では「解除」と改められた。これは、「撤回」とは意思表示を引っ込めるというだけの意味で使う用語であって、ここはでき上がっている契約をやめるのだから「解除」が正しい表現だというのである。用語法の統一ということであるが、こういう話は学習者には正直面倒なだけで面白くない。ただ、法律というルールには用語の厳密性も必要ということなので、こういうところで民法を嫌いにならないでいただきたいと願うばかりである。

　なお、550条のような規定が置かれたために、わが国では、贈与契約をめぐっては、書面の有無（書面があっても、それが贈与の書面かどうか）と、履行の有無を争う裁判が多い。判例では、書面性については、表題が違っても内容から贈与の意思がわかれば贈与の書面と認めるなど、比較的ゆるやかに認められている。履行が終わっているかどうかについては、動産（普通の品物）なら引渡しの終了がそれにあたることで問題がないが、不動産（家や土地）の場合は、登記までは必要なく、引渡しがあればよい（逆に登記が移れば引渡しがなくてもよい）と解されている。

3 贈与契約の効力

(1) 贈与者の義務

贈与者は、贈与契約の効力として、目的の財産の権利を受贈者に移転すべき義務を負う。この財産権移転義務については、贈与者の義務は売買契約の売主と同じである。具体的には、目的財産を引き渡すだけでなく、目的財産が不動産ならその移転登記、債権ならその譲渡通知（⇒第**21**課319頁）という、第三者対抗要件を具備するところまで協力する義務がある。

(2) 贈与者の担保責任（引渡義務等）

贈与契約の効力として贈与者に発生する義務や責任のうち、最も特徴的なのがこの担保責任の程度である。結論から言うと、贈与契約においては、贈与者のいわゆる担保責任（目的物がキズ物だったりしたときに負う責任）が、売買契約における売主の負う担保責任よりも軽減されているのである。そしてそれはなぜかといえば、贈与が無償契約だから、なのである。

もっとも、この部分は、平成29年改正では中途半端に直されている。つまり、改正前551条の見出し「贈与者の担保責任」を「贈与者の引渡義務等」に変えて、次に述べるように①項の内容も改めたのだが、それはおそらくは後述の売買契約と合わせて、（法定的な担保責任という説ではなく）いわゆる契約責任説を採用したこと（詳しくは第**6**課参照）を示したいための改正であると思われる。しかしながら、同じ551条の②項では、後述する負担付贈与について、「担保の責任」の用語をそのまま使用しているのである（学理優先の改正で、かえって問題をわかりにくくしているともいえる）。

551条①項 贈与者は、贈与の目的である物又は権利を、贈与の目的として特定した時の状態で引き渡し、又は移転することを約したものと推定する。

ここが Know How

民法、ことに契約法は、**常に両当事者の立場に立って考える**ことが勉強のポイントになる。A・B間の契約でいえば、Aさんの利益は、ほとんどの場合、Bさんの不利益なのである。世の中には、自分の利益が相手の不利益になること、自分の考え方が相手方の考え方と異なることはたくさんある（先生の常識は学生の非常識、学生の常識は先生の非常識、ということも往々にしてある）。相手の立場で物事を考えるように努力することが民法の勉強にも役立つだろう。

次の課で学ぶ売買契約（有償・双務契約の代表）では、売主は対価を得て売っているのだから、その目的物が代金に見合う価値を持っていることについて責任を持たなければならないと考えられてきた。もし目的物に瑕疵（かし＝キズ）や権利の不存在があったら、買主は契約の解除や損害賠償などを請求できる（この点は売買のところでまた詳しく説明する）。これに対して、贈与の場合は、もらう側の受贈者が一方的に得をする。だから、「贈与の目的物がキズ物だったりしても、贈与者はその状態の目的物を渡しさえすれば責任を負わず、もらうほうはその瑕疵を甘受しなさい」という規定が置かれているのである（551条①項〔⇧**ザ・条文**〕）。このあたり、契約の両当事者の利益を比較しながら考えるのが理解をしやすくするコツである（⇧**ここが Know How**）。

なお、改正前の551条①項は、贈与者は基本的にキズ物を渡しても担保責任を負わないとしながら、ただし書で、もし贈与者がキズ物と知っていながら隠していたときだけは別で、責任を取ってもらいますという趣旨の規定を置いていたのだが、今回の改正ではそれが削除された（改正法はこのように、当事者の主観にかかわる規定を排除している箇所が多い）。もっとも、条文から削除された「贈与者がその瑕疵又は不存在を知りながら受贈者に告げなかったとき」の責任は、今後まったく否定されるわけではなく、それぞれの契約に応じて、説明義務違反などの別のルールで判断されるのであろうと思われる（◇**2**）。

③ 贈与の解除

外国の立法では、贈与の履行前も履行後も、広く解除を認めるものが多い。

（◇2）少し細かいことをいうと、この場合の責任の内容は、損害の賠償であるが、完全なものと信頼したその信頼が裏切られた分の損害の賠償であると考えられている（こういうものを「**信頼利益の賠償**」という）。完全なものが履行されなかったことによる損害（たとえば、それを完全なものの値段で転売できたはずだったという損害）の賠償（こういうものを「**履行利益の賠償**」という）までは取れないというのが通説である。

解除が認められる理由としては、忘恩行為（受贈者の贈与者に対する背信的行為）、贈与者の生活困窮などが挙げられている。これに対して日本では、そのような理由での解除はいっさい規定されていない。しかし、学説には異論が多く、下級審判決では、忘恩行為などによる解除を認めるべきであるとするものが出てきている。

4　特殊の贈与

⑴　負担付贈与

贈与契約の中で、受贈者にも何らかの債務を負担させる契約がありうる。もちろんその債務があまり大きければ、贈与ではなくなってしまうが、たとえば、「数千万円相当の土地をもらい、代わりに毎月5万円の生活費を10年間送金する」というような、贈与の目的物と対価にはなりえない程度の債務を負担するケースである。こういうものを負担付贈与と呼ぶ。これも無償契約のジャンルに入るのだが、その負担（額）の限度でみれば、対価のある有償契約と同様である。したがって民法は、その受贈者が負う負担の限度では贈与者は売買における売主と同じ担保責任を負うと定め（551条②項）、また、双務契約の規定が適用されるとした（553条）。つまり負担付贈与は、普通の贈与よりも契約の拘束力が強いといえる。551条②項が言っているのは、たとえば先の例で、10年間で都合600万円を送金するのに対して、もらう不動産が実際には価値が低かった場合、その負担の限度つまり600万円までは贈与者は担保の責任を負う、ということで、かりに土地が600万円より安かったら、受贈者は、その額まで自分の負担を減額しろとか、そういう贈与契約なら解除する、とかが言えるということである。553条が言っているのは、

（♡2）こういう、効力発生を一定の事実が実現するまで止めておくというものを、民法総則で「停止条件」という（127条①項）。もっとも、正確に言うと「条件」というのは成就可能性が未定のもので、人の死は必ず来るのだから、「効力停止についての不確定期限」というのが適切とも思える。しかし、当事者の意思が「もし私が死んだ時に君が生きていたら贈与する」というのであれば、やはり停止条件である。

（◇3）民法は、死者の最終意思が正確に把握できるように、そして他人が偽造できないように、遺言の作り方には厳格な方式を要求している。普通方式（967条）として、自筆証書遺言、公正証書遺言、秘密証書遺言の3種が定められ、特別方式（同条ただし書）として危急時遺言と隔絶地遺言がある。詳しくは相続法の部分で学んでほしい。

負担付贈与には、売買のような双務契約を対象とする規定（同時履行の抗弁など）が使える、ということである。

⑵ 定期贈与

「毎年盆暮に生活費の補助に10万円送る」とかいうように、定期に一定の給付をなすべき贈与契約を定期贈与という。こういう贈与は（無期限の約束でも、期限付きでも）、当事者の一方が死亡すると効力を失うと規定されている（552条）。普通はそれが当事者の意思に沿うものだろうとして置いた規定だから、当事者があらかじめ別の約束（「私が死んでも贈与は息子が続ける」など）をしていれば、それが優先することになる。

⑶ 死因贈与

贈与者の死亡によって効力を生じる贈与を、死因贈与という。「私が死んだらこれをやる」「いただきます」という、受贈者との間で生前にしておく契約であるが、ただその効力の発生が贈与者の死亡の時まで止まっているというのである（♡2）。これについては、同様なことを遺言（一般社会では「ゆいごん」だが、法学の世界では「いごん」と読む人が多い）ですることもできる（◇3）。遺言書の中で、「私が死んだらこの品物は誰々さんにあげる」と書いておけばいいのである。これを「遺贈」という。ただし、遺贈は、死者が自分単独の意思で法的効果を実現させる「単独行為」と呼ばれるもので、両当事者の合意による契約とは異なる。けれども、その機能は非常によく似ているので、民法は、死因贈与は「遺贈に関する規定を準用する」と規定した（554条。「準用」は準じて適用するの意味）。

（♠1）上級者向けの問題。こういう死因
贈与を前述の負担付きでやったらどうなる
か。たとえば、「自分が死んだらこの山を
やるから、君が会社を定年退職するまで毎
月××円の生活費を送ってくれ」という
「負担付死因贈与契約」である。こういう
契約を後になって自由に解除できるか。最
判昭和57・4・30民集36巻4号763頁は、
さすがにこの場合は、「負担の全部または
一部がすでに履行済みの場合は、原則とし

て撤回できない」と判示して、負担を約束
通り履行した受贈者の利益を保護している。
ただ、この問題には、対抗問題の成否等さ
らに難しい論点が含まれる。勉強のかなり
進んでいる人は検討してほしい。参考文献
として、池田「贈与契約の類型とその無償
契約性」『分析と展開・民法Ⅱ〔第5版〕』
（弘文堂、2005年）166頁以下を挙げておく。

　ただ、この規定はあまりに簡単なので、いろいろ疑問が出てくることになった。遺贈の規定を死因贈与に準用するといっても、遺贈（遺言）が遺贈者1人の単独行為であることに基づく規定（たとえば遺言能力とか遺言の方式に関する規定）は準用されないというのが、判例・通説である。しかし説が分かれるのは、1022条の遺言の取消し（撤回）の規定である。ここには、「遺言者は、いつでも、遺言の方式に従って、その遺言の全部又は一部を撤回することができる」とある。これが（方式の部分は除いて）死因贈与に準用されるとすると、死因贈与は贈与者がいつでも自由に解除できることになる。判例は準用を肯定し（それだけ契約としての拘束力は弱いものとなる）、学説は肯定否定が分かれる。けれども、1022条はやはり、遺言が単独行為だからこそ認められる規定で、相手のある契約である死因贈与では、受贈者の期待を考えると、（書面にしたならば）勝手に解除はできない、と考えるべきではないかと思われるが、どうだろうか（♠1）。

> 　内定のその足で君は駆けてきた
> 　　　夏・通り雨・ブラウスの白
> 　夏休みといっても、人さまざまである。スポーツの合宿に没頭する人もいれば、4年生では遅れぎみの就職活動に走り回る人もあり、秋の法科大学院入試に向けて追い込みの勉強にいそしむ人もいる。また教員には、論文書きや国家試験の採点の仕事がある。仕事が進まずうんざりしているような暑い日の研究室に、就職内定のうれしい報告が飛び込んできたりする。
> 　さて、この本で学習している大学生の諸君、ことに2年生あるいは1年生の諸君にここでアドバイスをしておきたい。全国的な傾向、と言ったら言い

過ぎかもしれないが、法学部法律学科の学生には、比較的英語をはじめとする語学を苦手とする人が多いように思われる。その理由のひとつには、大学受験の段階で、法律の資格を取るのに英語はいらないからとか、公務員試験にも英語は課されないから、などという考えがあることが長年の大学教員経験でわかってきた。

しかしこれは現代ではとんでもない間違いなのである。確かに、司法試験をはじめとする法律関係の資格試験には、今のところほぼ英語の試験科目はない。しかし、司法試験受験のために進学する法科大学院では、TOEIC やTOEFL のスコアを加点要素や足切りに使うところが増えている。また、公務員試験では、英語加算といって、それら英語検定試験の成績を、スコアによって何点以上という形で、採用筆記試験の点数に加えるところが今や（国家公務員総合職から警察官などまで）ほとんどなのである。

さらに民間就職の場合は、TOEIC（2020年の段階ではこれが主流）のスコアによって、足切りをする大企業も非常に多い。一生懸命エントリーシートを書いても、読まれないまま不採用が確定してしまうのである。

つまり、どの進路に進むにしても、英語は必要なのである。裏を返せば、英語ができれば（私の経験では英語と民法ができれば）民間就職をはじめとして、明らかに有利な進路選択ができる。

だから、法律学科生こそ英語を勉強しよう。そしてこのアドバイスが有効なのは、大学１、２年生なのである。３年生の諸君は、せめて12月の TOEICまででスコアを上げておかないと、就活に間に合わない。つまり人生設計というものは、すべて「逆算」でしなければいけないのである。

第6課　契約各論⑵ 売買⑴

本書のこの囲みのエッセイは、最初の雑誌連載に合わせて、12課で1年分として書かれている。夏休みは存分に楽しみ、鍛えてくれただろうか。昔、「夏に日差しの中で汗を十分にかいておくと冬に風邪をひきません」という葉書をもらったことがある。体をこわし、船乗りの夢を諦めて著名な作詞家になった方からだった。さて、体力と気力を充実させてまた勉強に邁進できるかどうかが大事なところ。本書も契約各論の中心部分に入ってくる。新鮮な気持ちで読んでいただければありがたい。自己診断用の『ミニテスト問題』も掲げてある。

▶3　売買

1　意義

⑴　定義

売買契約は、世の中でおそらく最も頻繁に行われている契約である。555条は、「売買は、当事者の一方がある財産権を相手方に移転することを約し、

相手方がこれに対してその代金を支払うことを約することによって、その効力を生ずる」としている。つまり売買は、よく知られているように、ある財産権を与えてその対価としての金銭を得る契約、財貨と金銭を交換する契約である。最も頻繁に行われていることから、それだけ重要度も高い。民法上どういうふうに重要度が高いかは、次に説明しよう。

⑵　性質

　売買は、売主がある財産権を与えて、買主がそれに対して代価を払うというのであるから、代表的・典型的な有償契約である。両当事者には、財産権を引き渡す債務と、代金を支払う債務とが発生するのであるから、これはまた代表的な双務契約である。さらに、性質ということではもう1点、555条が、売主と買主とが「約することによって」効力を生じると書いてあることからわかるように、売買は諾成契約ということになる。前の課で、贈与は契約の中では少数派であると述べたが、多数派というのがこの売買を代表とする「有償・双務・諾成」の契約なのである。そこで、先ほど、ポピュラーなだけに重要度が高いということを述べたが、それは559条が置かれていることからもわかる。同条は、売買契約の規定は、契約の性質上無理なものを除いて、すべて他の有償契約に準用するというのである。だから、売買を勉強することは、いわば契約の代表選手について学ぶことになるのである。

　ただし、ここでひとつ注意しておこう。読者の中には、売買は諾成契約だといったって、たとえば駅のキオスクで新聞や週刊誌を買うときは、実際には品物とお金を交換しているではないか、という疑問を持つ人があるかもしれない。確かに、身近にはそういう形の売買が多い（「現実売買」という）。

（♡1）第5課の◇1でも触れたが、公正証書は、公証人によって作成される公文書である。公正証書は、真正なものと推定される証拠力を持ち、さらに一定の記載のある場合には判決と同等の強制執行力（裁判所に、債務を履行しない人に対する債権の強制実現を頼める力）を持つ。したがって、契約書は公正証書にして作っておけば、（作成費用はかかるが）最も安心・確実である。遺言も公正証書で作成する方式があ

る（公正証書遺言）。公正証書を作るためには、全国の主要都市にある公証役場に行って公証人に依頼することになる。

（◇1）土地や建物をいわゆる不動産業者と（あるいは、業者を介して）売買するときも、業者には、宅地建物取引業法によって契約書の作成交付が義務づけられている。

けれどもそれは、売買契約は品物と引換えでなければできないという意味ではない。歴史的には、物と物の交換からそういう引換え的売買が発生して、それがだんだんに、当事者間の信頼をもとに、合意だけで成立して効力を生じる（約束した履行期に履行することを義務づけられる）売買契約になってきたのである。現実売買は、合意してただちに履行するケースと考えればよい。

2　売買契約の成立

(1)　原則

　前述のように、日本では売買は純然たる諾成契約なので、民法の範囲では、成立に関して何の方式も要求されていない。どんな高額物件の売買でも、原則としては口約束だけで成立して効力を生じることになる。契約書を作ることは民法では義務づけられていないのである。この点、外国の立法例では、一定金額以上の売買には証書（たとえばフランスなどでは公正証書〔♡1〕）を作らせるなどというものが比較的多い。

　もちろんわが国でも、民法が要求していなくても、証拠を残して後日の紛争を避けるためには、当事者同士で契約書を交わしておくのに越したことはない。また、特殊な形の売買、たとえばセールスマンが家に訪ねてきて契約したとか、月賦で分割して代金を払うような売買契約をしたとかいう場合には、それぞれ特別法があって（特定商取引法〔旧訪問販売法〕とか割賦〔かっぷ〕販売法）、それらの特別法が、消費者の保護や業者を適切に規制する目的から、契約書の作成交付を義務づけている（◇1）。

（◇2）起草者は確かに、予約しておいて
相談・検討したりしてから本契約する、と
いう状況を考えてこういう規定を置いた。
けれども、今日、現実的にはこれとはまっ
たくかけ離れた「再売買の一方の予約」と
いう使われ方をしている。その内容につい
ては、次の課の「買戻し」のところでお話
ししよう。

---

(2) 売買の予約

予約というと、最近ではテレビ番組の録画をあらかじめセットしておくこ
とを思い浮かべる人もあるかもしれない。しかし法律用語としての予約は、
「将来（売買などの）本契約をすることを約束する契約」である。したがって、
予約も拘束力を持つ（双方とも、将来本契約を交わす義務を負う）。だから、も
し予約しておいて、後でどちらかから本契約の申込みがされたのに相手が承
諾しない、というときは、裁判に訴えて、強制させることもできる（414条
および民事執行法参照）。

けれど、考えてみてほしい。そんな予約なら、してもあまりメリットがな
い。デパートで、ある洋服を売り買いすることを予約して、明日まで取って
おいてくれと頼み、翌日、買いたいと申込みをしたところ、売ってくれない
（承諾しない）という場合、裁判に訴えて判決をもらう、などという面倒なこ
とは誰もしないだろう。だから、民法は、頻繁にされる売買契約については、
もっと簡略な予約を考えた。すなわち、当事者の一方が売買の予約をしたら、
あとは相手方が本契約をする意思を表示すればそれで即契約成立ということ
にしたのである（つまり、本契約について相手の再度の承諾を求めることはしな
くてよい。556条①項）。これを「売買の一方の予約」という。専門用語では、
「予約の内容通り本契約をします」と言うことを「予約を完結する」といい、
完結できる（本契約に移行させる権限のある）側の当事者を「予約完結権者」
という（◇2）。

(3) 手付
①手付の意義　もうひとつ、売買の成立に関して述べておかねばならな

い特殊なものとして、この手付がある（♡2）。これは、契約成立のときに交付される金銭その他の有価物（だからお金でなくても、ダイヤモンドでも株券でもいい）をいう（売買以外の有償契約の手付についても、先述した559条があるので、売買の手付の規定が準用される）。たとえば、100万円の品物を買うのに10万円だけ先に「手付」として渡す（手付を打つ、という）というような場合であるが、問題はその機能である。

　②**手付に類似するもの**　　まず、手付に似たものを比較のために挙げておこう。「内金」というものは、単に代金の一部というだけの意味である。また、分譲マンションなどで「申込証拠金」というのがあるが、これは、後で契約を結ぶ優先順位をとりあえず確保するために払っておくお金（10万円程度。一種の予約金で、まだ契約にはなっていない）のことを指す。

　③**解約手付の原則**　　さて、手付そのものについても、いくつかの種類があり、それによって性質（機能）が異なる。この手付の性質について、起草者は、わが国の昔からの慣行を考慮して、条文では、これを「解約手付」とみるとした。これはどういうものか。わが国には昔から、「手付流し、手付倍返し」というやり方があり、手付を打っておいて、後で買いたくなくなったらその手付をそのまま売主にやってしまって契約を解除することができ（手付流し）、また、手付をもらった後で売りたくなくなったら、その手付を倍にして（つまりもらった分と同じだけを追加して）返せば同じく契約を解除することができる（手付倍返し）とされていた（◇3）。このやり方と基本的に同じ考え方をとるのが解約手付である。ただ、相手方がもう履行に着手している（たとえば、仕立て屋さんが頼まれたスーツ地を裁断し始めた）ところで注文主が「気が変わったからやめた」というのでは、いくら手付金をそのま

77

557条①項　買主が売主に手付を交付したときは、買主はその手付を放棄し、売主はその倍額を現実に提供して、契約の解除をすることができる。ただし、その相手方が契約の履行に着手した後は、この限りでない。

同条②項　第五百四十五条第四項の規定は、前項の場合には、適用しない。

解約手付を打つのは、その手付金だけを犠牲にして、**無理由での解除ができる余地を残す**ことである。

（♡**3**）法律で「推定する」というのは、とりあえずそう考えるということで、もしそれと違うということが証明できれば覆せる（反証を許す、という）。これに対して、

まもらっても困ることがある。したがって、相手方が履行を始めるまでは、こういう形の解除を認めようというのである（557条①項〔介**ザ・条文**〕）。だから、解約手付を打つということは、理論的にいうと、以前に勉強した「約定解除権」を留保することになり、どんな理由でも（たとえば、気が変わった、という勝手な理由でいい）手付を犠牲にすれば、契約を解除できる（その契約から抜けられる）ということなのである（介**ここが Key Point**）。そのため、本来この解約手付による解除の場合は、手付流し、手付倍返しだけで処理をして、その他に損害があってもなくても、別に損害賠償は請求できないと規定されている（同条②項〔介**ザ・条文**〕）。

けれども、もちろんこれは任意規定だから、他の性質の手付を打つことも可能である。ただし、判例は、他の性質の手付であることが明瞭にわからなければ解約手付と推定する（♡**3**）、という扱いをしている。

④**他の種類の手付**　それでは、「他の性質の手付」にはどんなものがあるか。①まず、契約をした証拠になる証約手付（これはどんな手付でも最低限持つ性質である）。②手付を打つことが契約の成立要件となるという成約手付。③それからこの解約手付。もっと厳しくなると、④一方が債務を履行しない場合に、相手方に無条件に没収されるという違約手付。この違約手付にはさらに2通りあって、手付の没収だけでことを済ませ、他に損害賠償を取れない（もともと損害賠償の予定を兼ねている）ものと、手付は没収し、さらにそのうえ、現実に被った損害の賠償請求ができる違約罰の性質を持つものとに分かれる（違約手付が交付されたときは、一般には前者の損害賠償の予定を兼ねるものと推定される。420条③項）。

⑤**手付を打つ意味**　そこでもう1度考えてみよう。手付は何のために交

「みなす」というのは、そう決めてしまって反証を許さない、というものである。だから、「試験には六法を持ち込めない。持ち込んだ場合は不正行為とみなす」というルールがあるときは、「僕は持ち込んだけれど見ていませんから不正行為はしていません」という反証は許されないのである。

（♣1）そこで、学習の進んだ人には考えてほしい。解約手付と違約手付という、性質の異なる2つのものを兼ねた手付はありうるか。最高裁には、これを肯定した判決があるが、学説の評価は大きく分かれている。

（◇4）手付と損害賠償の関係について補足しておく。解約手付を交付していても、相手方が債務不履行をしたので、それを理付するのか。当事者が、契約して手付金まで払ったのだから必ず履行しなければ、と考えるとすれば、手付は契約の拘束力を強めるといえる。違約手付はまさにこういう機能を果たす。けれど、解約手付というのは、契約をやめたくなったときにいつでもやめられる余地を残すもので、その意味では契約の拘束力を弱める働きをもつ（もっとも、手付が高額ならおいそれとそれを無駄にしたくはないだろうから、解約手付といっても額によっては拘束力を強める方向に働くともいえる）（♣1）（◇4）。

♡◇ミニテスト問題♣♠
（この課の範囲までで出題。判例付きでない六法の参照可）

問題〔初心者コース〕

以下の(1)～(3)の文章の正誤を○×で示し、その理由を書きなさい（正誤が合っているだけでは正答とならない）。

(1) Aは、Bとの間で売買契約を結び、さらに、売主Aが買主Bから受け取るはずの売買代金を、BがAの債権者Cに直接支払うという契約を結んだ。Bは、Aが履行期が来てもBに目的物を引き渡さない場合でも、上記の支払契約がある以上、Cから請求されたら、Cへの代金支払を拒むことはできない。

(2) Aは、Bに対し、「このダイヤとルビーを君にあげる」と言い、Bは喜んで、いただきますと答えた。そしてその日のうちにダイヤだけは実際にBに渡された。1週間後に気が変わったAは、Bに「あれは口約束だったからあげないことにする」と言って、ダイヤも返させることができる。

(3) AはBに自己所有の土地を売り、登記を移転したが、Bが代金の一部

由に解除したい、というときは、普通の債
務不履行解除となるから、557条②項は使
われず、損害があれば賠償を請求できる。
手付は、解除の効果として発生する原状回
復義務に基づいて、戻される。

を支払わないので、この契約を解除した。しかし、その解除の前に、Bは、
Cにその土地を転売していた。判例によれば、Cは、登記を得ていなくても、
民法545条1項ただし書により、Aに対して自分が新所有者であると主張で
きる。

（解説は第**7**課のあとにあります）

3 売買契約の効力

(1) 売主の財産権移転義務・対抗要件具備義務

売主は、売買契約の効力として、目的物の財産権（通常の物の売買ならば
所有権）を買主に移転すべき義務を負う。具体的には、目的財産を引き渡す
だけでなく、目的財産が不動産ならその移転登記、債権ならその譲渡通知と
いう、第三者対抗要件を具備するところまで協力する義務がある（560条）。
さらに、他人の物を売ったときも（日本の民法では、赤の他人の物でも、売る
契約をすること自体は有効である）、当然のことながら、売主は、その物を自
分が取得して買主に移転し（561条）、必要な対抗要件を具備させるまでの義
務を負う（560条）。

(2) 売主の担保責任 ── 総説

①**担保責任の意義**　　前の課で、贈与契約における贈与者の担保責任（目
的物がキズ物だったりしたときに負う責任）について説明し、贈与者の担保責
任は、売買契約における売主の負う担保責任よりも軽減されている、と述べ
た。そして、それはなぜかといえば、贈与が無償契約だから、と説明した。

それとの対比で考えれば当然のことであるが、有償・双務契約の代表たる

売買契約では、売主は対価たる代金を得て売っているのだから、その目的物
が代金に見合う価値を持っていることについて、買主に対して責任を持たな
ければならない。そうしなければ、売買の等価性が崩れ、契約のバランスが
崩れてしまう（一方が不相当に得をする）ことになる。そこで、もし目的物に、
思ってもみない瑕疵（かし＝キズ）や、付いていると思った権利の不存在が
あるとわかったら（♡4）、売主に何らかの埋め合わせ（損害賠償や代金減
額）をさせるか、あるいは買主がこれでは契約の目的が達成できないと思う
のであれば買主から契約を解除できるとすべきだろう。これが伝統的な「売
主の担保責任」の基本的な発想である。

　②**平成29年改正による変容**　　さて、問題はここからである。平成29年
改正では、この「担保責任」の語をなるべく使わないようにしているのであ
る（もっとも、「担保責任」の概念がなくなっているわけではない。条文上も、
565条・566条・568条・569条・572条の各条の見出しにはしっかり「担保責任」の
語が残っている）。

　それはなぜか、といえば、今回の改正に参加した学者たちが、基本的にこ
の担保の責任を、法が定めたものではなく契約内容から導かれるものと説明
したかったからなのである（つまり、後述の「法定責任説」ではなく「契約責
任説」にする）。したがって、端的に言って以下の改正は、紛争解決の結論は
（取りうる手段のメニューが増えたことはあるが）大して変わらず、しかし教科
書の説明は大きく変わるという、学理的な色彩の強い改正なのである。

　③**法定責任説の説明と契約責任説の論理**　　伝統的な法定責任説の説明は、
以下のようなものである。たとえば目的物が欠陥品だったとして、その欠陥
が、契約後引渡しまでに売主が誤って発生させたものであるというのであれ

ば、これは債務不履行を理由に損害賠償の請求や解除ができる。けれど、その欠陥が、もともとあったもので、売主にもわからなかったという場合には、売主には過失はないと考えられるので、債務不履行とはいいがたい（伝統的な考え方では、債務不履行になるためには、債務者の故意・過失などの帰責事由が必要であった）。そうだとすると、この担保責任は、（売買の等価性を維持し、買主を保護するためには）たとえば売主が欠陥を知らなかったという場合でも、売主に負わせなければならないものと考えられる。そこで、この担保責任は、売主の故意・過失の有無を問わずに課される無過失責任として構成されていたのである。

④**契約不適合責任の誕生**　これに対して、改正法では、（先に第4課で述べたように、債務不履行の成立には帰責事由は不要という立場を前提にして）これは当事者の合意とは別の法定的な責任なのではなく、あくまでも契約の内容から出てくる責任で、瑕疵や欠陥があればそれは契約に適合しないものとして解除や損害賠償という制裁を受けるのだという、「**契約不適合責任**」として説明しようとしているのである。

したがって、改正前の民法が、売買の目的としての権利に瑕疵や不存在がある場合の担保責任（改正前561条以下）と、売買の目的の物自体に瑕疵がある場合の担保責任（いわゆる「瑕疵担保責任」。改正前570条）とに分けて説明していたのを、すべて「契約不適合の場合の買主の権利（売主の義務）」という構成に改めて説明しようとしているのである。

以下には改正後の規定を順に見ていこう。（⊿⏁）

⚖ ルール創りの観点から

　ここはルール創りの観点からいうと、平成29年改正法で非常に厄介な改正がされたところである。つまり、改正法では、改正前の民法が長く採用してきた権利や物の「瑕疵」に対する責任という考え方を改めて、契約責任のカテゴリーに入れて、「契約適合性」の観点からの規定を設けている。そのため、「担保責任」の見出しも多く変更が加えられているが、全部なくなったわけではない。ただ、すでに述べたように、従来の民法ではここでの一番の論点であった「瑕疵担保責任」という概念が消滅してしまうのである。

　この点、学習者の理解のために、改正前後の議論を整理しておこう。「売買の目的物自体に買主が思ってもみなかった（ちょっと調べたところではわからなかった）キズや欠陥があったらどうするか、売買契約の等価性から考えると、代金に見合った内容のものが手に入らないといけないのではないか」というのが、瑕疵担保責任の発想だった。だから、目的物自体に問題がある、というのであれば、取り換えられる場合（不特定物）とそうでない場合（特定物）を分けて、取り換えて済むものならそれでいいから、瑕疵担保責任は主に取換えができない特定物について考えるものとし、もちろん買主の主張できる場合はちょっと調べてもわからなかった「隠れた瑕疵」に限定して、そして売主のほうも、売買の等価性を考えて、そのキズや欠陥を知らなかった売主にも一定限度で責任を負わせることにして……とやっていくと、いわゆる一般の債務不履行責任からだんだん離れて、独特の要件効果を持った一種の「法定的な」責任として把握せざるをえなくなって、というのが、「瑕疵担保責任」における**法定責任説**の成り立ちだったと理解してくれればいい。

（◇5）たとえば「買った土地に有害物質が埋まっていた」などという、ニュースでよく見るような紛争は、これまで典型的な「瑕疵担保責任」の事例とされてきたのだが、今後は「契約不適合責任」の事例とされることになる。しかし紛争解決の結論にはさしたる差はない、と理解しておけばよいだろう。

（◇6）学習者としては、とりあえずは、今後は余計な学説上の議論を勉強しなくてよくなったことを幸いと考えればよい。こういう、説明の仕方を整えることに主眼のある学理的な改正が、今回の平成29年改正では結構多いことを理解しておこう。

それに対して、瑕疵担保責任も契約上の責任と考えるべきだという学説（**契約責任説**）が強くなり（もともとはそれほど隔たったものではなく、債務不履行責任の一部を定型化したにすぎないものというのが私のしてきた説明だったのだが）、今回の改正で、そういう法定責任説の考え方が全面的に排斥されたのである。したがって、ここは（紛争解決のための新しい規定の創設などとは異なり）完全に学理が先行した改正である（◇5）。こういう、市民や学習者にとって一見したところではよくわからない、ルールの基本的発想の変更というのは、ルール創りのやり方としてはあまり適切ではない（◇6）。

⚖ ルール創りの観点から

　もうひとつ、ルール創りの観点から大事なことを書いておきたい。つまりここで、「目的物の瑕疵」という基準を「契約適合性」という基準に変えたことによって、具体的にそれぞれの紛争事案の解決の結論がどれだけ変わるのか、ということである。これは今回の改正法を作った関係者に説明してもらわなければならないところだが、基準が変わっても（修補請求や代物請求が明定されたものの）結論に目立った変化がないとすると、これは説明の仕方を変えただけの改正ということになる。けれどもその結果、教科書の説明がすべて書き改められるだけでなく、裁判所の判決も論理や根拠づけをすべて改めなければならなくなる。私は、こういうものを「立法のコスト」と呼んでいる。もちろん、条文を改めなければならない社会的な問題点がある場合（「立法事実がある」という）には、いくらコストがかかっても法改正をすべきであろうが、説明の仕方を変える改正などというものは、たとえより良い

説明であったとしても、その説明のためにルールを書き直すことは、そこから生じる「立法コスト」を上回る利益がなければやるべきではない、というのが私の持論である。ことに一国の民法改正は、国民の利益のためにするべきものであって、学者のより良い説明の探究のためにするものではない。読者の皆さんは、法律に限らず、皆さんが就職する会社の社内の規則や、マンションの管理組合の規約など、さまざまなルール創りの場に立ったときは、ぜひ構成員の真の利益というものをいろいろな角度から考慮して、ことにあたっていただきたい。

　私は、フランス国立東洋言語文明研究所（昔、森有正氏などが教鞭をとったパリ大学東洋語学校）に招聘教授として赴任し、短期間だが「日本の契約社会入門」という講義をしたことがある。本書の元になった法学セミナーの連載を、その日本語科の図書室（凱旋門の西にあるパリ第Ⅸ大学の中にある）に送ったところ、辞書を引きつつ連載を読んでくれているパリの教え子から、新学年から法律も本格的に勉強したいという手紙が届いた。自分の仕事が誰かの役に立っているのを実感する時ほど、うれしいものはない。
　残暑の中でもうひと頑張り、たまった原稿を片づけ、ゼミの夏合宿を終えると、また大教室で学生諸君に語りかける日々が始まる。
　風立ちぬ友（アミ）という名のペンションに
　　　　　　　夏合宿の解散の朝

第7課 契約各論⑶ 売買⑵

　夏休みを経て、君は何を身に付けただろうか。バイクで北海道を1周してきた学生がいる。高原で合宿練習した成果を堂々たる大演奏会で披露してくれた学生オーケストラもある。いろいろな経験が、社会を見る目、人間を見る目を育てる。それらが何らかの形でどこかにはね返ってくるのが、この民法の勉強の面白いところなのだ。この課では売買の後半を説明する。実はここが平成29年改正で（少なくとも説明の仕方が）大きく変わったところなのである。ちょっと難しいかもしれないが、頑張って読んでほしい。なおこの課のあとには、『ミニテスト問題』の解説が掲げてある。

▶3　売買

3　売買契約の効力

⑶　売買契約の効力——買主の権利（売主の担保責任）

①**買主の追完請求権**　買主は、引き渡された目的物が種類、品質、または数量に関して契約の内容に適合しないものであるときは、売主に対して、

目的物の修補、代替物の引渡しまたは不足分の引渡しによる履行の追完を請求することができる（改正法562条①項本文）。ただし、売主は、買主に不相当な負担を課するものでないときは、買主が請求した方法と異なる方法による履行の追完をすることができる（同項ただし書）。

　これは、改正前の規定では、条文に法定されていた方法として解除と損害賠償しかなかったものを、契約責任説の立場に立って、「契約に適合させるための履行の追完」という構成で、（特定物か不特定物かなどを問わず）まずは直せるものなら直せ、追加できるものなら追加せよ、という形で、修補請求、代物請求、数量補充請求などと、広くメニューを明示して認めるものである。柔軟な解決が明定された分は評価されてよい（もっとも、改正前でも修補請求や代物請求等が認められるとしていた学説もあった）。

　なお、それらの不適合が買主の責めに帰すべき事由によるものであるときは、買主は、上記①項の規定による履行の追完を請求できない（同条②項）。これは当然の規定である。

　②買主の代金減額請求権　　　以上のように買主はまず追完請求をするのであるが、それに売主が応じない、あるいは物理的に追完できない、などという場合には、次の段階として、買主は代金の減額を請求できる。改正法563条①項は、「前条第一項本文に規定する場合において、買主が相当の期間を定めて履行の追完の催告をし、その期間内に履行の追完がないときは、買主は、その不適合の程度に応じて代金の減額を請求することができる」と定めた。

　もっとも、同条②項は、以下の場合には、前項の催告をせずにただちに代金の減額請求ができると定めた。

まず、同項１号は、履行の追完が不能であるとき、を掲げる。これはいわゆる履行不能の場合であるから、催告をしても意味がないので当然の規定である。次に同項２号は、売主が履行の追完を拒絶する意思を明瞭に表示したときを掲げる。これも当然である。

　次に同項３号は、条文では「契約の性質又は当事者の意思表示により、特定の日時又は一定の期間内に履行をしなければ契約をした目的を達することができない場合において、売主が履行の追完をしないでその時期を経過したとき」を掲げている。これは、いわゆる**定期行為**の場合である。結婚式の披露宴用の料理の注文、などがその具体例となる（たとえば、50人分の料理を頼んだのに40人分しか披露宴に間に合わなかった、などの場合が想定される。もちろん、それで代金減額で済むのか、という議論があろう。場合によっては〔程度がひどければ〕解除権の行使もできることは次の564条に規定される）。

　最後に同項４号は、「前三号に掲げる場合のほか、買主が前項の催告をしても履行の追完を受ける見込みがないことが明らかであるとき」を挙げる。たとえば売主が破産手続開始決定を受けたりして、追完履行能力がなくなっていることが客観的にわかる場合などを指すことになろう。

　なお、この代金減額請求権の場合も、563条①項にいう不適合が買主の責めに帰すべき事由によるものであるときは、買主は、①項②項にいう代金の減額請求をすることができない（同条③項）。

　③買主の損害賠償請求および解除権の行使　　以上のように、改正法は、契約不適合があった場合、買主はまず追完請求をし、それから代金減額請求をするという順序で規定するのであるが、564条は、「前二条の規定は、第四百十五条の規定による損害賠償の請求並びに第五百四十一条及び第五百四十

（♡1）数量指示売買は、具体的に数量によって価格が決められていることがはっきりしている場合を指す。たとえば「1山の松の木500本」というように、数量は目安にすぎないと考えられる場合は数量指示売買とはいわない。そうすると、土地の売買などは、結局「この土地」という売買であるとすると数量指示売買とは認められない。

（♡2）では数量指示売買で、多過ぎた場合はどうなるか。判例は、売主が注意すべきとして、数量が超過していた場合の超過分の請求を認めなかった。

二条の規定による解除権の行使を妨げない」とした。つまり、債務不履行の一般規定によって損害賠償請求をしたり、解除権の行使をしたりしてもよい、というのである。

　したがって、改正法にかかわった学者には、まず追完請求をするのが原則（追完請求権の優位性）などという説明をするものがあるが、紛争解決という意味では、最初から損害賠償や解除を主張してもよいことに変わりはない。その意味で、契約不適合責任と呼ぶものも一般的な債務不履行責任である、と言えばよいだけであろう。

④移転した権利が契約の内容に適合しない場合における売主の担保責任

　改正法565条は、「前三条の規定は、売主が買主に移転した権利が契約の内容に適合しないものである場合（権利の一部が他人に属する場合においてその権利の一部を移転しないときを含む。）について準用する」と規定している。ちなみに、改正前の565条は、**数量指示売買**といって、数量を指示して売買した目的物の数が不足していたり一部が滅失していた場合の責任に関する規定であったが（それに伴って、「数量を指示する」というのはどういうことかという判例・学説の蓄積があった——この点の議論は今後も具体的な契約解釈において変わらず問題になる）（♡1）（♡2）、改正法では、目的物の数が足りないような場合も、権利の一部が他人に属していて移転されないような場合も、すべて含めてこの規定を置いた形になっている（さらに、改正前566条は、売買の目的物に地上権等が設定されていた場合、同567条は同様に抵当権等がある場合、についての規定であったが、それらもすべてここに吸収されている形である）。なお条文の見出しについては、「買主の権利」ではなく「売主の担保責任」の表現のままになっていて、徹底していない。

（♡**3**）除斥期間とは、権利自体がその定められた期間で消滅し、時効のように更新によって延びることもないという概念である。改正前の民法典にも規定があったわけではなく、判例学説上で用いられていたものであるが、改正民法ではその全体から、除斥期間と考えられてきたものが排除されている。

⑤**目的物の種類または品質に関する担保責任の期間の制限（買主の権利の期間制限）**　改正法566条は、目的物に種類または品質に関して契約不適合があった場合の買主にその不適合を知った場合の通知義務を課したうえで、その通知を懈怠した場合に、買主が権利行使できる期間（売主が担保責任を負う期間）に制限を置いた。条文は、「売主が種類又は品質に関して契約の内容に適合しない目的物を買主に引き渡した場合において、買主がその不適合を知った時から一年以内にその旨を売主に通知しないときは、買主は、その不適合を理由として、履行の追完の請求、代金の減額の請求、損害賠償の請求及び契約の解除をすることができない。ただし、売主が引渡しの時にその不適合を知り、又は重大な過失によって知らなかったときは、この限りでない」というものである。

　この点、改正前566条は、その③項で一律に、契約の解除または損害賠償の請求は「買主が事実を知った時から一年以内」にしなければならない、という、いわゆる「除斥期間」（権利自体がその定められた長さで消滅し、時効のように更新によって延びることもない）（♡**3**）とみられる規定を置いていた。改正法は、その仕組みを採用せず、不適合を知った時から1年以内に通知しないと失権する（さまざまな請求や解除をする権利を失う）としたのである。

　しかしこの条文で注意すべきことは、「種類又は品質に関して」という点である。つまり、「数量」に関する不適合（数量不足）や「権利」に関する不適合は、このルールの対象にならない。これは、改正の趣旨によると、そのような不適合については、売主はあらかじめ比較的容易にわかるはずだから、こういうルールで売主を保護する必要はない、ということとされている。したがって、このルールの対象にならない数量不足や権利の有無に関するト

ラブルについては、一般の請求権の消滅時効の規定（改正法166条）が適用されることになる。

　さらに言えば、買主が種類・品質に関する不適合を知って1年以内に通知した本条のルールの下でも、一般の消滅時効の規定（166条）は適用される。したがって、その場合は買主が種類・品質に関する不適合を知った時から5年（166条①項1号の主観的起算点による規定）で時効にかかる。また引渡しを受けてから不適合に気付かないまま10年経過した場合も同様である（同項2号の客観的起算点による規定の適用）。

　なおこの改正法566条も、見出しは（買主の権利ではなく）「担保責任の期間の制限」となっている。

　⑥目的物の滅失等についての危険の移転　改正法567条は、新設の規定であるが、特別なことを述べているものではない。

　ⓐ引渡し後の滅失損傷　改正法567条①項は、売主が買主に売買の目的として特定した目的物を引き渡した後で、その引き渡した目的物が当事者双方の責めに帰さない事由で滅失・損傷しても、買主は売主に追完、代金減額、損害賠償、解除等の主張はできず、また代金の支払も拒めないと規定する。目的物の引渡しによって、目的物の支配が売主から買主に移転するのであるから当然である。なお、逆に言えば、引渡し後でも、売主の責めに帰すべき事由による滅失・損傷の場合はこの限りではない（たとえば売主の誤った操作説明によって、引渡し後に買主のもとで目的物が発火したり爆発したような場合）。

　ⓑ買主の受領拒絶後の滅失損傷　改正法567条②項は、売主が契約の内容に適合する目的物をもって、その引渡債務の履行を提供したにもかかわらず、買主がその履行を受けることを拒み、またはその履行を受けることがで

（♡**4**）競売は、一般の読みとしてはもちろん「きょうばい」だが、法律家の間では「けいばい」と読む人が多い。

きない場合において、その履行の提供があった時以後に当事者双方の責めに帰すことができない事由によってその目的物が滅失・損傷した場合も前項と同様とすると規定する。これは、たとえば、売主が持参した目的物を買主が正当な理由なしに受領せず、売主が仕方なく持ち帰った後で自然災害などで目的物が滅失したケースなどであり、債権総論で学ぶ受領遅滞の規定（413条の2②項）の確認的規定とみればよい。

⑷　担保責任に関するその他の規定

①**強制競売の場合の特則**　　たとえば、債務者が売掛代金を支払わない、などという場合に、債権者が裁判所に申し立てて、債務者の財産（たとえば家屋であるとか）を差し押さえて、これを裁判所に強制的に競売（♡**4**）してもらい、その競売代金から売掛代金を回収する、というようなことがある（こういうものを「強制執行」という。民事執行法という法律による）。この強制競売もまた売買であることには変わりがないが、強制的に行われる売買で、また実際に市場価格よりかなり安く売却されるので、通常の売買よりも担保責任は軽減されている。権利の不存在については、いちおう担保責任が認められているが、損害賠償などは範囲が限定されているし（詳細は568条③項参照）、目的物の種類・品質に関する不適合については、担保責任がまったく認められていない（同条④項）。

②**担保責任と同時履行の抗弁**　　担保責任の追及にあたっては、同時履行の抗弁（533条）を使うことができる。解除した場合の原状回復義務相互については、すでに546条があるので当然であるが、起草者の説明では、代金減額や損害賠償の場合でも、たとえば代金の一部だけ支払ってあって瑕疵が

（◇1）なお、消費者契約法は、消費者保護の観点から、消費者契約において目的物の瑕疵によって消費者に生じた損害を賠償する責任を免除する一定の条項が置かれた場合に、それを無効とする（同法8条。なお消費者保護法は、平成30年の同法改正でも、目的物の「隠れた瑕疵」という表現を残している）。

見つかったような場合は、損害賠償と残代金支払の同時履行（賠償分を相殺して残代金を払う）が認められる。

　③担保責任免除特約　以上見てきた担保責任の規定は、いわゆる任意規定である。したがって、民法はこう決めていても、当事者がこれと違う内容の担保責任を合意することもできるし、場合によっては、売主はこれらの担保責任を負わない、という合意をすることも可能である（バーゲンセールで、商品にキズが見つかってもお取り替えしません、というのを承知して買うのもその一例である）。572条は、そういう担保責任免除の特約は有効だが、その場合も、売主が知っていてわざと告げなかった事実や、売主が自分で第三者のために設定したり譲渡したりした権利があった場合は、それらについては責任を免れないとしている（◇1）。

4　買戻し

(1)　意義

　普通、買戻しというと、いったん売ったものを再度買う（2度目の売買をする）ということを意味すると思われるが、民法の規定する「買戻し」は、そうではない。ここでは、売買はひとつしかない。ただその売買契約に、解除できる特約を付けておき、いったん売った不動産（この制度の目的物は不動産に限られる）を、その特約を実行して解除して取り戻すということをするのがこの買戻しである。

　何のためにこういうことをするのか。実はこれは、古くから行われていた、金融のための手段なのである。だから売主は、本当に不動産を売る気はなく、いわば融資を受ける（お金を借りる）目的で不動産を売る形をとり、買主は

融資金の担保のつもりで、不動産を買う形でいったん自分のものにする。そしてこの売買契約をする時に同時に買戻しの特約をしてこの契約の解除権を留保しておき、売主（実質は借り主）はお金を返せるようになったらこの売買契約を解除して、代金（融資金）と契約費用を返して、不動産を取り戻すのである。もちろん、買戻しができなければ不動産は確定的に買主のものになる。買戻しは、こういう、債権担保の機能を果たすわけである。

⑵　現状 —— 再売買の一方の予約との関係

　わが国では古くから行われていた制度ということで、民法はこの買戻しにかなり詳しい規定を置いた（579条以下）。けれど実はそのために、この制度はあまり頻繁には使われなくなってしまった。なぜかというと、規定が厳密なために、買主（融資者）にとってうまみが少ない（あまり儲からない）のである。そこで人々はどうしたかというと、本来は融資のために作られた制度ではない制度を流用して、買戻しと同じような働きをさせようとした。それが、前の課で説明した、売買の一方の予約なのである。これは、２回の売買を使うのだが、まず最初の売買で不動産を売って融資金を得て、その後にこれをもう１度売り返す（再売買する）ことを予約して、最初の売主（融資金を得た人）に予約完結権を与える。融資金を得た人は、お金を返せるようになったら、再度この不動産を買い直すのである。これで買戻しと同じ機能を果たせる。しかも、この再売買の予約には、本来債権担保の手段として考えられていたものではないので、いろいろな制約がない。そこでこれが広く使われるようになっているのである。（⚖）

　ここには、ルール創りの観点からいうと非常に興味深いことがある。つまり、詳しいルールは良いルールか、という問題提起がされるのである。ことに金融（資金調達）の関係では、実は詳しいルールを作ると、人々がその取引を使わなくなるという現象が見られる。この買戻しがそうであるし、昭和53（1978）年に作られた仮登記担保法（代物弁済予約と目的不動産の仮登記を組み合わせた資金調達手段を規制するもの）がそうである。融資者に一定のうまみがないと、その融資取引は行われなくなるのである。けれど、暴利行為を防ぐなど、一定の規制は必要である。このように、金融（資金調達）に関するルールには、取引の規制法と取引の促進法がある（のちに学ぶ動産債権譲渡特例法などは、成功した取引促進法の例である）。「こういうルールを作ったら人はどう行動するか」という、私の名づけた「行動立法学」の観点を入れてルール創りをすることが重要であると思われる。

⑶　買戻しと再売買の一方の予約の比較

　簡単に両制度の比較をしておこう。まず、ⓐ買戻し特約およびその登記は、売買契約と同時にしなければならない（579条・581条①項）。再売買の一方の予約（以下、再売買の予約という）については、このような制限はない。次に、これが一番肝心なところなのだが、ⓑ買戻しのために売主が返還すべき金額は、代金（あるいは別段の合意で定めた金額）と契約費用を超えることができない（579条）。利息と不動産の果実（利用利益）は、別段の意思表示がなけ

（◇2）この点、有力学説は、再売買といっても、実質は融資金の返済なのだから、最初の売買と2度目の売買の差額を利息とみて、この再売買価格は、最初の売買の価格に利息制限法（次の課に述べる）が許す上限の利息を加えたものまでに制限されると考えるべきだろうという。

れば相殺したものとみなすため、代金に利息を付ける必要はない（同条後段）。利息を付ける特約は有効だが、利息を提供しなくても買戻しを行うことができる（583条①項）。これに対して再売買の予約の場合は、2度の別の売買だから、最初の売主が買い直す再売買のときの価格は、制限がない（◇2）。この差額が、最初の買主（融資者）の利益になるわけである。

ⓒさらに、買戻しの期間は10年以内に制限されている（580条。それを超える特約は同条①項により10年に短縮される。強行規定である）。これに対して再売買の予約には特に期間制限がなく、30年とした特約を有効とした判例もある（学説は買戻しと同じ10年に制限すべきと主張するものが多い）。これらのことから、再売買の予約のほうが楽にでき、融資者にうまみが多いことがわかるだろう。

> 突然に「あした二十歳（はたち）」と告げる君
> 　　　　　　　　　　　　　朝の並木を声弾ませて
>
> 　ある日、駅から教室に向かう並木道で、私の大教室講義に出ている女子学生と一緒になったことがある。「先生、私、明日20歳になるんです」。誰彼となく告げたかったのだろう、うれしさと輝くような若さがその表情にあふれていた。
> 　20歳でなくても、人は誕生日の来るたびごとに、それぞれの感慨を持ち、またそれぞれの出発を心に期す。暖め直す思い出も、目標が達成できなかった焦燥感もある。願わくば、過ぎゆく1日1日を充実させて、毎年心からハッピー・バースデイと自らを祝福できるようにありたいものである。

問題

　以下の(1)〜(3)の文章の正誤を○×で示し、その理由を書きなさい（正誤が合っているだけでは正答とならない）。

　(1)　Aは、Bとの間で売買契約を結び、さらに、売主Aが買主Bから受け取るはずの売買代金を、BがAの債権者Cに直接支払うという契約を結んだ。Bは、Aが履行期が来てもBに目的物を引き渡さない場合でも、上記の支払契約がある以上、Cから請求されたら、Cへの代金支払を拒むことはできない。

　(2)　Aは、Bに対し、「このダイヤとルビーを君にあげる」と言い、Bは喜んで、いただきますと答えた。そしてその日のうちにダイヤだけは実際にBに渡された。1週間後に気が変わったAは、Bに「あれは口約束だったからあげないことにする」と言って、ダイヤも返させることができる。

　(3)　AはBに自己所有の土地を売り、登

ミニテスト問題・解説

　それではここで、ミニテスト問題について、解説しておこう。

問題▶▶解答と解説

　(1)の答えは×である。理由は以下の通り。本問の、Bが売買代金をCに直接支払うというのは、A・B間の第三者のためにする契約である。その場合、債務者（諾約者）Bは、A・B間の契約について債権者（要約者）Aに対して有する抗弁を、第三者（受益者）Cに主張できる（539条）。そこでBは、履行期が来てもAの目的物引渡しがない場合には、Aに対して同時履行の抗弁権を持ち、引渡しがあるまではAに代金を支払うことを拒めるのだから、Cに対しても、同様に、代金支払を拒むことができる（⇒第3課37頁）。

　(2)の答えも×である。問題文から、A・B間にはダイヤとルビーの贈与契約が成立していると考えられる。贈与契約は口約束でも成立する（549条）。そして、ダイヤだけは実際にBに渡されているので、ダイヤについては履行済みということになる。書面によらない贈与契約は、解除することができるが（550条本文）、しかし履行の終わった部分は解除できない（同条ただし書）。したがって、Aは、ルビーの贈与の部分は解除できるが、ダイヤについては贈与を解除できないので、ダイヤの返還は請求できない（⇒第5課65頁）。

　(3)の答えも×である。いわゆる解除と第三者の問題であるが、判例は、解

記を移転したが、Bが代金の一部を支払わ
ないので、この契約を解除した。しかし、
その解除の前に、Bは、Cにその土地を転
売していた。判例によれば、Cは、登記を
得ていなくても、民法545条1項ただし書
により、Aに対して自分が新所有者である
と主張できる。

除前に現れた第三者（本問のC）は545条①項ただし書の第三者となるが、
同規定により保護されるためには、解除される契約から発生した権利を得た
ことについて、登記までを得ている必要があるとしている。この場合は、二
重譲渡のように他の譲受人と権利を争ういわゆる対抗問題になるわけではな
いが、同条①項ただし書の保護を受ける資格として、登記までを具備する必
要があるとするのである（権利保護資格要件としての登記）。したがって、判
例によれば、Cは登記を得ていなければ、権利を害されない第三者とはなら
ず、解除の原状回復の効果によりAに権利が復帰するので、Aに対して自分
が新所有者であると主張することはできない（⇒第4課49頁以下）。

　以上、(1)～(3)のいずれも、本書の第6課までを読むだけで答えられる問題
であるが、○×が合っているだけではだめである。正確な理由づけが書けた
かどうかを確認しておきたい。

第8課　契約各論⑷ 交換・消費貸借・使用貸借

夏が終わり、キャンパスに学生たちが戻り、いつもの大学の日々がまた始まる。みんな、秋学期の始まりは勉学意欲に燃えるのだが、これが意外に落ち着かない。学園祭やスポーツ大会、合同ゼミなどの行事が次々にあって、けっこうあわただしく過ぎていってしまう。せめて本書を読む時は、心静かに「学問の秋」を満喫してほしい。

この課では別の典型契約の説明に入る。前課までの贈与・売買とこの課のうちの交換までは、目的物の所有権を最終的に相手に移転する形の契約であるが、消費貸借からは、所有権は動かないで利用だけさせる、貸し借り型の契約である。

▶4　交換

交換は、物と物とを交換する契約で、おそらく歴史的には最も早く成立した契約形態だと思われる（これが貨幣経済の発達に伴って物と金銭とで交換をするようになるのが売買である）。今ではこの契約が行われることは少なくなったが、それでも当然存在する。民法は586条の１か条だけを置いて、詳し

い説明はしていないが、法的性質としては、売買と同じく有償・双務・諾成の契約で、売買の規定が当然準用される（559条参照）。実際には、土地と土地を交換する契約などが行われる場合は、価格のバランスをとるために、一方は土地にいくらかの金銭を加えて移転するという交換契約がされるケースが多い。いずれにしても、交換は売買とほとんど同様に考えればよい。

▶5　消費貸借

1　意義

(1)　定義

贈与・売買・交換は、いずれも目的物の終極的な権利が相手方に移転する契約だったが、ここからは、貸借（たいしゃく）型、つまり所有権は移らず、利用権限だけを一定の間一定の条件で相手に与えるタイプの契約を勉強する。とはいっても、あとで出てくる使用貸借契約（ただで貸す）や賃貸借契約（お金を取って貸す）などでは、その説明がぴったりあてはまるのだが、この消費貸借はちょっとだけ異なるところがある。

まず、「消費」「貸借」という2つの要素を考えてみてほしい。この契約は、確かに物を貸借する契約なのだが、借りたその物自体は消費してしまうのである。つまり、お米とか、お醤油とか、お金とかを借りる契約である。それらの契約の場合は、たとえば借りたお米ならば、それは炊いて食べてしまい、あとで同じ品質の別のものを同じ分量だけ返済する、ということになる（♡1）。今日の世の中で重要なのは、もちろん金銭についての消費貸借（い

わゆるお金の貸し借り）である。

⑵　性質 —— 有償性と要物性

587条は、「消費貸借は、当事者の一方が種類、品質及び数量の同じ物をもって返還をすることを約して相手方から金銭その他の物を受け取ることによって、その効力を生ずる」と規定する。そうすると、この条文では「同種、同質、同量のものを返す」というだけで、利息のことは考えられていない。もちろんあとの条文で利息のことも書かれているので、ここでは原則型としての無利息消費貸借を規定していることになる。無利息ならば無償契約、利息付きならば有償契約となる。

そこで、この条文は「受け取ることによって」とあるから、原則型としての無利息消費貸借は、約束しただけではだめで、実際に目的物を受け取ってはじめて効力を生じる要物契約ということになる。そうすると、貸し渡したところではじめて契約が成立し、あとには借主の返済義務があるだけで貸主には債務は残らないので、片務契約ということになる。結局、無利息消費貸借は、無償・要物・片務の契約になる。

このように無償・要物という組み合わせになるのはどういうことかを考えてみよう。ただで（無利息で）貸してあげるというのであれば、得をするのは借主だけで、貸主は恩恵を与えている（損をする）だけである。だから、「いいよ、ただで貸してあげるよ」とあらかじめ約束したとしても、いざ貸し渡すその時に手元に余裕がなかったら、それでも貸せというのはいささか貸主に酷なことになるだろう。そこで、合意だけでは契約として成り立たず、実際に貸し渡したところで契約としてはじめて成立し、効力を持つと考える

（♡**2**）利息付き金銭消費貸借の利息には、特別法として利息制限法、出資取締法、貸金業法などの適用がある。利息制限法は、最高利率を、元本が10万円未満の場合は年2割、10万円以上100万円未満の場合は年1割8分、100万円以上の場合は年1割5分とし、それを超過する部分については無効とする（同法1条）。なお同法は、以前はその超過部分の利息を任意に支払ってしまった場合は返還を請求することができな

いと規定していたが（同条旧②項）、この点は、判例法理により、利息の超過部分の支払を元本の支払に充当し、それで元本が完済となれば残りは返還請求できると、債務者に不利にならないように是正され、さらに近年の改正で②項自体が削除された。

のである。こういう当事者の利益バランスの考慮から、無償と要物という2つの性質が結びついている、と考えると理解しやすい。

　そうだとすると、有償の（利息付きの）消費貸借契約は、要物契約にする合理性があるだろうか。たとえば利息付きでお金を貸すというのであれば、利息という経済的利益（♡**2**）を得る以上、「1週間後に貸してあげるよ」と約束しただけで、たとえ1週間後に自分のふところが苦しくなっていたとしても、契約が成り立っていて、貸し渡す義務があるとするのが合理的と考えられるのではないだろうか（また実際にも、住宅ローンの契約などで実際にお金が渡されるまでは契約が成立しないとしたら、社会生活上困ったことになるだろう）。それならば、有償の消費貸借は（民法に明文はないが）諾成契約でできると考えるのが適当だろう。これが平成29年改正前の通説的見解になっていた。

⑶　要物性の緩和——要式契約の追加

　実際、今日の取引社会では、金銭の消費貸借は有償（利息付き）で行われるのがほとんどである。そうすると、当然、ルール改正の方向は、諾成・有償の消費貸借契約の承認に向かうはずである。結果的に平成29年改正もその方向に動いたのだが、本書が上記に説明したような「有償」との関連のメカニズムはあまり言及されず、ただ要物性の緩和に動いた（◁|◁）。つまり、上記の要物契約としての587条はそのまま維持しつつ、587条の2に要式（諾成）契約の規定を追加したのである。すなわち、「書面でする消費貸借は、当事者の一方が金銭その他の物を引き渡すことを約し、相手方がその受け取った物と種類、品質及び数量の同じ物をもって返還をすることを約すること

（♡**3**）なお、587条の2の書面は、電磁的記録、つまりコンピューター上の契約書等によってなされたものでもよい（同条④項）。

さらに、一歩進んだ条文学習として、書面性についてこれと同様の規定のあるところを探してみよう（債権総論で学ぶ保証のあたりを見てほしい）。また、先に学んだ贈与や次に学ぶ使用貸借では、書面についての規定はどうなっているだろうか。

によって、その効力を生ずる」としたのである（改正法587条の2①項）。これによって、たとえば銀行の住宅ローンの契約なども、書面でしさえすれば、実際の金銭の給付の前に成立し、それを前提にして不動産の売買契約をするなどということが問題なく可能になるわけである。

そして同条②項では、その場合の借主は、貸主から具体的に金銭その他の物を受け取るまでは、契約の解除ができるものとした（借主の受取り前解除権。同条②項前段）。なおその場合に、貸主が、契約の解除によって損害を受けたときは、借主にその賠償を請求できる（同項後段）。同じく書面でした場合、実際に借主に金銭その他の物が渡される前に当事者のいずれかが破産手続開始の決定を受けたときは、その効力を失う（同条③項）。つまり契約の成立時期を諾成的に早めた分、その後の事情の変更があった場合には契約から抜けやすくしているのである（♡**3**）。

⚖ ルール創りの観点から

改正法は、本書の説明した理由とはちょっとずれるが、587条の要物契約としての消費貸借は現状維持で残して、もうひとつ、587条の2という規定を新設して、要式契約としての諾成的消費貸借を創設した。つまり、書面でした消費貸借ならば、（まだ目的物がわたっていなくても）諾成での成立を認めるというわけである。そして利息の規定も589条に新設している。

なお、この**要物性の緩和**は、平成29年改正を理解する際には、この消費貸借と、このあとに出てくる使用貸借（無償契約である）、さらに後ろの寄託（有償のものと無償のものが規定されている）という、改正前の民法でいずれも要物契約とされていたものについての改正を、横並びにして考察する必要

がある。傾向としては、「要物契約から諾成契約へ」ということなのであるが、消費貸借、使用貸借、寄託の３者とも同じ形の改正がされているわけではないことに注意したい。

2　成立

(1)　「金銭その他の物を受け取る」の意義

　無利息消費貸借の要物性は、金銭の消費貸借の場合でいえば、必ずしも貨幣そのものを渡さなくても満たされる。預金通帳と印鑑を渡した場合とか、国債を渡した場合でもよいというのが判例である。また、「金銭その他の物」とあるが、金銭でもたとえば特定の番号の紙幣などを展示用に借りる、などというときは、その特定の紙幣自体を返さなければいけないわけだから、消費貸借ではない。また、銀行にお金を預ける契約は、物を預ける寄託契約（第**10**課で学ぶ）の一種である「消費寄託契約」と解されている。

(2)　準消費貸借

　たとえば、売買契約で、買主が支払うべき代金を払わないまま支払債務を残している状態で、売主と買主の合意で、その代金を改めて貸金として、弁済期日を決めて消費貸借としよう、と約したときは、それで消費貸借が成立したとみなされる（588条）。つまりその場合、いったん売買代金を弁済してまた借りる、ということをする必要はないということである。こういうものを「準消費貸借」と呼ぶが、「準」は付いていても、できあがった契約自体は消費貸借そのものである。また、もともと消費貸借でできた債務を新しい

消費貸借にする場合（たとえば、期日や利息を改めて金銭を貸し直すような場合）もこの条文にあてはまる。

3 効力——貸主の責任

無利息の消費貸借については、無償契約であるということから、贈与者の引渡義務の規定（改正法551条）が準用され、消費貸借の目的物を、目的物として特定した時の状態で引き渡せばよい（改正法590条①項）。また、消費貸借においては、利息の有無を問わず、貸主から引き渡されたものが種類または品質に関して契約の内容に適合しないものであるときは、借主はその物の価額を返還することができる（同条②項）。これはつまり、瑕疵のある物を借りたのだから同じような瑕疵のある物を返せばいいのだが、同じような瑕疵のある物といっても見つけにくいだろうから、その瑕疵のある物相当のお金で返せばいいということである。これは、責任負担のレベルとしては贈与の担保責任に対応する。つまり、無償契約の場合は有償契約よりも担保責任が軽減される、というわけである（⇨**ここがKnow How**）。

4 終了

消費貸借は、金銭その他のものを利用し続けることを目的とする**継続的契約**である。したがって、借主がその利用を中止し、目的物を返還すべき時期が消費貸借契約の終了時となる。返還時期の定めがあれば当然その時期の到来時が終了時となり、その定めがないときは、貸主が相当な期間を定めて返還を催告すればその期間経過時が返還時期となる（591条①項）。これは、消費貸借の場合、借りたそのものは消費しているのであるから、返還の催告時

から、借主が同種同量の別のものを準備しうる期間を置くことが必要と考えられるからである。

　もっとも、金銭消費貸借では、多くの場合、単に返還時期を定めるだけでなく、借主に契約違反や財産状態の悪化等一定の事由が生じた場合には、即刻借主は残額をすべて返還する義務が生じるという特約を付すことが一般である。これを**期限の利益喪失約款**という（♣1）。

　一方、返還時期の定めの有無にかかわらず、借主側からはいつでも返還ができる（同条②項）。期限の定めがある場合も、借主は期限の利益（その期日が来るまで返還しなくてよい）を放棄して目的物を返還できるのが原則だからである。ただし、それで貸主が損害を受けた場合（貸主としては期間全体の利息等を想定していたのにそれが得られなくなったような場合）には、貸主は借主にその賠償を請求することができる（同条③項。もっとも当事者の別段の合意ができればそれによるのは当然である）。

5　金銭消費貸借の実務

　先に述べたように、金銭消費貸借の実態からすれば、利息付きの消費貸借については、正面から諾成的消費貸借を認めてよいとする見解も多かった。しかし、金融実務では、これまで民法典にそのような明示的な規定がなかったことから、住宅ローンなどの融資の実行を、（要物契約だと批判されることがないように）当該不動産の売買契約と同時に行う（つまり金融機関に住宅の売主と買主および登記実務を担当する司法書士が集まって行う）ことが多く行われてきた。今後はその点は改善されると思われる。

▶6　使用貸借

1　意義

⑴　定義

　これは、ただで物を貸して使用させる契約である。消費貸借とは異なり、借りた物そのものを、利用したあとで返却する。世の中では、次回に出てくる、対価としての賃料を取って利用させる賃貸借のほうが圧倒的に多いが、こういう契約も、親戚・友人の関係の中でとか、企業が地域サービスの趣旨で賃料を取らずに施設を使用させる契約などで行われる。

⑵　性質

　ただで、というのが眼目なのだから、これは贈与と同様、典型的な無償契約である。そして、消費貸借のところで述べたように、無償性と結びつけるならば、目的物を貸し渡したところで成立して効力を生じる要物契約にしていいはずのもので、実際、従来は、要物契約として規定されていた（改正前593条）。しかし、平成29年改正では、そのように無償性と要物性を結びつける論理は採用しなかった。そして、現代ではこのような無償の貸借契約も、対価のある経済的な取引の中の一部で行われることもある（たとえば、雇用契約を結んでいる従業員に社宅を無償で貸与するなど）点に注目したなどの理由で、これを諾成契約に変更したのである（改正法593条）。（△T△）

　ただそのやり方は、先述の消費貸借とは異なる。消費貸借では、無償の要

物契約と、有償の書面性を要求する諾成契約（つまり要式契約）とを並立させたのだが、ここでは、使用貸借を完全に諾成契約に改め、ただその契約の拘束力を弱めたのである。これは、すでに学んだ中では、贈与契約の構成（無償・片務なのに諾成とし、書面によらない贈与は解除ができるとする。549条・550条）に近い。以下に改正後の構成を見ていこう。

⚖ ルール創りの観点から

　使用貸借が、親族間の情誼に基づいて行われるもの（つまり、親子だからとか兄弟だからただで貸してやるなどというもの）ばかりでなく、取引関係の一環で行われるものが多くなると、実際に貸し渡す前からの法律関係にも効力を持たせる必要が出てくる（たとえば、甲土地をただで使わせてもらう代わりに乙土地を安価で売る契約、などでは、使用貸借は売買契約〔諾成契約〕の成立時に〔引渡しが済んでいなくても〕成立させられないと困る）。そのような観点から、改正法は、使用貸借を諾成契約に改めたのである（そうすると、貸主には貸し渡す義務が出てくるから双務契約になる）。

2　成立

(1)　諾成での成立

　使用貸借は、当事者の一方がある物を引き渡すことを約し、相手方がその受け取った物について無償で使用および収益をして契約が終了したときに返還を約することによって成立し効力を生じる（改正法593条）。改正前の要物契約から、完全な諾成契約に変更された。

　使用貸借は、賃貸借や地上権設定の場合と比べると、（ただ貸しなので）利用者の権利が極端に弱い。そこで、その契約が使用貸借なのか賃貸借などの契約なのか、認定が問題になるケースが出てくる。ことに、対価としての賃料は支払われていないが借主が何らかの給付をしている場合（いわば負担付き使用貸借）が問題になるが、判例では、家を借り、留守番の仕事をしたとか税金だけを払ったというケースが、使用貸借と認定されている。

⑵　目的物受取り前の貸主による解除権

　消費貸借のところでも述べたように、使用貸借は経済的には貸主が借主に一方的に利用利益を与える契約だから、諾成での成立を認めたとしても、その後実際の目的物の貸渡しまでに貸主に状況の変化があった場合は、それが何らか考慮されるべきであろう。そのような観点から、貸主には、借主が借用物を受け取るまで、契約の解除権が与えられた（593条の2本文）。ただし、書面による使用貸借については、この限りでない（同条ただし書）。書面にした場合は、それだけ無償で貸し渡す意思が確かなものと認められるからである。

3　効力

⑴　貸主の責任

　使用貸借は、借主が一方的に利益を受けるただ貸しなので、貸主は貸すだけで義務が尽き、借主は逆にさまざまな義務や制約を受ける。これが使用貸借の特質を理解するポイントである（⇧ここが Key Point）。

　使用貸借の貸主は、贈与における贈与者の引渡義務と同様の義務を負う

（596条で551条を準用）。これはまさに、両者とも典型的な無償契約なので、貸主の責任が売買のような有償契約よりも軽減されているのである。

⑵　借主の義務

　借主は、①契約またはその目的物の性質によって定まった用法（使い方）に従って、その物の使用収益をしなければならない（594条①項）。勝手な使い方をしてはいけないということである。②借主は、目的物の通常の必要費（目的物を通常の使い方で使えるように維持するために必要な費用。家屋でいえば、普通に使っていてかかる修理費など）を負担しなければならない（595条①項。これはまさにただ貸しだからであって、次に学ぶ賃貸借なら逆に貸主が負担する）。③借主は、借りた物を勝手に別の第三者に利用させてはいけない（594条②項）。これは、そのような恩恵は、通常「この人だから」という形で、特定の相手にだけ与えるものだからである（◇1）。④借主が勝手な使い方をしたり、勝手に誰かに利用させたりしたときは、貸主は契約の解除ができる（同条③項）。この場合に解除という強い手段がとれることも、以上のことから合理性があると理解されるだろう。

⑶　その他

　借用物の返還について、返還時期を定めておかなかったときは、借主は契約に定めた目的で使用収益を終えた時に返還しなければならないし（597条②項）、実際に終えていなくても、客観的に目的に従って使用収益するに足りる時間を経過したときは、貸主は解除ができる（598条①項）。また目的も定めていなかったときは、貸主はいつでも解除ができる（同条②項）。また

使用貸借は借主の死亡によって効力を失う（597条③項）。つまり、使用貸借の借主の地位は通常は相続できない。これらも、ただ貸しであって人的特定性の強い契約ということを考えれば問題なく理解できよう。なお、借主からはいつでも（受取りの前後を問わず）解除ができる（598条③項）。いわば恩恵を受けている側からの恩恵享受終了の申し出だからである。

⑷　終了時の借主による収去義務と収去権

　借主は、使用貸借の終了時には、目的物を受け取った後に付属させた物があるときは、これを収去する義務があるし（599条①項）、逆に付属させたままにせよといわれた場合には収去する権利もある（同条②項）。また使用中の借用物の損傷については、原状回復義務を負う（同条③項本文。ただしその損傷が借主の責めに帰さない事由によるものであればこの限りでない。同項ただし書）。

⑸　損害賠償および費用償還の期間制限と時効の完成猶予

　借主が契約の本旨に反する使用・収益をしたために生じた損害の賠償や、借主が支出した費用の償還は、貸主が返還を受けたときから１年以内に請求しなければならない（600条①項。改正前と変更がない）。その損害賠償の請求権については、貸主が返還を受けた時から１年を経過するまでの間は、時効は完成しない（同条②項。平成29年改正での新規定である）。これは、借主の用法違反などがあっても、そのまま契約が継続していると、貸主は目的物の状況が把握できないまま10年の消滅時効（改正法166条①項２号）が完成してしまう可能性があるため、返還後（つまり目的物の検査等ができるようになって

から）１年は時効の完成が猶予されるという規定である（本条は622条で後述の賃貸借の場合に準用されている）。

初版から４半世紀も経てば、学生諸君に対するアドバイスも当然変わる。法学部から司法試験などの難関試験を目指す学生諸君を応援するのはもちろんなのだが、現代の法学部生は13万6000人もいる（2015年段階の調査）。そうすると、司法試験の合格者や国家公務員総合職の合格者の人数はそのうちの１割にも満たない。それであれば、現代の法学部教育は、法曹などにならない、９割以上の多数派学生を主たる対象にすべきはずである。

そういう観点から、私は現在の本務校では、宅地建物取引士の受験を推奨している。もちろんこの資格は、不動産仲介業では法令の定めで一定数の有資格者を店舗に置かなければならないことになっているという、職業に直結する大変有用な資格なのだが、不動産関係に進まなくても、就職活動全般で、民事法をしっかり勉強してきたという、証明書代わりになる資格なのである。現在の本務校では、各年度の法律学科生の約１割が、卒業までに宅地建物取引士の資格を得るという実績が挙げられつつある。

第9課　契約各論⑸ 賃貸借

　秋から冬へ、季節はどんどんめぐってゆく。この時期に学生諸君に考えて
ほしいのは、自分に対する要求水準を引き上げていくこと。勉強の仕方、世
間に対する観察力などが、新学年の頃の自分より一段階成長しているかどう
かを自らに問いかけて、積極的に自分を磨く努力をしてほしい。自己検証を
怠る時から、学生の堕落が始まる。

　本書の読み方も、惰性で「愛読」しないで、著者のあら探しをするような
批判的な目で読んでいっていただきたい。この課では、売買の次に重要な典
型契約である、賃貸借を説明する。

▶7　賃貸借

1　意義

⑴　定義

　賃貸借契約は、一方の当事者が、相手方に、ある物（動産でも不動産でも
いい）の使用収益をさせることを約束し、相手方がそれに対して賃料を支払

敷金・礼金・権利金・更新料・立退料

敷金（622条の2）は、建物賃貸借契約の開始時に貸主に預けられるお金で、契約期間中の借主の賃料不払いや建物損傷の賠償債務を担保するものである（何もなければ契約終了時に全額返される）。礼金は、契約時に貸主が取得するお金で、需要供給の関係で存在するものであって、法律上の規定があるわけではない。更新料は、契約更新の際に貸主に対して払われるお金で、更新の謝礼とか、それまでのトラブルの精算金とかの意味を持つ。立退料は、契約終了の合意をする際に貸主が借主に対して支払うことがあるもので、正当事由のない貸主がお金で契約解消を図るためのものである。なお、立退料は正当事由を補強するが、正当事由の代わりになるものではないとされる。これらはいずれも契約自由の原則から当事者の合意で授受されるもので、当事者

い、返還することを約束することによって成立し、効力を生じる（601条）。要するに、前課で勉強した使用貸借が「ただ貸し」「ただ借り」なのに対して、こちらは対価としての賃料を取る「賃貸し」「賃借り」である。

⑵　性質

　賃貸借は、賃料を対価とするので、使用貸借と異なり、有償・諾成の契約であり双務の契約である。ただ、双務というときに、賃借人側の債務は賃料の支払債務であることは明瞭だが、賃貸人側の債務は、目的物を利用可能な状態で貸し続ける債務であることに注意してほしい。そしてまたこの賃貸借契約は、期間中はその双方の債務が継続するのだから、（この点は使用貸借と同様に）いわゆる継続的契約関係（継続的債権関係）の典型ということになる。

　そこで、双務契約に適用になる同時履行の抗弁や解除の規定についても、いちおう適用はあると考えられるのだが、売買のように履行が一回的に終わる契約と違って、どの債務とどの債務が同時履行関係に立つのか、あるいは541条以下の解除の規定はもともと売買のような一回的な契約だけを考えていたのではないか、という点に多少問題がある。ちなみに、賃貸借のような継続的契約の解除の場合には、解除に遡及効がなく、将来に向かって契約の効果がなくなるだけであることは、すでに述べた通りである（⇒第4課42頁）。

⑶　成立

　賃貸借は諾成契約であり、売買と同様、民法上は方式も要求されていない（しかしたとえば農地の賃貸借については、農地法にこの点の特別な規則がある）。

が不要というならば不要である。さらに権利金というのは、店舗の賃貸借などに多いが、さまざまな意味を持ち、一般には礼金と同じように返還されないものである。良い場所の店舗を借りる場合の場所的利益の対価とか、実質的な賃料の一部前払い（中には賃貸人が先に権利金をもらって貸しビルの建築費に充てる場合もある）等の意味を持つと説かれる。

（♡1）建物保護法は明治42年公布、昭和41年改正。旧借地法は大正10年公布、昭和16年、同41年等に改正。旧借家法も大正10年公布、昭和16年、同41年に改正。ちなみに「借家法」は「しゃっかほう」と読む人が増えているが、正しい読み方と考えられているのは「しゃくやほう」である。

なお、これらの特別法は、一般法である民法に優先して適用され、特別法に規定がなければ一般法を使うことになる。

(4)　賃貸借固有の問題点

　さて、賃貸借契約については、他の契約にない問題点がある。ⓐローマ法や中世ドイツ法での賃借人というのは、社会的・経済的弱者であって、こういうものを前提にしたフランス民法やドイツ民法では賃借人の権利は弱いものだった。さらにそれらを参考に作った日本民法では、明治の当時の地主・小作関係を念頭に置いたため、なおいっそう賃借権が弱く規定されてしまった。そうすると、機械などの動産を賃借して利用する契約などならともかく、居住のために不動産（家や土地）を借りるということになると、そういう弱い権利では（たとえば賃貸人が誰かにその不動産を売ると賃借人は出ていかなければならない等々）、賃借人の側は大変に困る（起草者は物権である地上権や永小作権の設定がもっと広く行われることを想定していたようだが、経済的に優位に立つ貸主は、地上権などの物権はしっかりした権利なので、その設定をいやがり、賃借権が多く行われるようになっていった）。そこで、特別法によってこの賃借権（ことに不動産賃借権）を強化する必要が出てきた。それで、「建物保護ニ関スル法律」（建物保護法）や、旧借地法、旧借家法などの特別法（♡1）によって、不動産賃借権の強化を図ったのである。次にみる賃貸借の期間のところで、それは端的に示される。

　ⓑしかし、そこでもうひとつ問題が出てきた。さまざまな形で賃借人を保護した結果、今度は賃借人の権利が少し強くなりすぎたのである（たとえば、1度貸したら、状況が変わってもなかなか出ていってもらえない）。社会政策的に賃借人に傾きすぎたかもしれない保護バランスの取り直しの対策を多少盛り込んだのが、平成4（1992）年に施行された「借地借家法」（♡2）であるともいえる。次の期間のところで、民法と特別法における賃借人の保護の差、

（♡2）借地借家法は、平成3年公布、同4年8月に施行。これによって、建物保護法、借地法、借家法は廃止されたが、ただし借地借家法施行以前に結ばれた借地・借家契約については、それら旧法が適用になると定められていることに注意したい。なお借地借家法は平成29年の民法改正にあわせて一部改正されている。

（♡3）被保佐人（ひほさにん）は、民法が十分な法律行為をする能力のない者を保護する制度（制限行為能力者制度）を定めた中の1つで、精神上の障害によって判断能力（条文では「事理を弁識する能力」）が著しく不十分な者で、家庭裁判所によって保佐開始の審判を受けた者をいう。被保佐人は、13条①項に列挙された行為をするには保佐人の同意を必要とするが、その他の行為は自分でできる。詳しくは民法総則で勉強してほしい。

そして新法での再修正を見てみよう。

2 期間

(1) 期間についての民法の規定

①**期間の制限**　賃貸借一般について平成29年改正法は、その存続期間を50年とし、それより長い契約をしたときは、それを50年に短縮する（つまり強行規定である）。そして更新は可能だが更新時からも50年を超えられないとした（604条）。一方、短いほうの制限は定めていない。（⚖）

> ⚖ **ルール創りの観点から**
> 　平成29年改正前は、50年ではなく20年だった。以下の特別法と読み比べると、この20年は不当に短いことがわかる。コンクリート造りの堅固建物を建てても20年しかいられないことを考えれば明らかだろう。そこで、今回の改正法は、604条での存続期間を、50年に改めている。

　なお、定めていた期間の満了の段階で賃借人がまだ使っており、賃貸人が知って異議を述べなかったときは、同一条件でさらに賃貸借をしたものと推定される（619条。「黙示の更新」と呼ばれる）。

②**短期賃貸借の特則**　たとえば不在者の財産管理人（25条・28条）のように、財産の管理運用を任されているがその財産を処分する権限がない人とか、自分の財産を自分で処分するための完全な判断能力を持たない被保佐人（12条）（♡3）などには、物を売却するような「処分行為」をさせるわけにはいかないが、物を一定期間人に貸して賃料を得るような「管理行為」はさ

せてもよい。けれど、あまり長期の賃貸借は（その間本人はその物を使えない
のだから）、実際上処分行為に近くなる。そこで起草者は、処分の能力や権
限のない人が賃貸借をするときには、短期の賃貸借だけができるようにした
（建物なら3年、動産なら6か月など。602条）（♣1）。

②　旧借地法・旧借家法の規定

　平成29年改正前の民法の規定では、土地を借りて家を建てて住むという目
的にはいささか短すぎるし、意に沿わない短期の契約をさせられてしまうこ
ともある。そこで借地権（建物所有を目的とする賃借権と地上権を一括してこ
う呼ぶ）を対象とした特別法である旧借地法は、借地権の存続期間として、
堅固建物を建てる目的のものは60年、それ以外の建物を建てる目的なら30年
と規定して、契約で前者につき30年、後者につき20年の期間を定めることま
では認めるが、それ以下の短い期間を特約することはできないと定め、さら
に更新についても、建物がある状態なら借地人が更新請求すれば更新され、
貸主がそれを阻止するためには異議を述べなければならないが、その異議は
貸主側に自分が使用する必要ができたなどの正当な事由がなければ述べられ
ないなど、借地人がより有利になるような更新期間と方法を定めた。

　借家についても、旧借家法で、1年未満の契約は期間の定めをしなかった
ものとみなし、賃貸人の解約の申入れは6か月前にしなければいけないとし
て、借家人は最低6か月はいられることにした（最長期の定めはないので民法
604条による）。そして、その解約申入れや更新の拒絶は、貸主側に、自分で
住む必要ができたとかその他の正当事由がなければできないとし、更新につ
いても借家人に有利な規定を置いた。

（◇1）借地借家法では、この他に、正当
事由の明確化が図られ、また定期借地権や
期限付借家などの、更新がない新しい制度
が創設された。定期借地権というのは、当
事者が50年以上の期間を定め、その期間が
満了したら借地人の権利は完全にゼロにな
って終了する（更新や建物買取請求はでき
ない）とするもので（同法22条）、貸す側
の、いったん貸したらなかなか返してもら
えないという危惧に対処し、一方で賃料を
低く押さえようとする制度である。期限付
借家（定期建物賃貸借）というのは、期間
を定めた建物賃貸借につき、公正証書等の
書面で、契約の更新がないことを定めるこ
とができる、というもので（同法38条）、
これも賃借人の保護に傾きすぎた点を修正
するものである。その他ここでは詳しく説
明する余裕がないが、各自で勉強してほし
い。

③ 借地借家法の規定

　借地借家法では、堅固な建物の所有が目的かどうかを問わず、一律に、新
たに借地権を設定する際には、契約で定めがない場合は30年とし（当事者が
これより長い期間を定めたときはそれによる。同法3条）、更新後の期間は原則
として10年とされた（同法4条）。借家のほうの期間は、原則的には旧借家
法からの変更はないが、民法604条が排除されているので、50年以上の建物
賃貸借も可能になった（同法29条②項）（◇1）。

3　効力

⑴　新所有者に対する対抗力の原則

　賃借権は、債権ではあるが、請求権（目的物を貸し渡せというような権利）
であると同時に、目的物の利用権の要素も持っている。そこで、本来、賃借
権を賃借人に十分に享受させるためには、目的物を世間の誰にも邪魔されず
に利用できる権能がなければならないはずで、その点でこの権利は、本質的
に、債権者・債務者の2者間だけの効力では不十分であるという性質を持っ
ている（だからボワソナードは旧民法で賃借権を物権と規定していた）。これを
考慮して起草者は、不動産の賃借権は登記すれば目的物の新所有者にも対抗
できると規定した（605条）。つまり、Aの土地の賃借人Bは、賃貸人Aが自
分の土地を勝手にCに売ったとしても、賃借権の登記をしてあれば、BはC
に自分が賃借権者であることを主張でき、続けて使っていられるというので
ある。ところが、貸主・借主の力関係もあって、貸主は、（自分の財産処分に
不利になるのをきらって）この登記をする約束をしたがらず（物権と異なり、
賃借権の設定登記は任意であり、また、権利者たる借主と義務者たる貸主とが共

（◇2）権利を移転したり設定したりする登記は、関係当事者が共同で申請しなければならないが、新築家屋を所有者が最初に登記する保存登記は、所有者が1人でできる。

（♣2）それでは、賃借権の、無権利者に対する効力はどうなるか。たとえば無権利者が借地に無断で資材を置くなどの行為をして、賃借権を妨害した場合は、これを賃借人は賃借権の力で排除できるか。物権ならば、第三者に対する妨害排除請求権は備わっているが、債権たる賃借権ではどうなのか。もちろん605条の登記その他による対抗力があれば、無権利者に対して賃借権それ自体によって妨害排除ができるが（改正法605条の4はそのことを明示した）、対抗力がないときはだめで、その場合は、所有者たる賃貸人が持っている所有者としての妨害排除請求権を代位行使する（つまり、同で申請しなければならないもので、貸主が協力しなければ登記できない）、結局605条が機能するケースはほとんどないという状況になってしまった。

⑵　新所有者に対する対抗力の付与の新しい方法

上のような状況で、賃貸人が目的物を他人に譲渡売却することによって、賃借人は賃借権を失い、追い出されるということが頻発した（これを「地震売買」と呼んだ）。そこで、不動産の賃貸人Bが、605条の賃借権の登記なしに自分の賃借権を新所有者に対抗できる術を考える必要ができた。

①まず旧建物保護法は、土地賃借人は、土地の賃貸借の登記がなくても、その借りた土地に自分の家を建て、それを登記すれば（これは自分の家だから自分1人で保存登記できる）（◇2）、それで土地の賃借権を登記なしに新所有者に対抗できるとした（同法は借地借家法10条が吸収）。

②さらに旧借家法1条では、建物の賃借人は、建物の賃貸借の登記がなくても、その借りた建物が引き渡されていれば（つまり、わかりやすくいうと、住んでいれば）、それで建物の賃貸借を登記なしに新所有者に対抗できるとしたのである（この規定は借地借家法31条が承継）。

こういう方向の賃借権の強化を、「賃借権の物権化」と呼ぶことがある（ただし、物権と同じになるわけではない）（♣2）。

⑶　不動産賃貸人の地位の移転

以上は、不動産賃貸借の効力をもっぱら賃借人の保護の観点から見たものであった。では、賃貸借の効力を、賃貸人の角度から考察するとどうなるか。とくに不動産賃貸借の場合の、不動産所有者の地位と賃貸人の地位の関係が

自分の賃借権を保全するために、所有者の持つ権利を自分が代わって行使する。423条）ことになるとする（債権者代位権については、債権総論の第**16**課で説明する）。これに対して有力な反対説は、相手が無権利者なら、端的に賃借権そのものに妨害排除権能を認めてもいいのではないかという。

問題になる（なおこれは、一般化すると、契約上の地位の移転とか契約譲渡などと呼ばれる問題になる。契約上の地位の移転については日本民法典にはこれまで規定がなく、改正法ではじめて539条の２という条文が置かれた）。この点はこれまで判例・学説の蓄積があったが、条文はなく、平成29年改正ははじめてこれに関する規定を置いた。

　ⓐ原則としての所有者と賃貸人の地位の一致と例外としてのその分離
改正法605条の２①項は、不動産賃貸借で、605条他の方法によって対抗要件が備えられた場合は、その不動産が譲渡されると、その不動産の賃貸人たる地位は、不動産の譲受人に移転すると規定した。つまり不動産の譲渡によって賃貸人の地位は当然に承継されるとするもので、従来の判例法理（大判大正10・５・30民録27輯1013頁）の明文化である。

　これが原則となるが、同条②項前段は、新たに、不動産の譲渡人および譲受人が、賃貸人たる地位を譲渡人に留保する旨およびその不動産を譲受人が譲渡人に賃貸する旨の合意をしたときは、賃貸人たる地位は、譲受人に移転しないとの規定を置いた。これは、最近の不動産経営実務において、不動産の取得者が賃貸経営などにノウハウがなく、前所有者に賃貸経営を任せるケースなどを想定したものである（所有者の地位と賃貸人の地位を分離する。前所有者が以前から賃貸経営をしていた場合には、以前からの賃貸借契約には変更を生じさせずに済む）。これなどは完全に取引法としての民法の改正といえる（⇧**ここが Key Point**）。形としては新所有者（ないし新所有者からさらに不動産を譲り受けた承継人）が前所有者に賃貸する形を取るので、その賃貸借が終了すると、前所有者に留保されていた賃貸人たる地位が新所有者（ないしその承継人）に移転することになる（同条②項後段）。

なお、①項および②項後段による不動産譲受人（ないしその承継人）への賃貸人たる地位の移転は、当該不動産について所有権の移転登記をしなければ、賃借人に対抗することはできない（同条③項）。

　さらに、①項および②項後段によるその承継があった時は、後述する敷金（原賃貸人たる前所有者が賃借人から取っていた担保金）の返還債務も、新所有者ないしその承継人に承継される（同条④項。敷金については後述4(3)参照）。

　ⓑ合意のみによる不動産の賃貸人の地位の移転　　不動産の譲渡人が賃貸人であるときは、その賃貸人たる地位は、賃借人の承諾なしに、譲渡人と譲受人の合意のみで移転できる（605条の3前段）。ただそれを賃借人に対抗するには、登記が必要である（同条後段による605条の2③項の準用）。つまり、不動産所有者Aが賃借人Bと賃貸借契約を結んでいて、Aがその不動産をCに売却した場合、賃貸人たる地位は、Bの承諾なしにCに移転し、ただそれをBに対抗するには所有権の移転登記が必要、ということである。これも平成29年改正の新設規定であるが、判例法理（最判昭和46・4・23民集25巻3号388頁）の明文化である。

(4)　賃貸人・賃借人の権利義務

　賃貸人には、契約期間中、目的物を利用可能な状態で貸し続ける義務がある。この点、使用貸借と違って対価を得ているのだから、賃貸人には、目的物の使用収益に必要な修繕をする義務がある（606条①項本文。ただし、賃借人の責めに帰すべき事由によってその修繕が必要になったときは、この限りでない。同項ただし書）。たとえば貸家の雨漏りは、賃貸人が直さなければいけないのである。

また、賃貸人が目的物を保存するために必要な行為──たとえば、貸している土地の一角が崩れそうだから土留め工事をする──をしようとするときは、賃借人はそれを拒めないが（同条②項）、その行為によって、賃借人が賃借をした目的を達することができなくなる──たとえば、借りている土地が湖畔の土地で、土留め工事をされるとボート屋の営業ができなくなってしまう──ときは、賃借人は契約を解除できる（607条）。これも当然である。

　もし賃借人のほうが、本来賃貸人が負担すべき必要費（前述の雨漏りの修繕費など）を出した（自分で出費して直した）場合は、ただちにそれを賃貸人に償還請求できる（608条①項）。しかし、それが有益費（単なる維持保存ではなく、目的物の改良など、価値を高める費用）だった場合は、賃貸人は、それによる目的物の価値の増加が現実に存在している場合だけ、契約終了時に、その償還をすればよい（同条②項）。

　なお、賃借人にも用法遵守義務はあり（616条。使用貸借の594条が①項だけ準用される）、また期間中は善良な管理者の注意をもって目的物を保管する義務がある。契約終了時の返還義務のあることはもちろんである。

⑤　借地借家法上の地代や借賃の増減請求権

　借地・借家契約の効力に関しては、借地借家法にいくつかの特則が置かれている。その中で重要なものは、**地代・借賃等の増減請求権**である。長期の契約の中で、地代や借賃（賃料）が、租税等の増減によって、また土地や建物の価格の上昇・下落その他の経済事情の変動によって、さらに近隣地代や借賃に比較して不相当となったときは、契約の条件にかかわらず、当事者は、将来に向かって地代・借賃の額の増減を請求することができ、ただし一定期

間増額しない特約があるときは、その定めに従うと規定される（借地について借地借家法11条、借家について同法32条）。これは、事情変更の原則のひとつの具体化とも評される。これに関して、将来の地代や借賃を数年ごとに見直して自動的に増額する特約が問題になる。判例は、借地借家法11条①項も32条①項も強行法規であるとして、特約があっても同項に基づく地代や賃料の増減請求権の行使を妨げられないとした（地代について最判平成15・6・12民集57巻6号595頁、建物賃料について最判平成15・10・21民集57巻9号1213頁等）。つまり、増額しない特約は（条文に明記する通り）有効だが、増額する特約は無効で、減額請求もできるというのである。これは、借主の保護には適切だが、融資を受けてビルを建て、そのビルの賃料から返済をするような取引では、ビルの所有者（賃貸借契約の貸主）に不利になることもあり、多数の議論がある（♣3）。

⑥　賃借権の譲渡・転貸

①譲渡・転貸の可能性とその制限　　債権は譲渡することができる。債権者Aが、Bに対して100万円の債権を持っているとしたら、AはCとの契約で、その権利をCに譲渡して、Cが新しい債権者になることができる。この譲渡契約は、譲渡人と譲受人の2人ですることができ、Bにそれを通知するか、Bからその譲渡を承諾してもらえば、その通知か承諾が対抗要件になる（詳しくは、債権総論で勉強する）。したがって、賃借権も債権なのだから、賃借人が、賃借権を譲渡することは可能であるように思える。また、賃借人が別の人と目的物を転貸（てんたい。又貸しのこと）する契約をすることもそれ自体は可能ではある（ちなみに、譲渡の場合は旧賃借人は契約関係から抜けるの

（◇3）本書第22課の「債務引受」と「契約譲渡」を参照。

（◇3）本書第22課の「債務引受」と「契約譲渡」を参照。

ここが Know How

条文を補足し、あるいは修正する形で判例が確立している（いくつかの判決が積み重ねられて、最高裁判所での判断が固まり、下級裁判所もそれにならっている）という状態になっているとき、それを「**判例法理**」とか「**判例の（作った）準則**」とかと表現する。この判例法理については、条文を見ているだけではわからないので、教科書などで勉強する必要がある。もっとも、判例が固まっていても学説に有力な異論があったりする場合もあるが、学説もほぼその判例法理を承認しているという場合は、その法理についての知識は不可欠である（この、不動産賃貸借に関する「信頼関係破壊の法理」は、そういうもののひとつで

に対し、転貸の場合は元の賃貸借の先に新しい転貸借が繋がるだけであるから、最初の賃貸借契約はなくならず、又貸しをした賃借人は、賃貸人との関係では賃借人のままである）。しかし賃貸借も、継続的な契約関係を作るわけであるから、使用貸借ほどでないにしろ、人的特定性が問題になる。わが民法は、起草段階では、地主と小作人の関係なども念頭にあったようで、そうするとなおさら、相手が誰でもいいわけではなくなる（さらに、考えてみれば、賃借権の譲渡というのは、単なる債権の譲渡ではなく、賃料債務の支払義務なども移転する、賃借人たる地位の移転のはずである。そうすると、賃借人が勝手にやれると考えるのはそもそも適切ではないことになろう）（◇3）。そんなわけで、わが民法では、賃借人が賃借権を無断で他人に譲渡したり転貸したりすることを禁じ、もしそうすると賃貸人は賃貸借契約を解除できるという規定を置いた（612条）。けれどこれは、賃借人にとっては、ことに転貸については厳しい規定で、たとえばアパートを黙って自分の兄弟に又貸ししていたようなケースでも、賃貸人たる大家は、簡単に契約を解除できることになる。

地主・小作人のような強い人的関係は、アパートの大家と店子（たなこ）の間にはないだろうし、第二次大戦後の住宅難の時代には、経済的強者たる大家の側が、この規定をたてに、どんどん契約を解除して問題になった。そこで、昭和20年代の末頃から、いくつもの判決が、612条の解除は、無断譲渡・転貸行為が、賃貸人に対する背信的行為と認めるに足りない特段の事情がある（つまり、無断で譲渡や転貸をしてもそれに背信性がないと認められる）ときは、解除権は発生しないとして、やがてこれが確立した判例法理となり、学説もこれを一般に認めるに至っている（⇧ここが Know How）。これが、信頼関係破壊の法理とか、背信性理論とか呼ばれるものである（ただしこの判

ある）。こういうレベルのものは、大学の学年末試験でも、よく出題される。とくに、**判例付きでない六法の持ち込みが許される試験では、事例問題で、判例法理の知識をからめた解答が要求される**場合がある。受験者の学習の程度がよくわかるからである。

（◇**4**）また、AがBに承諾を与えてCへの転貸借を許した以上、その後にA・Bの間で賃貸借契約を合意解除しても、AはCには明渡請求ができない（613条③項本文。その結果AはCを賃借人と認めて新たに賃貸借契約を結び直さなければならないことになる）。ただしそれが賃借人Bの債務不履行に基づく解除である場合は、賃貸人Aは転借人Cに解除を抵抗できる（同項ただし書）。

例法理は、居住目的の土地・建物の賃貸借を中心に想定されているもので、動産の賃貸借などを念頭に置いているものではない）。

②適法な転貸の効果　賃借人が適法に（賃貸人の承諾を得て、という意味）賃借物を転貸した場合について、613条は、転借人は、賃貸人に対して直接に義務を負うと定めている（同条①項前段）。つまり、AがBに貸したアパートを、BがAの承諾を得てCに又貸しした場合、CはAに対して（直接の契約関係はないのに）直接の義務を負う。ということは、BがAに家賃を払わないような場合、AはCに直接払えと請求できるということになる（さらに同条①項後段は、この場合にCがBに対して賃料を先払いしていると言ってAの請求を拒むことはできないと規定している）。もちろん、A・B間の契約は継続しているのであるから、AはBに対して賃貸人としての権利を行使することも当然できる（同条②項）。これは、賃料確保等のために賃貸人を保護する目的で置かれた規定とされている。しかし、直接の契約関係がないのに直接義務を負うというのは、例外的なことなのであって、賃貸人Aが保護されすぎないように解釈すべきである（たとえば、CがBに対して負う家賃が12万円で、BがAに対して負う家賃が10万円であるとすれば、CはAから直接請求されても支払う義務があるのは10万円までである）（◇**4**）。

4　賃貸借の終了

(1)　民法上の終了規定

賃貸借は、当事者の定めた契約期間の満了によって（更新の合意がなければ）終了するのは当然であるが、その他にいくつか終了に関する固有の規定が置かれている。まず、賃借物の全部が滅失したなどの理由によって使用・

収益ができなくなった場合には、賃貸借は終了する（616条の2）。次に、期間を定めずにした賃貸借につき、各当事者がいつでも解約の申入れをすることができ、その申入れから一定期間（土地については1年、建物については3か月など）の経過によって終了するという規定を置いている（617条）。

　さらに、先に述べた黙示の更新（2(1)①参照）のあった場合も、その更新された契約は期間のないものとされて、いつでも上記の617条による解約申入れができることになる（619条①項後段。したがってこれは賃借人にはあまり有利な更新ではない）。

　また、賃料不払いなどによって解除され終了する場合ももちろんあるが、賃貸借のような継続的契約の解除の場合、解除には遡及効がない（将来に向かってのみ効力を生じる。620条）。それまでの家賃を全部返し、利用利益を全部返す、ということはナンセンスであるから、これは当然である。

⑵　終了時の賃借人の原状回復義務

　賃借人は、賃借物の受領後の損傷について、契約終了時に原状に回復する義務を負う。ただし、平成29年改正後の621条は、「通常の使用及び収益によって生じた賃借物の損耗並びに賃借物の経年変化を除く」と明示した。したがって、カーテンや壁紙の日焼け、黄ばみなどは原状回復義務の範囲外である（これまで、アパート等の賃貸借契約の終了時にトラブルのあった点を明瞭にしたものといえる。したがって賃貸人やその代理人としての不動産業者は、次述の敷金返還の際に、安易にクリーニング代とか室内整備費等の名目で敷金を差し引くことは許されないと考えるべきである）。なお、同条ただし書は、その他損傷が賃借人の責めに帰することができない事由によるときも、この原状回復

義務の範囲外としている。

⑶　敷金と終了時の敷金返還請求権

　敷金とは、契約期間中の賃借人の賃料不払いや目的物損壊に対応するための担保金として、契約開始時に賃貸人が賃借人から預かる金銭である。したがって終了時には、賃料の不払い分や損害賠償金を差し引いて返還されることになる。敷金の授受は、ほとんどの建物賃貸借などで行われている。

　平成29年改正前までは、この敷金についてのいわゆる定義規定が民法中になかった。改正法は、622条の２を新設して、敷金を「いかなる名目によるかを問わず、賃料債務その他の賃貸借に基づいて生ずる賃借人の賃貸人に対する金銭の給付を目的とする債務を担保する目的で、賃借人が賃貸人に交付する金銭をいう」と定義して、以下の場合は、賃借人に対し、その受け取った敷金の額から、賃貸借に基づいて生じた賃借人の賃貸人に対する金銭の給付を目的とする債務の額を控除した残額を返還しなければならないという明文規定を置いた（同条①項）。その場合とは、賃貸借が終了し、かつ、賃貸物の返還を受けたとき（同項１号）と、賃借人が適法に賃借権を譲り渡したとき（同項２号）である。前者については、従来の判例が、敷金返還請求権と目的物の明渡請求権は同時履行の関係には立たない（目的物の明渡しが先で、賃貸人は返還された目的物を調査したうえで敷金の返還額を定めることができる）としていたところ（最判昭和48・２・２民集27巻１号80頁）を条文に組み込んだものである。後者については、適法な（賃貸人の同意を得た）賃借権の譲渡があった場合には、敷金は（別段の合意のない限り）承継されないという判例法理（最判昭和53・12・22民集32巻９号1768頁）を明示したもので

（◇5）これらの買取請求権は、形成権（一方的な意思表示で法律関係を形成できる権利）であると解されており、買取請求の意思表示が借地権設定者や建物賃貸人に到達した時点で、買取請求者との間に売買契約が成立したのと同様の法律関係が生じることになる（なお、建物買取請求権〔借地借家法13条〕は強行規定であるが〔同法16条参照〕、造作買取請求権〔同法33条〕のほうは任意規定である〔同法37条参照〕。

したがって造作買取義務はないという特約も有効である）。

ある。

　また622条の2②項は、不払賃料があった場合にそれを敷金から充当できるのは賃貸人の権利であって、賃借人の側からの充当請求権はないことを明示した（従来の通説の採用である）。契約継続中にこの充当請求権を認めると、担保としての敷金が減少してしまうからである。

⑷　借地借家法上の終了時の借主の保護

　①建物買取請求権・造作買取請求権　　借地権の存続期間が満了し、契約の更新がない場合で、借地権者が建てた建物等が残っているときは、借地権者は、借地権設定者に対して、それを時価で買い取ることを請求できる（借地借家法13条①項）。同じように借家の場合は、賃貸借の終了時に、賃借人は、賃貸人の同意を得て建物に付加した畳、建具その他の造作（ぞうさく）がある場合は、それを時価で買い取ることを請求できる（同法33条）（◇5）。

　②終了時の建物転借人や借地上建物の賃借人の保護　　転貸借は、その基礎となる賃貸借を前提としているので、A・B間の建物賃貸借が終了すれば、転借人Cは建物使用をその原賃貸借の賃貸人Aには対抗できない。同様に、土地の賃貸借が終了すれば借地上の建物（土地賃借人Bのもの）の敷地使用の根拠が失われるので、建物賃借人Dは土地の所有者Aに対抗できない。しかしそれでは、建物転借人Cや借地上建物の賃借人Dに不当な不利益を与える場合もあるので、借地借家法や判例は、以下の範囲で保護を与えている。

　ⓐ建物賃貸借が期間満了または解約申入れで終了する場合は、建物の賃貸人Aは、転借人Cに賃貸借終了の通知をしなければ、賃貸借終了を転借人に対抗できない（借地借家法34条①項）。通知をすれば、転貸借は通知日から6

（◇6）建物賃貸借につき、大判昭和9・
3・7民集13巻278頁等、借地につき最判
昭和38・2・21民集17巻1号219頁。なお、
いずれも賃借人Bの債務不履行で解除され
て終了した場合は、賃貸人Aは転借人Cや
借地上建物の賃借人Dに解除の効果を対抗
できることに注意したい（613条③項ただ
し書参照）。

か月で終了する（同条②項）。

　ⓑ借地上建物の賃貸借で、当該土地の借地権の期間が満了した場合、建物
の賃借人Dが借地権の満了をその1年前までに知らなかったときに限り、裁
判所は、建物賃借人Dの請求によって、知った日から1年以内の範囲で、土
地の明渡しについて相当の期限を許与できる（借地借家法35条①項）。この場
合は、建物の賃貸借は、その期限の到来によって終了する（同条②項）。

　ⓒ建物の賃貸人Aが転貸借に同意していて建物賃貸借が合意解除で終了す
る場合は、賃貸人Aは、転借人Cに対して合意解除の効果を対抗できない
（613条③項本文。これは従来の判例の明文化である。前掲〔◇4〕参照）。借地契
約の合意解除の場合も同様に、判例は、借地権設定者は、特段の事情のない
限り、合意解除の効果を借地上建物の賃借人Dに対抗できないとする
（◇6）。

　私の趣味のひとつに、ゼミの学生諸君とする野球、テニス、ボウリングな
どのスポーツがある。パリの大学の日本語科で教えていたときも、運動不足
で健康面が心配になったので、教室で相手をしてくれる学生を募って、秋も
深まった寒風の中で「国際試合」をした。彼らの腕前が私と同じ「初心者に
毛のはえた」程度だったので、なかなか面白い試合になった。そして、異国
の教え子たちとの距離を一挙に縮めることもできた。

　勉強もいいが体を動かすことも大事だ。若いうちから何かスポーツをする
ことをお勧めする。

　この人ともうボール打つこともなし　君は無心にクロスを返す

第10課 契約各論⑥ 雇用・請負・委任・その他の典型契約

　25年前、このコラムには、冬休みにスキー場に出かける学生たちの話を書いた。2020年代になって、学生気質は大きく変わっている。グループでスキーという流行が廃れたことはもちろん、冬休みこそアルバイトをして学費を貯めなければ、という学生諸君のほうがはるかに多くなっているのではなかろうか。さらには、実家に帰ってただほっこりと、という日々を過ごす諸君もあろう。それならば、実家でも、バイトのあとでも、さらにはレジャー先でも、読み進める気になってもらえるような教科書を目指そう。至難の技とは思うけれども、本書の理想はそうありたいと念じつつ、この課では請負と委任を中心に、いわゆる労務型の契約およびその他の典型契約を解説する。

▶8　雇用

1　序説

前の課までに説明した消費貸借、使用貸借、賃貸借は、いずれも、一方の当事者に目的物の一定期間の利用利益を与えるという、貸し借り型の契約だ

（♡1）雇用は、平成16（2004）年改正までは雇傭（こよう）と書いた。雇も傭も「やとう（やとわれる）」意味である。今日ではそれを「雇い用いる」という表現で置き換えているわけである。

った。ここからは、今度は当事者の一方に何らかの仕事や事務をしてもらう、労務供給型の契約を中心に勉強する。民法の典型契約では、雇用、請負、委任、さらに少し異なるが寄託、がそのグループに入る。これらは、他人の労務ないし労働力を利用することを共通の特色とするのだが、その利用の狙いや、してもらう仕事の性質が異なる。その違いを念頭に置きながら理解するのがコツである。

2　意義

(1)　定義と性質

雇用（♡1）は、当事者の一方が相手方に対して「労働に従事する」ことを約し、相手方がそれに報酬を与えることを約することによって効力を生じる。つまり、いわゆる人を雇って労働させ、対価を払う契約である。有償・双務・諾成の契約となる。ここでは、「労働に従事する」のであるから、指示されたように働くことが契約の内容となる。

(2)　民法の規定と労働法の規定

民法は、623条以下にこの雇用契約に関する規定を置いている（631条まで）。これも典型的な継続的債権関係であるから、その点で賃貸借と共通する性質を持つので、解約申入れ、黙示の更新、解除の非遡及効など、賃貸借と類似した構造の規定が置かれている。

ただ、これら民法の規定だけでは、経済的に優位に立つ使用者が一方的に有利な条件で契約を結ぶことになりかねず、労働者側の保護に十分ではない。そこでわが国でも、先進資本主義諸国と同様、労働者の保護と労働関係の安

（♡２）具体的には、第二次大戦後に、労働基準法、労働組合法、労働関係調整法（これらを労働三法という）などの法律が制定されている。

（◇１）なお、労働契約についてその特質に即した一般的な民事的ルールを定める制定法はかつては存在しなかったが、平成19（2007）年に、従来の判例法理を取り込みつつ労働契約に関する一般ルールを整備す

る労働契約法が制定され、平成20（2008）年に施行された。

定を図るさまざまな特別法（いわゆる「労働法」分野）が形成された（♡２）。中でも労働基準法は、同居の親族のみを使用する事業と家事使用人を除くほぼすべての雇用契約における契約条件を規制している。そこで、現在では民法の雇用に関する規定は、特別法としての労働基準法の適用のない場合のみ（つまり、上に挙げた、家族のみを使用する自営業の家族従業員や、家事使用人つまりお手伝いさんの雇用契約だけ）に適用され、ほとんど適用領域を失っている。したがって、詳しい学習は労働法のほうでしてもらうことにして、ここでは以下の考察は省略する（◇１）。

　なお、平成29年改正法では、労務提供に対する対価という観点から、これまで規定のなかった、労働者が使用者の責めに帰することができない事由によって労働に従事することができなくなったときや、雇用が履行の中途で終了したときにも、すでにした履行の割合に応じた報酬を請求できるという規定を加えている（624条の２）。

▶9　請負

1　意義

(1)　定義

　たとえば、大工さんに家を建ててもらう契約をした。これが請負（うけおい）契約である。請負は、当事者の一方（請負人）がある仕事を完成することを約し、相手方（注文者）がその仕事の結果（たとえば家の建築）に対して報酬を与えることを約することによって効力を生じる（632条）。ここに「仕

る仕事をすればいい）。このあとに出てくる**委任**は、**一定の委託された内容の法律行為や事務の処理**が目的（仕事は比較的専門的な内容であることも多い）。しかし、最近は役務提供型の契約が多様化し、このように明確には区別できなくなってきつつある。請負についても、改正法は、完成しない場合でも（可分な給付で注文者が利益を受ける場合は）割合的な報酬を認める規定を置くに至っていることに注意したい。

（◇**2**）ここでひとつ問題になるのが、製作物供給契約といって、オーダーメイドの注文住宅を販売する、というように、請負と売買の両方の要素を持った混合契約である。製作物供給契約では、製作の側面では、請負に関する注文者の解除権や担保責任などの適用があり、また、供給の面では、売買に関する代金支払関係の規定の適用がある、と解される。

事の結果に対して」とあるように、請負契約で一番大事なことは、この契約が仕事の完成を目的としているという点である（⇧**ここが Key Point**）。この点で、指示された仕事をこなすことそれ自体が内容である雇用と区別される。

　請負の場合の「仕事」は、労務の提供によって生じる、まとまった成果という意味で、家屋の建築や土木工事のように有形のものばかりでなく、演奏や講演のように無形のものでもよい。また、運送契約なども特殊の請負であるが、これは商法に特則があるのでそちらが適用される。

⑵　性質

　請負は、仕事の完成を目的とするから、いくら請負人が労務を提供しても、所期の成果が発生しなければ、債務の履行にならない。逆に、通常は、仕事が（注文された内容で）完成しさえすれば、請負人その人が労務に服さず他の人にやらせた場合でも、請負債務は履行されたことになる。したがって、いわゆる下請負（下請け）が広く行われることになる。もっとも、演奏家の演奏契約のように、請負人の個性が重要である場合には、その本人が履行しなければいけないのは当然である。

　請負契約も、売買などと同様、有償・双務・諾成の契約であることは明瞭である。ただ、あとで述べるように、担保責任については、売買と異なる請負独自の規定が置かれていたのだが、平成29年改正で、かなりその独自の規定が削除され、売買と同様に一般的な契約不適合責任の考え方に従うことになったことに注意したい（◇**2**）。

2　請負契約の成立

　請負は諾成契約であり、方式も要求されていない。建設業法は、建設工事の請負に関する契約条件を書面で明らかにするよう定めているが、これも紛争予防のためであって、契約成立の要件ではないと解されている。

3　報酬の支払時期と注文者の利益の割合に応じた報酬の請求

(1)　報酬の支払時期

　請負は本来、仕事の完成が目的であるのだから、報酬も、特約がなければ後払い（その完成した目的物の引渡しの時あるいは〔引渡しの概念がない演奏や講演などの場合は〕仕事を完了した時）と規定されている（633条）。ただ、実際には町の小規模建築業者などの場合は、それとは異なる特約がなされる場合が多い（たとえば建築の最初に3分の1、中途で3分の1、完成時に残りの3分の1などという慣行もある。そうしないと材料の木材などの仕入れが間にあわないからである）。

(2)　注文者の利益の割合に応じた報酬の請求

　平成29年改正法は、上記特約以外でも、以下の場合には、完成途中の状況であっても、請負人がすでにした仕事の結果のうち可分な部分の給付によって注文者が利益を受けるときは、その部分を仕事の完成とみなして、請負人がその注文者が受ける利益の割合に応じて報酬を請求できる規定を新設した（改正法634条）。なお、この場合の「報酬」は、実際にはその部分に対応する「費用」も含むと考えられている。

①注文者の責めに帰することができない事由によって仕事を完成することができなくなったとき　そもそも、注文者の責めに帰すべき事由によって仕事が中途で完成不能となった場合には、536条②項前段の法意に従えば、請負人は報酬全額の請求ができる（改正前の判例）。それとの対比で、注文者の責めに帰することができない事由で仕事の完成が不能となった場合は、そこまでの履行で注文者が可分の利益を得られるのであれば、請負人はその分の割合で報酬を請求できるとしたものである。

　②請負が仕事の完成前に解除されたとき　解除されるに至るにはさまざまな理由があるわけだが、いずれにしても注文者に可分の利益が残るのであればその部分の報酬を請求できるとしたものである。なお、平成29年改正前から、注文者には、請負人が仕事を完成しない間は、注文者は、いつでも（請負人の）損害を賠償して契約の解除をすることができるという完成前解除権が与えられていた（641条）。これは、発注後に不要になったケースを考えてのことであるが、損害を賠償して解除するのならよいということで、改正法でも変更なく維持されている。

4　請負契約の効力

(1)　請負人の義務と責任

　請負人は、仕事を完成させる義務を負う。完成時期の定めがある契約の場合には、請負人は、自分の責めに帰すべき事由によって、完成予定時期に間に合うように仕事に着手しなければ履行遅滞となり、また完成予定時期に完成できなければ履行不能となって、注文者はそれぞれ541条・542条により契約の解除ができる。

　なお、下請負をさせた場合、請負人は、下請負人の故意過失について、注
文者に対し責任を負う（◇**3**）。

⑵　完成物引渡義務と目的物の所有権の帰属

　請負契約の目的が、家屋建築のように有形のものである場合には、請負人
には完成物を注文者に引き渡す義務がある。さて、そこで問題である。たと
えば大工さんに家を建ててもらったとき、できあがった家は誰のものか。最
初から注文者のものなのか、それとも、建てた段階では請負人のもので、引
き渡されてはじめて注文者のものになるのか。

　これには諸説がある。判例は、材料提供を基準にして考えている。つまり、
①注文者が材料の全部ないし主要部分を提供していたら、（それを組み立てて
もらっただけだから）最初から注文者のもの。②請負人が材料を出していた
ら最初は請負人のもので、引渡しによって所有権が注文者に移転する。ただ
し、③当事者間に特約があれば、請負人が材料を全部提供した場合でも、竣
工と同時に所有権は注文者に発生するし、請負代金が全額または大部分支払
われているときは、その特約があったと推認される、としている。一般に多
数と思われる②のケースを中心に考えれば、判例は原則的に請負人原始帰属
説ということになる。

　これに対して学説の有力説は、請負人が材料の全部ないし主要部分を出し
ていた場合も、所有権は最初から注文者にあると主張する（注文者原始帰属
説）。判例は、やはり請負人が報酬債権を確実に取れるように引渡しまでは
所有権を留保しておくことを重視しているのに対し、学説は、代金回収手
段としては同時履行の抗弁権などを生かせばいいことなどを理由に注文者の

（♣1）それでは、やや上級者向きの問題
である。建築途中の未完成建物の所有権は
誰に帰属するか。これは、物権法の添付
（てんぷ）の問題もからんでくるのでなか
なか難しい問題である。添付については、
242条以下の付合、混和、加工で学ぶ。

保護を強調している（♣1）。

⑶ 請負人の担保責任

①総説　　仕事の目的物に欠陥等があった場合には、請負人は担保責任を
負う。請負は有償契約であるから、売買と同様のレベルで担保責任を負うこ
とになる。しかし平成29年改正までは、請負契約の特殊性に注目して、売買
とは異なる請負固有の担保責任の規定が多数置かれていたのであるが、平成
29年改正は、売買のほうで瑕疵担保責任の概念を捨てて契約不適合責任とい
う構成を採用し、その構成が広く請負にも適用されることになった。したが
って、これまでの請負固有の担保責任の規定はかなり削除された（たとえば、
改正前634条は、瑕疵修補の請求ができる場合と損害賠償請求しかできない場合を
分ける規定を置き、また、土地の工作物の場合は瑕疵があっても解除ができない
としたり〔改正前635条〕、木造建物と石造その他の建物で担保責任の存続期間を
分けたり〔改正前638条〕という規定も置かれていたが、これらはいずれも削除さ
れた）。

　したがって、請負の目的物に契約不適合があった場合は、まずは売買と同
様に、履行の追完、瑕疵修補、損害賠償、そして解除、という手段を広く検
討することが可能となった。ただ、請負のほうでは規定上「担保責任」の表
現が売買よりも広く残されている。（⚖）

⚖ ルール創りの観点から

　改正法では、ここにも、売買のところの改正が大きく影響している。つま
り、改正法は、売買のほうで瑕疵担保責任の規定を契約不適合を理由とする

買主の権利と売主の義務の規定に改めたので、それが売買の559条によって、請負にも準用されるから、請負に関するルールも一般の債務不履行の規定で処理することになり、改正前の請負特有の瑕疵担保責任の規定はすべて削除となった。ということは、改正前の請負のルールでの、「仕事完成前は一般の債務不履行責任、完成後は瑕疵担保責任」という区別もなくなる。請負契約の民法上の位置づけがかなり変わり、実務にも影響するということになりそうである。

②請負人の担保責任の制限　その中でも請負固有の担保責任制限規定として残されたものに、種類や品質に関する契約不適合が、注文者の提供した材料の性質または注文者の与えた指図による場合は、注文者は履行の追完請求、報酬の減額請求、損害賠償の請求および契約の解除をすることができないという規定がある（636条）。渡された材料で、言われた作り方で作って瑕疵が発生した場合にまで請負人の責任を問われる筋合いはない、ということである。ただし、請負人もプロなのだから、その材料や作り方では不適当だとわかっていて告げなかったときは、担保責任を負わされる（同条ただし書）。

③担保責任の期間制限　請負人の担保責任の期間制限（注文者からの請求の可能な期間）については、平成29年改正によって、売買の566条と同趣旨の規定が置かれた。つまり、注文者が種類または品質に関する不適合を知った時から1年以内にその旨を請負人に通知しないときは、注文者は、履行の追完請求、報酬の減額請求、損害賠償の請求および契約の解除をすることができず（637条①項）、ただその規定は、引渡し時または仕事の終了時に請負人がその不適合を知り、または重大な過失によって知らなかったときは適用

（◇4）ただし、その場合の請負人による
契約の解除については、仕事を完成した後
は認められない（同条同項ただし書）。こ
れは、請負人の債務が先履行なので、注文
者の資産状態が悪化した中で履行を継続し
なくてもよいように解除権を与えているの
だから、仕事完成後にはこの解除権は必要
がないという考え方である。

されない（同条②項）というのである。

④**担保責任免責特約**　　なお、改正前に存在した、担保責任免責特約の規
定（改正前640条）が改正法からは削除されているが、これは、売買契約に関
する担保責任免責特約の規定（572条）が559条によって請負契約に準用され
るという判断によるもので、実質的な変更はない。

⑤**修補請求・損害賠償請求と同時履行の抗弁**　　同様に、修補請求や損害
賠償請求と報酬支払義務とが533条により、同時履行の関係に立つという改
正前の634条②項も削除されているが、変更はないとみるべきである。

⑷　その他の規定

その他、請負に特有の解除権が定められている。注文者は、仕事未完成の
間は、いつでも請負人の損害を賠償して契約を解除することができる（641
条）。注文後に不要になったケースを考えてのことだが、請負人に発生する
損害を賠償するのならかまわないのは当然である。また、注文者が破産した
ときも請負人か破産管財人から解除ができる（642条①項本文）（◇4）。

突然に、老婆心ながら申し上げます。読者の中で現在債権各論を履修中の
諸君、授業のノートは整理できているでしょうか。債権各論は勉強する範囲
が広いので、一夜漬けでは、一夜漬けらしい点しか取れません。どうか毎週
の講義を受けたあと、ノート整理を早めにして、学期末・学年末の試験前に
なって慌てることのないよう、準備をしてください。

（♡3）民法総則では、代理の規定を置いて（99条以下）、本人から権限を与えられた代理人が本人のためにすることを示して意思表示をすると、その効果が直接に本人に帰属すると規定している（本人がその法律行為をしたのと同様になる）。日本民法では代理と委任は別のものであるから、受任者は委任者の代理人になっている場合も多いが、そうでない場合もある。

（◇5）医師に治療を依頼する契約なども委任の例に挙げられることが多いが、これには医師の説明義務などの特殊の問題もあり、医療契約という特殊な契約（民法に挙げられていない無名契約）と解する説も強い。

▶10　委任

1　意義

(1)　定義

委任は、当事者の一方（委任者）が法律行為をすることを相手方（受任者）に委託し、相手方がこれを承諾することによって効力を生じる（643条）。この条文では「法律行為をすること」とあるが、「法律行為でない事務の委託」にも委任の規定が準用される（656条）。これを「準委任」というが、委任と準委任を区別しないのが実情であり、端的に、委任の目的は「何らかの法律行為や事務の委託」にあるといってよい。つまり、特定の契約の締結（法律行為）を頼むのも委任であるし、マッサージ師にリハビリテーションの指導（事実行為）を頼むというのも委任である（♡3）（◇5）。この場合、委託された法律行為や事務については、その完成は目的になっていない（この点が請負と異なる）。さらに、委任は当事者間の信頼関係が基礎になっており（この人だからこの仕事を頼む）、委託された一定の仕事の内容については、一般に、受任者にその意思と能力による自由裁量の余地が与えられているものとされる（この点で、指示された仕事をこなす雇用と区別される）。

(2)　性質

民法の規定のうえでは、委任では特約がない限り受任者が報酬を請求することはできないとしている（648条①項）。これは、「無償の原則」と呼ばれ、

ローマ法以来の沿革に基づく。すなわち、ローマの時代には、委任は医師や弁護士などの高級な自由労働を目的としていたので、謝礼は渡してもいいが報酬にはなじまない、という考えがあったのである。わが民法もこの流れに沿って規定を置いたのだが、もちろん有償委任も認める趣旨であるし、今日行われる委任はほとんどが有償委任である。

　委任は当事者の合意のみによって成立する諾成契約である。一般に無償契約は要物契約と結びつきやすいが（使用貸借や無利息消費貸借を参照）、委任は有償・無償を問わず諾成でできる。しかし、その代わりに各当事者はいつでも解除できるという規定を置き（651条①項）、契約の拘束力を弱めている。これは、委任が信頼関係を基礎とする契約だから、信頼できなくなったときはいつでも関係を絶てるようにしたという趣旨のものであるが、無償委任についてみれば、例の贈与の構成（無償・諾成でできるが書面によらない贈与は履行前はいつでも無条件に撤回できる）と同様なバランス感覚であるとみることもできる。なお、有償委任については、双務契約となることに疑問はないが、無償委任は片務契約となるかというと、委任者の側にも一定の義務は課される（後述の649条・650条）。こういうものを不完全双務契約と呼ぶこともある。

2　委任契約の成立

　委任契約も諾成無方式で成立する。ただし、医師や公証人などは、顧客から診療や公正証書作成などを委託されたときに、正当な理由なく拒むことはできないという公法上の義務を負う（医師法、公証人法参照）。

（♡4）この「善管注意義務」というのは、民法ではよく出てくる。この先、債権総論に入って債務不履行のところでまた説明しよう。ちなみに民法は、後述の寄託契約で、無報酬で預かる場合は「自己の財産に対するのと同一の注意」をすればよいとしている（659条）。つまり、たとえば友人の自転車をただで預かる場合は、自分の自転車を庭先に保管しているのであれば、それと同じように保管すれば足りる。これに対して保管料を取って保管するのなら、雨に濡れないように、また盗まれないように、善管注意義務をもって保管しなければならないということである。

3 委任契約の効力

(1) 受任者の義務

①**善管注意義務**　受任者は、受任事務を、善良な管理者の注意義務をもって処理する義務を負う（644条。これを「善管注意義務」と表現することがよくある）。自分の物を管理するレベルよりも高い注意義務というわけである（♡4）。これに反するときは、債務不履行になる（損害賠償を請求されたりする）。またこの善管注意義務は、「その事務に従事する者としての通常の人」を基準に判断される（したがって、個々人ではなく外科医なら外科医、銀行員なら銀行員の注意義務が想定されるわけである）。

②**自己執行義務（自身服務の原則）**　委任は、当事者相互の信頼関係を基礎として結ばれる契約であり、受任者の自由裁量の余地もある。したがって、請負と異なり、原則として受任者自身がその仕事をしなければならない。平成29年改正法は、民法総則の復代理の規定に対応する復委任の規定を新設して、この旨を明らかにした（644条の2）。すなわち、委任者の許諾を得たときか、やむを得ない事由があるときでなければ、復受任者を選任できないのである（同条①項。ただ、仕事の一部にいわゆる履行補助者を用いることはかまわない。明文はないが一般にそう認められている）。

③**報告義務・受領物引渡義務・金銭消費の責任**　受任者は委任者の請求に応じて状況を報告したり、終了後に結果を報告する義務がある（645条）。また、委任事務処理にあたって（第三者からあるいは委任者から）受け取った金銭その他の物があるときは、それを委任者に引き渡し、また受任者が、委任者のために自己の（受任者の）名前で取得した権利があるときはそれを委

（♡5）ただし、ここで「委任事務を処理するため」の損害というのは、委任事務自体が危険なもの（たとえば伝染病患者の看護を委託されて病気になった）が対象で、たとえば単なる契約締結を依頼されて相手先に行く途中で交通事故にあったというのは入らないとされる。

任者に移転する義務を負う（646条）。さらに、受任者が委任者に引き渡すべき金銭を自分のために消費してしまったときは、その消費した日以後の利息を支払わなければならない（647条）。これらは当然である。

(2) 委任者の義務（受任者の権利）

①**報酬支払義務**　これは、前述のように特約がなければ発生しない（648条①項）。報酬を払う約束のあるときは、委任履行の後で支払えばよい（同条②項）。さらに、委任が受任者に責任のない事由で履行ができなくなったときや、履行の途中で終わることになったときは、受任者は（委任は仕事完成が目的ではないので）その履行した割合に応じて報酬をもらえる（同条③項）。

②**費用前払義務**　もし受任者が、委任事務を処理するについて費用がかかるというのであれば、委任者はその費用を前払いしなければならない（649条）。

③**費用償還義務など**　受任者が委任事務を処理するのに必要と認めるべき費用を支出したときは、費用と支出した日以後の利息の支払を委任者に請求できる（650条①項）。同じく受任者が委任者に代わって債務を負ったというときは、委任者に弁済をさせることができる（同条②項）。もうひとつ、受任者が委任事務を処理するために自己に過失なく損害を受けたというときは、委任者に対して損害賠償を請求できる（同条③項）。これは、賠償義務を負う委任者の側からみれば、無過失責任である（♡5）。

（♣2）判例は、まず、特約による解除権の放棄（委任の不解除特約）を認めているが、特約があっても、やむをえない事由がある場合には解除が可能としている。また、事務処理が委任者ばかりでなく受任者の利益ともなっている場合には、原則として、本条による解除は認められないとしている。これに対して学説には、このような、契約の拘束力を弱める任意の解除が合理性を持つのは、委任の無償性を前提としてのことであるとして、有償委任の解除には本条の適用がないと主張するものがある。

（♡6）成年被後見人は、民法が十分な法律行為をする能力のない者を保護する制度（制限行為能力者制度）を定めた中のひとつである。精神上の障害によって判断能力（条文では「事理を弁識する能力」）を欠く常況（常にそういう状況だという意味）にある人について、家庭裁判所が後見開始の

4 委任契約の終了

(1) 両当事者による任意の解除

すでに述べたように、委任は両当事者においていつでも（任意に）解除できる（651条①項）。もちろん、相手方の不利な時期に解除するときは、相手方に生じた損害を賠償しなければならないが（同条②項1号）、やむをえない事由があるときは、相手方の不利な時期に解除しても損害賠償の必要もない（同条②項ただし書）。相手方を信頼できなくなったときにはいつでも解除できるという趣旨であるが、まったく任意に解除できるとなると問題もあり、この規定を制限する見解も多かった。そこで平成29年改正法は、これまでの判例法理（♣2）を取り入れる形で、委任者が受任者の利益をも目的とした委任を解除したときも同様に損害賠償の対象とした（同条②項2号）。

なお、委任は継続的契約であるから、解除には、賃貸借などと同様、遡及効がない（652条）。

(2) その他の規定

委任は委任者または受任者の死亡または破産手続開始の決定によって終了する。受任者が後見開始の審判を受けて成年被後見人となったとき（♡6）も同様である（653条）。

審判をした場合、その人は成年被後見人と
なり、後見人が本人に代わって法律行為等
を行う（7条・8条。本書116頁〔♡3〕
の被保佐人よりもさらに強く保護される）。
詳しくは民法総則で学んでほしい。

▶11　その他の典型契約

1　寄託

(1)　定義と性質

　物を保管してもらう契約が寄託契約である。預ける人を寄託者、預かる人
を受寄者と呼ぶ。この寄託契約は、従来は、「保管をすることを約してある
物を受け取ることによって、その効力を生ずる」要物契約とされていたのだ
が（これは有償無償を問わずで、無償性との結びつきというよりは、物を預ける
という契約内容が重視されていたためと思われる）、平成29年改正法は、これを、
保管を委託し、それを承諾することで成立する諾成契約に変更した（改正法
657条）。現代の取引では、たとえば倉庫に物を預ける契約を考えれば、諾成
でなければ取引に支障を来すことは容易に理解できるであろう。（⚖）

　ここでも、要物契約が諾成契約に変わったわけだが、ただ、前述の使用貸
借の諾成化とはまた違った構成を取ったことに注意を要する。つまり、寄託
の場合、諾成での成立は認めたものの、物が実際に渡されるまでの不安定な
状況にかんがみて、両当事者に契約から抜ける機会を与えた（拘束力を弱め
る規定を置いた）のである。

⚖ **ルール創りの観点から**

　この物を預かる契約も、現在の実務では、倉庫寄託契約を中心に、諾成的
な寄託契約が広く行われるようになっている（物品の搬入をする前に倉庫の

スペースを確保したりする必要を考えてみればよい）。そうすると、取引の実情にルールを合わせるという意味では、要物契約ではなく諾成契約とするのがよいのではないか。このような観点から、改正法では、寄託を諾成契約に改め、かつ契約時から実際の履行時までの寄託者と受寄者の双方の利益状況を勘案した解除権の規定を新たに置いたのである。

⑵　目的物受取り前の両当事者の解除権

　ⓐ寄託者の解除権　　寄託者は、受寄者が寄託物を受け取るまで、契約の解除をすることができる（改正法657条の2①項前段）。実際に預け渡すまで、解除権の留保を認めたわけである。この場合において、受寄者は、その契約の解除によって損害を受けたときは、寄託者に対し、賠償請求ができる（同条①項後段。倉庫業者が他の申込みを断って倉庫を空けておいた場合などを考えればよい）。

　ⓑ受寄者の解除権　　これに対して無償の受寄者は、寄託物を受け取るまで、契約の解除をすることができる（同条②項本文）。これは、友人の品物をただで預かる約束をしていたら当日までに家の事情が変わって置き場所がなくなってしまったようなケースを考えればよい。ただし、それが口約束でなく書面による無償寄託であった場合には、その解除は認められない（同条②項ただし書）。また逆に、有償の受寄者と無償だが書面で契約した受寄者（受取り前の解除権を制限されている）は、寄託者が約束の時期に寄託物を引き渡さない場合に、相当の期間を定めて引渡しの催告をし、その期間に引渡しがないときは、契約の解除ができる（同条③項）。

⑶　受寄者の注意義務

　民法上注意すべき規定としては、無報酬で預かる無償寄託の場合、受寄者は、「自己の財産に対するのと同一の注意」をすればよいとされていることである（659条）。これは、委任などの善管注意義務（善良な管理者の注意義務）よりも低いレベルの注意でよいということである（有償寄託の場合はもちろん善管注意義務が要求される）。

⑷　受寄者の通知義務と返還義務

　次に、寄託中に第三者からクレームがあった場合の問題である。寄託物について第三者が受寄者に対して訴えを提起したり、差押え、仮差押え、仮処分等をしてきたときは、受寄者は寄託者に対してその事実を通知する義務がある（660条①項）。原則として寄託物について権利を主張しても、受寄者は、寄託者からの指図がない限り、寄託物は寄託者に返還しなければならないが、第三者に引き渡すべきという確定判決があった場合は別である（同条②項）。そして同項の原則が適用される場合には、受寄者は寄託者に返還したことによって第三者に損害が生じたときであっても、その賠償責任は負わない（同条③項）。

　なお、当事者が返還時期を定めた場合であっても、寄託者は、いつでもその返還を請求できるが（662条①項）、返還時期より前に寄託が終わって受寄者が損害を受けたとき（たとえば他の顧客を排除して契約したのに予定していた受託料収入が得られなくなったような場合）は、受寄者からその損害賠償を請求できる（同条②項）。

⑸　混合寄託

　複数の者が寄託した物の種類・品質が同一である場合（たとえば石油タンクに石油を預けるなどのケースを考えればよい）、受寄者は、各寄託者の承諾を得たときに限り、これらを混合して保管することができる（665条の２）。この場合に、寄託物の一部が滅失したときは、各寄託者は、総寄託物に対する寄託した割合で返還請求ができる（つまりA・B・Cの３名が各20ずつの種類物を混合寄託していた場合〔総寄託物は60〕で30が滅失した場合は、A・B・Cとも10ずつ返還請求ができる）。もちろん損害賠償の請求は妨げられない（同条③項）。

2　組合

　組合契約とは、団体を形成する契約のひとつで、各当事者が出資をして共同の事業を営むことを約することで効力を生ずるものである（667条①項）。ここで出資というのは、資金の提供に限らず、労務を提供することでもよい（同条②項）。ただ何らかの共同の事業を営むことが必要である。

　組合のひとつの特徴は、出し合ったり共同で取得したりした組合財産の共同所有の形態にある。条文は、各組合員の出資その他の組合財産は「総組合員の共有に属する」とするが（668条）、有力な学説は、組合の共有形態を「合有」と呼ぶ。これは、いわゆる狭義の共有ならば、各共有者の持分の割合というものがあり、それだけを分割請求したりもできるのだが、組合の場合は、各組合員には計算上の持分があるだけで、それだけを分割請求したりはできず、すべてが組合全体のものになるなどという特徴を持つからである。組合が誰かと取引して債権を持ったという場合も同様に、組合員全員で請求

（♣3）こういうものを射倖性のある契約というが、「射倖」というと公序良俗（90条）に反する賭博契約のようなものを想起しかねない。しかしこれは日本語の訳があまり適切ではないのであって、フランスでは、contrat aléatoire（偶然の要素に左右される契約）と呼んでいて、保険契約などもこの類型に含まれる。

（♣4）ただ、今後高齢化社会における公的年金の先細りの中で、このような契約がいわば自分自身が設定する終身年金の役割を果たすものとして活用される可能性もある。

する形となる（1人だけで持分の分だけ回収するなどということはできない）。平成29年改正法では、細かい規定をかなり追加したが、本書では省略する。

　ただ1点、新設条文のうち、「他の組合員の債務不履行」という見出しで置かれた、「第五百三十三条及び第五百三十六条の規定は、組合契約については、適用しない」という、667条の2①項の規定の解説だけ加えておこう。たとえば533条つまり同時履行の抗弁が組合契約には適用されないというのは、他の人が出資を履行するまでは私も履行しないというようなことは言えないというものである。これは、同時履行の抗弁と危険負担（536条）というものが、双務契約特有のルールであることを思い起こし（⇒第3課30頁）、組合契約は、多数の当事者の意思表示の向きがいわば同一方向に集まる団体結成契約であって、申込みと承諾とが反対向きに合致する双務契約とは異なることから考えればわかりやすいだろう。

　その他の団体組成にかかわるルールは、今後会社法などを学ぶ場合の基礎になると理解しておけばよい。

3　終身定期金

　終身定期金契約とは、当事者の一方が、相手方または第三者に対して、当事者の誰かが死亡するまで定期に金銭その他の物を給付することを約することによって効力を生ずる契約である（689条）。たとえば最初に原資となる金銭や株券などを受け取って、相手か自分が生きている限りは毎月末に支払を続けるなどというものである。最後になってみないと当事者のいずれが得をするかがわからないという特徴がある（♣3）。規定は置かれたが、わが国ではあまり行われていない（♣4）。

（◇ **6**）一般の用語で示談というものがある。これは、もちろん和解契約そのものを意味することもあるが、和解が双方の譲歩を内容とするのに対し、示談という場合には、当事者の一方だけが主張を放棄したりして（裁判外で）紛争を終了させることも含まれる。

（♣ **5**）裁判上の和解が成立した場合は、その和解調書の記載は、確定判決と同一の効力を持つ（民事訴訟法267条）。なお、勉強の進んだ人は、和解の効力（696条）を錯誤（95条）の主張によって取り消せるか、判例を調べてみよう。

4 和解

　和解は、当事者が互いに譲歩をしてその間に存在する争いをやめることを約する契約である（695条）。これは、当事者同士で任意に契約する場合もあれば、裁判官の助力によって裁判上でする場合もある（◇ **6**）。なお、裁判上の和解は確定判決と同一の効力を持つ（♣ **5**）。

　以前、多少の身体的障害を持った、素晴らしく優秀な学生を教えたことがある。一所懸命私の授業を聞いてくれたその人を、私は自分のゼミナールに入らないかと熱心に誘ったのだが、その人には、自分の障害を克服しながら考えた将来のテーマがあって、ずいぶん迷った末に、そのテーマに合わせた別の専門のゼミを選んだ。

　それだけのことなのだが、あとでその人から届いた手紙を読んで、私はその人の人生の悩みをどれだけわかっていたのだろうか、結局何もしてあげられなかったのではないか、という思いが残った。

　単なる知識の伝達だけでは本当の教育にはならないと思うが、また一方で、自立する大人としての学生諸君に余計なお節介をしてもいけない。考えればいろいろなジレンマがある。それでも、「わかり合おう」とすることを放棄してはいけないのだろうと私は思うのである。

　　先生は結局やっぱり傍観者

　　　　そうかもしれないでもあきらめない

第11課　事務管理・不当利得

　この課から、契約以外の債権発生原因の説明に入る。まずは、事務管理と不当利得である。なお、この課のあとに、大学生の諸君のために、学年末（学期末）試験で事例問題が出された場合の解答の仕方も掲げておく。

▶1　契約以外の債権発生原因

　ここでもう一度、第1課のガイダンスを思い出してほしい。債権各論は、債権の4つの発生原因について学ぶところだった。そしてそのうちの第1のものが、前回まで勉強してきた「契約」だった。残りの3つが、これから順番に学ぶ、事務管理、不当利得、不法行為である。そのうちでは、不法行為が最も重要なのだが、この課では条文の順序に従って、事務管理と不当利得を解説することにする。

（♡**1**）不法行為は次の課で勉強するが、故意または過失によって他人の権利または法律上保護される利益を侵害した場合に、損害賠償請求権を発生させる制度である（709条）。そこでは、契約の場合と異なり、予期しない被害（また多くは、予期しない加害）の填補（てんぽ）が問題になる。交通事故や、公害などはみな、この不法行為の問題になる。

▶**2** 事務管理

1 序説・事務管理の意義

「事務管理」とは何か。なんとも耳慣れない言葉だろう。これは実はフランスでは「準契約」という。契約に準じるというのだが、これは契約ではない。ただ、何の契約に似ているかといえば、前課で勉強した、「委任」に似たところがある。そしてドイツでは、これを「委任なき事務の処理」と呼んでいる。このほうがだいぶわかりやすい。

では、謎解きに入ろう。委任なら、ある事務の処理を依頼され、それをすることを合意して契約を結ぶ。そしてその結果、委任者と受任者との間に債権・債務が発生するのである。ところが、もし「頼まれない」のに「何かしてやった」らどうなるか。頼まれて引き受けたのでないならば、契約は成立せず、義務もないのにした単なるお節介で、何も債権関係は生まれないはずである。それどころか、他人の領域に勝手に踏み込んで他人の権利を侵害したとして、不法行為（♡**1**）になるおそれもある。けれども、たとえば隣のAの一家が何も留守中のことを頼まずに海外旅行に出かけている間に、台風が来て、A家の垣根が壊れた。このまま放っておくと、泥棒が忍び込むかもしれない。見かねて隣人Bは垣根を直してやった。こんな場合、A・B間に債権関係は一切生じないか。頼まれずにやったとはいえ、それがAの利益になり意思にかなうものだったならば、BはAに対して、自分が負担した修理代の請求くらいはできていいだろう。これが事務管理なのである。事務管理

ここが Key Point

事務管理は、相互扶助の精神で認められ
る制度。**個人の独立と他人の干渉のバラン
ス**の範囲内で成り立つので、費用は請求で
きても報酬まではもらえない（ただし、本
人が任意に謝礼をあげる、というのはかま
わないが）。

の内容は、事実行為でも法律行為でもよい（頼まれないでする行為が自分で垣
根を直す行為ならば事実行為になるが、造園業者と契約して直してもらうとすれ
ば法律行為になる）。

　つまり、事務管理は、「義務はないが好意で他人の事務を処理した場合、
それがその人の意思と利益に適合しているならば、その結果、その人との間
に何らかの債権関係が発生する」というものである。その、「本来他人の支
配領域の事務を処理する」というところに着目したのがドイツ民法で、結果
的に「（契約ではないのに）債権関係が生じる」というところに注目したのが
フランス民法ということになる。

　そうするとこの事務管理は、よかれと思って他人の領域に踏み込むことを、
一定の範囲で許容するという制度である。もしこういう制度がないと、誰も
他人のことにまったく手を出さず、社会における相互扶助の精神が失われる
だろう。だから、個人の独立と、他人の干渉とのバランスをとって事務管理
の効果は定められている。ここがポイントである（介**ここが Key Point**）。た
とえば、かかった費用は（有益なものだったら）請求できるが報酬は請求で
きない、などという効果は、そこから理解できるだろう。

2　事務管理の成立要件

　事務管理をきちんと定義した条文というのはないのだが、管理者の義務を
定めた697条やそれ以下の条文から、事務管理の成立要件は以下のように列
挙することができる（以下、他人の事務をする人を管理者、事務をしてもらった
人を本人と呼ぶ）。

①法律上の義務のない管理であること　　契約に基づく行為であったり、

153

法的地位に基づく行為（たとえば親が法律上定められた親の権限に基づいて子の事務を行う）であったりする場合は、事務管理にはならない。

②**他人の事務であること**　　自分自身に属する事務を行った場合は事務管理とはならない。隣家の垣根を直すというのは誰が見ても他人の事務である（客観的他人の事務、という）。垣根を直す材料の竹棒を買うというのは、竹棒の購入自体は他人のためなのか自分のためなのかわからない行為であるが（中性の事務と呼ばれる）、そういうものでも、客観的に見て他人のためにする意思があることがわかる（たとえば購入したＢの家には修理すべき垣根はない）場合は、事務管理のケースになるというのが通説である（これを主観的他人の事務という）。

③**他人のためにする意思（事務管理意思）があること**　　「他人のために」（697条①項）というのは、他人の利益を図る意思で行為することをいう。隣家の垣根を直して自分の家の防犯も図る、というように、他人のためにする意思の他に自己のためにする意思があってもよい。

④**本人の意思および利益への適合**　　管理者は、本人の意思を推知することができる場合にはそれに従って管理をしなければならない（697条②項）。管理者は、本人の意思または利益に反することが明らかな場合には管理の継続を中止しなければならない（700条ただし書）。これらの趣旨から、通説は、少なくともその管理が本人の意思と利益に反していることが明らかでないことを要件とする。（⚖）

⚖ **ルール創りの観点から**

　ここはルール創りというより、ルール解釈の話である。なぜ、「その管理が

（♡2）事務管理の条文と、委任の条文を読み比べてみよう。すると、管理者は、受任者と同じかそれ以上に丁寧に管理をしなければならず、逆に待遇や費用の請求などについては受任者ほどには優遇されていないことがわかるだろう。これはまさに、頼まれてする委任と頼まれないのにする事務管理の違いを表現しているものである。

本人の意思と利益に反していることが明らかでないこと」が要件とされるのか。それは、もし「本人の意思と利益に合致していること」が要件であるとすると、合致しているかどうかの判断がつかない場合は管理者は管理を始めないほうがよい、ということになってしまい、事務管理を行う意欲が阻害されてしまうからである。こういうところで、法律を学ぶ者には正確な日本語感覚が要求される。

3　事務管理の効果

(1)　総説

　事務管理と認められると、以下のような効果を生じる。①本人と管理者との間に債権関係が発生する。②管理行為に違法性がなくなる（違法性を阻却〔そきゃく〕する、という）。③管理者には有益費の償還請求権が発生するが、特別法に規定のある場合（たとえば遺失物法28条など）を除いては、報酬請求権はない。④管理者が事務管理をした結果、損害を被ったような場合にも、委任と違って、管理者は本人に損害賠償を請求することはできない（♡2）。

(2)　管理者の義務

　管理者は、事務管理を始めたことを遅滞なく本人に知らせる**通知義務**を負う（699条）。そして、上に述べたように、最も本人の利益に適するであろうと思われる方法で管理する義務を負うが（697条①項）、さらに本人の意思を知ったときまたはこれを推知できるときは、その本人の意思に従って管理する義務を負うのである（同条②項）。またいったん始めた事務管理行為につ

155

いては、本人、その相続人または法定代理人が管理をできるようになるまで、その管理を継続する義務がある（**管理継続義務**。700条）。ただし、先に述べたように、それが本人の意思または利益に反することが明らかな場合には、管理の継続を中止しなければならない（同条ただし書）。

さらに、委任の規定が一部準用される（701条）ことによって、報告義務（645条）、受取物の引渡義務・権利移転義務（646条）、金銭消費についての責任（647条）については、委任における受任者と同じ責務が課されることになる。

なお、管理者は通常は善管注意義務をもって管理しなければならない（無償であっても、頼まれないのに他人の事務を行っているからである）。例外的に、**緊急事務管理**（698条）の場合は、善管注意義務に違反する行動をしても、悪意（♡3）または重過失がなかったならば、それによって生じた損害を賠償しなくてよい（たとえば車にひかれそうになった本人を突き飛ばして助けたが本人の洋服をだめにしたという場合、洋服代を弁償する必要はない）。

4　事務管理の対外関係

たとえば、Aが、隣人Bの家の垣根を直すのに、造園業者Cに２万円で修理の契約を締結し、Cが修理を終えた場合、このお金の支払はどうなるか。管理者Aが自分の名前で契約した場合は、修理契約はA・C間の契約で、代金支払義務も当然にAに生ずる。そしてこれがBに対する有益費を負担した事務管理となれば、Aは、まず自分で支払って、Bに対して先に述べた費用償還請求権（702条①項）を行使するか、Bに対して、自分に代わって弁済することを請求できる（代弁済請求権。同条②項による委任の650条②項の準用）。

Aが、自分はBの代理人だとして契約した場合はどうなるか。判例および一般の学説によれば、事務管理は、管理者に代理権を与えるものではないから、管理者Aの行為は無権代理であり、当然に本人Bに効果を及ぼすものではない（♣1）。したがって、まずは無権代理人AにCへの代金支払の責任があるが、本人Bがあとから事務管理だったと追認すれば、遡及的にB・C間の契約ということになって、Bに支払義務が生ずる（113条・116条。もちろん、追認がなくても、事務管理が認められれば、あとは上記と同じ処理になる）。

▶3　不当利得

1　序説

「不当利得」と聞いて、どんなイメージを思い浮かべるだろうか。これは何も、悪いことをしてお金を儲けたような場合を指すのではない。法律上の原因なしに、つまり法律上の根拠がないのに利得をしてしまい、本来利益を得るべき人がその分だけ損失を被っている場合を指すのである。それらの場合には、受益者から、本来利益を受けるべきであった人に利得を返還すべき法律関係を生じる。そこでこれも、ひとつの債権発生原因になるというわけである。

2　不当利得の意義

不当利得とは、上に述べたように、法律上の根拠のない（その意味で不当な）財貨の移転とか帰属とかを、本来あるべき形態に矯正する制度である。

（◇1）たとえば、他人の口座と間違えて弁済入金がされた場合の「給付利得」、自分の山林の境界を間違えて他人の山の樹木を伐採して売却した場合の「侵害利得」、さらには他人の山林の手入れまでしていたことによって他人のほうが利益を得たという場合の「支出利得」などの類型がある。

（♡4）したがって、それぞれの教科書を読むときは、説明が在来型か新型（類型論）かによってかなり異なっているので、戸惑わないように注意したい。

●ザ・条文

703条 法律上の原因なく他人の財産又は労務によって利益を受け、そのために他人に損失を及ぼした者（以下この章において「受益者」という。）は、その利益の存する限度において、これを返還する義務を負う。

その矯正の根拠は、従来、公平の理念に基づくと説明されてきた。この説明は誤りというわけではないが、ただ、不当利得にはさまざまなパターンがあるため、公平というだけではあまりに抽象的で、具体的な説明にならないという批判がある。そのため、近時は、不当利得をいくつかの類型に分けて、類型ごとに要件・効果を見ていこうとする類型論的考察も有力になってきている（◇1）（♡4）。

ただ、初心者としては、そういう理論的な問題よりも、ⓐ不当利得には、善意の、つまり知らずに不当利得をしてしまった場合（703条）と、悪意、つまり本来自分のものになるものではないと知っていて不当利得をする場合（704条）との両方があること（そのどちらであるかによって返還義務の範囲が異なる）、ⓑ703条・704条は一般の不当利得の規定であるが、705条以下に特殊な不当利得の規定があり、中でも708条の不法原因給付が重要であること、をまず頭に入れて勉強することにしよう。

3　一般不当利得の成立要件

不当利得の一般的成立要件は、703条の条文（⇧ザ・条文）から、①他人の財産または労務によって利益を受けたこと（受益）、②他人に損失を与えたこと、③受益と損失との間に因果関係（いんがかんけい。Aが利益を受けたそのことによってBが損失を被った、という関係）があること、④受益（損失）が法律上の原因を欠いていること、の4点である。

このうち③の因果関係については、判例は、受益と損失の間に直接の因果関係のあること、を要件にしているが、実際には、この因果関係の直接性は、形式的には維持されているものの、実質的には緩和の方向にある（後述の三

者間不当利得の記述を参照）。また、④の法律上の原因を欠いていることについては、最も議論が多い。後述の騙取金による弁済を不当利得と認めた判例では、本来、存在している債権に基づいて弁済を受けるのであるから、法律上の原因はあるのだが、それが騙し取った金銭と知っていたという理由で不当利得にしている。このような判例を肯定する多数説は、結局、この要件は、その財貨移転の「不当性」の象徴である、という抽象的な理解をしている。

4　一般不当利得の効果

(1)　善意の受益者の場合

　善意受益者は、「その利益の存する限度」において返還の義務を負う（703条。これを「**現存利益**」という）。利得したものが材木とか、壺とかの動産であって、現在もその物が受益者のところにあるのなら、それを返還する。もし、善意受益者が使っていて破損してしまったというのなら、破損した状態で返せば足りる。もしそれを他人に売って金銭に代えたというのなら、その金額を返還する。では、もともと利得したのが金銭だった場合や、上記のように売却して金銭が手元に残った場合に、その金銭を使ってしまったときはどうなるか。その金銭をたとえば生活費に充てた、というのであれば、通常の場合、利得は（生活の向上に反映されて）なお現存している、と評価される。臨時収入だといってギャンブルなどで浪費してしまえば現存利益はないといわれるが、判例は、利益の現存は推定されるとしているので（大判昭和8・11・21民集12巻2666頁）、浪費して現存利益がないと主張するときは、それを受益者の側で立証しなければならない。

⑵ 悪意の受益者の場合

悪意受益者は、受けた利益の全額に利息を付して返還し、なお損害がある場合にはその賠償もしなければならない（704条）。自分が利得すべきものではないと知っていたのだから、善意者よりも厳しい返還義務を負うのである。損害というのは、たとえば、本来の取得者は転売を予定していたのに、受益者に利得されてしまっていたので、転売ができなかったというような場合である。受益の時には善意でも途中から悪意になった（法律上の原因のないことを知った）という場合は、その時点から後の返還義務の範囲は704条の範囲となる（最判平成3・11・19民集45巻8号1209頁）。

5 三者間不当利得

⑴ 転用物訴権

少し難しい話になるが、契約上の給付が、契約相手方以外の第三者の利益になった場合に、給付者がその第三者に利得の返還を請求する権利のことを転用物訴権（てんようぶつそけん）という。この転用物訴権を不当利得として認めるか否かは、外国でも古くから議論があった。しかしわが国では、これを認めた最高裁判決が現われ、さらにその後の学説の批判を受けて多少制限した判決が出ている。

二判決の概要は、以下のようなものである。①Y所有のブルドーザーを賃借して使っていたMが、このブルドーザーを修理に出し、修理業者Xが修理代金の支払いを受けないうちにMが倒産し、Yはブルドーザーを自分のところに引き上げたという事案で、最高裁は、Yの（修理されたブルドーザーが戻ったという）利得と、Xの修理代金分の損失とに直接の因果関係があるとし

（♣2）M・Y間の契約でYが修理代金を出すということなら、MがXに支払った後にYに求償（Yは債務を負っている）するわけだし、Mが修理代金を出す契約で、その分Yの得る賃借料を安くしているのならこれまたYは契約上当然の利益を得ているだけである。いずれにしても法律上原因のある利得ということになる。Xの損失のほうも、XはMに修理代金債権を持っていること自体は変わりはないので、法律上原因のない損失が出ているわけではないといえる。

てXのYに対する不当利得返還請求を認めた（最判昭和45・7・16民集24巻7号909頁）。しかしこれに対しては、因果関係の直接性を広く認めすぎている、またYは法律上の原因のない利得をしているわけではないと思われる（♣2）等の批判がされた。②NはYからY所有の廃墟同然の建物を賃借し、建設業者Xに改修工事をさせたが、工事代金を支払わないうちに行方不明となり、YはNとの契約を解除して、この建物を貸しビルとして収益を上げているという事案で、最高裁は、Yが法律上の原因なしに利益を受けたといえるのは、YとNの賃貸借契約を全体としてみて、Yが対価関係なしに利益を受けたときに限られるとして、この事案ではYはNから得られる権利金を免除しており、改修によって得た利益はその負担に相応する（したがって法律上の原因のある利得である）としてXの不当利得返還請求を否定した（最判平成7・9・19民集49巻8号2805頁）。ただし、実際の権利金の額と改修工事費用はまったくつりあっておらず、結局このような構成で転用物訴権を認めること自体になお批判が強い。

⑵ 騙取金銭による弁済

これも少し特殊なケースだが、Bが第三者Aから架空の売買契約でだまし取った金銭でCに対する債務を弁済した、しかもCはそれを騙取（へんしゅ）した金銭と知っていた、という場合を考えてほしい。このようなケースで、判例は、Aの損失とCの利得との間に因果関係が認められるには、Bが「社会観念上Aの金銭でCの利益を図ったと認められるだけの連絡」があれば足りる、として因果関係の要件を緩和したうえで、CがBから当該金銭を受領するにつき悪意または重過失がある場合には、Cの受益は（本来は有効

に結んだ契約に基づく弁済の受領であっても）Aに対する関係で法律上の原因を欠き、不当利得となるとしている（最判昭和49・9・26民集28巻6号1243頁）。事案の解決のためには結論はこれでよかったかもしれないが、不当利得で構成したことには学説上の批判も強い（♠1）。

6　特殊不当利得

⑴　債務がないのに弁済した場合

①狭義の非債弁済（705条）　ふつう、債務がないのに弁済してしまったとき（広義の非債弁済）は、それを不当利得として返還請求できるはずだが、債務がないのを知っていてわざと弁済した場合は、返還請求を許さない。これが、いわゆる（狭義の）非債弁済（平成16年の現代語化改正で条文に付けられた見出しでは「債務の不存在を知ってした弁済」）の規定である（◇2）。

②期限前弁済（706条）　期限前に弁済した場合も、債務は存在しているのだから、法律上の原因を欠く弁済になるわけではない。だから不当利得ではなく、返還請求はできない（706条本文）。けれども、弁済期限を間違えて早く弁済してしまったというような場合、本来の弁済期限までの金銭の運用利益（銀行に預けた場合の利子など）は、債務者に帰属するものを受益者が取得した形になるので、これだけは返還請求できるとした（同条ただし書）。

③他人の債務の弁済（707条）　これは、他人の債務を自分の債務と勘違いして弁済した場合である（♡5）。この場合は、第三者が意識的に債務者の代わりに弁済するケースとは異なり、他人の債務は消滅せず、債権者は単純に不当に利得したことになるから、弁済者は返還請求できるのが原則である。ただ、もし債権者のほうがこれによって正当に弁済を受けたと勘違いし

（♡**5**）他人の債務と知っていて、それを消滅させるために弁済した場合は、第三者による有効な弁済となる（474条）。その場合、あとは本来の債務者との求償関係が残る。

て、債権証書を破棄してしまったりしたという特殊なケースでは、（今度は債権者のほうが債権の存在を証明できなくなるかもしれないので）例外的にこれを第三者による弁済として有効とし、弁済者と債務者の間は求償（償還を求めること）で処理させるというのがこの規定である。

⑵　不法原因給付

　不法の原因のために給付をした者は、その給付したものの返還を請求できない（708条本文）。たとえば、禁制の麻薬を買うためにお金を払った場合は、そのお金を返せとはいえない、というのである。ただし、不法の原因が受益者側にのみ存在するときは、この限りではない（同条ただし書）。

　この規定は、「何人（なんぴと）も汚れた手で法廷に入ることはできない（自分が悪いことをしておいて法の助力を得ようとすることはできない）」という、Clean Hands の原則を表わしている。これは、90条の、公序良俗違反の法律行為は無効とするという規定との関係で見なければいけない。つまり、公の秩序や善良の風俗に反する契約などは、90条により無効になる。麻薬の売買契約も、賭博で負けてお金を払うという契約も無効である。けれども、そういう公序良俗違反の契約でも、もし履行してしまったら、今度は、その返還請求に法が助力するわけにもいかない、というのがこの規定の趣旨である。ただし、あまり簡単にこの708条の適用を認めると、結局不法に利得した者の利得がそのまま維持されてしまうという不都合がある。そこで、判例は、708条の適用の要件として、給付が最終的・終極的なものであることを必要としている（たとえば、賭博に負けて金銭を支払ってしまえば最終的な給付だが、支払債務のあることを合意したというだけでは最終的な給付にはなっていない。

不動産を引き渡したが登記までは移転していない場合の法律関係はどうなるか。例題として、「Ｘは、Ｙ女と妾契約を結び、家屋１軒を新築して未登記のままＹに贈与して引き渡し、居住させていた。しかし、数年後に不和となり、Ｘはこの家屋を自己名義で保存登記したうえで、Ｙに対してその明渡しを請求してきた。Ｙは逆にＸに対し、この家屋の自己への移転登記を請求する。これらの請求は認められるか」。これは、最大判昭和45・10・21民集24巻11号1560頁が論じた問題である。結論だけ書いておくと、45年判決では、Ｙの請求が認められた。ただ、これに対して、Ｘの請求もＹの請求も認められない、という有力学説の見解がある。それぞれどういう論理構成でそうなるのか、考えてみてほしい。詳しくは、『分析と展開・民法Ⅱ〔第５版〕』283頁以下〔池田執筆〕を参照されたい。

同様に、未登記の建物の贈与なら、建物を引き渡しただけで最終的な給付だが、すでに登記のある建物の贈与なら、建物を引き渡し、かつ移転登記まで済ませないと最終的な給付にならないことになる）（♣3）。

　　図書館の前に沈丁咲くころは恋も試験も苦しかりにき

　　　　　　　　　　　　　　　　　　　　　　　（吉野秀雄）

　これは私の素人短歌ではなく、かつて私が所属していた大学が生んだ歌人吉野秀雄が、学生時代を回想して作った名歌である。当時は大正末期、まだ学年末試験を３月になって行っていた頃の話である。

　直前の追い込みで図書館にこもってはみたものの、恋する人の顔が浮かんで教科書の文字はいっこうに目に入らない。思いあまって外に出た瞬間、あの沈丁花の匂いが彼をとらえる——その一瞬の記憶が、この、青春を凝縮したような一首の誕生に結びついたのだろう。

　こんな「一瞬」を繰り返して、無数の学生たちが、年々、キャンパスを通り過ぎてゆく。

　さて、本書で学ぶ現代の君たちには、それぞれのキャンパスに、どんな「恋」と「試験」の記憶が残るのだろうか。

学年末試験対策──事例問題の解答の仕方

　ここで、学年末試験（学期末試験）についてのアドバイスをしよう。法学セミナーに連載していたときの読者から、「個々の制度の基本的な理解はできたようなのですが、それらを組み合わせた、複合的な問題にどう対処するのかがわかりません」（横浜市・Ａさん）という質問をいただいた。事例問題が出たときの答案構成の問題として、これを考えてみよう。大学の学年末試験などを控える読者の皆さんの参考になれば幸いである。

　①**事案の条文へのあてはめ**　　いわゆる事例問題（たとえば、「ＡがＢと甲土地を売る契約をし云々」というような設例があって、「ＡはＢに対して法的にどのような請求をなしうるか」とか、「Ａ・Ｂ間の法律関係を述べよ」などという問われ方がされるもの）が出たときに、まず第１に考えなければならないのは、それぞれの事実が、民法上どう評価されるのかということ、つまり、事案の条文へのあてはめである。このときには、各制度の「成立要件」の勉強が整理されているかどうかが問題になる。この制度（条文）は、どれとどれが揃っていれば適用になるのか、ということである。たとえば、契約の解除ひとつにしても、「契約通りの履行がされていない」のなら解除ができる、では

なく、催告は必要なケースか、またその場合相当期間は経過したのか、経過してもその不履行が軽微なものではないのか、等をチェックして、はじめて解除が認められるのである。近似の諸制度の中のどの問題になるのかも成立要件でしっかり区別する。人間関係が複雑な事案では、A、B、Cなどの人物を相互に法律関係の線で結んだ関係図を書いて整理してみよう。

　②**論点の整理**　　事案の条文へのあてはめをひととおりしてみたあとで、この問題はいくつの論点を論じるべきものか、を整理してみよう。たとえば、債務不履行があって、契約の解除がされて、しかしそこに権利を害されないはずの第三者が存在して、という事例であれば、(1)債務不履行の存否、(2)解除の有効性、(3)解除と第三者、という具合に論述していくのである。

　③**法的評価の複数性**　　その際に、ひとつの事実が複数の法的評価を得ることがある、ということも考えてほしい。たとえば、「貸家の賃借人が、火事を出して家屋を焼失させてしまった」という事実は、借主と大家さんの賃貸借契約からすれば、借主の債務不履行（契約終了時の家屋の返還義務が不能になった）になるし、故意または過失によって火事を出して大家さんに損害を被らせる不法行為（これは次の課で説明する）であるということもできる。そうすれば、一方で債務不履行として解除や損害賠償の問題が起こるし、一方で不法行為として損害賠償の問題となることもある（◇1）。

　④**場合分け**　　ちょっと高度な話になるが、事案の詳細が不明で、どの成立要件が整うのかわからないというケースでは、「場合分け」をする必要がある。たとえば、「住人が旅行中の隣家の垣根を直した」とあっても、それが旅行中の隣人から家の管理を委託されていたのであれば委任の問題であるし、委託を受けていなかったのなら事務管理になる。このような問題では、

（◇2）ときどき、「当事者の利益衡量によって」結論を導いたという答案があるが、利益衡量を持ち出すのは、まず条文をあてはめてその条文の解釈をし、さらに判例・学説を参照して、それでも答えが決まらないときの最後の手段と思ってほしい。そういうプロセスを経ずにただ利益衡量によるという答案には、点を与えられない。

ここが **Know How**

こうして見ると、試験準備で初心者が一番気をつけなければならないことは、各制度・各条文についての、**うろおぼえや中途半端な**（いわゆる**アバウトな**）**理解**である。丸暗記するのではなく、**各制度の趣旨から考察し、なぜこういう規定が置かれるのかを理解する**、というところからじっくりと準備してほしい。

念のため、場合を分けて双方のケースに言及しておいたほうがよい。

⑤**判例や学説の言及**　判例や学説に言及するのは、そのあとの段階である。とくに出題者が、判例法理の存在する（条文だけでは決めかねる点について判例の準則が確立している）ところで、その判例法理を聞いている問題であれば（たとえば賃借権の無断譲渡・転貸に関する信頼関係破壊の法理）、判例に言及できなければ失点になるが、逆に学生諸君がいくつか有名な判例の勉強などをしている場合に、条文のあてはめを間違え、「あの問題だ」と早とちりして、別のケースに対応する判例を説明したりするのは最悪であるから注意したい（◇2）（⇧ここがKnow How）。

⑥**答案構成**　答案は、以上のことをまとめてからはじめて書き出すべきものである。したがって、記述すべき論点の順序なども考えてから書き出すのである（これも得点におおいに影響する。なぜなら、書くべき論点がすべて触れてあったとしても、論点の中には、これが判断できなければ、あれは決まらない、というように、論理的に判断の順序が確定するはずのものがあり、その順番が逆になっていたりすればかなりの減点は免れないものだからである）。なお、論述の中では根拠条文の条文番号を付記しておくのがよいが、その条文自体を書き写す必要はない（なかには、一見立派な答案に仕立てるために、あたかも自分の文章のように条文を長々引用しているものがあるが、こういうごまかしは通用しない。かえってマイナスになる）。

⑦**心構え**　いずれにしても、事例問題が出た場合には、まず慌てないことが一番大事である。**落ちついて、問題文をよく読み、糸を1本ずつ解きほぐすことを考えよう。**

第12課　不法行為

> 　この課で説明する不法行為は、契約以外の債権発生原因として最も重要な
> ものである。この不法行為で債権各論の部分が終わる。多くの大学の法学部
> では、ここまでを1年分（ないしは1年半）くらいの講義内容としている。
> それに合わせて、ほぼ1年の季節のめぐりを想定しながら12課を綴ってきた。
> ここまで本書を読み続けてくださった皆さんに感謝しながら、もう12課、債
> 権総論の部分のお付き合いもあらかじめお願いしておこう。

▶4　不法行為

1　不法行為の意義

　たとえば、Aは車を運転していて自分のミスで歩行者Bに接触し、ケガを
させた。Bは、入院して10万円の治療費がかかり、また1か月間仕事を休ん
だ間に、働ければ得られたはずの20万円の収入が失われた。このような場合
に、治療費と失われた収入（逸失利益〔いっしつりえき〕という）は、加害者
たるAによって穴埋めされなければならないだろう。これが不法行為の問題

（♡1）民事上の処理は、当事者間での紛争の解決である。刑事上の処理は、国家による制裁である。ある事故を起こしたとき、民事の損害賠償と刑事の罰金刑とが両方課される場合もあるし、民事の賠償だけで済む場合もある。なぜかといえば、民法と刑法は目的も違うし、判断基準としての、不法行為の成立要件と、刑法上の罪の構成要件が違うからである。だから、刑法上では無罪になっても、民法上では不法行為の損害賠償を課されるという場合もある。

（♡2）近代私法の三大原則というと、この過失責任の原則と、私的所有権絶対の原則、契約自由の原則が挙げられる。

（♣1）製造物責任法3条は、故意・過失を「製造物の欠陥」の概念で置き換え、製造物の欠陥とそれによって損害が生じたこととが証明されれば製造者は賠償責任を負

である。不法行為は、故意または過失によって他人に損害を与えた場合、その損害を賠償させる制度である。最初に理解していただきたいのは、不法行為は、刑罰としてお金を払わせるものではなく、民事上の紛争処理方法として、損害の填補（てんぽ。穴埋めのこと）、あるいは損害の公平な分担の実現を目的とする制度であるということである（♡1）。

ただ、こういう場合に、最低限どういう基準で損害賠償をさせるかというと、他人に損害を与えたとしても、行為者に故意か過失という主観的な落ち度がない限り責任を負わないとされる。これが、自由な経済活動を保障する近代私法の大原則のひとつである、「**過失責任の原則**」である（♡2）。

ただこれは、あくまでも一般の対等な私人間（しじんかん）での紛争について妥当する考え方である。たとえば、莫大な利益を得る大企業が、その活動の中で、担当者が注意してもしきれないような危険性のある行為をしていて、ある個人に損害を与えたとする。こういうときには、過失責任の原則を、無過失でも責任を負うという方向に多少修正してもよいのではないか。これが無過失責任主義の部分的な取り入れである。その根拠としては、危険な行為をする者に責任を負わせるという「危険責任」の考え方や、利益の帰属するところに責任も帰属させるという「報償責任」の考え方がある。さらに、平成7（1995）年7月から施行された**製造物責任法**（いわゆる**PL法**）には、現代社会における消費者保護の観点から、製品を流通に置いた以上、製造した企業等に必ずしも過失が認められなくても、製品の欠陥が証明されれば責任を負わせるという基本的な発想がある（♣1）。

不法行為に関する事件は現在では大変多く、出される判決数も、民法関係で最も多いのが不法行為関連である。

うと規定している。ただしその立証責任は被害者にある。なお、ＰＬ法という呼び名は、英語の Product Liability（製造物責任）から来ている。

（♡3）しかし、中には、行為をしないこと（不作為）が不法行為となることもある。判例では、友人が線路に置き石をしたのを見ていて除去をしなかったなどといったケースがある。

（◇1）これは、債務不履行の場合と逆である。債務不履行の場合は、契約によって信義に従い誠実に履行する義務を負った者が不履行するのだから、損害賠償を請求する債権者のほうは、不履行の事実だけを述べればよく、債務者に故意・過失などの帰責事由のあったことを証明する必要はない。逆に債務者のほうが、不履行をしたことについて自分には帰責事由がなかった（たとえば不可抗力だった）と証明しなければ、

2　不法行為の成立要件

　不法行為が成立するためには、故意または過失によって、違法な行為を行い（♡3）、それによって、相手に損害を発生させたということが必要である。ただし、条文の表現では、「故意又は過失によって他人の権利又は法律上保護される利益を侵害した者は、これによって生じた損害を賠償する責任を負う」（709条）ということになる。ここから、いわゆる成立要件を抽出して順次検討してみよう。

(1)　故意または過失

　「故意」というのは、結果の発生を知っていてわざとすることである。「過失」というのは、昔の学説は、個々人の主観的な不注意と考えていたが、近年は、これをより客観的に、通常なら他人に損害を与える結果が発生することがあらかじめわかって、それを回避できたはずなのに（回避する義務があったはずなのに）、不注意にもそれをしなかったこと、というふうに、結果回避義務の違反ととらえている。

　ただ、不法行為においては、この故意・過失の立証責任は、一般に、損害賠償を請求する被害者にある（◇1）。そうすると、たとえば公害や医療過誤などのケースでは、被害者となる一般市民や患者には、それを証明することは大変難しいことが多い。そこで、裁判では、被害者が加害者の過失を推断させるところまで証明すれば、加害者の過失を推定し、逆に加害者のほうで、私には過失がなかった、と反対の証明をできなければ過失があったと認定するという、立証責任の緩和ないし転換がなされることもある。なお、特

損害賠償を免れない。

（◇2）故意による放火で不法行為になるのはもちろんだが、過失による失火の場合は、失火責任法（「失火ノ責任ニ関スル法律」）によって、重過失があった場合にしか不法行為の賠償責任を問われない。これは明治時代にできた特別法で、当時の消防能力の限界や木造家屋がほとんどであるという時代背景を反映した法律といわれる。

（♡4）昔、有名な浪曲師のレコードの無断複製販売の事件で、浪花節は音楽ではなく、音楽著作権の対象にならないので、権利侵害がないとして不法行為の成立を否定した判決が出て、学説から総攻撃され、権利侵害を違法性に転化するきっかけになった（大正3年の桃中軒雲右衛門事件）。

（♠1）ただ、こうして「権利侵害」の要件を「違法性」に置き換えたことによって、

殊なケースで、誤って火事を出してしまったという失火の場合は、通常の過失よりも重い、重過失（一般の人ならちょっと注意すれば回避できたことを回避できなかった）があったときにだけ、賠償責任を負うという特別法（**失火責任法**）がある（◇2）。

⑵　違法性

平成16（2004）年改正以前の条文には「他人ノ権利ヲ侵害シタル」とだけ書かれていたので、それでは権利と名の付かないものは侵害されても不法行為にはならないのかという問題がかつては議論された。もちろん、これは規定の表現が悪かっただけで、侵害される利益は、「何々権」というものに限られない（♡4）。そこで、現在の学説は、これを「違法な侵害行為があったこと」という形で、違法性の要件に転化していたのである（♠1）。平成16年の改正は、このような解釈論上の解決を法文上に明記したものといえる。

法律の規定に反したり、公序良俗に反する行為をしたりすることが違法であるのは当然である。所有権などの物権を侵害することも（物権は本来、世間の誰にでも主張・対抗できる支配権なのだから）違法である。しかし債権については、本書の最初に説明したように、物権のような絶対性・不可侵性を持っていないので、たとえばAがBに何かを売る契約をし、その後にAが同じものをCから買いたいと言われてCのほうに売り渡してしまったというときは、AがBに対する債務不履行を問われることは当然でも、Cの行為は当然には違法になるわけではない。CがBという買主のいることを知って、Bに害を与えようと思っていたときだけ違法になるというのが多数説の理解である（こういう場合は、債権侵害として、取引的不法行為の一態様になる）。

今度は「過失」と「違法性」の関係がどう
なるのかが学者によって議論されている。
初学者は紛らわしくなるので気にしないで
よいが、上級者はそういう議論も検討して
ほしい。

　スポーツの最中にルール通りの運動行為をして相手にケガをさせた（たと
えば柔道の試合で技をかけたら相手がケガをした）という場合も、違法性がな
いとされる（ただ、学校で生徒に力量以上のスポーツをさせてケガが発生した
というような場合には、技をかけた本人ではなく指導の先生や学校が不法行為責任
を問われることはある）。

　また、相手から攻撃されるのを避けるために相手にケガをさせたという、
いわゆる**正当防衛**の場合も、違法性が阻却（そきゃく）される（720条①項本
文）。ただし正当防衛といえるためには、守ろうとした法益（法律上の利益）
と侵害された法益との間に社会観念上の合理的な均衡が必要であり、からん
できた酔っぱらいを殴りつけた程度なら正当防衛になるだろうが、刺殺して
しまったというのであれば、過剰防衛となって不法行為は成立する（ただし
後述の過失相殺は適用されよう）。なお民法は、他人の物（たとえば自動車や家
畜などでもよい）から生じた急迫の危難をさけるためにその物を損傷した場
合も同じと規定しており、これを**緊急避難**と呼ぶ（同条②項。つまり緊急避難
は、危難を生じた「その物」以外を損傷した場合には認められないことに注意し
たい）。

⑶　損害の発生

　不法行為でいう損害（侵害された利益）としては、財産的な損害ばかりで
なく、精神的な損害も含まれる。財産的損害の中には、ケガをしてかかった
治療費のような積極的な損害（実際に数字がマイナスになった分）と、入院中得
られなかった収入のような消極的な損害（数字がプラスになるはずが増えなかっ
た分）とがある。精神的損害というのは、いわゆる精神的なショックであり、

（◇3）従来からの論点として、死者の損
害賠償請求権（財産的損害と精神的損害）
が相続されるかどうかという問題がある。
これについては、本課の5⑵に後述する。

これを償うのが慰謝料である。711条は、生命侵害があった場合、被害者の
父母、配偶者、および子は精神的損害の慰謝料を請求できると定めているが、
これは、それらの人だけに限られるものではなく、それらの人と同様な精神
的損害を受けたと証明される人も請求できると考えるのが現在の判例・通説
である（◇3）。

　侵害される利益としては、物権、著作権や特許権のような知的（無体）財
産権、債権（ただし前述のように限定的）などに加えて、営業上の利益（不正
に屋号を使ってお客を奪うなど）、名誉、プライバシー、生活上の利益（日照
や環境に関するもの）などが考えられる。

⑷　因果関係

　加害者の行為によって損害が発生したという原因・結果の関係のあること
が必要である（後述3⑵の損害賠償の範囲での議論と区別するために、これを特
に「事実的因果関係」と呼ぶこともある）。ただ、これも、公害などの場合は、
どういう廃液がどう体内に入ったためにどういう病気が発生した、などとい
うことを被害者が証明することは、かなり困難である。そこで判例では、厳
密な科学的証明までは要求せず、おそらくはそうだと思われるという、高度
の蓋然性（がいぜんせい）の証明があれば足りるとしている。

　ただ、単に被害者救済の見地から蓋然性を立証できればよいと証明度を下
げるということには批判も強い。そこで、それを理論化するものとして、
（故意・過失の証明の場合と同様に）事実上の推定というものが論じられる。
原告が、事実的因果関係の存在を推定させるような事実を立証すれば、経験
則に従ってその存在が推認され、被告の側でその不存在を推定させる別の事

（♣2）四日市公害事件における喘息の発生に関する津地四日市支判昭和47・7・24判時672号30頁など。さらに、統計的データで因果関係を立証する統計的因果関係も、経験則を補充する方法として評価されている（レントゲン照射と皮膚がんの発生に関する最判昭和44・2・6民集23巻2号195頁）。

（◇4）かつて過失を精神の緊張を欠いた

実を立証しない限り、因果関係が認められるとするのである。さらに、大気汚染や水質汚染に基づく疾病の発生等においては、患者を集団的に把握して、居住地域や年齢・性別などのデータから疾病の発生を分析する疫学の手法を用いた、疫学的因果関係があればよいとされる（♣2）。

⑤ 責任能力

　以上挙げた要件が全部揃えば、不法行為の損害賠償責任が発生するのであるが、ただ、その場合、不法行為の損害賠償責任を負わせるためには、その人（加害行為をした人）が不法行為責任を負う能力（資格）を持っている人でなければならない。そういう能力を責任能力という。つまり自分の行為がどんな結果をもたらすかを見極める能力である（行為の違法性を認識する能力という説明の仕方もある）（◇4）。これがない人は、2通り想定されている。ひとつは、未成年者のうちの責任弁識能力を持たない者であり（712条）、他のひとつは、精神上の障害により責任弁識能力に欠ける状態の者である（713条）。責任を弁識する知能を持たない未成年者は、民法では何歳と決めてあるわけではなく、個別に判断することになるが、だいたい小学校卒業前後が基準となっている。後者の、責任を弁識し判断する能力を失っている者については、わざと度を過ごした飲酒をして一時的に弁識能力を欠く状態を作ったなどの場合には、この限りではないとされる（同条ただし書）。

　さて、それではこういう場合は誰が責任を負うのか。これは、それら責任無能力者の監督義務者である。法定の監督義務者（未成年者なら、親権者たる親）とかその代理監督者（子どもの場合は保育士や教員、精神障害による心神喪失状態の者の場合は精神科病院の医師など）ということになる（714条）。ただ

づけられるようになってきた。

（◇5）ちなみに、たとえば中学生くらいの未成年者が責任能力ありとされた場合には、714条の反対解釈をすれば、親には責任がないことになるが、中学生に賠償する経済力はないのが普通である。そこで判例は、こういう場合、親に損害発生につき回避義務違反の過失ありとして、親にも709条の不法行為責任を負わせている。

（◇6）最判平成28・3・1民集70巻3号681頁（JR東海事件）。

（♣3）名誉毀損の記事が掲載されている雑誌の販売に対し事前の差止め（販売中止）を認めた判決がある（最大判昭和61・6・11民集40巻4号872頁〔北方ジャーナル事件〕）。

しこれも、監督義務者や代理監督者が義務を怠っていなければ免責されるが（同条①項ただし書。その義務を怠らなくても損害が生ずべきであったときも同様である）、実際には何らかの義務懈怠（けたい）があったとされるケースが多いようである（◇5）。なお、最近では、認知症高齢者による線路立入り・列車接触という不法行為について、配偶者や長男が「監督することが現実的に可能な状況にあった」とはいえないとして、714条①項の法定監督義務者やそれに準ずべき者にあたらないとした最高裁判決がある（◇6）。

3　不法行為の効果

(1)　損害賠償の方法

賠償の方法は、債務不履行の場合と同様に、金銭賠償が原則である（722条①項）。金銭賠償の原則の例外として、名誉毀損の場合には、裁判所が、損害賠償に代えて、または損害賠償とともに、「名誉を回復するのに適当な処分」を命じることができる（723条）。具体的には、新聞紙上の取消広告、謝罪広告などが用いられる。

さて、過去に発生した損害が賠償の対象となるのはもちろんであるが、では、これから発生する損害を発生しないように差し止めるということは、この不法行為の損害賠償請求権の内容となりうるか。プライバシーの侵害や、平穏な生活利益（環境権と呼ぶこともある）の侵害などの場合にこのような問題が出てくる。明文の規定がなく、難しいところで、将来の不法行為の差止めまでを認めたものはまだ少ない（♣3）。

（◇7）富喜丸事件と呼ばれるもの（大連判大正15・5・22民集5巻386頁）である。なお、この判決では、（不法行為には賠償範囲を制限する条文がないので）債務不履行の損害賠償について制限賠償主義を採っている民法416条が不法行為にも準用され、賠償は相当因果関係の範囲内に制限されるとされた。これが判例のリーディング・ケースになったわけだが、理論的には問題も多い。この点は、債務不履行の損害賠償の範囲のところでもう一度詳しく述べる。

⑵　損害賠償の範囲

　不法行為の損害賠償については、規定上は、その不法行為によって生じた全損害が賠償の対象となる。これは、被害者の十分な救済という観点からは適切なものである。しかし、不当な被害額の請求を許すとすれば行き過ぎである。そこで判例・通説は、相当因果関係というドイツから輸入した概念を使って、賠償範囲を相当な範囲に限定している。これは、第一次大戦直前の海難事故で、沈没した船の持ち主が、事故後に急騰した船の価格を基準にして賠償請求した事件で出された判決が先例になっている（◇7）。

⑶　過失相殺

　①**総論**　　これは、お互いの貸金を対当額でなしにするような、いわゆる相殺とはちょっと違う。たとえば、車の運転者の前方不注意による交通事故で、ケガをした歩行者にも、突然道路に飛び出したという落ち度があったとする。この場合、損害の発生または拡大について被害者にも過失があったときは、裁判所は公平の見地からそれを考慮して賠償額を軽減できる（722条②項）。つまり、損害額が100万円で、事故の起こったことについては加害者側に8割、被害者側にも2割の過失があったと考えられるなら、賠償額を80万円に軽減する。これが過失相殺（かしつそうさい）である（裁判官は、職権で、つまり加害者側の主張なしに、過失相殺をすることができる）。ここでの過失というのは、最初に述べた不法行為の成立要件としての過失のような厳密なものでなく、被害者側の落ち度と考えればよい。

　②**被害者側の過失**（過失相殺の対象の人的範囲）　　判例は、722条②項の「過失」には、被害者本人の過失だけでなく、広く「被害者側の過失」が含

（◇8）最判昭和42・6・27民集21巻6号1507頁。

（◇9）最判昭和51・3・25民集30巻2号160頁。

（◇10）心因的要因について最判昭和63・4・21民集42巻4号243頁、身体的素因について最判平成4・6・25民集46巻4号400頁。ただし、疾患でない身体的特徴（生まれつき首が長いという事例）は考慮されないとしたものとして最判平成8・10・29民集50巻9号2474頁。

まれると解している。具体的には、「被害者と身分上ないしは生活関係上一体をなすとみられるような関係にある者の過失」という基準が立てられている（◇8）。たとえば、幼児が道路に飛び出して交通事故にあったという場合は、その幼児を連れていた父母の過失は過失相殺の対象になるが、保育園の保育士が引率していた場合の保育士の過失は対象にならない。同様に夫の運転していた車で事故にあいケガをした妻から相手方への賠償請求に関しても、夫の過失が酌酌されることになる（◇9）。

　③過失相殺の類推適用　　最近の判例は、裁判所は損害賠償の額を定めるにあたり、被害者側の心因的要因（特別の性格とか性向）または身体的素因（特異体質や疾患）をも722条②項の類推適用として酌酌できるという立場を採っている（素因酌酌肯定説）（◇10）。

⑷　損益相殺

　不法行為の被害者が損害を被ったと同時にその不法行為によって利益を受けた場合は、損害の額から利益の額を控除した残額を加害者が賠償すべき損害額と認定する。これが損益相殺（そんえきそうさい）である。民法典には規定がないが、これが認められることについて判例・学説ともに異論がない。たとえば、使用者の行為による労働災害について、被害者に労災保険給付がなされたときは、使用者の損害賠償額から労災保険給付の額が控除される。しかし、生命保険契約の被保険者が死亡した場合に、相続人に給付された生命保険金は、賠償額から控除されない。生命保険金は保険料の対価であって不法行為とは関係がないという理由である。

（♡5）この他に、動物の占有者（所有者でも借りて飼っている人でもいい）や、占有者に代わって管理している者（運送人や預かった人）は、その動物が他人に加えた損害を賠償する責任を負う（**動物占有者責任**。718条）。これにも、動物の種類および性質に従って相当の注意をもって管理した場合はこの限りでないという免責事由が付いているが、その免責の立証は簡単には認められないようである。この規定も、最近のペットブームでまた重要性を持つようになってきた。

4　特殊な不法行為

(1)　序説

　以下には、709条の一般不法行為とはちょっと異なる不法行為を説明する。何が異なるのかといえば、成立要件が多少違い、部分的に無過失責任の要素が入っていたりして、責任が重くなっている。ただ、ほとんどは、完全な無過失責任ではなく、一定のことをしていれば責任を免れる、という免責事由が付いている（言葉を換えていえば、故意・過失の立証責任が転換されているが、行為者側で落ち度のなかったことを立証すれば免責される）。こういうものを「**中間的責任**」と呼ぶこともある。先に挙げた、責任無能力者の監督者の責任もこの一例である（♡5）。

(2)　使用者責任

　ある事業をするために人を使う者（使用者）は、その自分が使っている者（被用者）がその事業の執行について他人に損害を与えた場合に、それを賠償する責任を負わされる（715条）。これを使用者責任という。つまりこれは、自分自身が不法行為をしたのではないが、被用者のした不法行為について、代わって責任を負うという制度である。会社の運転手が交通事故で他人にケガをさせたら、会社が代わって損害賠償をするというのである。この場合も、使用者は、被用者の選任と監督について相当の注意をしていた場合、また相当の注意をしても損害が生じたであろう場合には、免責される（同条①項ただし書）。使用者に代わって監督をする者も同じである（同条②項）。けれども実際には、選任・監督に十分注意していて落ち度がなかったという証明は

（♡6）本文では省略するが、716条は、注文者の責任として、請負契約の注文者は請負人がその仕事について第三者に加えた損害の賠償責任を負わないと規定する（同条本文）。請負人は自分の裁量で仕事をするので、注文者と請負人は715条の使用者と被用者のような関係には立たないことを示した規定であるが、そのただし書で、注文または指図（さしず）について注文者に過失があったときはこの限りでないとして

いる。つまり、不適切な注文や指図をして仕事をさせた場合は注文者が責任を負うのである。実質的に意味があるのは、このただし書のほうである。

なかなか認められず、使用者の無過失責任に近いものが認められているようである。ただし、民法は、損害賠償に応じた使用者または代理監督者が、不法行為をした被用者に求償できることを認めている（同条③項）。

　したがって、この使用者責任が成立するのは、まず、被用者自身の不法行為が成立する場合である。そうすると、被害者は、被用者に本人の709条に基づく不法行為の損害賠償を求めても、使用者に、715条に基づく使用者責任による賠償を求めてもよいことになる。この場合の被用者と使用者の責任の関係は、どちらも請求されたら全額の支払義務があって、しかもどちらかが全額支払えばそこで債務が消えるという関係になる（これを「不真正連帯債務」という。詳しくはこのあとの共同不法行為のところで述べる）。

　また、被用者自身の不法行為は、使用者の事業の執行についてなされたことが必要だが、今日の判例・通説は、外形理論といって、外形的に事業の執行と見られるものならばよいとしている。使用・被用の関係も、ゆるやかに解されていて、厳密に正式な雇用契約が結ばれていなくてもよいとされる。たとえば、雇用契約が終わった直後に会社の車を運転して事故を起こしたような場合でもよい。さらに、被用者への求償については、たとえば、会社が運転手に過酷な労働をさせていたために事故を起こしたというようなケースでは、会社が賠償金を全額そのまま運転手に求償できるとするのは問題だろう。そこで、信義則上制限されることがあるとするのが最近の判例・通説である（♡6）。

⑶　土地工作物責任

　たとえば、Aの家をBが借りて住んでいたら、壁のタイルが剥がれ落ちて、

通行人Cに当たりケガをさせた。なお、この壁の剥がれは、建築を請け負っ
たDの手抜き工事によるものだった。こういう、家屋や塀のような土地上の
工作物の設置や保存に瑕疵があった場合には、誰が賠償の責任を負うか。こ
れは、717条によって、3段がまえで処理されることが規定されている。①
まず第1に責任を負うのは、その工作物の占有（せんゆう）者、つまり実際
にその工作物を持ったり使ったりしている人が責任を負う。上記の例の場合
は借家人Bである。②ただし、この占有者が損害の発生を防止する注意をし
ていたときは、占有者は責任を免れ、この場合は所有者が責任を負う。上記
の例ではAである。この所有者の責任はいわば無過失責任である。③さらに、
この損害の原因を引き起こした責任が他の者にある場合（上記の例ならDの
手抜き工事）には、賠償をしたBまたはAが、その者（D）に求償権を行使
できる（つまり、自分がCに払った賠償金の分を請求できる）。

⑷　共同不法行為

　①総論　　たとえばA・B・Cの3人でDを殴ってケガをさせたとか、甲
乙2台の車が衝突してそのはずみで歩行者丙にケガをさせたという場合には、
それらの加害者が連帯して賠償責任を負う（719条①項前段）。A・B・Cの
3人のうちの1人のパンチでDが昏倒して大ケガをしたのだが誰のパンチだ
かわからない、という場合も同様である（同条①項後段）。これを「共同不法
行為」という。教唆（きょうさ）した者（そそのかした者）や幇助（ほうじ
ょ）した者（手伝った者）も共同行為者とみなされる（同条②項）。ここでは、
行為者各自に連帯して賠償する責任を認めることによって、責任を重くして
いる。

その、「連帯して」という言葉の意味が問題になるが、今日の判例・通説
は、各加害者とも被害者から請求されたら賠償額全額まで支払う義務があり
（被害者は満額に満ちるまで誰から払わせてもよい）、さらに加害者のうちの1
人に債務免除などがされても他の加害者には影響しないという関係と考えて
いる（これは、数人で共同事業のために連帯して銀行からお金を借りるというよ
うな「連帯債務」に類似するが、債務者〔加害者〕同士には当初から連帯しよう
という意思がない場合が多いので、こういうものを「不真正連帯債務」と呼ぶ）
（◇11）（⚖）。この共同不法行為は、公害の問題で非常に重要性を持つが、
最近では判例がさらに広く認める傾向にある。

> ### ⚖ ルール創りの観点から
>
> 　学説と判例が確立させた「不真正連帯債務」という概念は、解釈学による
> ルール創りとして、理論と実際の効果がうまく結合できた例であった。つま
> り、不法行為の被害者救済という意味では、たとえば加害者がYとZの2
> 人である共同不法行為ならば、被害者Xにとってはどちらにも全額の賠償請
> 求ができる連帯債務のような関係とするのがよい。けれども、平成29年改正
> 前のいわゆる連帯債務の場合は、債権の効力が強まる場面ばかりではなく、
> たとえばXがYを免除すると、それはZにも影響して（絶対的効力という）、
> XはZからも全額は請求できなくなってしまうことになっていた。しかしな
> がら、連帯債務の絶対的効力事由というものは、そもそも連帯債務者の相互
> に主観的な結合関係（たとえば、これから協力して会社を作るために融資を
> 受けるなどという意思的な連絡の関係）があることに基づいて規定されてい
> るものである。それに対して、たとえばYの車とZの車がぶつかってXが

（◇**12**）たとえば最判昭和43・4・23民集
22巻 4 号964頁（山王川事件）の判決理由
参照。

ケガをしたというケースでは、ＹとＺの間には、お互いにぶつかってＸに
ケガをさせようなどという意思の連絡などはない。そこで、これは連帯債務
ではあるが「不真正」なものであるとして、免除のような債権者（被害者）
の不利に働く絶対的効力事由は生じないとしたのである。これで説明がうま
くついたのだが、改正法では、連帯債務のところで免除を絶対的効力としな
い規定を置いたので（第19課参照）、今後は共同不法行為者の 1 人を免除して
も他の者に全額請求することができ、不真正連帯債務の議論はほぼ不要にな
るように思われる。

②**共同不法行為の要件**　　719条は、共同不法行為自体を定義しているわ
けではないので、その要件についてはさまざまな議論がある。その中で共通
の理解と呼べるものを探せば、同条①項前段の共同不法行為が成立するため
の要件は、数人がそれぞれ独立の行為を行ったことと、それらの行為は因果
関係の部分を除けばそれぞれ不法行為の成立要件を満たすものであって、結
果的にそれらの行為が共同して行われたことと損害の間に因果関係があれば、
それを共同不法行為と評価する、ということであろう。さらに同条①項後段
の場合は、数人の行為のうち誰の行為が損害に結びついたのかは不明でもよ
いということである。判例および学説の多数の見解は、それら複数の行為者
の間には、意思的な関与は必要なく、客観的に関連共同性が認められればよ
い（客観的に 1 個の不法行為と認められればよい）とする。したがって、別々
の会社の工場が同じ川に廃液を流してそれらの複合汚染の結果、流域の住民
に健康被害が出たようなケースも共同不法行為となる（◇**12**）。もっとも、
最近の判例はこの関連共同性をさらに広く認める傾向があり、交通事故で負

（◇**13**）　最判平成13・3・13民集55巻2号328頁。

（♣**4**）　共同不法行為であれば、交通事故の加害者と医療ミスをした医師の双方が不真正連帯債務としてそれぞれ全額の賠償責任を負う。これに対して、不法行為の競合ということであれば、死亡という結果に対する両者の寄与度によって責任が減ぜられる可能性があると論じられている。

傷した被害者が運び込まれた病院の医療過誤でさらにその被害を大きくして死亡したケースでも、共同不法行為の成立が認められている（つまり不法行為は異なる時点で2つ行われているのだが、それらを死亡という損害に結びつくひとつの共同不法行為と評価している）（◇**13**）。しかし学説では、これは2つの不法行為の競合とみるべきという意見も強い（♣**4**）。（⚖）

> ⚖ **ルール創りの観点から**
>
> 　これはルールを解釈する「理由」「根拠」の話であるが、最近の判例が、共同不法行為の客観的な関連共同性を広く認め、交通事故による傷害と病院での医療ミスが重なって死に至ったケースなどについても共同不法行為とするのは、やはり被害者の救済（賠償請求権のより確実な実現）を考えてのことのように思われる。ただ、ここでは書かないが、そうするとそのような事案での過失相殺の算定方法などで、複雑な問題も生じてきている。

5　その他の問題

(1)　胎児の地位

　我々が、法律上の権利を享受する主体になりうる（これを法律用語で「権利能力を持つ」という）のは、生まれた時からである。3条①項は、「私権の享有は、出生に始まる」と規定している。そうすると、出生するまでは権利能力がないので損害賠償請求権もないことになるが、民法は、「胎児は、損害賠償の請求権については、既に生まれたものとみなす」と例外を定めた（721条）。たとえば夫が妊娠中の妻を残して交通事故で亡くなった場合、妻

はお腹の子どもと2人分の損害賠償が請求できるわけである。

⑵　死者の損害賠償請求権の相続性

　死者の損害賠償請求権（財産的損害と精神的損害）が相続されるかどうかという問題が、古くから判例・学説上議論されてきた。まず財産的損害（逸失利益）については、重傷の場合は本人に損害賠償請求権が発生して死亡時には金銭債権として当然相続されるのに、即死の場合に相続されないのはおかしいという考え方から、判例は即死の場合にも傷害と死亡との間に観念上時間の間隔があるとして逸失利益の損害賠償請求権の相続性を認め（大判大正15・2・16民集5巻150頁）、この相続肯定説が今日まで判例の立場となっている。これに対して学説では、相続を否定して遺族固有の扶養請求権などで処理する見解も強いが、それだと計算される金額が少なくなるという実質的な問題が指摘されている。これに対して精神的損害（慰謝料）のほうは、古い判例は、慰謝料はその人本人の一身専属的な権利であるから、死亡前に慰謝料請求の何らかの意思表明がなければ相続できないという立場を採っていたが、批判を受けて、大法廷判決で、死者本人は意思表明なしに損害の発生と同時に慰謝料請求権を取得し、それが当然に相続されるとした（最大判昭和42・11・1民集21巻9号2249頁）。しかし学説は、遺族固有の慰謝料を考えればよいとする相続否定説も強い。

⑶　不法行為の損害賠償請求権の消滅時効

　債権は、長期間行使しないで放っておくと、時効にかかって消滅する（一般の債権の時効は、平成29年改正によって、権利行使ができることを知った時か

（◇14）最高裁は、幼時の予防接種の副作
用で寝たきりの状態になった原告が、接種
後22年経って国に対して損害賠償を請求し
た事案で、20年をなお除斥期間としながら
も、正義・公平の理念から、724条後段の
効果を制限することが条理にかなうとして
訴えを認めていた（最判平成10・6・12民
集52巻4号1087頁）。硬直した除斥期間説
ではうまくいかないことを端的に示した例
といえる。

（♠2）この点について上級者向けに学問
的業績を紹介しておこう。日本民法は制定
過程の途中まで、20年を消滅時効の基本期
間としており、それを最終段階の第9回帝
国議会における審議で通常の債権について
は10年（167条）に改めたことを詳細に考
証し、判例・通説が724条の20年を除斥期
間だとしていた点を、これも時効であると
反論したのが内池慶四郎『不法行為責任の
消滅時効』（成文堂、1993年）である。

ら5年、権利行使ができるようになった時から10年である。166条①項）。では、不法行為の損害賠償は、いつまで請求できるのか。債務不履行の損害賠償なら、不履行をした契約の相手がわかっているのは当然である。けれど、不法行為は、ひき逃げのように、加害者が誰だかわからないことや、工場廃液汚染のように、いつ被害を受けていたのかさえはっきり認識できないときもある。だから、平成29年改正前の724条は、時効を不法行為の時から20年とし、また一方で、損害および加害者を知った時からは3年とした（3年の短期時効を置いた理由は、時間がたった場合の立証の困難などがいわれている）。なお、20年の期間については、判例やかつての学説の多数説は時効ではなくて除斥期間（中断や停止がない、定められた期間）であるとしてきた。中断や停止（平成29年改正後は更新や完成猶予）で20年がさらに延びてしまうことが不適切であるという理由からであるが、立法沿革からはこの20年も時効とみるべきであり、最高裁も、近年では除斥期間ではうまくいかない事案があることを自認している状態だった（◇14）（♠2）。近年の学説ではこの時効説が支持を増やしていたのだが、ようやく平成29年改正によって、724条2号で、20年の期間が時効であることを明示するに至った。（⚖）

さらに、平成29年改正法は、人の生命・身体を害する不法行為については、上記724条1号の「損害及び加害者を知った時から」の短期時効を、3年ではなく5年に伸長する規定を新設した（724条の2）。

⚖ ルール創りの観点から

平成29年改正法では、全体に除斥期間の概念（もともと条文の規定にはない）を不採用としたこともあり、ここでは改正法724条2号で、20年の期間が

（◇**15**）今後も、インターネット関係、高齢者関係、自動運転等の新技術関係などで、多くの新判例の出現が予想される。

時効であることを明示し、除斥期間としていた判例法理を採用しないことを明確に宣言することになった。前掲注（♠**2**）の内池博士の沿革研究によるルール発見（論文発表当時は孤立無援だった）が、ようやく報われることになったわけである。学者として節を曲げないことの大切さを証明した一例と言える。

6　現代的不法行為

　現代の不法行為は、さまざまな形態のものに広がっている。たとえば、企業がコンピューターシステムの全面改新をシステム会社に発注し、システム会社が準備を始めたが結局うまくいかなかったというケースで、正式契約の前の契約交渉段階での説明義務違反として不法行為の損害賠償を認めた事案や、大学教員が授業で示したパワーポイントの一画面を学生が写真に撮り、誤解を招くコメントを付けてSNSで拡散したケースで、教員に対する不法行為（名誉毀損）を認めて損害賠償を命じた事案もある（◇**15**）。

7　不法行為の特別法

(1)　自動車損害賠償保障法

　ここで、読者諸君にも身近な交通事故の問題についての特別法に触れておこう。自動車による交通事故の場合は、自動車損害賠償保障法（自賠法と略す）という民法の特別法が関係してくる。この法律では、①「運行供用者」という概念で、自動車の保有者など、実際の運転者以外の一定の範囲の人にも賠償責任を負わせる（実際の運転者は当然民法709条の不法行為の責任を負う）、

（♣5）またこの自賠法3条では、運行供用者および運転者を除く「他人」の人身損害について賠償責任が生じることになっているので、事故車の同乗者がこの「他人」にあたるかどうかが大きな問題になる。判例は、被害者保護の観点からこの「他人性」も拡張する傾向にある。たとえば、夫の運転する自動車に同乗中の事故で負傷した妻も「他人」であるとした判例がある（最判昭和47・5・30民集26巻4号898頁。

さらに過失相殺に関する前掲注〔◇9〕も参照）。なお、自賠法3条では物的損害は対象にしていないので、被害者の衣服・持ち物などの損害は民法709条の不法行為で賠償請求することになる。

②強制的な損害賠償責任保険（自賠責保険などと略される）の制度を作って、自動車の保有者に必ず加入させ、そこから賠償金が払われるようにする（ひき逃げの場合も被害者は政府の損害賠償保障事業により賠償を受けられる）、などという被害者保護のための方策を図っている。この自賠法は3条で、運行供用者すなわち「自己のために自動車を運行の用に供する者」は、自己および運転者に過失がなかったこと、被害者または運転者以外の第三者の故意・過失があったこと、自動車の構造上の欠陥や機能上の障害がなかったことをすべて証明しなければ責任を免れないという、実質的に無過失責任に近い厳しい責任を課している（そこで、自動車事故の被害者は、通常の場合、まずこの自賠責保険から損害額の回収を図り、もし不足があればその分を民法の不法行為によって損害賠償請求していくことになる）。

　この自賠法3条にいう運行供用者になるかどうかは、自動車の運行に支配を及ぼし、その運行から利益を上げているかという基準で判断される。したがって自動車の保有者は一般に運行供用者であるといえるが、自動車が盗まれて運転された場合には、泥棒運転者が運行供用者になる。また判例は、この運行供用者概念を広げる傾向にあり、レンタカー会社を運行供用者としたものや、同居する未成年の子どもに自動車を買い与え、保険料その他の経費なども払っていた父親を運行供用者としたものがある（♣5）。

⑵　国家賠償法

　国または地方公共団体の行政活動によって私人が損害を被った場合には、民法の特別法として位置づけられている国家賠償法（国賠法と略す）による損害賠償が問題となる。国賠法は、民法に対応する2種類の責任を規定して

いる。第1は、公務員（公権力の行使にあたる者）がその職務を行うについて与えた損害に対する国等の賠償責任であり（国賠法1条①項）、第2は、公の営造物の瑕疵によって生じた損害に対する国等の賠償責任である（国賠法2条①項、営造物責任と呼ばれる）。

　前者は、民法の使用者責任（715条）に対応するものであるが、715条ただし書に相当する免責事由はなく、国等が負うのは無過失責任である。後者は、民法の工作物責任（717条）に対応するが、公の営造物は、いわゆる工作物には限定されず、条文で明示された道路・河川のほか、ダム、堤防、官公庁舎、公立学校校舎、公園遊具、さらには、自然の海岸や湖沼も含まれる（自然公物と呼ばれる）。

　　　君巣立つ歯車よりも一輪の
　　　　　　　花たりたしと我に告げつつ

　いくつものドラマを見届け、教え子たちを送る季節が来た。追い出しコンパが終わり、春を待ち、新しい出会いを待つ。そんな季節に、「お世辞でなく一番わかりやすい授業でした。来年も楽しみにしています」と、大教室講義を受講してくれた在学生から葉書をもらった。気をよくして、夕食に好きなワインを開けて、グラスの先を爪先で軽く弾きながら、来学年のことをぼんやり考える。こんな時、大学の教師というのもちょっといい商売だと思う。

　よい授業は、教師がするのではなく学生諸君がさせてくれるものだ。よい本もよい読者が書かせてくれる部分が大きい。後半もどうぞよろしく。

注のマークについて
　♡……まったくの初心者向けの注（補足説明）
　◇……少し民法の勉強をしたことのある人向けの注
　♣……ひととおり民法を学んだ中級者向けの注
　♠……かなり民法の勉強の進んでいる上級者向けの注ないし課題

第13課　債権総論序説・債権の目的

　ここから債権総論の範囲に入る。債権の具体的な発生原因を勉強した債権各論よりは抽象的な部分もあるが、債権法の理論的な醍醐味はこちらのほうにより深くあるように思われる。

　大学のカリキュラムの関係で、債権総論を先に勉強したいという人は、この13課から読み始めてもよいように記述に配慮をしたつもりである。

　本書を読み進むうちに、読者の皆さんが、「民法が好きになる」段階から「民法の面白さがわかる」段階まで到達していただければ幸いである。この課では債権総論の全体像に触れたうえで債権の内容や種類について説明する。

▶1　序説──債権総論ガイドマップ

　債権総論では、「債権というもの」について、その対象、内容などに始まり、履行されなかった場合（債務不履行）の手当て（強制的に実現させる強制履行、金銭で償わせる損害賠償）とか、保全（維持）するための方法（債権者代位権、詐害行為取消権）とか、当事者が複数いる場合に出てくる機能や性質（多数当事者の債権関係）とか、移転のさせかた（債権譲渡）、消滅の仕方

（♡１）大学の２年生に「六法は毎年買い換えるのですか」と聞かれた。実際には、条文が変わっていなければ前年のものでも足りる。しかし、問題にしたいのは学習の姿勢である。法律学を学ぶ「プロの学生」として、君は１回のコンパ代の半分ほどの出費を惜しむのか。しかも民法までが変わる時代である。できれば毎年買うべきである（ことに行政法のように多数の法規を学ぶ分野では、比較的大部の六法の最新版を持つ必要がある）。１、２年生の学習なら、『法学六法』（信山社）のような小さなもので足りる。３、４年生なら、『ポケット六法』（有斐閣）、『デイリー六法』（三省堂）で十分である。

（◇１）なお、判例付きの六法は、学年末の試験場には持ち込めない大学が多いが、私は資格試験等を目指す人たちには判例付きを薦めてきた。学生諸君が学習の際に学

（弁済、相殺など）を勉強する。理論的に奥が深い分野である一方、「相手がお金を払ってくれない」「保証人のハンコをついたためにお金を取られた」「取り立てようとしたら財産隠しがされていた」などという世の中でよく聞く紛争がみんな債権総論にかかわるという、現実的に大変重要な分野でもある。将来金融機関その他の企業に就職する人にとっても必修科目ということになろう。

　人間社会の生臭い利害の対立に対する観察力も養いつつ学んでほしいが、根底を流れる考え方として、「民法、とくに債権法は、公平・平等の観点から当事者の意思自治（自分たちで作ったルールによる自律）を助けるものだ」という点を忘れないでいただきたい。

▶２　債権の内容と種類

1　序説

(1)　学習の内容

　最初に六法を開いてみよう（♡１）（◇１）。今回から学ぶ債権総論の範囲（民法典の中の「債権総則」の部分）は399条から始まり、その条文の前には「第１節　債権の目的」と表題がある。しかし、「目的」といってもここで規定しているのは債権の「意図」とか「狙い」ではなく、債権の「内容」ないし「対象」のことである。したがって、この第１節についての学習の内容は、「債権というものはどういう内容・対象を持つものか」ということと、「債権にはその内容・対象からしてどういう種類があるか」ということになる。

説にばかり目を向けて判例を軽視する傾向があったからである。ただし、2020年からは、平成29年改正で生き残る判例かどうかの見極めも必要になる。

（♡2）債権の属性（債権は、物権と比較してどういう性質を持つか）については、第1課9頁以下参照。

（♡3）90条は公序良俗違反の法律行為を無効とする。法律行為とは一定の法律効果を発生させることを意図して意思を表示し、その意思通りの法律効果が発生するもの（代表的なのは契約）である。だから、たとえば「人を殴る」という行動自体は法律行為にならないが、「あの選手を殴れば100万円払う」という契約は公序良俗違反の法律行為である（なお200頁の「用語解説」参照。）

⑵　債権として成立するための基本的要件

すでに学んだように、本を売る契約をしたときに生じる代金債権（相手からみれば代金債務）や、交通事故でケガをしたときに生じる損害賠償債権（加害者側からみれば損害賠償債務）のように、特定の人が特定の人に対して特定の給付（何かをしたり与えたりすること）を請求できる権利が債権であるが（♡2）、債権として成立するための基本的要件としてはどんなことが挙げられるのか。実はこれは民法の条文にはごく一部しか書かれていない。そこで、学説によって挙げられる基本的要件を掲げておこう。

①給付の適法性　債務者が給付する内容は、本の引渡しとかその代金の支払のように、法律上適法であり、社会的にも妥当なものである必要がある。給付内容が不法ないしは公序良俗に反するような場合、そういうことを約束した契約（たとえば麻薬の売買）は無効であり（90条）（♡3）、したがってそういう債権は成立しない。

②給付の可能性　本来、債務者がなすべき給付は実現可能なものであることが必要である。したがって、従来は、焼失してしまっている家を売る契約をしても無効であり、引き渡せという債権は成立しないと考えられてきた（原始的不能という。これに対して、契約後に家が燃えてしまった〔後発的不能という〕場合には、いったん引渡債権は可能なものとして成立しているから、その債権が損害賠償債権に転化するか、すでに学んだ危険負担〔第3課32頁以下〕の問題として処理されると考えられてきたのである）。

しかしながら、平成29年改正法は、これと異なる立場を採用した。つまり、契約に基づく履行がその契約の成立時に不能だったとしても、契約はそのために効力を妨げられない（原始的不能、後発的不能にかかわらず、契約自体は

191

一応有効に成立する）という立場に立つことにしたのである。そして、後述するように、不能の場合は債権者はその債務の履行を請求できないとし（改正法412条の2①項）、原始的不能の場合も損害賠償請求ができる（同条②項）としたのである（なおこの②項の規定は損害賠償のことだけ書いているが、これもすでに第4課で学んだ解除などの手段も当然に可能であることに注意しておこう）。

　なお、1人のタレントの事務所が同じ日時に2つのテレビ局と出演契約をしてしまった場合も、給付（出演すること）の可能性は両方ともあるのだから、両テレビ局の債権は当然どちらも成立する（実際にはそのままだと一方が損害賠償で処理されることになる）。

　③**給付の確定性**　　代金何円を支払う、というように、債務者の給付内容は確定していることが必要である。ただし、契約の時に決まっている必要はなく、履行の時までに決まればよい（たとえば、土地を売る契約をして、代金は不動産鑑定士の鑑定評価額に従うという場合など）。

　④**給付の経済的価値**　　399条は、債権は金銭に見積もることができないものでもその目的とすることができるとしている。したがって、経済的に価値のないものを目的としても債権は成立しうる（ただしまったく内心の作用などは債権の目的とならないだろう。たとえば故人の法事を行わせるというのは債権になりえても、毎朝一心に祈祷せよというのは債権と評価できない）。

⑶　債権（債務）の分類

　民法は、給付の内容に着目していくつかの規定を置いており、そこから出てくる債権の種類（分類）として、①特定物債権と種類債権、②金銭債権と

非金銭債権、③金銭債権の中の元本債権と利息債権、④（通常の債権と）選択債権、というものが挙げられる（これらについては次の**2**以下に述べる）。その他に、⑤可分債権（債務者からみれば可分債務）と不可分債権（不可分債務）という分類がある。これは給付の目的物がたとえば金銭の給付のように分割可能か、車1台の給付のように分割不可能かという観点からの分類であり、債権者（債務者）が多数の場合に特別の考察を必要とする（428条以下。第**18**課から**20**課の「多数当事者の債権関係」のところで触れる）。

　さらに、債務の側から考察した分類として、以下のものがある。⑥与える債務（たとえば金銭の支払債務や家の引渡債務）となす債務（たとえば労務の提供）——これは強制履行の方法のところで違いが出てくる。⑦作為債務と不作為債務——一般に、与える債務にせよ、なす債務にせよ、これらは債務者が積極的な行為をすることが内容になっている（作為債務）。これに対して、たとえば隣人との紛争で「夜10時以降はピアノを弾かない」という契約をしたという場合、これも債務であり、こういう、何かをしないということが債務内容になるのが不作為債務である（隣人からみれば「ピアノを弾かせない」という債権になる）。これらも履行の強制方法において違いが出てくる。⑧結果債務と手段債務——一定の結果の実現を目的とする債務（建物の建築、本の引渡しなど）を結果債務といい、これに対して、結果はともかくその実現過程が問題となるのが手段債務である。たとえば、医師の診療債務は、病気が必ずしも治らなくても、治療・投薬などに十分な努力をすれば債務を果たしたことになる。これらは、債務不履行の成立の判断において違いが出てくる。

（◇2）特定物債権と似た用語で、「特定債権」という表現が使われることがある。これは、登記請求権とか施設利用請求権とかのように、物の引渡しを目的としない、特定の給付を請求する債権をいうもので、後述する債権者代位権のところなどで「金銭債権か特定債権か」という対比で使われることがある（⇒第16課234頁）。

（♡4）善管注意義務は、その契約ごとに、こういう契約ならこういうレベルの注意義務、という考え方で想定される。したがって中古車売買なら中古車販売業者のレベルでの注意義務、預金契約なら銀行の窓口の行員のレベルでの注意義務が考えられる（142頁も参照）。

2　特定物債権と種類債権

(1)　特定物債権

①**定義**　中古車の売買、絵画の売買、土地の売買を考えてみよう。この場合、同じものは世の中になく（たとえば宅地を造成して売り出した場合、同面積の隣地でも日当たりや水はけは異なる）、その特定の物が給付の対象になる。こういう、特定物の引渡しを目的とする債権を特定物債権という（◇2）。すなわちこれは、その物の個性に着目した債権ということになる。

②**性質と善管注意義務**　そうすると、特定物債権はその目的物が何らかの理由で滅失すると、ただちに履行不能となる。つまり、債務者には、それと類似の物を他から調達する義務はない（たとえば中古車の売主が契約後に置場からその中古車を盗まれた場合は、売主は後述のように過失があれば損害賠償債務を負うものの、似た中古車を探して渡す義務はない）。そこで民法は、この特定物債権の債務者に、契約後引渡しまでの間、目的物をしっかり管理する義務を課した。これが、「善良な管理者の注意義務」、略して「善管注意義務」である（400条）。売買だけでなく、賃貸借（終了時に借主は目的物返還義務がある）や委任、寄託（物を預かる契約）など、いろいろな契約で問題になる。この善管注意義務の内容は、取引上客観的に必要とされる注意を尽くすことであり（♡4）、契約その他の債権の発生原因および取引上の社会通念に照らして定まる（改正法400条にこの表現が追加された）。これは、自分の財産を管理するときに払う主観的な注意義務よりも重いものと理解すればよい（これに対し、無償寄託つまりただで人のものを預かる契約では、預かった債務者は、「自己の財産に対するのと同一の注意」を払えばよいとされる。659条）。この

（♡5）債務不履行の損害賠償については、
第15課で説明する。

善管注意義務に違反して、目的物が滅失したり損傷したりした場合は、債務者は債務不履行による損害賠償義務を負う（415条）（♡5）。先の例なら、売る契約をした中古車を鍵をかけずに誰でも入れる場所に放置していて盗まれたときなどはこれにあたる。

② 種類債権

①定義　　上記の特定物債権に対して、種類債権というのは、債権の目的物を示すのに種類と数量だけを指示した債権である（401条①項）。つまりこちらは、目的物の個性に着目されたものではない。週刊誌の売買、既製服の売買など、日常生活の中の多くの売買契約は、こういう目的物の個性が問題にならない、大量に生産された代替可能な品物について行われている。

②性質と調達義務　　そうすると、こういう種類債権については、契約後引渡しまでの売主の保管義務は問題にならない（だから規定もない）。なぜなら、「その物」が引渡しまでに壊れたり汚損したりしたら、他の同種のものと取り替えればいいからである。ということは、特定物債権と異なり、目的物が滅失しても履行不能にはならず、そのような場合、売主には、他の同種のものを市場で探してくる調達義務があるということになる。

③種類債権の特定（集中）　　種類債権でも、最終的に売主が買主に引き渡すものは、この物、と決まる。したがって、売主が、多数ある商品の中から1個を選択して、買主に渡すそのどこかの時点で、目的物がこれ、と決まるのである。これが種類債権の特定（集中ともいう）である。民法は、債務者が引渡しに必要な行為を完了したり、債権者の同意を得て引き渡す物を指定したときには、それ以降はその物が債権の目的物となると定めている

195

（♣1）種類債権が特定すると、売主の保管義務は特定物債権と同様になるが、特定しても種類債権が特定物債権そのものになるわけではない。たとえば、売主の酒屋が、いったんこれと決めて洋酒を包装し、買主が他で買物をしてくる間預かることになった場合、確かに特定はしているが、買主が戻ってくるまでにそれを他の客に売ってしまい、倉庫から同じ洋酒を出してきて再度準備してもかまわない。こういう「変更権」が信義則上売主に認められる点が特定物債権とは異なる。

ここが Key Point

種類債権と制限種類債権の大きな違いは（制限範囲外までの）調達義務の有無である。学生諸君がよく間違えるのは、「制限種類債権の例を挙げよ」という問題である。たとえば、「A社のBというブランドの缶

（401条②項）。その時点で、債務者は特定物債権の場合と同様の保管義務を負う（♣1）。そうすると、特定の効果として、売主の保管義務は強化される（善管注意義務になる）が、一方で、特定したその物が滅失した場合に履行不能になり、損害賠償義務は残りうるが他を探して引き渡す調達義務はなくなるという点で、売主の責任が軽減される面もある。

④種類債権の品質　種類債権においては、その種類物の中のどういう品質のものを給付するのかが重要になる（たとえば同じ山の杉の材木でも上等材、中等材、並材などがある）。ふつうは契約の中で品質について合意されるし、明示の合意がなくても契約全体の解釈から定められる場合が多い。民法は、そうしたものによっても決定できない場合は、中等の品質の物を給付すべきとしている（401条①項）。

⑤制限（限定）種類債権　種類債権のひとつの形態として、種類を特殊な範囲で制限したものがあり、これを制限（限定）種類債権という。たとえば、A社のB倉庫に入っているコシヒカリ1トンというものである。これは、種類債権ではあるが（特定した場合の注意義務の強化も同じであるが）、その制限範囲外には調達義務がないことが大きな特徴である。つまり、たとえばB倉庫が火災にあって中のコシヒカリが全焼したら、そこで履行不能となり、Aとしては市場で同種のコシヒカリを調達する必要はないということになる（⇧ここが Key Point）。

3　金銭債権

(1)　金銭債権の特殊性

①金銭債権の特徴と支払方法　金銭債権は、売買代金債権や貸金債権の

ビールの500ミリリットルのJリーグバージョンの……」というのは、いくら細かくしていっても制限種類債権にはならない。そういう例では、同種のものが市販されている限り売主には調達義務があり続けるからである。

（◇3）ただし、500円以下の貨幣は、1回の支払につき20枚までしか強制通用力を認められていないから（通貨の単位及び貨幣の発行等に関する法律7条）、100万円を全部10円硬貨で払うなどというのは、相手が合意しない限り認められない。

（♣2）この場合、債務者の支払がないときは、債権者としても外国の通貨・日本の通貨どちらでも請求できる（最判昭和50・7・15民集29巻6号1029頁は、この関係を、債権者が内容を任意に決定できる「任意債権」であるとする）。

ように、一定額の金銭の支払を内容とする債権である。これはどういうところに特徴があるかというと、まず金銭債権は確かに種類債権の一形態であるが、金銭というものは法律上は無限に調達可能（市場に尽きることがない）と考えられており、また目的物の個性が完全に捨象されているので、いわば究極の種類債権と理解すればよい。したがって、どの通貨（強制通用力のある貨幣のことである）で支払うか（1万円札か千円札かなど）も原則として債務者の任意に委ねられている（402条①項）（◇3）。ただし当事者が支払通貨を指定した場合はもちろんそれに従う（同条①項ただし書）。外国通貨で支払う合意をしたときも同様である（同条③項）。なお、外国通貨で債権額を決めておいた場合も、債務者は日本円で支払うことができ、この場合は、弁済地における弁済時の為替相場に従って換算する（403条）（♣2）。

②**金銭債権と貨幣価値の変動**　　金銭債権はインフレーションなどで貨幣価値が変わっても、100万円の債権なら100万円を支払えばよいのが原則である（名目主義）。ただし、例外として、貨幣価値が極端に変動した場合は、信義則上債権額の変更や契約の解除が認められることがある。これが「事情変更の原則」と呼ばれるもので、第一次大戦後のドイツで判例によって認められた（たとえば戦争前の契約で100マルクとあったのを戦後の弁済時に1万マルクと読み換えるなどという契約内容の改定を裁判所が認める）。わが国でも、第二次大戦後のインフレ期などに問題になった例があり、最高裁は抽象論としてはこの原則の適用可能性を認めたが、結論的には否定した（最判昭和29・1・28判タ38号51頁等。なお下級審では認めた例もある）。

③**金銭債権にならない例外**　　その他、貨幣が取引の対象となっていても、収集のための購入など、金銭債権にならない場合があることに注意したい

（♡ 6 ）たとえば、陳列や装飾の目的で特定の貨幣（000001番の 1 万円札、など）について売買や貸借の取引をする場合は、純然たる特定物債権であり、金銭債権としての特質はまったくない。また、たとえば収集の目的で「明治40年発行の 1 円紙幣」などを取引の対象とする場合は、（それが古銭市場にある程度の量存在するとすれば）いわゆる種類債権になる。

（♡ 7 ）民法上、金銭の貸し借りは、合意がなければ無利息である（589条①項）。

（♡ 6 ）。

⑵　元本債権と利息債権

　金銭の貸し借り（金銭消費貸借）の場合には、元金（借受金）を弁済し、それ以外にも合意があれば、借受金を使用した期間に応じた利息を支払わなければならない（♡ 7 ）。この場合の借受金を返還させる債権が元本（がんぽん）債権であり、利息を支払わせる債権が利息債権である。利息債権は、一定の利率で利息を生じさせる合意によって貸主に発生する、基本権たる利息債権と、その基本権たる利息債権によって毎月（毎年）発生する具体的な利息金の債権である、支分権たる利息債権とに分けられる（たとえば、毎年元本の 5 ％の利息をもらえる、というのが基本権たる利息債権、具体的にそのある年の利息金額を支払え、というのが支分権たる利息債権）。支分権たる利息債権は、何月分の利息債権を譲渡するというようにそれだけを切り離して処分できる。この区分に関しては、弁済の充当（489条）で問題になるほか、以下のいくつかの規定が置かれている。

　①約定利率と法定利率　　利息を取るのは当事者の自由で、その利率の決定も本来はまったく自由なのだが、貸主と借主の経済的な力関係から、その約定利率が非常に高く設定されるようなことがあると、借主が不当に不利益を被ることになる。そこで利率の上限を特別法が制限している（利息制限法 1 条、出資取締法 5 条）。また、法律に規定があって利息が発生する場合、あるいは当事者が利息を付けることは決めていたが利率までは決めていなかった場合については、民法が法定利率（民事法定利率）を定めている（404条）。平成29年改正前は、年 5 分（5 パーセント）という固定利率だったが、改正

（◇4）商法では、民法の原則を修正して、商人間の金銭貸借では利息は当然に発生することになっており（商法513条①項）、また当事者が利率を合意していなかった場合、従来は民事と異なる商事法定利率の定めがあったが、これも平成29年民法改正にあわせて廃止され、民法の法定利率に従うことになった。

なお、経済の状況によって市中の金利は大きく変わることもあるので、法定利率を固定的に規定することは必ずしも適切ではなく、近年は諸外国では変動利率を定めているところが多くなってきていた。

法では年3パーセントに引き下げて、3年ごとに見直す変動制にした。これは金銭債権一般について基準とされるので、債務不履行や不法行為による損害賠償の場合の、損害賠償を払うべき時期から実際に払った時までの遅延賠償（419条①項）についても適用される（◇4）。（⚖）

⚖ ルール創りの観点から

改正法では、404条の法定利率を3パーセントに引き下げ、かつ3年後ごとに変動させることにした。改正前の年5分（5パーセント）は、2020年現在でも市中金利が非常にゼロに近い低い数字になっているので、訴訟をわざと遅延させて遅延利息を多く取ろうとするなど、社会的な弊害も多い。利率を3パーセントに下げてかつ変動制を取り入れたこの改正法は、ルール創りの方向性として適切といえる。

②**単利と複利**　利息の算定方法としては、当初の元本に対してのみ利息が繰り返し付いていく単利と、利息が順次元本に組み入れられて、増加した元本に対して利息が付いていく複利とがある（当然複利のほうが利息が増える。学理的な用語では、複利を「重利」と表現している）。民法は、当事者間の合意がない限り単利によるものとし、例外的に、利息の支払が1年以上遅延し、かつ債権者が催促してもなお支払がない場合に限って、利息の元本への組み入れを認めている（法定重利。405条）。もちろん、合意があれば、前記特別法の範囲内で複利と約定することは自由に認められる。

法律行為・事実行為　民法総則で学ぶ用語であるが、「法律行為」は、当事者の意思表示によって、その意思表示に従った法律効果（法律上の権利義務の形成、変動など）が発生するもの（法律が、当事者の意思に従った法律効果の発生を認めるもの）である。たとえば、「この品物を1万円で売る」「この品物を1万円で買う」という2つの意思表示を構成要素として契約

という法律行為が成立すると、1万円の代金債権（代金債務）とその品物の引渡債権（引渡債務）が発生するという法律効果が生まれる。法律行為には、「契約」の他に「単独行為」（遺言など）、「合同行為」（会社設立行為など）がある。

これに対して「人を殴る」「物を拾う」などの単なる行動（所為）に対してどういう法律効果が発生するか（あるいは、発生しないか）は、当事者の意思とは関係なく、

4　選択債権

(1)　定義

複数の給付の中から特定の給付を選択して給付することを内容とする債権を選択債権という。たとえば、ヨーロッパ旅行か現金100万円とか、P社製の車かQ社製の車かどちらか1台を給付するというようなものである。選択債権といえるためには、選択する目的物にそれぞれ個性があることが必要である（個性がない場合は種類債権になってしまう）。民法には比較的多くの条文が置かれ、論理的には面白さもあるが、実際にはこういう債権はそれほど多いわけではない。

(2)　選択権

選択債権においては、給付を選択する権利（選択権）を誰が持つのかが重要である。原則は、当事者が合意で選択権者を決めればよい。選択権者が決められていないときは、民法は、債務者が選択権を持つと定めている（406条）。債権者または債務者が選択権を持つときは、相手方に意思表示をして選択権を行使する（407条①項）。第三者に選択権を与えてもよく、第三者が選択権を持つときは、その者が債権者・債務者のどちらかに意思表示すればよい（409条①項）。第三者が選択できないとか、選択しないというときは、民法は選択権は債務者に属するとした（同条②項）。選択権が行使されると、債権は当初にさかのぼって、その選択された内容だったことになる（411条。つまり、**遡及効**〔そきゅうこう〕がある）。

さまざまな法律がその行動をどう評価するかによって決まる。単なる行動が（本人の意思と関係なく）何らかの法律効果を生じると評価されるもの（たとえば遺失物拾得）を民法学では「事実行為」と呼ぶ。

⑶　選択権の移転と特定

　選択権者が選択権を行使しないので、相手方が相当の期間を定めて選択を催促したがなおその期間内に選択されなかったという場合、選択権は相手方に移転すると規定されている（408条）。また、選択債権の目的物の一方の給付が不可能になった（たとえばＰ社製の車のほうが事故で廃車になった）場合は、その不能の理由が選択権を有する者の過失によるときは、給付は法律上当然に残りのＱ社製の車に特定する（410条）。ただ、給付が不能になったことについて選択権のない者の過失があるときは、（条文に規定がないため）残りのものに特定するわけではなく、選択権者は不能となった給付をなお選択することができる。たとえばどちらかの車をあげるという場合（もらう側が選択権者）、あげると言った者が車を運転して損壊したときは、もらう者はなおその車を選択して、債務不履行の損害賠償の金銭を請求することもできる。

　大学の四季に合わせて綴る本書も、後半に入った。プロ野球の世界などには、２年目のジンクスという言葉がある。１年目は夢中でやって良い成績を残せた。そこで２年目には少し余裕ができたと思ったのが落とし穴で、実力は決して前年より向上していたわけではなく、結局は集中力の落ちた分だけ１年目より悪い成績しか残せない。こういうことが往々にしてあるのである。そして実はそれは、教育の世界でも同じことがいえる。学ぶ側の学生諸君にも、教える側の教員にも、2年目のジンクスはある。私も昔、はじめて教壇に立った頃の初心を忘れず、さらに良い成果を上げられるよう、書き続けたい。

第14課　債権の効力(1) 強制履行・債務不履行

　新学年の講義も1か月もたてば軌道に乗る。私は大教室でも、なるべく多
数の学生諸君の顔と名前を覚えるようにしている。学生諸君の視線や表情の
中には、ずいぶん多くのことが書いてある。熱意も、不安も、倦怠も、志の
高さも。本書の読者の皆さんに対しても、お顔は見えなくても、教壇に立っ
ているときと同じ緊張感と充実感を持って書き続けたい。

　この課では債権の効力を説明する。人と人とを結ぶ債権は本来どんな力を
持ち、債権者は権利の実現のためにどんなことができるのかを学ぶ。債権総
論はこれから徐々に面白くなっていくので期待してほしい。もし大学の授業
に身が入らないという人がいたら、第1課のガイダンスに書いた、「席は前か
ら5列目以内に」を実践してほしいと思う。

▶3 債権の効力

1 序説

(1) 学習の内容

債権は、特定の人が特定の人に対して一定の給付（作為や不作為）を請求できる権利である。したがって、債権というものは、債務者の給付があってはじめて実現するものであることになる。そうすると、請求される債務者が、その通りの債務を素直に履行してくれれば、債権は実現されるので問題がないのだが、債務者が履行をしなかった場合はどうなるか。ここで「債権の効力」として勉強するのは、このような場合の、①債権を強制的に履行させる力およびその方法（債務の強制履行）と、②債権のそのままの履行ができなければそれを金銭的に償わせる力およびその方法（債務不履行の損害賠償）を学ぶことが中心になる。これらはいずれも債権の債務者に対する（債権本来の）効力ということになるが、債権にはさらに、③その実現を債務者以外の第三者が邪魔してきたときにどのような力があるかという問題もある（債権の対第三者効力）。これについても簡単に学んでおくことにしよう。さらに、④債務者が履行しようとしているのに債権者が受け取らない、というようなケースも実際にありうる。これ（債権者の受領遅滞）についてもここで勉強する。

なお、民法典では、「第2節　債権の効力」の中に、423条以下で債権者代位権、詐害行為取消権というのが出てくるが、これは債権の本来的効力の問

題とは少しずれる別の問題なので、「責任財産の保全（債権者の権能）」とい
う別の章立てをして説明する。

⑵　債権の基本的効力

　債権各論で学んだ、契約や不法行為によって発生した債権は、（民法上債
権と呼べるものとして）基本的には次の効力を持っている。①債務者に給付
を請求できる力、②給付されたものを正当に保持できる力、③債務者が請求
に応じないときはそれを裁判所に訴えて、履行せよとの判決を得られる力、
④判決が出てもまだ債務者が履行しないときは、法の助力を得て強制的に実
現できる（強制執行がかけられる）力、である。

　一般に債権と呼ばれるものは、これらの力をすべて備えているものだと考
えてよい。しかし、中には例外的にこれらの一部を持たないものもある。債
務者が任意に給付してくれればそれを保持できる（給付保持力はある）が、
自分から請求したり訴えて取ったりはできない（請求力や訴求力がない）債
権も考えられ、こういうものを「自然債務」と呼ぶことがある。また、判例
は、当事者が強制執行はしないと約束した債権の存在を認めたことがあるが、
この場合は、訴訟に訴えて権利を認めさせるところまではできる（訴求力ま
ではある）が、最後の履行の強制はできないということになる（ただし現実
にはこれらの例外は数が少ないので、あまり気にしなくてよい）。

2　強制履行

⑴　強制履行の方法

　債務が任意に履行されない場合には、債権者は原則として法の助力を得て

（◇1）同意、承諾、通知など、意思表示またはそれに準じるもの（契約を申し込んだり、同意したりするのは、それによって一定の法律効果を発生させようという意思表示による法律行為であるが、たとえばある事実のあったことを通知したり、その事実の存在を承諾したりする行為は、意思表示に準じる「準法律行為」であるといわれる）をなす債務について、債務者が行わないという場合は、そのような債務の履行を命ずる判決をもって、それらの意思表示などがなされたものとみなされる（判決代用という。民事執行法174条①項）。なお準法律行為については、池田「準法律行為」法学教室1997年2月号87頁以下（池田ほか『マルチラテラル民法』〔有斐閣、2002年〕19頁以下）参照。

債権の内容を強制的に実現することができる（ただし法の助力を得ない自力救済〔じりききゅうさい〕すなわち力ずくで債務者を強制したり自分で債務者の金庫を開けてお金を取ってきたりすることは許されない。そういう場合は不法行為を構成したりする）。その強制履行の方法としては、以下の3種類がある（民法および民事執行法にその定めがある）。

　①**直接強制**　これは、債務者の意思にかかわらず、国家機関が債権の内容を直接的・強制的に実現するものである（414条①項）。具体的には、債権の存在を証明する判決などをもとに、裁判所に強制執行を申し立て、執行官に執行をしてもらう。金銭の支払（民事執行法43条以下）や物の引渡し（同法168条以下）のような「与える債務」の場合に適した強制方法である。

　②**代替執行**　これは、第三者に債権の内容を実現させて、その費用を国家機関が債務者から取り立てる方法である（414条①項、民事執行法171条）。たとえば、債務者がなすべき工事をしようとしないという場合に、他の業者にやらせて、かかった費用を債務者に請求するというものである。したがってこの方法を取りうるのは、「なす債務」のうち、債務者本人が行わなくても債権の内容の実現が可能な債務に限られるということになる。たとえばブロック塀の工事であればどの建築業者でもできるが、画家が絵を描く債務ということになれば、代替執行はできない（◇1）。

　③**間接強制**　これは、債務を履行するまでの間、裁判所が債務者に対して一定の金銭の支払義務を課することによって、債務者を心理的に圧迫して、間接的に債権の内容を実現させようとするもの（414条①項、民事執行法172条）である。たとえば、家の立ち退きを命じる判決において、判決主文に「立ち退きをするまで、被告は原告に対し、本判決送達の日から1日あたり

金○○円を支払え」と付け加えられる。立ち退きや工事中止などのように「何かをやめる」債務とか、「何かをしない」債務すなわち不作為債務の場合には、原則としてこの方法による以外強制の手段がない。また、音楽家の演奏する債務のように債務者の自由意思が重要な債務については、この方法によって心理的強制を図るのは適当でないとされる。

⑵　強制履行の要件と効果

　当たり前のことだが、債務者が債務を履行しないことが、すべての強制履行の共通の要件（♡1）である。不履行をしている債務者の帰責事由などは問題にならない（つまり、履行しないことに債務者の故意や過失があるのかどうかは関係がない）。各種の強制履行の具体的内容については、民事執行法が詳細に定めている。強制履行の効果は、国家機関による債権内容の具体的実現である。実際には執行官が債務者のところに赴き、目的物の占有を取得してそれを債権者に引き渡すなどということになる。

⑶　強制履行手段の相互関係

　3種の強制履行の相互関係は、①直接強制、②代替執行、③間接強制の順序で行うべきと考えられてきた。すなわち、直接強制が可能な場合は間接強制は許されず、直接強制が適当でない場合は、他人が代わって履行できる限り、代替執行がされるべきで、間接強制は許されないというものであったが、平成15（2003）年の民事執行法の改正で、間接強制もより広く認められることになった（♣1）。

（♣2）外国の規定や制度を学ぶ第一義的な意味は、わが国の民法が作られた際に外国法から継受したものがあれば、その、日本法の規定のもとになった母法国の規定を、日本法の規定の解釈論のために検討するというところにある。成り立ちにおいて関係のない規定を比較検討するのは、わが国の規定を改良したりするときの参考などにはなるが、2次的な作業である。ちなみに日本民法は、編別の仕方をはじめドイツ民法

草案の影響を受けている部分も多いが、内容的にはフランス型の規定も多く、この債権総論では、はっきりフランス法（あるいはボワソナードの旧民法）の影響を受けた部分のほうが多いといえる。

3　債務不履行

(1)　総説

この債務不履行とその効果としての損害賠償のところでは、やさしいことを難しく書いている教科書もあるので注意したい。なぜそうなるのかというと、国によってはこの分野でいろいろ日本民法と異なる規定を置いているところがあり（とくにドイツ）、その外国の議論をそのまま（日本とは関係のないことまで）持ち込んで説明をしようとしてわかりにくくなっているものがあるからである（♣2）。

債務不履行についてはすでに説明したが（第4課43頁以下）、要点をここで繰り返しておく。

要するに、契約から発生した債務の本旨（本来の趣旨）に沿った履行がされない場合を債務不履行というのだが（415条）、そのパターンは一般に履行遅滞、履行不能、不完全履行の3つの種類に分けて説明されてきた。そして、債務不履行があった場合の効果（債権者がとることが可能な手段）は、①損害賠償の請求と、②（多くの場合には契約によってその債務が発生しているのだから）契約の解除である。解除については、債権各論に出てくる（第4課39頁以下ですでに学んだ）。日本民法では、解除と損害賠償請求は、そのどちらかだけをしてもいいし、両方してもいい（545条④項および415条②項3号。契約を解除すれば、理屈のうえではすべてなかったことに戻るといっても、いったん契約して解除するまでの間の状態があったことによる損害というものも考えられるからである）。だから2つの効果を繋げて学べばいいのだが、損害賠償のほうは、債権の効力ということでこの債権総論に規定され、解除のほうは、具

（♡2）ちなみに、平成16（2004）年改正
前の民法の条文や大審院の判例では、
「責」とあって送りがなが付いていない。
しかしこれを「せき」と読んではいけない。
「せめ」である。他にも、たとえば「訴」
一語の場合は、「そ」ではなく「うった
え」と読む。

体的には契約の効力の問題として現れるので、債権各論の中の契約総論の部
分に規定されているというわけである。

⑵　基本概念の変更

　ここで注意したいのは、平成29年改正で、この債務不履行の基本概念につ
いて、従来の考え方から変更があったことである。それは、大きく以下の2
点である。①これまでは、民法上の債務不履行として後述する解除や損害賠
償を請求するためには、債務者の「帰責事由」（「責めに帰すべき事由」）
（♡2）というものが成立要件と考えられてきたのだが、改正法では、契約
関係に入った債務者は、当然その義務を誠実に履行すべき立場にあると考え
て、「帰責事由」というものを成立要件として問わないことにした。契約当
事者間の、相互拘束力の重視と言ってもよい（ただし、まったく帰責事由が問
題にされなくなったわけではなく、どこから見ても「帰責事由」がない場合には
免責する、という免責要件として残ることになった。後述参照）。②さらにこれ
までは、「帰責事由」が債務者の「過失」と結びつけて説明されてきた面が
あったのだが、不法行為と違って、契約の場合はいわゆる「過失責任の原
則」（過失があったから責任を負わせる。⇒第**12**課169頁）の問題ではないので、
「過失」の概念と切り離すことにしたのである（これは条文上それほど明瞭な
わけではないが、改正法の立法にあたった学者たちが理論的にこだわっていると
ころである）。

⑶　債務不履行の成立要件

　債務不履行については、条文にきっちりと全部まとめて書いてあるわけで

はない（⇧**ここが Know How**）。ここでは、その要件の一つひとつを少し詳しく考察しておこう。

　①債務の本旨　条文では、債務不履行による損害賠償の要件として（上記の３形態をまとめた形で）「債務者がその債務の本旨に従った履行をしないとき又は債務の履行が不能であるときは」としている（415条①項）。したがって、債務不履行になるかどうかは、それぞれの債務においてまずこの「債務の本旨」の内容を検討することから始まるが、「債務の本旨に従わない」ことの具体的な現れ方は、上記の３形態にまとめられると考えておけばよい。

　②免責事由（帰責事由）　上に述べたように、改正法415条①項本文では、単に本旨に従った履行がなされないという客観的な事実があればまず債務不履行は成立する。ただ、同項ただし書は、「ただし、その債務の不履行が契約その他の債務の発生原因及び取引上の社会通念に照らして債務者の責めに帰することができない事由によるものであるときは、この限りでない」と規定した。これは改正法による新しいルールである。

　つまり、これまでの民法では、（規定の仕方が必ずしも明瞭ではなかったのだが）債務者に「帰責事由のあること」が民法上の債務不履行（債権者が損害賠償や解除を要求できる）の成立要件とされていた。それが改正法では、成立要件ではなく、帰責事由がまったくなければ債務者が債務不履行の責めを免れる「免責要件」として規定されたのである。

　では具体的にどのようなものが免責事由となるのか。大地震や戦争の勃発などという、いわゆる不可抗力とされるものは、もちろんそれに含まれよう。また、「契約その他の債務の発生原因及び取引上の社会通念に照らして」とあるので、たとえば特定の外国産の輸入食材の売買などという契約をしてい

たときにその国からの物資の輸入が政府によって禁じられた、などという場合も含まれることになる。「取引上の社会通念に照らして」ということは、債務者の主観によって決まるものではないということを意味しよう。(⚖)

　なお、平成29年改正法では、債務者が履行を遅滞しているうちに当事者双方の責めに帰することのできない事由で履行不能が生じた場合、その履行不能は債務者の責めに帰すべきものとみなすという、みなし規定を新設したので（413条の2①項）、この場合には債務者は上記415条①項ただし書の免責の主張ができなくなる。

⚖ ルール創りの観点から

　ルール創りの観点からすると、この債務不履行の改正法でも、国民には非常にわかりにくい（しかし学者仲間では非常に重要とされる）改正論議があった。それは、これもまた先の瑕疵担保責任のところと同じく学理的な説明の仕方の変更であって、具体的な紛争解決の結論がどれだけ変わるのか疑問なのであるが、改正法を作った主要メンバーは、要するに債務不履行になるかどうかは債務者の故意・過失とは関係がないと言いたくて、従来の過失責任の原則を（不法行為のほうでは維持するとしても債務不履行の場面では）説明の仕方として否定する、ということを強調したかったようである。そこで、上記本文にも書いたように、現行の415条から帰責事由という用語自体を削除したかったようなのであるが、これが実務界から反対されたので、債務不履行の免責事由として、「その債務の不履行が契約その他の債務の発生原因及び取引上の社会通念に照らして債務者の責めに帰することができない事由によるものであるときは、この限りでない」という条文を作ったのである。

（♣3）このように、当事者が訴訟で何を根拠に何を立証し、それに対して相手方が何を立証して反論し、という仕組みを学ぶのが「要件事実論」というものである。これについては、かつては司法試験の合格者が司法研修所で学んだが、現在ではその導入部分は法科大学院で学ぶようになっている。

彼らの説明では、「契約その他の債務の発生原因及び取引上の社会通念に照らして」という修飾文を付けることによって、免責の可否は契約の趣旨に照らして判断されることになり、「帰責事由＝過失」ではないことがここで明らかにされたというのであるが、本書の読者だけでなく、どれだけの国民がこういう説明を理解でき、またそういう改正に納得できるだろうか。繰り返すが、一国の民法を変えるルール創りは、国民のために、国民にわかりやすい形で、紛争をよりよく解決できるようにするために、なされるべきものなのであって、学者が理屈をどう付けるかを競ってするものではないのである。

③立証責任　もうひとつ問題になるのは、債務不履行の損害賠償請求権を成立させるためには、当事者のどちらが何を立証しなければいけないかということである。

　上述の成立要件からすれば、①最初に必要なのは、債権債務の存在である（たとえば、売買契約によって代金債権が発生している等の証明）。②次に、その債務の不履行の立証（払われるべき金銭が期日に支払われていない等）と、③それによる損害が発生していることである。そして、④社会通念からして帰責事由がないということの証明の問題、ということになる。

　そうすると、この①から③は、損害賠償を請求する側の債権者が主張・立証するべきものということになる。そして、④は、債務不履行の責めを免れるために債務者が立証すべきもの、ということになる（♣3）。ちなみにこの④のところが、すでに学んだ不法行為とはいわば逆になる（第**12**課170頁参照）。債務不履行の場合、当事者は信義に従い誠実に履行する義務をすでに負っているのだから、債権者側は不履行の事実だけを述べて契約解除や賠償

（◇2）復習であるが、消費貸借では、（借りたものはいったん消費してしまうので）期限の定めがない場合でも、催告後相当期間が経過してはじめて履行期が到来することにされている（591条①項）。逆に使用貸借の場合は、（ただ貸しで、借りる側が恩恵を受けているのだから）期限を定めていなくても契約の目的に従った使用収益を終えた段階で返還の履行期が到来する（597条②項）。

（♣4）不法行為による損害賠償請求の場合は、判例は不法行為と同時に履行期が到来しているとする（したがって、加害の時から履行期なので、支払までに間があったらその遅延賠償もしなければならない）。

請求をすればよい。これに対して債務者側は、賠償請求等を免れようとするのならば、「自分には免責事由がある（帰責事由がなかった）」という立証をしなければいけないのである。したがって、債務不履行においては、帰責事由の（なかったという）立証責任は債務者にある（これに対して不法行為では、原則としては被害者すなわち賠償請求をする者〔債権者〕が、不法行為者に故意・過失のあったことを立証しなければならない。ただし公害や医療過誤の事案では、一部、立証責任の緩和や転換が図られていることはすでに第**12**課で述べた）。

⑷　債務不履行の類型別の考察

①履行遅滞　　履行遅滞の場合には、約束の期日が来ても履行されない、ということが要件であるから、その約束の期日すなわち「履行期」がいつ到来するのかが重要である。履行期の定め方については、412条が規定している。ⓐ当たり前だが、何月何日と期限が確定しているときは、そこが履行期である（同条①項）。ⓑ債務の履行期について不確定な期限が定められているにすぎないときは、債務者が期限の到来した後に履行の請求を受けた時またはその期限の到来を知った時のいずれか早い時が履行期となる（同条②項。たとえば、家具の売買で引渡日を買主の新築中の家屋の完成した日とした場合は、買主が家屋の完成後に売主に請求した日または売主が家屋の完成を知った日のいずれか早いほうである）。ⓒ債務の履行期を定めておかなかった場合は、債務者が履行の請求を受けた時が履行期になる（同条③項）（◇2）（♣4）。履行遅滞の場合に、損害賠償を請求する内容は、履行が遅れたために発生した損害（たとえば、家屋への入居が遅れたのでその間ホテル住まいをした宿泊費）である。こういうものを「遅延賠償」という。

（◇**3**）したがって、不完全履行の範疇に入るものの多くは、まずは、債務不履行責任の特則である、契約不適合責任（売買契約について562条以下）の問題として処理されることになろう。

（♠**1**）上級者へ。こういう、債務不履行の損害賠償請求と不法行為の損害賠償請求等の、複数の請求権が同一事象について成り立つケースを「請求権競合」というのはご存じだろう。請求権競合に関する主要学説を整理してみよう（訴訟法の知識も必要になる難問である）。初学者の諸君は、基本的に、異なった複数の成立要件を満たす事象があれば、そこではそのどちらの請求権も使えると覚えておけばよい。

②**履行不能**　履行不能には、物理的に履行できなくなる（たとえば特定の目的物が焼失した）場合のほか、取引通念上不可能と判断される場合も含まれる（412条の2①項）。土地の売買で、売主が買主P・Qに二重譲渡し、買主Qが先に移転登記まで済ませた、という場合は、Pへの債務は履行不能となる。履行不能の場合の損害賠償は、本来の給付に代わる金銭を賠償するのであり（415条②項1号）、こういうものを「填補（てんぽ）賠償」という。

③**履行拒絶**　債務者が明確に履行を拒絶する意思を表明しているときも、本来の履行請求に加えて、履行に代わる賠償を請求できる（415条②項2号）。これは平成29年改正による新設規定であるが、学説の有力説の考え方を取り入れたものである。

④**不完全履行**　不完全履行は、履行期に履行は一応なされたが、どこか不完全なところがある、というものである。これは、履行遅滞・履行不能の2類型から漏れるものすべてが含まれる類型ということになり、便利ではあるが内容は多様である。考えておくべきポイントをいくつか挙げておこう。

ⓐ給付された目的物が不完全（たとえば、欠陥があるなど）な場合は、それを完全なものにできる（追完可能）なら、債権者としてはまず債権の内容に沿った完全履行を請求すればよい（具体的には、完全なものに直してもらう修補請求や、完全なものに取り替えてもらう代物請求ができる）（◇**3**）。追完が不能であれば、損害賠償を請求するしかない。

ⓑ給付された目的物が不完全だったために、他にも損害が及んでしまったという場合（たとえば、買ったヒヨコが病気で、買主の飼っていた他のヒヨコにも病気が移ってみな死んでしまった場合）は、積極的債権侵害として、債務不履行責任のほかに不法行為責任も成立しうる（♠**1**）。

ⓒ上記に説明したことの証明責任に関していえば、免責事由の点は債務者に立証責任があるが、債権者側は、「不履行の事実のあったこと」だけは自ら主張しなければならない。そうすると、履行遅滞や履行不能の場合はこれは一目瞭然なのだが、不完全履行の場合は、「履行が不完全であったこと」を債権者が立証しなければならないことになる。そこで、前の課で学んだ医師の診療債務のような手段債務（⇨第**13**課193頁）の場合には、この不完全履行の立証が実際には微妙な問題になる。

　本書を読んだある地方の大学生の方から、進路を変更して司法試験にチャレンジしたいという手紙をいただいたことがある。難関を突破して医学部に入られた方だった。司法試験の困難さを思い合わせて、何とお返事しようかおおいに迷った。あえてすべてを振り捨てなくても、と思ったのである。

　確かに、法科大学院ができて法律学未修者の人々にも司法試験への道が開けたのは、大変結構なことである。けれども、世の中にそう甘い話はない。司法試験も簡単なものではないし、法科大学院に入ってから自分の適性に悩む場合もある。

　ただ、私にも、他の学部から法律に転身した経歴がある。その時も、周囲の友人はみな反対した。自分の心の中の情熱と、不安を抑えて黙って認めてくれた両親の信頼だけが支えだった。

　転部などを考えている人にアドバイスしておきたい。転身するならタイミングを逃さないこと。そして、自分の選択に最後まで自分で責任を持つこと。ご研鑽をお祈りする。

第15課　債権の効力⑵ 損害賠償・受領遅滞

かつて私が所属していた大学の旧図書館の建物には、レンガ造りの前壁の上部に時計が付いている。しっかり見上げないとわからないのでみな見過ごしてしまうことが多いのだが、その時計の文字盤には、1から11の数字の代わりに、アルファベットの花文字で、TEMPUS FUGIT と書かれている。ラテン語で、時は去りゆくという意味である。去りゆく時を無にしないように、勉強も、スポーツも、精一杯したいものだ。この課では債務不履行の損害賠償と債権者の受領遅滞を中心に説明する。

▶3　債権の効力

4　損害賠償

⑴　学習の内容

損害賠償は、すでに学んだ不法行為によってももたらされる効果であるが、ここでは、債務不履行の効果としての損害賠償を検討する。たとえば、住宅の売買で売主の責任で引渡しが2週間遅れ、買換えで旧住居を売ってしまっ

215

た買主は結局その期間家族でホテル住まいをさせられた、という場合を考えてみよう。「売主の責任で引渡しが遅れた」のは債務不履行（履行遅滞）になる。そこで買主は、債務不履行の効果のひとつとして損害賠償を請求できることになる。ここで学習するのは、その場合に、どういう範囲の損害が賠償の対象になるのか、対象となった損害についていくら取れるのか、などの問題であるが、教科書によって、「損害賠償の範囲」とか「因果関係」などという用語の意味・使い方などが、必ずしも一致していないように思われる。学説もいろいろあるところだが、大筋を見失わないように、整理しながら説明したい。なお、損害賠償の方法は、わが国では、債務不履行の場合も、すでに学んだ不法行為の場合と同様に、原則は金銭による賠償である（417条）。

⑵　損害

①損害の発生　　損害がなければ賠償もないのが当然であるから、債務不履行によって債権者が何らかの不利益を受けたことがまず必要である。損害は、財産的損害と精神的損害に分けられ、債務不履行の場合はほとんどが財産的損害の問題であるが、債務不履行でも精神的損害（慰謝料）がまったく問題にならないわけではない。財産的損害は、財産が実際に減少してしまったという場合（積極的損害という）と、増えるはずの財産が増えなかったという場合（消極的損害という）とに分かれる。後者はたとえば、買主がその目的物を使って営業利益が上げられたのにそれが得られなくなったというようなケースで、そういうものを、「得（う）べかりし利益」とか「逸失利益」などという。

②因果関係（事実的因果関係）　　上記の損害は、債務不履行があったこ

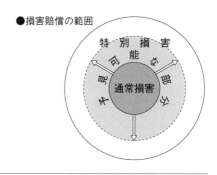
●損害賠償の範囲

特別損害

予見可能な部分

通常損害

とによって発生したものでなければならないのはもちろんである。不法行為の場合と同様に、いわゆる「因果関係（原因と結果の関係）」がそこに必要である（これを、あとに出てくる理論上の表現と区別するためにとくに「事実的因果関係」と呼ぶことがある）。だから、購入した新居の引渡しが遅れた場合でも、その間にあらかじめ予定していた観光旅行に出かけたというときには、その旅行費用は債務不履行によって発生した損害とはいえない。たとえば医療過誤などのケースが債務不履行の問題として争われる場合は、（こういう治療行為がされたことによってこの機能障害が生じたといえるか、などというように）この事実的因果関係の存否がまず第1に重要な争点となる。

③ 賠償の対象となる損害の範囲

①規定の基本構造　　さて、債務不履行と事実的因果関係にある損害といっても、因果の連鎖をたどっていくと、その賠償しなければいけない損害は無限に増大する可能性がある。たとえば、建物の引渡しが遅れたのでホテルに宿泊していたらそのホテルに火災が起こって負傷し、入院した病院で不適切な処置を受けたので後遺症が残り、そのためにそれまでの職業を続けられなくなって失業し、そのために家庭不和となって離婚して……という具合である。こういうときに、最初の引渡しを遅滞した債務者の賠償すべき損害はどこまでなのか。この問題については、立法的に条文のうえで限定をするやり方（制限賠償主義という）と、条文のうえでは限定をつけないやり方（完全賠償主義という）とがあり、日本は前者である（後者にはドイツなどがある）。

　わが国のやり方は、まず、事実的因果関係のある全損害を、通常生ずべき損害（通常損害）と、特別な事情によって生じた損害（特別損害）とに分け、

通常損害はすべて賠償されるべきものとし、特別損害については、それを債務者（条文では「当事者」となっているが、債務者の意味に考えてよいと解釈するのが判例・通説である）が予見すべき（できたはず）であった場合（以下これを「予見可能性があった」場合という）にのみ、賠償すべき範囲に含めるとするのである（416条）。

　②**通常損害・特別損害**　　それでは、何が通常損害で何が特別損害なのか。残念ながら、これは一般的・抽象的には決めることができない。そのケースごとに、債務の内容、当事者の態様（たとえば債権者が商人か消費者か）、目的物の性質、などから総合的に判断をしなければならない。一例を挙げれば、建物の引渡しが遅れたのでホテルにやむをえず宿泊した場合の宿泊費は、多くの場合は通常損害ということになろうが、近隣にビジネスホテルがあるのにわざわざ遠くの豪華なシティホテルに泊まったという場合は全額を通常損害として認めるわけにはいかないだろう。目的物の転売利益（買主がもっと高い値段で別の買主に転売する約束をしていたのに遅れで転売がキャンセルされ、儲けが得られなくなった）などというのは、買主が素人である場合は一般に特別損害となろうが、買主がその目的物を扱う商人であった場合は、状況によっては通常損害に含められる場合もあるかもしれない。

　③**予見可能性**　　特別損害は、債務者に予見可能性があった場合なら賠償範囲に含められる。債務者が、自分の不履行によってこんな損害が発生するとあらかじめ想定していた場合だけでなく、予見できたはずである、という場合までが含まれる。たとえば、トラックの売買で、買主が運送業者であった場合は、買主がこのトラックを使って営業利益を上げるだろうことは、売主は多くの場合当然予見すべきことがらであろう。なお、債務者に予見可能

性があったという立証は、債権者がしなければならない。

　もっとも、当事者の状況などから、そもそもトラックの売買ならば、予見可能性などといわなくても引渡しの遅れた日数の営業利益分を当然賠償請求できると認められる契約もあろう。そこからわかるように、通常損害というのは、そもそも予見可能性の立証などが問題にならずに賠償請求が認められるものであり、特別損害は債権者が債務者の予見可能性まで立証してはじめて賠償請求できる損害であると表現することもできる。

　④理論的問題　　上に述べたように、わが国では制限賠償主義の規定によって、まず通常損害の範囲を当然の賠償の対象とし、特別損害については予見可能性があれば賠償の対象になるとしている。しかしこれを、過去の通説は、「相当因果関係」という言葉を使って説明した。これは、完全賠償主義の規定を持つドイツにおいて、賠償範囲を制限する必要から判例・学説が考え出した「相当因果関係の範囲内に限る」という論理を日本法の説明にも持ち込んだもので、沿革的には正しい説明ではない。ただ、多くの教科書にも載っているし、何よりも判例がこういう論法を不法行為の損害賠償との関係で今でも採用しているので、ここに簡単に説明しておく。

　相当因果関係説は、債務不履行・不法行為に共通する損害賠償の範囲を制限する原理として、相当因果関係という概念を用いる。その大方の見解を要約すると、相当因果関係のある損害というのは、その債務不履行から一般に生じるであろうと認められる損害をいい、さらに債務者が知りまたは知ることができる事情は、その相当因果関係判断の基礎になるとする。そして、416条は相当因果関係説を採用したものであるとし、416条は不法行為の損害賠償の範囲についても制限原理として類推適用されるというのである。判例

は現在でも基本的にこの構成を維持しているが（♣1）、今日の有力学説は、このような相当因果関係での説明を否定し、単純に416条の適用によって賠償範囲が制限されるとしている。

⑷　賠償の内容

①履行遅滞と損害賠償　　履行遅滞の場合の賠償は、すでに述べたように通常は履行が遅れたことによって発生した損害に対応する遅延賠償である（最終的に履行はされた場合）。つまり、臨時の代替物の調達費用（建物引渡しの遅延によるホテルの宿泊費用とか、車の引渡し遅延によって支出したレンタカー代など）とか、履行が遅れたことによって得ることができなかった利益（トラックがあれば1日10万円の営業利益を上げられたなど）がその賠償される損害の内容である（◇1）。

なお、金銭の履行遅滞の場合は、少なくとも法定利率分の損害は当然に発生すると考えられており（419条①項）、債権者は損害の発生について一切の立証責任を免れている（同条②項）。つまり、金銭の履行遅滞の場合は、遅滞の事実を述べ立てればそれだけで少なくとも法定利率分の賠償は請求できる。

②履行不能と損害賠償　　履行不能の場合は、本来の給付に代わる塡補賠償を請求することになる（415条②項1号）。もっとも、売買契約でまだ代金を払っておらず、引渡債務のほうが履行不能になっても買主はただ契約を解除して代金債務を免れればそれ以上損害が発生しない場合もある（同じ物をすぐに他で買えるなどという場合）。

もし買主が目的物をまた他の人に転売して利益を上げることにしていて、

なお不法行為についての第**12**課176頁と同頁◇**7**を参照。

（◇**1**）では、問題を出す。買主はトラックがあれば1日10万円の営業利益が上げられたが、一方買主は1日2万円で同種のトラックを容易にレンタルできて、それで1日10万円の営業利益を上げえたという状況が認められる場合はどうなるか。後述の過失相殺も読んだうえで考えてみよう。

（◇**2**）さらに判例は、この目的物がいったん140万円まで騰貴したあと120万円になったという場合（この140万円を「中間最高価格」という）は、債権者がその最高価格で売却したはずだなどという利益取得の確実性が認められた場合にのみ中間最高価格の請求が認められる、という。

そのことについて売主に予見可能性があったとか、もともと買主は商人なので何割増しかの金額で売却するだろうことは当然だったというような場合は、その転売利益までが得べかりし利益として填補賠償の対象になる。したがって、たとえば100万円の品物が手に入らなかった場合の損害賠償が転売利益を含めて130万円になる、ということもある。

③損害額算定の基準時　　さらにこういうことが考えられる。100万円の品物の履行不能によって100万円の損害賠償が請求されることになったが、当事者間でもめているうちにその100万円の品物の市場価値が120万円に上がったとする。この場合、債権者はいくら請求できるのか。

この答えに関しては、まず損害の概念について2つの発想が分かれる。ⓐ判例および相当因果関係説では、損害をすなわち債権者の財産の減少ないし不増加の金額でとらえるので、この場合は損害の拡大ということになる。ⓑ最近の相当因果関係を否定する説では、損害は物の滅失なら滅失という事実ととらえるので、この場合も事実には変わりなく、ただその損害を賠償させるための金銭的評価の資料が変わったにすぎないという。

ⓐの判例等の考え方では、具体的には以下のようになる。価格の騰貴は、賠償すべき損害の範囲の拡大である。履行不能となった時点の損害（100万円）が通常損害であり、価格上昇による損害（20万円）は特別損害である。したがって、価格上昇の予見可能性があれば120万円まで賠償請求が認められ、予見可能性がなければ100万円の賠償にとどまる（◇**2**）。

これに対してⓑの考え方では、これは損害の拡大ではなく、したがって無限の連鎖的損害拡大を制限するための賠償範囲の問題ではないとして、債権者がそもそもどのような利益を取得する可能性があったかという利益取得の

（♡1）不法行為のほうの規定の722条②項と比較すると、ほぼ同じだが債務不履行のほうでは責任自体も考慮できるように書いてある（したがって責任の否定もできる）。このような区別については、学説には合理性がないと批判するものもある。722条②項については、第12課176頁参照。

（♡2）たとえば農耕用家畜の引渡しが遅れて、債権者は稼動できなかった損害を被

ったが、逆にその期間の飼育費を支出しないで済んだ場合などがその例である。

（♣2）さらに、**中間利息控除**という概念がある。たとえば複数年の逸失利益を一時金で賠償する場合などは、（金銭は利息を生むという前提で考えるので）その利息分を法定利率で先に引いて渡すのである（417条の2参照。法定利率については198頁参照）。

可能性を基準として損害額を算定すべきであるという（この考え方では利益取得の可能性は契約解釈全体から判定されるものであり、いつの価格を賠償の基準とするかという基準時の問題にはならない）。

⑤　賠償額の調整

①**過失相殺**　　すでに不法行為のところで述べたこととほぼ同様に、債務不履行のあった場合に損害の発生または拡大について債権者にも過失（落ち度）があったときは、裁判所は公平の見地からそれを考慮して損害賠償の責任や賠償額を調整（具体的には軽減）する（418条）（♡1）。つまり、過失を割合で数字化して、損害額が100万円でも、100万円まで損害を増やしたのには債権者側にも2割の寄与過失があったと考えられるなら、賠償額を80万円に軽減する。これが過失相殺である（裁判官は、職権で、つまり債務者側の主張なしに、これをすることができる）。本書の最終課で学ぶ、債務の消滅原因としてのいわゆる「相殺」とはまったく別のものだから注意しておいてほしい。

②**損益相殺**　　賠償額の調整としてはもうひとつ、損益相殺というものがある。これは、債務不履行によって債権者がかえって利益を受けた部分がある場合、それを損害額から差し引くことである（♡2）。条文はないが当然に認められている。これも「相殺」というが実は「控除」である（♣2）。

⑥　その他の特殊問題

①**損害賠償額の予定**　　債務不履行による損害賠償をめぐっては、賠償額などをめぐって紛争が起きることがしばしばある。そこでそのような紛争を

♡◇用語解説♣♠

持参債務と取立債務 約束された債務の内容が、債務者が債権者のところへ届ける債務なのか、債権者が取りにくる債務なのかという区別である。これによって、種類債権の集中の時期が異なるし（第13課195頁参照）、受領遅滞の成立要件としての弁済の提供の有無の判断が変わる。つまり、持参債務ならば、届けたところではじめて、債務者はなすべきことを終えたことになる が、取立債務ならば、梱包など引渡しの準備をして通知するだけでよい。

避けるために、債権者・債務者間で、将来もし債務不履行が起こったときの損害賠償額についてあらかじめ合意しておく場合がある。これが損害賠償額の予定であり、このような合意も、公序良俗に違反する内容でない限りは契約自由の原則からして有効である。また、この賠償額の予定は、高めに設定しておけば、債務者は債務不履行に陥らないよう努力するので、債権の実現を促進する効果もある。このような賠償額の予定が合意されていた場合は、実際の損害額とは無関係に債務者はこの予定額を支払わなければならない（420条①項）（⚖）。また、賠償額を予定したからといって、履行請求や解除ができなくなることはない（同条②項）。

> ⚖ **ルール創りの観点から**
>
> 平成29年改正までは、420条①項の後段に、裁判所もその金額を増減できないという規定が置かれていた。しかしそうすると、不当に高い賠償額の予定がされていても裁判所が介入できないので、外国では裁判所による減額を認めている例も多かった。そこで、改正法は、改正前420条①項の後段の規定を削除して、裁判所の介入を可能にしたのである。

なお、ここで触れておかなければならないものに、「違約金」がある。違約金というのは、違約したときの罰金という意味と、この損害賠償額の予定という意味と、2通りありうるが、民法は後者の損害賠償額の予定と推定することにした（同条③項。推定だから、当事者が反対の証明ができれば覆せる）。もし違約罰だったということになると、債権者は、債務不履行があれば違約金を無条件で請求でき、そのうえ、実損害についての賠償を別に請求できる

（♣3）賠償者代位と区別してほしいのが、**代償請求権**である。債務者が、その履行が不能になったのと同一の原因で債務の目的物の代償である権利または利益を取得したときは、債権者は、その受けた損害の額の限度において、債務者に対し、その権利の移転またはその利益の償還を請求できる（422条の2）。たとえば債務者が、引き渡すべき建物が燃えて保険金を得たのなら、債権者は、それを損害の範囲で償還請求で

きる。

（♡3）さらには、工場で従業員が就業しようとしているのに（従業員は労務の提供をするという立場では債務者）、経営者（労務提供を受けるという意味での債権者）が工場をロックアウトして就業させないという場合もこの例になる。

ことになる。

②**賠償者の代位**　債権者が損害賠償としてその債権の目的たる物または権利の全部の賠償を受けたときは、賠償した債務者はその物または権利について、当然に債権者に代位する（422条）。つまり、まるまるの賠償をしたら、賠償をした債務者は、もとの債権者の地位にとって代われる。この、「もとの債権者の地位にとって代わる」というのが「代位」である。たとえば、物を預かる寄託契約で、寄託物を盗まれてしまった預かり主（受寄者）が預け主（寄託者）にその物の価額の全額を賠償したときは、預かり主が以後その盗まれた物の所有者になる、というものである。代位そのものについての詳細は、第**23**課357頁以下の「弁済による代位」のところで説明する（♣3）。

5　受領遅滞

(1)　問題の所在

ここまでは、当然のことではあるが、債務者が約束通りの履行をしない場合の債権の効力を扱ってきた。それでは、債務者が約束通り履行しようとしているのに、債権者が約束通り受け取らず（あるいは受け取れず）、履行が遅れた状態になっているという場合はどうなるか。こういう場合も実際にある。たとえば、約束の日に品物を持っていったのに置き場所がないからといって受け取ってくれないとか、支払をしようと思うのに居所を教えないなどという場合である（♡3）。この場合、債務者のほうには遅滞の帰責事由がないので債務者の債務不履行が成立しないのは当然であるが、債権者はどう法的に評価されるのか。

この点について、平成29年改正前の民法の条文は、その債権者は債務者の

（♡4）弁済の提供については、弁済のところで詳しく説明するが、「現実の提供」と「口頭の提供」の2つの方法が493条に規定されている（354頁参照）。

（354頁参照）

ここが Key Point

　受領遅滞は債権者の債務不履行になるのかどうか。それによって効果としての債務者の取りうる手段が違ってくる。

履行の提供があった時から「遅滞の責任を負う」と規定していたが、この、遅滞の責任を負うとはどういう意味かが説明されていなかった。この点、改正法では、注意義務の軽減（特定物の引渡債務について）と、履行費用の増加分が債権者の負担となることを規定したが（改正法413条）、後述するように、これで受領遅滞の効果をすべて説明しているわけではない。さらにこの問題は、まだ勉強していない弁済のところの492条の規定とも関連する。492条は、「債務者は、弁済の提供の時から、債務を履行しないことによって生ずべき責任を免れる」と規定している。つまり、債務者が弁済を提供（♡4）すれば、その時点から債務者は債務不履行によって生じるであろう責任を免れるというのである。この規定と413条の関係も問題になる。

　考え方のポイントは以下の点にある。つまり、受領遅滞は債権者の債務不履行といえるのかそうでないのか、ということである（⟰ここが Key Point）。

⑵　受領遅滞の法的性質

　受領遅滞の法的性質については、学説には、①法定責任説、②債務不履行説、③折衷説、の3説がある。

　①法定責任説（従来の通説）　　債権者は給付を受領する権利を有するだけで、給付を受領しなければならない義務を負うものではないから、受領遅滞は債務不履行ではなく、公平の観念から認められた法定責任であるとする。この説では、受領遅滞には、弁済の提供と同一の、消極的な効果だけが認められる。

　②債務不履行説（かつての有力説）　　債権者にも受領義務が認められ、受領遅滞は債権者の債務不履行であるとして、債務者の債務不履行の場合と同

（◇**3**）判例には、硫黄鉱石の売買契約に
関して買主の鉱石についての引取義務を認
め、その不履行を理由とする損害賠償を認
めたものがある（最判昭和46・12・16民集
25巻9号1472頁）。これは折衷説を採った
ものとみられるが、当事者の特約として引
取義務を認めたもので、法定責任説は維持
されているとの見解もある。

様の積極的な効果を認め、債務者側から契約を解除したり損害賠償を請求し
たりできるとするものである。

　③**折衷説**（最近の有力説）　　基本的には法定責任説に立ち、債権者は一般
的には受領義務を負わないが、一定の契約における債権者（売買の買主・請
負の注文者・寄託の寄託者）には、信義則に基づく付随義務として引取義務を
認めるべきだとする。そして引取義務のある債権者の受領遅滞は、債務不履
行となり、債務者からの解除や損害賠償請求を認めるというものである。実
際、売買・請負・寄託の場合は、債権者が引き取るという協力をしないと債
務が完遂できないので、この説には説得力がある。

　これに対して判例は、古くから法定責任説の立場を採っている。ただ、近
年の最高裁判決には、折衷説とも理解できるものがある（◇**3**）。

　④**改正法の態度**　　これらの学説の議論に対して、改正法は何ら対応を示
さなかった。つまり、受領義務の有無という問題については何の言及もして
いないので、その点は今後も各契約における個別判断ということになり、学
説の議論もそのまま残ることになる。

⑶　受領遅滞の要件と効果

　①**要件**　　ⓐ債務の本旨に従った弁済（履行）の提供があったこと、ⓑ債
権者が受領を拒否するか、受領が不可能であること、が要件である。ⓒ債権
者に帰責事由があることを要するかについても、以前は争いがあったが、法
定責任説ではもともと不要で、平成29年改正により、債務不履行も成立要件
として帰責事由を必要としなくなったため、どの説に立ってもこの要件は設
定不要ということになろう。

（♠1）したがって、受領遅滞の後に当事者双方の責めに帰すことができない事由で目的物が滅失して履行不能になった場合には、債権者が危険を負担する。そこで、最上級者への問題。雇用（労働）契約において工場が類焼して作業ができなくなるのは、受領不能か履行不能か。その区別の標準は。そして、区別が付いた場合にそのそれぞれで危険負担（つまり賃金請求権の存続の有無）はどうなるか。

難問であるが、学説では、誰の支配領域で起こったことかを基準にする等の考え方が示されている。

②**効果**　まず、消極的効果として以下のものがあることには異論がない。ⓐ目的物保管義務の軽減——債務者は、それまでは目的物の善管注意義務を負っている場合でも（400条）、受領遅滞があった後は、その債務の目的が特定物の引渡しであるときは、債務者は、履行の提供をした時からその引渡しをするまで、自己の財産に対するのと同一の注意をもって、その物を保存すれば足りる（改正法413条①項）。「自己の財産に対するのと同一の注意」というのは、すでに寄託（第10課）で学んだ、659条の無報酬の受寄者の注意義務と同じ表現で、低いレベルの注意義務でよいということである。ⓑ増加した履行費用の負担——受領遅滞のために増加した履行費用（目的物の保管費用等を含む）は、債権者の負担とする（改正法413条②項）。ⓒ危険の移転——改正法で新設された413条の2②項は、履行の提供があった後に当事者双方の責めに帰することができない事由によってその債務の履行が不能となったときは、その履行の不能は、債権者の責めに帰すべき事由によるものとみなされると規定した。この表現はいささかわかりにくいが、改正法は、すでに学んだ売買（第7課）の567条に、「目的物の滅失等についての危険の移転」と題する条文を置き、その②項で、上記と同様の状況で、買主は、目的物の滅失または損傷を理由として、履行の追完の請求、代金の減額の請求、損害賠償の請求および契約の解除をすることができず、また買主は代金の支払を拒むことができない、という明文規定を置いている。したがって、受領遅滞があった場合、債務者が危険を負担していたときは、その危険は債権者に移転すると表現してよい（♠1）。

ただしこれらは、受領遅滞の効果というよりは、前述の弁済の提供の効果として出てくるものと考えられる（法定責任説では、受領遅滞も弁済の提供も

（♡5）その他、弁済の提供の効果として「債務を履行しないことによって生ずべき責任を免れる」（492条）のだから、債務者は遅滞を理由とする解除や損害賠償請求や担保権の実行を受けず、また債権者の同時履行の抗弁権も失われる。

（◇4）ただ、このような取引的不法行為の場合には、一方で取引社会の自由競争の保障という要請もあるので、不法行為の成立には、通常の不法行為の成立要件としての故意・過失よりも厳しい要件が必要で、過失では足りず故意を必要とし、しかも強度の違法性があることを要件とするというのが多数学説の見解である。

同じ効果ということになる）（♡5）。積極的効果としての解除・損害賠償は、債務不履行説ではここが眼目となるのだが、すでに述べたように法定責任説では認められず、判例も否定的である。

6　債権の対外的効力

　債権は本来、債権者・債務者間のみの相対的な効力を内容とするものである。しかし、債務者以外の第三者が債権を不当に侵害したりするときなどには、債権にも一定の対第三者効力（対外的効力）を認める必要が出てくる場合がある。

　たとえば、すでに賃貸借のところで述べたように、無権利者による侵害に対して、（賃借権に対抗力があれば）賃借権自体に基づく妨害排除請求権が認められる（605条の4）のはその一例である。これは、賃借権（とくに不動産賃借権）が、給付請求権であるだけでなく利用権の性質も持つものであるため、それだけ物権に近い効力が認められるのだと理解すればよい。

　さらに、厳密にはその債権そのものが対外的効力を持つというわけではないが、契約上の債権を第三者に違法に侵害された（たとえばCがDから購入する契約をしていたものをEがわざと横取りする目的でDと契約した）場合には、第三者の不法行為が成立して損害賠償を請求できることがある（◇4）。

　私のゼミでは、3年生に、毎週の課題（事例問題が多い）について1週おきに全員に4000字以上のレポートを提出させている（4年生は卒論の中間報告をする）。以前は毎週だったのだが、数年前から、ディベートだけの週と論文提出の週とを隔週に繰り返す形にしている。その代わり、ディベートの週

には、実質的な発言をしなければ罰レポートが課されることになっている（もっとも、罰レポートは課題自由なので、小説を書いてきたり、中国古代史の研究などというのも出てきた）。

　新しいゼミ生のレポートも、何度か繰り返して読むうちに、その人の性格とか、どれくらい熱心にゼミの勉強をしているかとか、いろいろなことが見えてくる。そんなことが、４年次の進路面接でさまざまなアドバイスをするのに役に立つ。レポートを読みながら、ほれぼれとしたり、ジンと来たり。そんな経験をできるゼミ生を持てることは、教師として大変な幸せだと思う。

　ひたむきなレポートの評に書き添える

　　このときの君を忘れずにいて

第16課　責任財産の保全(債権者の権能)(1) 債権者代位権

昭和40年代、と言ったら今の学生諸君には「大昔」の話になってしまうが、信州には「学生村」といって、勉強に来る学生や受験生を専門に泊める民宿がたくさんあった。私も高校生の頃から、友人と毎夏決まった民宿にお世話になって、２週間ほどを過ごした。神社の境内で蝉の声を聞きながら民法の判例を読んだことも、草野球の打球を追って畑に飛び込んでしかられたことも、懐かしい思い出である。

さて、令和時代に学生生活を送る君はどんな夏を過ごしているのだろうか。バイトに明け暮れたりして、「楽しい無駄な時間」（それこそが「バカンス」の意味！）が少なくなっているように感じるのが気がかりなところではある。債権総論はいよいよ佳境に入る。この課では、債権者が自分の債権を保全し実現できるという制度を学ぶ。キーワードは何と「風船」である。

▶4　責任財産の保全（債権者の権能）

1　序説

(1)　責任財産とは何か

　債権は、特定の人が特定の人に特定の給付を請求できる権利である。そうすると、債権というものは、いくら法律上権利があっても、それを債務者が履行してくれなければ実現できない。ここまではすでに学んだ通りである。

　さて、今、君が誰かに大金を貸そうとしているとする。その時、まず何を考えるかといえば、どうしたら確実にそれを返済してもらえるか、ということだろう。そのためには、いわゆる担保を取ればよい。たとえば債務者が持っている適当な不動産があれば、それに抵当権を設定して登記しておき（こういうものを「物的担保」という）、もし期限に返済されなければそれ（抵当権）を実行して不動産を競売にかけ、その売上金から貸金債権の分を回収する。あるいは、債務者の知り合いの人を保証人に立ててもらい、保証契約をして（こういうものを「人的担保」という）、もし債務者が返済できなければ保証人に返済してもらう。このように担保があればまずは安心である。問題は、そういう担保を取っていない債権者である（こういう債権者を「一般債権者」という。取引先への売掛代金をまだ回収していない人など、世の中には無担保の債権者も多数存在する）。

　一般債権者の債権は、債務者の財産が十分にあれば、（もつれて強制履行までに至ることはあるとしても）実現できるだろう。けれども、債権者があてに

する債務者の財産は、ちょうど風船がふくらんだりしぼんだりするように、その時どきで増えたり減ったりする。この、一般債権者の債権を実現する原資になるべき債務者の財産の総体を、「責任財産」という。債務者はその責任財産の中から弁済をするのである。そうすると、その責任財産の風船が小さくしぼんだり、破裂（破産）したりしてしまうと、一般債権者の債権は実現できなくなってしまうことになる（単純化していえば、100万円貸してある債務者の責任財産が100万円以下になったら、債権の回収は図れなくなる）。

⑵　責任財産の保全（債権者の権能）とはどういうことか

　ここからが本題の学習である。そもそも責任財産を構成する債務者の財産は、債務者がもちろん自由に処分できるものである。けれども、もし債務者がその責任財産の風船を、ふくらむはずなのにふくらませずしぼむに任せていたり、さらにはわざとしぼませようとしたりしたときにも、一般債権者は、そのままでは自分の債権の実現が危うくなるというのに何も手出しができないのだろうか。ここで、この責任財産の保全の制度が必要になってくる。一般債権者が、自分の債権の実現性を確保するために、債務者の持っている債権の行使などに干渉できる制度、それが、これから勉強する債権者代位権と詐害行為取消権なのである。したがってこれらは、債権者に与えられた権能と表現してもよい。ただし、本来は債務者が自由にできるはずの財産処分に対する干渉なのだから、これらを使えるのは、「自分の債権を保全するため」の必要最小限の範囲にとどめられることを覚えておかなければならない（⇧ここが Key Point）。

●**ザ・条文**
　423条①項　債権者は、自己の債権を保全するため必要があるときは、債務者に属する権利（以下「被代位権利」という。）を行使することができる。ただし、債務者の一身に専属する権利及び差押えを禁じられた権利は、この限りでない。
　同条②項　債権者は、その債権の期限が到来しない間は、被代位権利を行使することができない。ただし、保存行為は、この限りでない。

　同条③項　債権者は、その債権が強制執行により実現することのできないものであるときは、被代位権利を行使することができない。

2　債権者代位権

(1)　債権者代位権の意義

　Aは、Bに対して100万円の債権を持っている。しかしBは、Cに対する100万円の債権以外にめぼしい財産を持っていない。しかしBのこの債権は長年放置されていて間もなく時効（♡**1**）にかかってしまうとしよう。このような場合に、Aは、Bの地位にとって代わって、Cに対して債務の弁済を請求して取り立てることができるのである。このように、債権者が、自己の債権を保全するために、債務者に代わって債務者の権利を行使しうる権能を債権者代位権（さいけんしゃだいいけん）という（423条〔△**ザ・条文**〕）。

　注意しておくが、代位権は代理権とは異なる。代理というのは、たとえばAがBの代理人となって、Cに対して本人Bの権利を行使するのであるが（140頁〔♡**3**〕参照）、この場合は、Aは「Bの代理人である」ということを明らかにして（顕名〔けんめい〕という）、Bのために、Bの権利を行使するのである（効果は当然Bに帰属する）。これに対して、代位権のほうは、Aは、法が定めた自分の権利として、A自身のために、Bになり代わってBの債権を行使するのである。

　歴史的にいうと、この制度は、フランス法で強制執行をする準備段階として考えられていたものであるが、それを参考にして取り入れた日本では、強制執行制度が完備しているので一見必要がないようにもみえる。ところが、実はそうではなく、独自の、そしてある意味では強制執行よりも便利な手段としてけっこう重宝に用いられているのである。それはどういうことかというと、債権者代位権は、明治期の立法の当初から、責任財産の保全、つまり

●債権者代位権

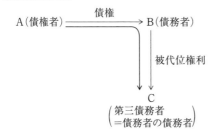

A（債権者）—債権→ B（債務者）

被代位権利

C
（第三債務者
＝債務者の債務者）

（♡2）この場合の無資力とは、一文無しという場合はもちろんだが、債権者に対する債務を弁済するのに十分な財産がない状態を指す。だから、被保全債権が100万円なのに債務者の財産が50万円しかなくなれば、これは無資力の状態である。

（◇1）この場合の「**特定債権**」は、すでに第**13**課で学んだ「特定物債権」とは異なるものであることに注意したい。特定物債

債務者の風船をしかるべき大きさに保つことだけでなく、債権者の債権確保・実現手段として考えられており、現代では、あとに述べるように、代位権を行使した結果、優先弁済を受ける機能を果たす場合もある。しかも債権者代位権は、強制執行と違って債務名義（権利があると認めた確定判決などを指す）がなくても使えるし、裁判外でも行使できるという利点があるのである。

② 債権者代位権の要件

　債権者代位権の要件は、①債権者の債権（被保全債権〔ひほぜんさいけん〕）を保全する必要性があること、②債務者自身が自分の権利を行使していないこと、③原則的に債権者の被保全債権の履行期が来ていること、である。

　①保全の必要性（無資力要件）　　債権者代位権が使える第１の要件は、このままでは自己の債権が実現できなくなりそうで、かつ他の手段がない、という、債権保全（ないし実現）の必要性があることである。まず、債権者の被保全債権が貸金債権や売掛金債権のような金銭債権である場合、この金銭債権が保全される必要があるということは、とりも直さず、債務者の責任財産の風船がそれら被保全債権の大きさよりも小さくなってしまっているということで、これを一般に債務者の「無資力」の状態という（♡2）。したがって、金銭債権を保全する場合には、この債務者の無資力が要件になる。

　しかし債権者代位権によって保護される債権者の債権は、金銭債権に限らない。たとえば、賃借権（この場合は賃借した土地などを利用可能な状態で貸し続けさせることが債権の内容）のような特定債権（◇1）の保全のためにも代位権は使える。たとえば、Aの賃借地にCが不法に侵入してプレハブの小屋を建ててしまったとき、賃貸人である土地の所有者Bが何もしてくれなく

権は、種類債権と対になる概念であるが、特定債権は、金銭給付を請求する金銭債権以外の、「特定の給付を請求する債権」という意味で使われている。

（♡**3**）賃借権が登記してあったりして対抗力を持つ場合は、Aは賃借権に基づいて妨害排除請求できること（605条の4）はすでに第**9**課で述べた。

ても、Aは、Bの持つ、所有権に基づく妨害排除請求権を代位行使してCを排除できる（♡**3**）。そうすると、この場合は所有者Bの資力の有無は関係がない。そこで、特定債権保全のために債権者代位権が使われる場合（こういう場合を一般に債権者代位権の「転用」というが、民法典の起草者はもともと債権者代位権は金銭債権以外にも使えると考えていた）には、無資力要件は不要ということになる。

　さらに上記の2つのケースを組み合わせた第3ケースがある。たとえば、AがBに甲土地を売る契約をし、履行前に死亡し、Aの子X・Yが甲土地を共同相続したとしよう（この場合、X・YはAが売買契約をした状態で甲土地を相続したのだから、甲土地をBに引き渡して登記を移転し、Bから代金を受け取るという権利義務を承継する）。Xは早く代金がほしい。しかしYが登記移転をうんと言わない。X・Yは共同相続人だから、2人のハンコが揃わないと移転登記ができない。Bは当然のことながら、同時履行の抗弁権を行使して、登記と引換えに代金支払をすると言っている。この場合、Xは、自己のBに対する代金債権（これはもちろん金銭債権）を保全するために、つまりBの同時履行の抗弁権を消すために、BがYに対して持っている移転登記請求権を代位行使して、Yにハンコをつかせることができるのである（最判昭和50・3・6民集29巻3号203頁）。そうすると、この場合は、Xの被保全債権は金銭債権だが、債務者Bの資力の有無は関係がなく、無資力要件は不要で、本来の保全の必要性で判断すればよいということになる。

　②債務者自身の権利不行使　　債務者自身が、債権者代位権の対象となる権利を行使していないことが第2の要件である。この点は条文からは明らかではないが、判例・学説上異論がない。そもそも代位権は債務者の財産の自

（◇2）では債務者の権利行使の仕方が下手で、このままでは十分に利益を得られない、などというときはどうしたらよいか。もし債務者が訴訟を起こしているような場合だったら、債権者はその訴訟に補助参加するなどの行動が取れることもある。

（♡4）消滅時効は、1度裁判上の請求などをして権利が確定すると、いったん今までの期間の進行がゼロになり、そこからま

た進行が始まる（147条②項）。

ここが Know How

　債権者代位権の問題が出たときには、必ず債権者の**被保全債権**と、代位権の対象になる債務者の権利（**被代位権利**）を決定して、それからそれらが要件にあてはまるか、行使の対象になるかなどを考察しよう。

由処分に対する干渉なので、必要最小限に限定されるべきだから、すでに債務者がその権利の行使を始めているときは、もはや債権者は介入できないと考えるのである（◇2）。

　③被保全債権が履行期にあること　　原則として、債権者の被保全債権は履行期が来ていなければならない（423条②項本文。代位権の対象となる債務者の権利は履行期が来ていなければならないのは当然である。債務者が第三債務者に請求できないものを債権者が代わってできるはずがない）。これは、本来代位権が強制執行を準備するためのものと考えられていたので、執行をかけられる時期になっていることが原則として必要、というわけである。ただし例外として、保存行為、つまりここでは債務者の権利関係を変動させずただ債務者の財産の減少を予防するという行為なら、弁済期前でもできる（同条②項ただし書）。たとえば、債務者の所有する不動産でまだ登記していないものを保存登記するとか、債務者の債権の時効の進行を更新させること（♡4）などである（⌂**ここが Know How**）。

③　債権者代位権の客体（被代位権利）

　①概説　　債権者代位権の客体（対象）となる債務者の権利については、423条①項ただし書が、一身専属権や差押えを禁じられた権利は債権者代位権の対象とならないと規定している。また、強制執行力のない権利も代位行使できない（423条③項）。しかしその他の権利については、広く（債権に限らず）債権者代位権の対象となりうるのが原則である。

　②債権者代位権の客体にならないもの　　一身専属権というのは、文字どおりその人の身にだけ専らに属する権利であるので、代位行使はできない。

（♣1）ただこれも、本人が請求して額が決まったような場合は、その後は普通の金銭債権に変わるので、一身専属性はなくなる。

厳密にいうと、それには帰属上の一身専属権と行使上の一身専属権がある。帰属上の一身専属権にあたるものはそもそも譲渡や相続の対象にもならないとされている（896条ただし書）ので、当然代位行使できない。行使上の一身専属権というのは、行使が権利者の意思に委ねられているもので、423条はこれも代位行使できないとしているわけである。具体的にいえば、純粋の身分上の権利（たとえば離婚や認知などに関する請求権）は、帰属上も行使上も一身専属権である。これに対して、名誉毀損による慰謝料請求権は、判例が相続性を認めているので帰属上の一身専属性はないが、行使上の一身専属権である（♣1）。

　次に、差押えが禁じられている債権というのがある。これは、給料債権（民事執行法152条①項2号）、国民年金の受給権（国民年金法24条）、恩給の受給権（恩給法11条）などである。これらは、それを受け取る権利者の生活・生存に直接結びついているものであるため、権利者の債権者が差押えをすることが禁じられているのである。そうすると、債権者代位権を行使しようとする債権者をA、債務者をBとすると、たとえばBが勤務先のC会社に対して有する給料債権は、もともと、Bの責任財産を構成しない（責任財産の風船に入らない）ものと考えられる。だから、これも債権者代位権の対象にならないのである。

　③債権者代位権の対象となる権利の例　　具体的に、判例で認められた代位行使可能な権利（被代位権利）としては、通常の金銭債権などの他に、移転登記請求権、抹消登記請求権、妨害排除請求権、訴訟の提起、消滅時効の援用などがある（なお、対抗要件として必要な登記の請求権については、平成29年改正法423条の7に明記された）。

237

⑷ 債権者代位権の行使 （⚖️）

> ⚖️ **ルール創りの観点から**
>
> 　判例リステイトという言葉がある。つまり、法改正の際に、それまでに判例法理が形成されていると判断される部分があれば、それを条文に取り込むというやり方である。ただこれも、安易に行っていいわけではない。判例は個別事案の解決の判断ルールを提示しているのであるから、いわゆる判例の射程を考える必要がある。以下の債権者代位権の行使のところは、改正法では、多くの判例リステイトが行われている（②の行使の範囲は改正法423条の２、③の相手方の地位は、同423条の４、④の行使の態様は同423条の３、にそれぞれ明文化された。何条の○、という条文番号表記は、枝番〔えだばん〕といって、条文を付け加えて後を全部ずらすとわかりにくくなるようなケースで用いられる）。

　①行使の方法　　先に述べたように、被保全債権の弁済期が未到来のときは行使できないが、弁済期が来ている場合は、裁判外において自由に行使することができる。また、これも先述のように、債権者は、債務者の代理人としてではなく、自己固有の権利を行使するのであるから、債権者自身の名義で代位権を行使する。

　②行使の範囲　　債権者代位権は、債権の保全のために例外的に債務者の財産処分への干渉が認められるものなのだから、その行使の範囲は、（金銭など可分のものであれば）債権保全のために必要最小限の範囲に限られる（423条の２）。たとえば、債権者Ａが債務者Ｂに対する100万円の債権を保全

（♣2）では、Bの相手方Cが、たまたまBにではなくAに対して何か抗弁を持っていたという場合（たとえばCはAに貸金債権がある）、AがBの権利を代位行使してきたら、CとしてはそのAに対する抗弁を行使できるであろうか。中級者はこのへんまで調べてみよう（改正法で423条の4が規定された意味も考えてみよう）。

するために、BがCに対して有する150万円の債権を代位行使して取り立てる場合、取り立てられるのは100万円の範囲に限られる。

　③相手方の地位　　ここでひとつ大事なことは、債務者Bの相手方Cにとっては、Bの権利をその債権者Aから代位行使された場合でも、B自身から行使された場合と有利・不利の違いがあってはならないはずということである。つまり、相手方Cは、Bに対して有する抗弁をすべてAに対しても対抗しうる（423条の4）。たとえば、CはBに対して同時履行の抗弁権が使える立場にあるのだとすれば、Aに対してもその抗弁ができる、ということである（♣2）。

　④行使の態様　　債権者Aは、債務者Bの権利を代位行使する場合、代位の対象となる権利が、BのCに対する不動産の登記請求権である場合には、必ず「Bに登記せよ」としか言えず、「Aに直接登記せよ」とは言えない。これは、登記の公示機能（権利移転を順序通り正しく表示する）から考えても、責任財産を保全する（Bの風船をしかるべき大きさに保つ）ことから考えても当然である。しかしたとえばそれが金銭や動産の給付であった場合は、その相手方Cに対して、「A自身に給付せよ」と請求しうる（423条の3）。これは、「Bに給付せよ」としか言えないとすると、もしBが受け取らないなどという場合に困ってしまうから、などと説明されている（これに対して、判決による移転登記のような場合にはBが受け取らないなどということは考慮する必要がない）。けれども、それではAは「A自身に給付せよ」と言って取り立てたらそれが直接そのまま自分の物になるのか。これは責任財産保全の制度という面を強調して考えると異和感があろう。この点は、次の効果のところで説明しよう。

（♣3）ちょっと難しいことを書いておく
と、差押えがされると支払は差し止められ
るので、債務者の相手方が弁済することも
できなくなるが、従来から、代位訴訟が提
起された場合は、支払差止めの効果はなく、
相手方から任意に債務者に対して弁済する
ことはなお可能とされていた。

（◇3）もし代位権を行使した債権者Aが
100万円の一般債権者で、配当加入してき
た債権者Pが50万円の債権者だったとし
よう。取り立てた動産が競売で100万円に
しか売れなかった場合は、AとPは2対
1の割合で100万円を分け合うことにな
る。

⑤　債権者代位権の効果

①債務者自身による処分権能の持続　　債権者が代位権を行使した後であ
っても債務者は自分からその権利を行使したり消滅させたりすることができ
る。これは改正法での変更である（♣3）。（⚖）

> ### ⚖ ルール創りの観点から
>
> 　ここは、改正法では、判例リステイトとは逆に、従来の判例法理を否定す
> る法文が423条の5として規定された。つまり、債権者の代位権行使がなされ
> ても、債務者の本来の処分権限には影響しないので、債務者は権利行使を自
> 由にできるというものである。

②効果の帰属（優先弁済効の承認）　　債権者は代位権を自己の名で行使
できるのだが、制度の目的が債務者の責任財産をふくらますことにもあると
したら、その結果は本来は他の一般債権者の利益にもなるはずである。とい
うわけで、債権者は自己のところに取り立てた物でもそのまま直接自分個人
のものにできる（優先弁済効がある、という）わけではない。もちろん代位行
使の目的が不動産（その登記移転）なら、上に述べたように債務者Bのとこ
ろに登記を移せと請求できるだけだから、さらにそれに強制執行する（競売
してお金に替え、そこから債権を回収する）わけで、その場合は、他の一般債
権者も配当加入といってその強制執行に参加できる（◇3）。そうすると、
自己のところに動産を取り立てた場合も、金銭債権者として取り立てたのな
ら、いったん債務者の財産の中に返して、あらためて強制執行（換価処分）
をして債権を回収することになる（この場合も他の一般債権者は配当加入でき

る）。ただ、取り立てたものが金銭であった場合は、代位債権者は同じように受領した金銭を債務者に引き渡す債務を負うことになるが、判例・学説上、それと自己の金銭債権とを相殺できると解されている。その結果、代位債権者は事実上他の一般債権者に優先して満額の弁済を得られることになる。この取扱いには学説上批判もあったが、多くの学説は、一般債権者全員の利益になるようにさせる手続規定を欠くことからくる、やむをえない結果と考え、さらに学説の一部と実務においては、それを債権者による債権実現手段として積極的に肯定していた（明治期の立法沿革の研究からすれば、優先弁済効の肯定にも十分な理がある）（♠1）。(△▽)

△▽ ルール創りの観点から

　金銭の支払についてのいわゆる優先弁済効は、改正法でも維持される。判例法理の維持ということもいえるし、そもそも沿革的に債権者代位権は他の権利実現手段がないときに債権者が権利を実現する手段として考えられていたのだから当然ということもいえよう。また、ルール創りの観点からは、この優先弁済効があるから債権者代位権というルールを使う意味がある、という言い方もできる。

　改正法423条の3で、動産と金銭の場合の債権者の直接取立て・受領権限を明示的に認めたのは、この金銭の場合の優先弁済効を肯定した形になっているが、一方で、前述の423条の5が置かれたため、債権者が代位権行使をしても債務者はなお権利行使ができるので、その分、優先弁済が受けられる場面が減るということはいえよう。

昔、ある夏の学生村で、恋が芽生えた。なんとなく察してはいたのだけれど、隣の民宿にいた女子学生が、先に帰京するという朝、高原の朝もやの中に、摘んだばかりのりんどうの花を抱えて現れたあの時の景色は、いま思い出しても本当に美しかった。あれは完璧なラヴ・ストーリーだった。ただ１点、そのりんどうのもらい手が、私ではなく隣室で眠りこけている友人だったことを除けば。

　またその話かい、と親友の弁護士は言うだろう。我々友人たちの間では、今やわが国有数の巨大弁護士事務所のパートナー弁護士となった彼が司法試験に合格したのは、あのりんどうを持って現れた彼の夫人の功績であるというのが定説である。

第**17**課　　責任財産の保全（債権者の権能）⑵ 詐害行為取消権

　債権総論は、多くの法学部では90分32回合計４単位で講義される。前後期制の場合はもうじき夏休み、集中（週２コマ）４学期制の場合は、学年の後半開講なら11月の第３学期試験が近づく頃だろう。この時期に、もう一度法学部に入った意味を考え直してほしい。私は、現任校での法律学科のキャッチコピーを、「楽しく学んで人生を変える」というものにしている。実際、法律の学びは資格や職業に直結するので、本当に人生が変わるのである。

　そして、その変え方もさまざまである。目立たない高校生だった人がトップの法科大学院に進学を決めてくれたりするのはもちろん大変うれしいのだが、遊びに忙しくてなかなか勉強に身が入らなかった人が、一念発起して宅地建物取引士に合格し、大手の不動産会社に就職して、「本当に、本当に人生変わりました！」というメールを届けてくれたりすると、大学教員としての深い喜びを味わえる。

　学ぶことの原点は、発見であり感動である。そして実は教えることの原点も、同じく発見であり感動である、と私は思う。

　この課は、前の課に引き続き、債権者がその権能として、自分の債権を保全し実現できる制度を学ぶのだが、ここで扱う詐害行為取消権というのは、前課で学んだ債権者代位権よりもいっそう強力なところがある。そのへんの

（♡1）親子間の贈与であっても、B・Cは法律的には別の権利主体であるから、きちんと契約すれば権利は子に移転して、親Bの債権者は子Cに対しては（CがBの保証人になっているというような別の法律的な理由がある場合を除き）親に対する債権を請求できない。

違いを比較しながら勉強してみよう。

▶4 責任財産の保全（債権者の権能）

3 詐害行為取消権 (⚖)

⚖ **ルール創りの観点から**

詐害行為取消権については、改正法の条文をすべては取り上げないが、平成29年改正前に全部で3か条だった条文が、改正法では424条から424条の9、425条から425条の4、426条と、合計14か条に増えた。その理由は、判例リステイトで条文が増えている部分もあるが、それよりも、破産法の考え方を民法典に大きく取り込み、破産法上の否認権と民法典の詐害行為取消権の統一的な処理を図っている（詐害行為取消権を破産法の否認権に接近させている）ところがあるからである。ただこの後者は、基本法たる民法典のルール創りという面では、当然異論のあるところであろう。基本法である民法のルールを破産法のルールと揃えなければならない理由は必ずしもない（倒産を扱う弁護士などの実務家には確かに便宜ではあろうが）。それぞれの法律は目的が異なるからである（もっとも、今回の改正法では、民法を破産法に近づけるだけでなく、民法の改正とあわせて破産法も改正する箇所がある）。いずれにしても、この部分は他の箇所よりも突出して詳しい規定になる。

●ザ・条文

424条①項 債権者は、債務者が債権者を害することを知ってした行為の取消しを裁判所に請求することができる。ただし、その行為によって利益を受けた者（以下この款において「受益者」という。）がその行為の時において債権者を害することを知らなかったときは、この限りでない。

同条②項 前項の規定は、財産権を目的としない行為については、適用しない。

同条③項 債権者は、その債権が第一項に規定する行為の前の原因に基づいて生じたものである場合に限り、同項の規定による請求（以下「詐害行為取消請求」という。）をすることができる。

同条④項 債権者は、その債権が強制執行により実現することのできないものであるときは、詐害行為取消請求をすることができない。

---

(1) 詐害行為取消権の意義

Aは、Bに対して1000万円の債権を持っている。しかしBは、時価2000万円相当の甲土地以外にめぼしい財産を持っていないという状況で、この甲土地を息子であるCに贈与して無資力になってしまったとしよう。つまりBは、自分がAに対して債務を弁済するための原資となるはずの土地を自ら処分して、自分を無一文にしてしまったのである（♡**1**）。前課のたとえでいえば、Bは、自分の「責任財産の風船」をわざとしぼませてしまった、ということになる。このような場合に、民法は、Aは、BのCに対する甲土地の贈与を取り消し、甲土地をBの責任財産（Aやその他の債権者が追及していける財産）として取り戻すことができるという制度を置いた。

このように、債権者が、自己の債権を保全するために、債務者の財産処分行為を取り消し、逸出した財産を責任財産の中に戻しうる権能を、詐害行為取消権という（424条〔△**ザ・条文**〕）。上の例で言えば、Bが甲土地をCに贈与してしまった行為は一般債権者たるAを害する（Aの債権を実現できなくする）ので、この行為のことを「詐害行為（さがいこうい）」と呼ぶのである。

すでに学んだ債権者代位権が、AがBの権利を代わって行使するものだったのに対して、この詐害行為取消権のほうは、AがBのした財産処分行為を取り消す、つまりなかったことにできる（その正確な意味はあとに述べる）というのであるから、制度のはたらきとしては、取消権のほうがいっそう強い機能を持つものといえるだろう。それは、代位権の場合、債務者は風船を「ふくらまないままにしていた」のに対し、取消権の使われる場合は債務者が風船を「わざとしぼませた」ということで、行為の態様としてこちらのほうが程度がひどい、ということと対応する。この点から、たとえば要件面で

●詐害行為取消権

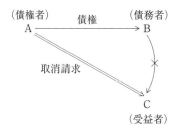

(債権者)　　債権　　(債務者)
A ――――――→ B
｜＼　　　　　　　×
｜　＼取消請求　　｜
｜　　＼　　　　　｜
↓　　　↘　　　↙
　　　　　C
　　　　(受益者)

ここが **Key Point**

　代位権では風船は「**ふくらまないまま**（あるいは、放っておくとしぼむ）」なのに対し、**取消権**では風船は「**債務者がわざとしぼませた**」。だから代位権では債権者が代わってふくらませ、取消権では抜けた空気を戻して入れるのである。この違いが両制度の要件・効果にも反映されている。こういう、**基本的な制度の相違から規定内容**

の両者の違い（代位権は裁判外で行使できるのに、取消権は後述のように裁判上でしか行使できないなど）が導かれる（⇧**ここが Key Point**）。

　この制度も、債権者代位権と同様に、フランス民法に由来する。ただ、後述するように日本ではフランス民法にはない部分がある。

⑵　詐害行為取消権の法的性質

　詐害行為取消権の法的な性質については、当初から争いがあった。要するに、詐害行為を取り消す権利か、逸失財産を取り戻す権利かというものである。明治の末年以降、判例は、取消しと取戻しの両方を含んだ権利であるとし（折衷説）、その後学説も多数がこれに賛成してきた。したがって、債権者は取消しと取戻しの両方を請求してもよいし、取消しだけを請求してもよい（たとえば贈与契約は締結されたが目的物はまだ受贈者に引き渡されていない、というのであれば取消しだけすれば足りる）。

　改めて条文を見てみよう。424条①項本文は、「債権者は、……裁判所に請求することができる」としており、この詐害行為取消権は、必ず裁判で行使する必要がある、訴訟上の権利である。まずこの点で、裁判外でも行使できる債権者代位権と異なる。さらに、424条①項本文は、誰を被告として訴えるのかは書いていないが、上述のように、行為の取消しと目的物の取戻しを求めるのであるから、被告とすべきは、目的物が移っている（あるいは移ることになる）受益者（つまり債務者のした詐害行為で利益を受ける相手方）または受益者からさらに移転を受けた転得者ということになる。以上がまず理解すべき基本的な構造である。この訴訟の効力が債務者にどう及ぶか等の問題は、あとに述べる。

の差を理解しよう。

（◇1）ただ、詳しくいうと、親族法（民法の親族編に規定する）の中でも、たとえば離婚に伴う財産分与など、財産関係の問題が出てくる。しかし判例は、財産分与の形を借りた不相当な財産処分でなければ、詐害行為にはならないとしている。

③　詐害行為取消権の要件

　詐害行為取消権の要件は、2つある。①取消しの対象となっている債務者の行為が債権者を害する行為（詐害行為）であること（客観的要件）と、②債務者および受益者・転得者が、債権者を害する事実を知っていたこと（主観的要件）である。

　①詐害行為の意義（客観的要件）　まず、詐害行為取消権の対象となるのは、財産権を目的とする行為であって、財産権を目的としない行為はその対象とならない（424条②項）。つまり、たとえば婚姻、離婚、養子縁組などの家族法上の行為は詐害行為取消権の対象範囲にならないというのである（◇1）。

　次に、財産権を目的とする行為が詐害行為になるためには、一般に、その行為によって、債務者の財産が減少し、その結果、債権者の債権が完全な満足を得られなくなることが必要と解されている。だから、1000万円の債務を負っている者がたとえ2000万円の自己所有土地を誰かに無償で贈与したとしても、まだ1000万円以上の財産を保有しているのであれば、この贈与は詐害行為にならない。

　さらに、詐害行為というためには、その行為が、債権者の債権の成立後になされたものであることが必要である。したがって、先の例では、BのCに対する土地の贈与契約がAの債権の成立前になされているとすれば、たとえその移転登記が債権成立後であったとしても、（贈与契約締結によって土地の所有権はCに移転済みで、登記はそれを第三者に対抗する対抗要件にすぎないのだから）この贈与はAに対する詐害行為にはならない。

　なお、改正法424条③項（平成29年改正で新設）では、債権自体はまだ成立

（◇**2**）さらに、詐害行為取消権で保全される債権は、強制執行ができるもの（執行力のある債権）に限られる（改正法で追加された424条④項）。もっとも、通常の債権は一般に執行力があり、当事者間で強制執行まではしないと合意したような債権は、ごく稀である。

していなくても、詐害行為のあった以前にすでにその債権が発生する原因が存在していたという場合まで拡げてよいとした。たとえば、詐害行為の前に債務者と結んでいた保証委託契約（保証については第**20**課で学ぶ）に基づいて詐害行為後に保証債務を負ったという場合の求償権債権などがそれにあたる（◇**2**）。

②詐害意思（主観的要件）　　主観的要件は、債務者についてのものと受益者についてのものとが考えられる。

　ⓐ債務者の詐害意思　　詐害行為を取り消せるためには、債務者がその行為の当時、それによって債権者を害することを知っていたことを必要とする。害するというのは、通説的には、その行為によって、一般債権者の債権の共同の担保になっている自分の責任財産が減少することを認識していれば足り、特定の債権者を害する意図があることまでは必要がないとされる。わかりやすくいえば、債務者Bの債権者がAの他にP、Q、Rと合計4人いて、4人の合計債権額が1000万円だとすると、Bは自分のある財産をCに贈与すると残りの財産が1000万円以下になり、債権者のうちの誰かが満足を受けられなくなるとの認識があればよい（特定のAを害そうという意思までは必要ない）ということである。なお、判例も基本的にはこれと同趣旨であるが、判例の場合は、後述するように客観的要件と主観的要件を相関的に判断するので、行為のほうの詐害性が弱い場合は、より強い詐害の意思を要求するようである。

　ⓑ受益者の悪意　　これに対して、受益者のほうは、受益の当時「債権者を害することを知らなかった」場合には、債権者はその行為を取り消すことができないと規定されている（424条①項ただし書）。つまり受益者のほうは

（♡2）法律では、「悪意」とは知っていること、「善意」とは知らないことを意味し、「害意」というのが、人に損失等を与えようという意図のことを指す。だから、法律の文章の中で「誰々は悪意だった」というのは、事情を知っていたという意味であって、「悪気があってわざとやった」という意味ではない。

債権者を害する意図までは必要なく、債権者が害されることを認識していれば十分である（こういう「ただ知っている」というのを「悪意」とか「単純悪意」とかいう）（♡2）。受益者に認識がなければ債権者は取り消せないわけだが、その立証は受益者側でしなければならないと考えられている。

　ⓒ転得者の要件　受益者からの転得者の主観的要件（転得者に対して詐害行為取消請求ができる要件）は、改正法424条の5に、場合分けをして規定された。まず、債権者は、受益者に対する詐害行為取消請求ができることを前提に、①受益者から直接取得した転得者であるときは、その転得者が転得の当時、債務者がした行為が債権者を害することを知っていたとき（同条1号）、②他の転得者からさらに転得した者であるときは、最後の転得者を含むそれまでのすべての転得者が、それぞれ転得の当時、債務者がした行為が債権者を害することを知っていたとき（同条2号）に、詐害行為取消請求をすることができる、というのである。

　さらに、立法担当者によれば、これらの転得者の悪意については、受益者を訴える場合と異なり、立証責任は債権者側にあるという。これは改正前の424条の下での学説の考え方からの変更であり、目的物が転得者にまで渡ってしまうと、実際には取消しのハードルは高くなろう。また、改正前では、受益者が善意でも転得者が悪意ならば転得者に対して取消請求ができるという考え方が学説では有力であったが（そうしないと、事情を知らない第三者に一度取得させれば〔いわゆるダミーを入れれば〕詐害行為取消しを阻害できることになってしまうという理由である）、今回の改正法424条の5では、まず受益者に詐害行為取消しが請求できることが前提になっているので、このダミーを入れて詐害行為取消しを妨げる事案は防げないことになる（実際には転得

者は事情を知らないケースが多いという前提で、法的安定性を考えた規定のようである）。

③判例における客観的要件と主観的要件の相関判断　　判例は、行為の詐害性が強ければ債務者の詐害意思はただの認識でよく、行為の詐害性が比較的弱い場合は、債務者のはっきりした詐害の意図を要求するようである。では、どういう行為が詐害性が強い（または弱い）のかを類型的に見ておこう（もちろん実際にはケース・バイ・ケースで総合的に判断するしかないのだが）。

　まず一番詐害性が強いのが、ⓐ贈与のような無償での財産移転である。では有償での（対価を得ての）財産譲渡はどうか。これでも、たとえばⓑ不動産の売却は、不動産を消費しやすい金銭に変えるものであるところから、（相当価格の売却であっても）詐害行為とされることが多い。では、弁済行為はどうか。弁済は本来の負債を消滅させるのだから、資産も減るが責任財産が全体として減るわけではない。したがって、ⓒ契約の内容通りの弁済（本旨弁済〔ほんしべんさい〕）は普通は詐害行為にならない。ただ判例は、とくに特定の債権者と意思を通じて（つまり相談・共謀して）、その者だけに弁済し、他の債権者は害してしまう、という意思があれば、詐害行為になりうるとする。次に、ⓓ代物弁済（だいぶつべんさい）はどうか。つまりこれは、現金1000万円の債務に代えて土地で弁済する、というようなことである。この代物弁済の場合は、実際には債務額よりも高額のものが代物弁済として給付されることが多いので、本旨弁済と異なり、詐害行為とされるケースが一般的である。また、ⓔ一部の債権者だけにあとから担保を供与するというのはどうか。これも、担保権を設定しただけでは財産は減らないわけであるが、期限までに支払ができなかったときは、その担保を取った債権者が優先して

（♡**3**）その場合は取消権を行使したけれ
ば反訴を起こす必要がある。

回収できてしまうので、このような一部債権者への担保供与も詐害行為とす
る判決が多い。

　④平成29年改正による各パターンの条文化　　しかし、以上に見たよう
な判例上の相関判断では、ケース・バイ・ケースの判断になってしまう。そ
れを改良して、法的安定性・予測可能性を高めるために、平成29年改正法は、
代表的な各パターンについて条文を置いた（改正法424条の2以下）。内容は、
ほぼ上記の判例法理の条文化であるが、たとえば、不動産の換価処分が詐害
行為になるケースについては、債務者の財産隠匿の意思、および受益者がそ
れを知っていたことまでを要件とし（424条の2）、特定の債権者に対する担
保の供与や本旨弁済が詐害行為になる場合については、その行為時にすでに
支払不能の状態にあり、かつ債務者と受益者との通謀を要件として明示した
（424条の3①項1号・2号参照）。また、過大な代物弁済については、その消
滅した債務の額に相当する部分以外の部分（つまり価額が超えている部分）に
ついて詐害行為取消請求をすることができると明示した（424条の4）。

⑷　詐害行為取消権の行使

　①行使の方法　　詐害行為取消権は、裁判上で行使されなければならない
（424条①項）。先に述べたように、他人のした行為を取り消すというのは重
大なことだから、裁判所に請求して取り消してもらうのである。判例では、
必ず自ら訴えなければならず、相手から訴えられた訴訟の中で抗弁（反論）
として持ち出すのではだめだとされている（♡**3**）。

　②行使の相手方　　これもすでに述べたように、判例はかつては債務者お
よび受益者（転得者）を相手としなければならないとしていたが、その後、

学生諸君がよく間違えるのだが、詐害行為取消請求をする相手は、財産が移った先の受益者ないし転得者である。財産を流出させた債務者を訴えても、財産は戻らない。

（♣１）この点につき、学習の進んだ人は、他人に対する抵当権が設定されている不動産を代物弁済したことが詐害行為となるときの処理を少し調べてみよう。判例には、たとえば最大判昭和36・7・19民集15巻7号1875頁、最判昭和54・1・25民集33巻1号12頁などがある。

受益者（転得者）のみを被告とすべきであって、債務者に対しては取消権を行使できないとするに至った。

　悪意の転得者Dが生じている場合（Cがすでに事情を知っているDに売ったりしている）には、転得者に対して取消権を行使し、行為の取消しと財産の返還を請求できるが、その場合、受益者Cも悪意だったならば、DではなくCに対して、財産の取戻しに代わる賠償を求めることも認められている（判例・通説）。

　これらの判例を踏まえて、改正法424条の7①項は、受益者に対する詐害行為取消請求に係る訴えの場合の被告は受益者、転得者に対する詐害行為取消請求に係る訴えの場合の被告は転得者、と明示した（⇧**ここが Key Point**）。さらに同条②項は、債権者は、詐害行為取消請求に係る訴えを提起したときは、遅滞なく、債務者に対し、訴訟告知をしなければならない、と規定した。これは、改正法での新しい規定であり、後述する改正法425条で、詐害行為取消しを認容する確定判決の効力が債務者に及ぶと定めたため、債務者に知らしめて手続保障を図る必要があるからである。

　③行使の範囲　　先に述べたように、債権者代位権も詐害行為取消権も、債務者の財産の自由処分に対する干渉であるから、自分の債権を保全する必要のある限度で使える。したがって、債権者が債務者の行為を詐害行為として取り消せるのは、債権者を害する限度ということで、一般には、債権者の債権額が限度となる。それゆえ、詐害行為の目的物が金銭のように可分（かぶん。分けられること）のものであれば、債権額に相当する分だけが取り消せる（債権額200万円の債権者がいて、債務者が現金1000万円を受益者に贈与して無資力になったとすれば、贈与のうち200万円分だけを取り消すことができる）。

ここが Know How

裁判所の**公式判例集**に登載されている判例については、ぜひ大学図書館で**オリジナルにあたってみよう**。左に挙げた「**民集**」とは**最高裁民事判例集**だが、「**大判……民集**」ときたらこれは**大審院民事判例集**のこと、さらに古く「大判……民録」とあったらこれは大審院民事判決録のことである（第**12**課180頁の用語解説も参照）。

ただし、詐害行為の目的物が不可分の場合（たとえば家1軒の贈与）には、たとえその目的物の価額が債権額を超えているときであっても、その行為全体（家1軒の贈与全部）を取り消すことが許される（♣**1**）（⇧**ここがKnow How**）。

④債権者への支払または引渡し　債権者は、424条の6に基づき、受益者または転得者に対して財産の返還を請求する場合において、その返還の請求が金銭の支払または動産の引渡しを求めるものであるときは、受益者に対してその支払または引渡しを、転得者に対してその引渡しを、自己に対してすることを求めることができる（424条の9①項）（♣**2**）。つまり、目的物が金銭や動産である場合は、いったん債務者の財産に戻させるといっても、債務者が受け取らなかったり、所在不明の場合もあるので、債権者自身に払え（引き渡せ）と言えるのである。

なお、これに対して取消しの対象が不動産の贈与や廉価売買などである場合には、取消債権者は登記を債務者に戻させる取消訴訟をして、債務者に戻った不動産を競売にかけてそこから債権を回収するのであって、目的不動産を直接自己に給付させることはできない。

本条は、従来から判例が認めてきた、債権者の受益者・転得者に対する直接取立権とその受領権とを肯定するものである。したがって、動産ならば一応それを対象に換価処分をする段階で他の債権者も参入可能なのだが、金銭の場合は、それを受領した取消債権者による、いったん債務者の財産に戻すべき債務を、自己の債権とで相殺するということを通じての、いわゆる事実上の優先弁済効（取消債権者が他の債権者に優先して、回収した債権を独り占めできること）を否定できない形になっている。

（◇3）フランス人ボワソナードは、パリ
大学アグレジェ（正教授への昇進を待つ地
位）だった明治6年に、日本政府のお雇い
法律顧問として48歳で来日する。その後22
年間を日本での法学教育や法典編纂作業に
捧げるのだが、彼の最大の仕事が、明治23
年公布の日本民法（旧民法）の編纂であっ
た。しかしこの旧民法は、例の法典論争に
よって、施行されないまま葬られ、穂積、
富井、梅の3起草委員らによる現行民法の

編纂となる（親族・相続の2編は戦後に全
面改正されている）。この現行民法の編纂
にあたっては、ドイツ民法草案を参照し、
全体の編別をドイツ型にしたりしたので、
日本民法はドイツの影響が強いと思われて
いたが、昭和40年代からの個別研究で、半
分程度はボワソナードの旧民法の条文がそ
のまま残っており、フランス民法系の影響
のほうが強い部分も多数あることが明らか
になった。したがって、ボワソナード旧民

この詐害行為取消権の優先弁済効については、従来から多くの議論があった。詳細は次の**⑤**で述べる。

⑤行使の期間制限　詐害行為取消請求の訴えは、債権者が、債務者が債権者を害することを知って行為をしたことを知った時から2年を超えると提起できなくなる。行為の時から10年を経過したときも同様である（改正法426条）。これは、改正前の426条が時効としての期間制限を規定していたのに対して、新たに時効ではない出訴可能期間として規定をしたものである（したがって、時効に関する更新や完成猶予の規定は適用がない）。詐害行為取消権は第三者に対する影響が大きいので、一定期間内に処理させようとするものである。

⑸　詐害行為取消権行使の効果

①取消しの効果についての根本的な改正　この部分は、平成29年改正によって大きく変更された。改正前の425条は、詐害行為による取消しは「すべての債権者の利益のためにその効力を生ずる」という規定を置いていた（この規定は、フランス民法にはなく、当時のフランスの一部の学説を容れたボワソナード旧民法〔◇3〕を継受したものとされている）。また、従来の判例は、取消しの効果は相対的なもので、取消権を行使した債権者と相手方との間でのみ取消しの効果を生ずると考えてきた。この、「総債権者の利益」と「取消しの相対効（債務者には効力が及ばない）」という、これまでの基本的な考え方が、平成29年改正法では、2つとも捨てられるに至ったのである。

②認容判決の効力が及ぶ者の範囲　改正法425条は、改正前425条とはまったく異なった規定であり、「詐害行為取消請求を認容する確定判決は、債

法の研究は現行民法の解釈にとって大変重
要であるといえる。

_____

　務者及びその全ての債権者に対してもその効力を有する」とした。従来の相
対効の考え方を改め、債務者にも効力が及ぶことを明示したのである（端的
に言って、これは民法の条文というより訴訟法の条文に作り替えられたといえる。
ちなみに改正前の考え方は、詐害行為取消訴訟は債権者と受益者の間の訴訟なの
であって、その結果は債務者と受益者の間の行為そのものの有効性には影響しな
い、というものであった）。また、改正前の425条にあった、すべての債権者
の「利益」の語もなくなっている（総債権者の「利益」のためというと、取消
債権者が優先弁済効を享受して、いわば「独り占め」ができることに対して、う
まく説明がつかないという批判がされていた）。

　そして、判決の効力が及ぶ債務者が対処行動を取れるように、先に述べた
ように、改正法424条の7②項で、債権者に、訴え提起の段階で債務者への
訴訟告知を義務づけたわけである。

　③債務者の受けた反対給付に関する受益者の権利　　そうすると、債務者
がした廉価売却等の財産処分行為が取り消された場合は、（債務者と受益者の
間の取引行為も取り消されたことになるのであるから）当然に受益者は、債務
者に対して支払った対価があれば、その返還を請求できることになる。それ
を明示的に定めたのが改正法425条の2前段である（なお、贈与のように無償
の、反対給付のない行為の場合は、もちろん返還請求の問題にならない）。

　さらに同条後段は、債務者がその反対給付の返還をすることが困難である
ときは、受益者はその価額の返還を請求することができるとした（これはた
とえば、受益者の反対給付が動産でなされ、その後その動産が債務者の下で滅失
した場合などを考えればよい）。

　④受益者の債権の回復　　債務者が受益者に対してした弁済や代物弁済な

（◇4）なお同条のかっこ書が、「第四百
二十四条の四の規定により取り消された場
合を除く」としているのは、改正法424条
の4は代物弁済が過大であった場合にその
多過ぎた分だけの一部取消しを認めるもの
だから、受益者がその取り消された部分だ
けをたとえば取消債権者に償還したとして
も、もらい過ぎの分を債権者に渡しただけ
で、受益者の債務者に対する債権が復活す
ることはないからである。

どの債務消滅に関する行為が取り消された場合に、受益者が債務者から受け
た給付（代物弁済を含む）を返還し、またはその価額を償還したときは、受益
者の債務者に対する債権は、元の形で復活することになる。これを定めた
のが改正法425条の3である（◇4）。

⑤**詐害行為取消請求を受けた転得者の権利**　　いささか細かい話になるが、
425条の4は、詐害行為取消請求を受けた転得者に、受益者に対する取消し
だったら受益者が得たはずの、債務者に対する反対給付の返還請求権などを
与えている。なぜこういう規定を置くかというと、詐害行為取消しの効果は、
債務者にも当該転得者にももちろん及ぶが、転得者の前者（最初の受益者や
当該転得者の前にいた中間転得者）には及ばないからである（それらの者はす
でに債務者に対する債権者ではないという理由からである）。つまり、取消請求
を受けた転得者が取消債権者や債務者に対して現物返還や価額償還をした場
合でも、当該転得者は、自分の前者に対して反対給付の返還を請求したり、
債権の回復を求めたりすることはできない。したがってそういう転得者を救
済するルールを置いたわけである。

⑥**詐害行為取消権を行使した債権者の直接請求権と優先弁済効**　　被告で
ある受益者や転得者に金銭の直接引渡しを請求する取消債権者が享受できる
実質的な優先弁済効は、平成29年改正後も維持されるが、実際にはその機能
する範囲が多少狭められることになる。

まず、従来の判例の態度を見ておこう。基本的には債権者代位権の場合と
同じで、目的物が不動産か、動産または金銭かによって運用が異なる。まず、
取消権の対象となる行為の目的物が不動産の場合は、債権者Aは債務者B名
義への登記の回復を請求することしかできず、直接「Aに移転登記せよ」と

は言えない。B名義に戻してそこから強制執行することになる。これは、責任財産を保全する（Bの風船をしかるべき大きさに保つ）ことから考えれば当然で、したがってこの場合は、他の一般債権者P・Q・Rらも、取消債権者Aの強制執行に配当加入することができる。しかしながら、取消権の対象となる行為の目的物が動産か金銭である場合には、すでに述べたように、取消債権者は、（相手方Cに対して）その結果取り戻す動産や金銭を、「A自身に給付せよ」と請求しうるので、自己のところに動産を取り立てた場合も、いったん債務者の財産の中に返して、あらためて強制執行することになる（この場合も他の一般債権者は配当加入できる）が、ただ、取り立てたものが金銭であった場合は、取消債権者は、受領した金銭を債務者に引き渡す債務と自己の債権とを相殺できると解されている。その結果、金銭の場合は、その債権者は事実上他の一般債権者に優先して満額の弁済を得られることになる。

　さらに従来の判例は、取り戻された（つまり、取消権を行使した者が全額を得た）金銭について、他の債権者は平等割合での分配は請求できないとしており、また、金銭の返還を求める取消訴訟において、取消しの相手方Cも一般債権者の１人であった場合にも、Cは自己のBに対する債権額に対応する按分（あんぶん）額の支払を拒むことは許されない（つまり、AもCもBに対する100万円ずつの債権者であった場合、先にCがBと相談して単独で100万円の弁済を受けたことが詐害行為であるとしてAに取り消されたならば、Cとしては、自分も100万円の債権者なのだからAとは１対１の権利があるとして、半分の50万円しかAに返さない、ということはできない）としている。

　しかし、これらの判例法理が今後維持されるとしても、平成29年改正によって、実質的な優先弁済の場面は若干少なくなるとされる。なぜなら、改正

法425条によって詐害行為取消しの効果は債務者にも及ぶので、取消しを認容する判決が確定すれば、債務者も、被告とされた受益者・転得者に対して、逸失した財産の返還ないし償還を請求できる。したがってその場合、被告となった受益者・転得者も、債務者に対して当該財産の返還ないし償還をすることができる。そうすると、取消債権者は勝訴したからといって必ずしも優先弁済効が確保できるわけではないということになるのである。(⚖)

⚖ **ルール創りの観点から**

さて、皆さんはこういうルール創りの仕方をどう思うだろうか。この法改正の結果、被告となった受益者等は、おそらく取引上一定の親密な関係にあった場合が多いと思われる債務者のほうに金銭を支払い、債務者がそれを隠匿・費消するケースが弊害として出現しうるとも考えられる。また一方で、この（金銭の場合の）優先弁済効がなかったら、人はこの詐害行為取消権という制度を使うだろうかと考えてみてほしい。やはり債権者代位権と同じく、その優先弁済を得られることがこの制度を使うかなりのインセンティブになるだろうと思われるのである。

新しいルールの下で実際に人々がどう行動するか、こういうところまで考えて立法をすべきというのが、私の「行動立法学」の主張である。

1978年、パリ留学の最初の夏、私は南仏アンチーブに旅行した。訪れた市営墓地で、日本の最初の近代民法典を起草したフランス人法学者であるボワソナードの墓は、思ったより簡単に見つかった。南斜面の墓地に、さんさん

と陽光が差し、ひとけのない昼下がり。なにか時間が止まったような、ある
いは昔にタイムスリップしていくような、不思議な感じがした。彼が明治の
日本に捧げた22年の重さを思いながら、大きな柩型の墓石の上に、この土地
の人がするように、買い求めた陶器製の花をひとつ、置いて帰った。

　その夜、岬地区の、今はホテルになっているという彼の旧宅を尋ねたが、
探し当てられないまま時が過ぎて、岬の灯台に登った。前方は何も見えない
漆黒の地中海だったが、陸地側を振り返ったとき、右にニース、左にカンヌ
の町の灯が、２つの首飾りのようにきらめいて見えた。私がこれまでに見た、
いちばん美しい風景の記憶である。

第18課　多数当事者の債権関係(1) 分割債務・不可分債務ほか

　私法の基本法である民法の中の、人の人に対する権利を規定する債権法。この18課からは、その債権の性質を論じる債権総論の中でも複雑で難解といわれることの多い「多数当事者の債権関係」に入る。ということは、ここがすらっと読めて容易に理解できるなら、君はかなり法律的思考を身に付けた、ということがいえるし、著者としてはこういうところをなるべくわかりやすく書くのが課題ということになろう。さて、出来はいかがだろうか。ポイントは①「１対１のときには出てこない問題の整理」、②後ろに行くにつれて「債権担保の機能」という２点にある。まずは読んでみてほしい。

▶5　多数当事者の債権関係

1　序説

(1)　多数当事者の債権関係の意義

　①一方当事者が複数いる関係　　契約などによって発生する債権関係においては、多くの場合は、債権者が１人、債務者が１人という１対１の関係だ

（♡1）会社などは法人（ほうじん）といって、法によって、1人の人間と同様の法律上の権利主体とされていることはご存じだろう。法人については民法総則で学んでほしい。

（◇1）物権のほうで、複数の人間がひとつの所有権を持ち合う形態を共有というが、ここで学ぶのは、したがって「債権の共有的帰属」ということになる。本文に書いた

ように、団体性のはっきりした会社のようなものの場合には、その団体が単一の当事者になり、多数当事者の問題にはならない。なお、団体性の強さから考察すると、中間的なものに、民法上の組合とか町内会のようなものがあるが、こういうものの債権帰属関係も、ここで学ぶ「債権の共有的帰属」ではない（後掲の〔♣1〕参照）。

が、ときには、その一方の側が複数いるということがある。たとえば、A・B・Cの3人が共同で銀行からお金を借りるという場合は、弁済の債務を持つ債務者が3人になる。P・Qの2人が共有するマンションを誰かに貸すという場合は、賃料を受け取る債権者が2人ということになる。こういう、債権（債務）関係の一方当事者が複数いる場合について規定するのが、多数当事者の債権関係である（正しくは多数当事者の債権債務関係というべきだが、表題としては債務のほうを省略している）。

なお、ここで注意してほしいのは、当事者の一方が複数といっても、その複数の人間がたとえば会社のようなひとつの団体を作っている場合には、その団体（♡1）と相手方との1対1の関係になるので、多数当事者の債権関係にはならないということである。ここで勉強するのは、あくまでもひとつの債権なり債務なりを、複数の当事者が持ち合う関係である（たとえばA・B・Cの3人が銀行から900万円を借りるという場合なら、A・B・Cの3人ともが、それぞれ独立の法律上の主体として、900万円という債務を持ち合う——その持ち合い方にいろいろある——ということである。これがもしA・B・CがXという会社を作って銀行から900万円を借りるのであれば、X対銀行という1対1の関係になってしまうので、多数当事者の債権関係にはならない）（◇1）。

この多数当事者の債権関係は、複雑で難解な部分であるという人が多い。しかし、これからお話しするポイントを頭に置いて、状況を整理して考えていけば、理解は容易に進むと思われる。

②**3つの場面**　　まず、民法はなぜ多数当事者の債権関係をひとつの章としてまとめているのかを考えよう。その答えは簡単である。当事者の一方が複数になると、1対1のときには出てこなかった問題が出てくるからなので

ある。ではそれはどういう場面でなのか。これもまた、答えははっきりして
いる。以下の3つの場面で、である。第1が、債権者が多数の債務者に向か
ってどういう請求の仕方ができるか、また債務者が多数の債権者に対してど
のように弁済をすればいいか、という、相手側に対する対外関係におけるバ
リエーションの問題である。第2が、債務者の1人に生じた事情が他の債務
者にどう響くか、あるいは債権者の1人に生じた事情が他の債権者にどう響
くか、という、相手側との関係でのメンバー間の相互関係（影響関係）の問
題である。第3が、たとえば1人の債務者が全額弁済した場合に他の債務者
にどう求償できるか、あるいは、全額受領した債権者が他の債権者からどん
な請求を受けるか、というような、同じ側のメンバー間の事後処理としての
内部関係（求償・分与関係）の問題である。

　そうすると、これからいろいろな種類の多数当事者関係を学ぶが、そのど
れについても、この3つの場面すなわち、①対外関係、②影響関係、③内部
関係を順にみていけばよいのである（⇔**ここが Key Point 1**）。

⑵　多数当事者の債権関係の機能

　上にみたように、多数当事者の債権関係の規定の意味はまず、当事者複数
の場合に出てくるさまざまな問題の整序にあるが、もうひとつ、当事者を複
数置くことによって達成できる機能というものがある。たとえば、債務者が
1人だけのときは、その債務者が無資力になってしまうと債権が（権利とし
ては存在しても）実現できなくなるが、もしその場合同じ債権について同じ
ように義務を負う債務者がもう1人いれば、債権者としてはそちらの債務者
に請求して回収することができるだろう。このように、当事者（とくに債務

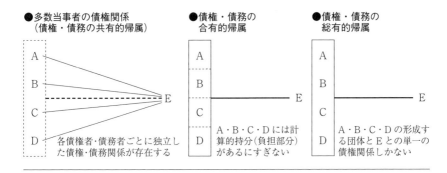

●多数当事者の債権関係
（債権・債務の共有的帰属）

A
B
C
D
各債権者・債務者ごとに独立した債権・債務関係が存在する

●債権・債務の
合有的帰属

A
B
C
D
A・B・C・Dには計算的持分（負担部分）があるにすぎない

●債権・債務の
総有的帰属

A
B
C
D
A・B・C・Dの形成する団体とEとの単一の債権関係しかない

者）が多数いる債権関係は、債権者にとって、その債権の担保の機能を果たすのである。これから出てくるいろいろな種類の多数当事者関係では、簡単に言って、あとのほうに出てくるものほど、この債権担保機能が強くなっていると考えておけばいい（⇧ここが Key Point 2）。

2 分割債権・分割債務

(1) 分割債権・分割債務の意義

　最初の種類は分割債権・分割債務である。これは一番簡単に処理できる。どういうものかというと、民法は、1個の可分給付（金銭のように分けられるもの）につき、2人以上の債権者または債務者がいる場合、別段の意思表示がないときは、各債権者または債務者は、平等の割合で債権を有し、または債務を負うと規定している（427条）。つまり、当事者が複数で、何も決めておかなかったときは、彼らは平等の割合でその債権または債務を分割して持ち合う、というのである（分割の割合についても当事者の特約があればそれに従うが、それがなければ平等である）。

　そして、一応これが原則（基本形態）とされているが、だんだん読み進めていくとわかるように、これはとくに分割債務の場合、債権者側にデメリットが大きい（債務者が複数いることで逆に債権の効力を弱める）ので、これの原則性をあまり強調することは適当でないという意見が強い。

(2) 分割債権・分割債務の要件と具体例

　上に述べたように、複数の債権者または複数の債務者がいて、当事者が債権・債務の性質について何も合意をしていなければ、分割債権または分割債

（♣1）これが実は◇1に述べた組合の債
権債務の帰属関係で、これは「合有的帰
属」と呼ばれる。もうひとつ、町内会のよ
うな「権利能力なき社団」などにおける債
権債務の帰属関係は「総有的帰属」である
とされる。これらは、いずれも物権法にお
ける所有権の帰属形態（共有、合有、総
有）に対比させた表現である。中級者は、
これらを検討して、団体性の強さの順に内
容を整理してみるとよいだろう。

務が成立することになる。たとえば、A・B・Cの3人でDにある品物を30
万円で売ったとして、何も約束しないでおけば、A・B・CはDに対して各
自10万円ずつの債権を持つことになる。またA・B・Cの3人でDからある
品物を30万円で買ったとして、何も約束しないでおけば、A・B・CはDに
対して各自10万円ずつの債務を持つことになる。

　しかし最近の支配的見解は、次の効力のところで述べる理由から、とくに
分割債務に関しては、なるべく制限的に（分割債務にならないように）解釈し
ようとしている。

　たとえば判例の考え方では、金銭債権が共同相続された場合は分割債権に
なり、金銭債務が共同相続された場合は分割債務になるとされるが、有力説
は、金銭債務の共同相続の場合は、全員が共同して債務全額につき履行すべ
き性質のものである（♣1）と批判している。

③　分割債権・分割債務の効力

　①**対外関係——独立性**　　分割債権・分割債務が成立する場合は、分割さ
れたそれぞれの債権または債務は、相互にまったく独立したものとして取り
扱われる。したがって、A・B・Cの3人でDにある品物を30万円で売った
場合（代金は分割債権）は、各債権者は債務者Dに対し、分割された自己の
債権（特約がなければ10万円ずつ）を単独で行使でき、A・B・Cの3人でD
からある品物を30万円で買った場合（代金は分割債務）は、各債務者は債権
者Dに対して分割された自己の債務（特約がなければ10万円ずつ）のみを弁済
すればよいということになる。

　しかしそうすると、分割債務の場合、たとえば債務者のうちの1人Aが借

（♡2）もし分割債務者の1人が、支払う義務のない他の分割債務者の債務を支払ったという場合は、法律的には「第三者による弁済」という別の問題になる（474条）。その場合、弁済が有効となった後の処理は、どういう理由で他人の債務を支払ったのかによって違ってくるのであって（頼まれて当座の肩代わりをしたのか、もともと借金があったのでそれを帳消しにするためか、など）、ここでいう債権の性質に基づく内部関係の存否とは関係がない（弁済については、第**23**課で勉強する）。

金がかさんで行方をくらましてしまったとすると、債権者Dとしては、残ったBとCには10万円ずつしか請求できないので、Aの部分の10万円がそのまま回収不能になってしまう。だから債権者としては、軽々に分割債務だといわれると、債権の効力が弱まって不利になるのである。これが、分割債務の原則性が批判される理由である。

②**影響関係——相対性**　対外関係が完全独立となるため、1人の債権者または1人の債務者について生じた事由は、すべて、他の債権者または債務者には何の影響も及ぼさない。たとえば、前例で債権者DがAを免除した（Aからは取り立てないと意思表示した）としても、BとCの債務は増えも減りもしない。こういうように、他に影響が及ばないことを、相対的な効力しかないという。

③**内部関係——不発生**　①が独立で②が相対的であるから、各債権者または各債務者の間には、回収した債権の分与とか弁済した債務の求償の関係は一切生じない（♡2）。

3　不可分債権・不可分債務

(1)　不可分債権・不可分債務の意義

たとえばA・B・Cの3人で費用を出し合ってDから住宅を購入した場合、A・B・CがDに対して請求できる債権は家1軒の引渡しだから、屋根についての債権とか壁についての債権などと分けることができない。逆にA・B・Cの3人が共有していた自動車をEに売るという場合なら、債務の内容は車1台の引渡しだから、これまた部分に分けることができない。このように、複数人が1個の不可分な給付を目的とする債権または債務を有する場合

（◇2）その他、共同相続人の所有権移転登記協力義務などがその例である（親が他人に売却したがまだ登記を移転していないままの土地を残して死亡したとして、その子ども2人が共同相続人になったら、2人は買主に対して移転登記をする義務があるが、これも不可分債務だというのである）。

を、不可分債権・不可分債務という。つまりここでは、そういう分けられない給付に複数の当事者が関係した場合に出てくる問題を、整序しようというわけである。

⑵ 不可分債権・不可分債務の要件と具体例

不可分債権・不可分債務が成立する要件としては、給付の目的が性質上不可分であること（428条・430条）が必要である。

①**性質上の不可分**　上記のように家や車の引渡債権・債務の場合は事実上不可分であるからこれに含まれるのは当然であるが、法律上不可分とされるものもある（282条の共有地のための地役権の設定がその例）。また、持分に分割することも不可能ではないが取引の実際からみて不可分と考えるのが妥当なものも、ここに入れられる。判例で認められているものには、共同賃借人における賃料支払義務（および契約終了時の目的物返還義務）が挙げられる。たとえばルームメイトと2人でアパートの1室を借りている場合、2人の間では家賃を半分ずつ払う約束ができているとしても、債権者たる大家さんとの関係では、（家賃は、部屋全体の貸与という不可分給付に対する反対給付なのだから）「自分の分だけ（半額だけ）家賃を払います」というわけにはいかない、ということである（契約が終わって出てゆくときに「自分の使っていた場所だけ返還します」というわけにいかないのは当然と理解できるだろう）（◇2）。

②**分割債権・分割債務への変更**　不可分債権・不可分債務の目的たる給付が不可分なものから可分なものに変わると、その債権・債務は分割債権・分割債務になる（431条）。どういう場合を考えた規定かというと、たとえば債務者A・B・Cが不可分債務として負っていた自動車1台の引渡債務が、

（◇3）ただ、車の例なら当たり前だが、他の例では少しわかりにくくなる。判例では、家屋の使用貸借で貸主が複数いる例で、終了に伴う家屋明渡請求権は不可分債権だと判示したものがあるが、これは、明け渡すべき債務者が、債権者全員で訴えてこいと主張したのに対し、貸主のうちの1人が全員のために家屋全部の明渡しを請求できる（全員で訴訟を起こす必要はない）としたわけである。

履行不能になって損害賠償の金銭債務に変わった（⇨第**14**課212頁）ような場合である。ただ、そうすると、債権者側からみると債権の効力が弱まる結果になってしまうのは先に述べた通りである。

③　不可分債権の効力

　それでは、効力についてはまず不可分債権の効力を検討し、そのあと不可分債務の効力をみていこう。

　①対外関係　　不可分の給付につき債権者が複数いる不可分債権においては、各債権者は総債権者のために履行を請求し、また、債務者は総債権者のために各債権者に対して履行をすることができる（428条、432条の連帯債権の規定を準用）。つまり、債権者A・B・C、債務者Dとして、給付の目的が車1台だとすれば、Aは単独で車1台をA・B・C全員のために請求でき、DはA・B・Cのうちの誰かに車を引き渡せばA・B・C全員に対して履行したものとなる。これは当然のことである（◇3）。

　②影響関係　　不可分債権者の1人Aについて生じた事由は、他の債権者B・Cにどのような影響を与えるか。まず、債権者は単独で全債権者のために債権全部を請求できるのであるから、その帰結として、請求したこと、およびそれに伴う時効の更新、相手の履行遅滞は、全債権者について効力を生じる（つまり、影響する）。このように、すべての当事者に効力が及ぶことを、絶対的効力があるという（⇧**ここがKnow How**）。また、債務者は債権者の1人に対して全債務を弁済しうるのであるから、弁済に関わること、つまり弁済、弁済の提供、供託（494条以下）、およびそれに対する債権者の受領遅滞なども、全債権者に対して絶対的効力を生じる（目的物が不可分であることか

（♡3）適用というのは規定をそのままあてはめて使うことだが、準用というのは、違う制度に別の制度の規定を用いるよう法文が指定するものである。なお、類推適用というのは、本来はその規定があてはまらない（使えない）ものに対して、解釈上、規定の趣旨を類推して使うことである。

（◇4）その理由は、いささか難しいのだが、たとえばA・B・Cの3人がD所有地上の共有建物を撤去する不可分債務をDに対して負っていて、Dが死亡してAが唯一の相続人としてDの財産を相続し混同が発生した場合を考えてみると、これを絶対的効力事由とすると、Aの債務がなくなるだけでなくB・Cの撤去債務もなくなってしまう。したがって、相対的効力事由にする意味がある（Bが撤去債務を債権者となっ

ら当然である）。しかしその他の事由については、すべて相対的効力を生じるだけであり、429条は、不可分債権者の1人と債務者が更改や免除（いずれも第24課で学ぶ）があっても、他の不可分債権者は債務の全部の履行を請求できると定めている。

③**内部関係**　　不可分債権者の1人Aが債務者から債務全部の弁済を受けたとする。不可分債権者相互の内部関係については、民法に明文の規定はないが、Aはそれを他の債権者B・Cに対して分与するべきことは当然であろう。ただ、分与といってもたとえば車1台のようなものならば実際には共有して共同で利用するということになる。

⑷　不可分債務の効力

①**対外関係**　　数人が不可分債務を負担する場合の債権者と各不可分債務者との関係については、連帯債務の規定が準用される（430条による436条以下の準用）（♡3）。つまり民法は、不可分債務の効力については、あとから出てくる連帯債務の効力と同じように考えるというのである。そこで、詳しくは次の課の連帯債務のところで述べることにするが、要するに各債務者は債権者に対し、債務全部につき履行する義務があるということで、逆に債権者は、各債務者に対して同時または順次に全部の履行を請求しうることになる（AにもBにもCにも「全部給付せよ」と言える。もちろん誰かから全部受領すればそこで債権は消滅し請求も終わる）。ただ、連帯債務と同じ全部請求が可能といっても、不可分債務は債務が分割できないことからそう規定されるのに対し、連帯債務は当事者相互の「連帯」の意思がそうさせるという違いがあることにあらかじめ注意しておきたい。

たAに対して履行すれば、不可分債務を負う仲間としてのAに求償できる。つまり同一人に対して履行して求償するというのが無意味ではないのである）。

（♡4）ただしこれも、たとえば共有してきた車そのものの給付であれば、Aが債権者に渡したことがすなわちB・Cも（利用利益を失い）給付をしたことになるので、求償の問題は出てこない。そうではなくて、たとえば車1台をAが購入したうえで債権者に給付したのであれば、内部的な負担割合（特約がなければ平等）で購入費を求償できるわけである。

---

②**影響関係**　不可分債務者の1人について生じた事由の影響関係についても、430条の規定により、（440条以外の連帯債務の規定を準用して）基本的には後述の連帯債務と同様に考えることになる。すなわち、不可分債務者A・B・Cのうちの1人であるAが弁済すれば他のB・Cの債務も消滅するのであるから、弁済や、供託、弁済の提供、受領遅滞などは当然に絶対的効力を生じるし、代物弁済も同様である。また、更改と相殺（いずれも第**24**課で学ぶ）についても、連帯債務の規定（430条が準用する438条と439条）によって絶対的効力事由となる。しかしその他の事由については、すべて相対的効力を生じるだけである。詳細は、このあとの連帯債務の効力のところで述べる。なお、混同（これも第**24**課で学ぶが、債権者と債務者が同一人に帰すると債権は消滅するというものである）についてだけは、連帯債務では絶対的効力事由なのだが（改正法440条）、不可分債務では相対的効力事由となる（改正法430条は440条を準用対象から外している）（◇4）。

③**内部関係**　不可分債務者の1人Aが債権者に対して全部の履行をした場合、Aは、他のB・Cに対しA・B・Cの内部的な負担割合（特約がなければ平等）に応じて求償しうる。これについても明文（430条）によって連帯債務の求償の規定（442〜445条）を準用することになる（♡4）。

　秋になって学生諸君がキャンパスに戻ってくると、「先生、大学院に行きたいんですが」などという相談が必ずある。1、2年生の諸君にはまだ早いように思われるかもしれないが、進学のことを書いておこう。

　①まず従来型の研究者等を養成する大学院（法学研究科）についての話をする。他の先生はどう言われるかわからないが、私個人は、たとえば就職活

動がうまくいかなかった４年生が研究者志望で大学院に行きたいと言ってきたら、断固断る。さらに、ただ勉強をもう少ししたいから大学院に行きたいという人もお断りする。

　私は、人生の進路決定は、「逆算」でしてもらわなければいけないと思っている。つまり、最終的にどんな職業に就いてどんな人生を送りたいかを決め、そのためにはどういう手段をとるべきかを決めるのである。大学院はその手段のひとつである。

　そして研究者志望で大学院に行くのなら、博士学位まで取得しなければいけないので、学部段階で、研究の基礎能力となる語学力をつけ、卒業論文の中に学者的資質の片鱗を見せてもらわないと、指導する側としては責任が持てない。だとしたら、学部３年になる時にまずゼミを選ぶ段階で、研究手法を学び将来の研究テーマを探せるようなゼミを選ぶべきである。そして３年の秋までに最終的な進路決定をして、卒業までの１年半くらいは、その進路に進む力を蓄えるために費やすべきである。

　②もっとも最近は、研究者志望ではなく、たとえばビジネス法務の世界に入る者を養成するための大学院法学研究科もある。学部では学べない、最先端の取引実務やその裏づけとなる理論を習得させるものである（こういう大学院は、現在社会人として活躍している人たちのリカレント教育なども考えて作られていることが多い）。こちらは、だいぶ話が異なる。もちろん、学部時代に一定の学力をつけてきてもらわなければ困るが、たとえばビジネス法務や起業を目指す諸君であれば、まず豊かな発想力や創造力が求められ、そして何よりも英語力があるかどうかが判断のポイントになる。

　③一方、2004年から開設された法科大学院についていえば、これは、法曹

になるための完全なプロフェッショナルスクールである。したがって、第4
課の末尾に述べたように、はっきりした進路決定をしてから受験すべきもの
であるし、かつその場合は、各法科大学院が課す多様な入学試験に対応でき
るだけの学力や能力を、やはり学部の早いうちから蓄えておかなければなら
ない（入試で学部時代の成績を求めるのは当然だし、語学の能力を求めたり
するところも多い）。

　なお、大学によっては従来の法学研究科修士課程を廃止し、研究者志望の
者も法科大学院を卒業してから法学研究科の後期博士課程に進学（受験）さ
せるところもある。

　だからいずれにせよ、このアドバイスは4年生にしても手遅れだし、3年
生でもかなり遅い。1、2年生の学生諸君にするのが一番有益なのである。

　厳しい言い方のようだが、人生は一度しかない。

　　秋学期道決めかねている君に

　　　　頰叩きたき衝動もあり

第19課　多数当事者の債権関係⑵ 連帯債務

　職業を持ち、家族を抱え、一人の市民として生きていくことは、決してた
やすいことではない。さて、人と人のしがらみの中で、ルールはどういう意
味を持ってくるのか。民法は、個人の自由を制約しようとするものではない。
他人を害さずにどれだけ自由を確保できるかを追求するものである。しかし
そこでは当然、自他の公平なバランスが要求される。

　意思によって他人との生活関係を結んでいく我々は、債務を負うことの重
みを知らなければならない。そしてそれが複雑な形での債務関係であればな
おさら、市民として、最小限のルールの意味を知らなければならないだろう。
この課では、複数の人間がひとつの債務について一緒に債務者になる、連帯
債務を学ぶ。多数当事者の債権関係は、ここから、「債権者に対して他人の債
務も負担する」という人的担保の要素を持ってくる。そしてそれが次の課の
保証債務につながるのである。「うっかりハンコをついて人生が変わってしま
った」などということのないように勉強をしていただきたい。

▶5 　多数当事者の債権関係

4 　連帯債務

(1) 　連帯債務の意義

①**意義**　　たとえばA・B・Cの３人が共同で事業を始めようと思い、D銀行から3000万円の融資を受け、その弁済については３人が連帯債務者となることをDと約した場合を考えてみよう。こういう場合は、A・B・Cは各自が独立して3000万円全額の弁済義務を負い、D銀行はA・B・Cの誰に対しても3000万円全額までの請求ができる（分けて請求してもいいし１人に全額請求してもいい）。もちろんそのうちの誰かが全額を弁済すれば他の人の債務も消えるという関係にある。このように、連帯債務とは、数人の債務者が同一内容の給付について各自独立に全部の給付をすべき債務を負い、しかもそのうちの１人が給付をすれば、他の債務者も債務を免れる多数当事者の債務関係をいう（なお、前課の不可分債権・不可分債務までは民法典は債権と債務を並べて規定していたが、連帯債務の裏返しの連帯債権〔債権者が複数の場合〕については、観念することはできるものの、実例がほとんどなくなるので、これまでは民法典中に規定されていなかった。平成29年改正でその連帯債権の規定が連帯債務の前に付け加えられたが、重要度は高くないので、本書では連帯債務のあとに記述する。後掲の**5**参照）。

　したがって連帯債務の場合には、債務者同士の間に、お互いに協力して債務を弁済する（各人の負担すべき割合〔これを「負担部分」という。詳しくはあ

ここが Key Point

連帯債務の特徴は、**連帯の意思に基づく主観的な共同関係が債務者相互にあること**を想定して、それを前提に、対外関係、影響関係、内部関係が規定されているところにある（ただし平成29年改正によってその特徴がわかりにくくなった）。

（♡1）たとえば1人だけ未成年者だったとすると、法定代理人の同意なしに未成年者のした意思表示は取消しができる（5条②項）。また完全な勘違いで連帯債務者に加わったなどという人がいればその人は錯誤があったとして自分の意思表示を取り消すことができる場合もある（95条）。これらはいずれも民法総則で学ぶ。

とに説明する〕は内部の約束では決まっていても、債権者との関係では、他の者の負担部分まで弁済し合う）関係があることになる。これは、連帯債務者相互にそういう意思（連帯の意思）があることを前提にして考えられていることである（こういう意思関係を、学者は主観的結合関係とか相互保証関係などと呼んでいる）。そして従来は、連帯債務の特徴は、すべてこの点から発していると説明されてきた（⇧ここが Key Point）。お互いに協力して弁済するということは、債権の担保や効力強化に結びつくので債権者に有利な形態であるが（債務者の1人が無資力になっても残りの債務者から全額回収できる）、主観的な結びつきの強さのゆえに債務者の1人に生じた事由がかなり広く他の債務者にも影響する（いわゆる絶対的効力事由が多い）とされてきたのである。

　しかしながら、平成29年改正では、負担部分の概念などは維持しながらも、連帯債務には意思的な結合関係のないような多様なものまでが含まれうるとして、絶対的効力事由をかなり縮減する改正を図ったのである。その結果、意思的連関を根拠として説明されてきた連帯債務らしさは、かなり失われるに至っている。

　②性質　連帯債務は、債務者の数に応じた複数の独立した債務である。したがって、各債務者の債務の態様や付帯的な条件が違っていてもよい（たとえば、AとBの債務は利息が高くてCの債務は利息が低いというのも可能だし、Aの債務にだけは担保が付いているというのでもいい）。しかし一方で、上記の「結合関係」があると想定されてきたことから、後述のように連帯債務者の1人について生じた事由が一定の範囲で他の債務者に影響し（438～440条）、弁済をした債務者は他の債務者に求償をすることができる（442～445条）。

（♡2）「黙示の意思表示」とは、文書でも口頭でも意思を表示してはいないが、他の事実からその意思表示をしていると認められる場合をいう。たとえば品物を売りつけられた買主が、「買う」と一言も言わなくても、代金を売主の口座に振り込んだ場合は、売買契約の承諾の黙示の意思表示があったとされるのである。

（◇1）しかし、連帯債務の効果はこの連帯の意思があることを前提に規定されていたものなので、連帯意思が不十分ならば連帯債務にしないという判例の態度も筋が通っていたといえよう。

ここが Know How

多数当事者の債権関係では、①対外関係、②影響関係、③内部関係の3つを順番にチ

⑵ 連帯債務の要件

連帯債務は法律の規定または契約によって成立する（436条）。

①法律の規定による成立　民法ではこれは少ない。かつては法人の社員・理事の賠償責任（廃止された旧44条②項）もその例であったが、現在では共同不法行為（719条）に「連帯して」と書かれているのがその例である。しかしこれらはいずれも後述の不真正連帯債務として論じられてきた（商法では、法定の連帯債務となるものが比較的多く規定されている）。

②契約による成立　この場合の契約は、全員一緒でも、個別の契約でもよい。たとえば連帯債務者となった者の中に1人だけ無効や取消しの原因があるような場合（♡1）でも、他の人の契約は有効である（437条）。ある契約によって成立した債務が連帯債務かどうかは、その契約に示された当事者の意思解釈によって決まる（この場合問題になるのは連帯債務者相互の合意ではなく、連帯債務者と債権者の間の合意である）。この点について、判例では、契約により連帯債務が成立するためにはその旨の明示または黙示の意思表示（♡2）が必要だとしている。判例は連帯の推定には否定的なわけだが、学説には、（債権者の利益を考えて）連帯債務の成立をもっと容易に認めるべきという見解もあった（◇1）。

⑶ 連帯債務の効力

それでは連帯債務の効力をみていこう。ここでも、前の課と同様、対外関係、影響関係、内部関係の3つをみていくのだが、影響関係のところが長くなるので注意したい（⇧ここがKnow How）。

①対外関係　たとえば債権者Dが、連帯債務者A・B・Cに対して900

ェックしていけばいいのだから、**自分が今どの債権債務関係のどこを勉強しているのか**、という、「**自分の現在地**」**を確認しながら勉強する**のが、混乱せずに（また投げ出さずに）学ぶための最大のコツである。

万円を貸した場合、Ｄは、Ａ・Ｂ・Ｃの１人または２人または全員に対して、同時でも順次でもよく、900万円の全部または一部を請求することができる（436条）。つまり、Ｄは、Ａ・Ｂ・Ｃの各人に対し900万円を請求することも、Ａ・Ｂ・Ｃのそれぞれに適当に金額を振り分けて請求することも可能である。ただし、合計して900万円以上の弁済を受けることができないのはもちろんだから、たとえばＡに支払請求訴訟を起こす前にＢから500万円の弁済を受けたら、ＡにもＣにも残額400万円についてだけ訴求できるということになる。

②**影響関係１──絶対的効力**　たとえば、連帯債務者Ａ・Ｂ・ＣのうちＡが債権者Ｄに反対債権を有していて、その債権で自己の債務を相殺すると、Ｂ・Ｃの債務も消滅する（439条①項）。そうすると、Ａが相殺した事実がＢ・Ｃに影響したわけで、その場合、「相殺に絶対効がある」という。本来別個独立の債務なら、１人に生じた事由が他の者に影響しないはずだが、先に述べた主観的な結合関係がある者の間であれば、このような影響が広く認められてよいという発想で、明治民法の起草者は連帯債務には絶対的効力事由をかなり多く規定した。しかし、平成29年改正により、絶対的効力事由は、かなり削られることになった。残ったものは以下の通りである。

ⓐ**弁済ないし代物弁済・供託**　これらが絶対的効力を持つことは、明文の規定はないが、各自が全員の分の債務を負うという性質からして当然である。前の例で、Ａが900万円を弁済しあるいは900万円相当の宝石をもって代物弁済（代わりの物で弁済する契約をして弁済する。482条）をすればＢ・Ｃは債務を免れるし、Ａが900万円を給付したのにＤが受領を拒んだ場合は、Ａがそれを法務局に供託（494条）すれば、Ｂ・Ｃも債務を免れる。同様に、

弁済の提供に対する債権者の受領遅滞も、全債務者に対して絶対的効力を生じる。

　ⓑ相殺（439条）　たとえば、900万円の債権者Dに対して連帯債務者の1人Aが500万円の反対債権を持っている場合に、Aがその500万円で相殺すると、B・Cもその分だけ債務を免れ、以後、A・B・Cは400万円の連帯債務を負担することになる（439条①項）。また、上のケースでAが自ら相殺をしない場合でも、B・Cは、AのDに対する反対債権をAの負担部分の限度で履行を拒むことができる（同条②項）。つまり、連帯債務者A・B・Cの負担部分が平等だとすれば、B・Cとしては、Aの反対債権のうち負担部分300万円については拒絶でき、残り600万円だけを払うといえるのである。（⚖）

⚖ ルール創りの観点から

　ここは、平成29年改正までの条文では、Aが反対債権で相殺しないときは他のB・Cが負担部分の範囲でその相殺ができるという規定になっていた。けれども、そのルールは、やりすぎ？と思う人もいないだろうか。相殺で自分の債権を消滅させようとするかどうかは、Aの自由のはずだからである。そこで、平成29年改正では、負担部分の範囲でB・Cは債務の履行を拒絶できる、と改めたのである（履行拒絶権構成と呼んでもいい）。

　ⓒ更改（438条）と混同（440条）　連帯債務者の1人Aが債権者Dとの間で、従来の債務を消滅させて新債務を発生させる更改契約（513条）をすると、（旧債務は消滅するのだから）他の債務者B・Cは債務を免れる。たとえ

ば900万円の貸金債務を消滅させて、代わりにある製品の給付債務を発生させるというような場合である。ただし更改という制度自体が今日ではあまり使われない。また、連帯債務者の1人Aが債権者Dを相続したりして、混同（1人の人間が同じ債権の債権者と債務者の立場を合わせ持つ。520条）が生じた場合も、Aは弁済したものとみなされる。したがって、債務は総債務者のために消滅し、混同を生じた債務者は他の債務者に対して求償するという関係だけが残る。しかしこれもごく稀にしか起こらないことである。（⚖）

⚖ **ルール創りの観点から**

　以上の連帯債務の絶対的効力事由については、実は改正法は大きな変更を及ぼした。つまり、改正前に絶対的効力事由であったもののうち、①請求、②免除、③時効の完成の3つについて、絶対的効力事由から相対的効力事由に変更したのである。①の請求を外すのは、連帯債務にはさまざまなものがあり、一律に連帯債務者の1人が請求をされると他の連帯債務者も請求されたことになるのは不適切だというのであるが、債権者にしてみれば、債権の効力が弱まり、債権管理にこれまで以上に気を使わなければならなくなる（実務では連帯債務があまり使われなくなるかもしれない）。逆に②と③は、これまで連帯債務の効力を弱める事由だったので、債権者には債権強化になる。ただ、ルール創りの観点からすると、この①②③の改正で連帯債務をどういうイメージのものにしようと考えているのか（実務でどういう機能を担うものにしたいのか）は正直のところよくわからない。

---

③影響関係2——相対的効力　　上に述べた以外の事由は、相対的効力し

か持たず、他の連帯債務者に影響を及ぼさない（441条）。平成29年改正で絶対的効力事由から相対的効力事由に変えられたものとしては、履行の請求、免除、時効の完成、がある（絶対的効力とする規定がなければ、原則としての相対的効力になる）。①まず、履行の請求は、絶対的効力事由としていた改正前434条が削除された。理由は、連帯債務には意思的な結合関係の弱いもの等、さまざまな種類のものがあるので、およそ連帯債務一般について請求の絶対的効力を認めたのでは、履行の請求を受けていない連帯債務者は知らないうちに履行遅滞に陥ったり消滅時効期間の更新がされたりする不利益があるからということのようである。したがって、改正後は、連帯債務者の１人に請求しても他の連帯債務者に請求したことにはならない（債権者にとっては債権管理上の便利さが失われる）。②次に、免除については、絶対的効力事由としていた改正前437条が削除された。これは、連帯債務者の１人を免除する債権者の通常の意思は、他の連帯債務者には影響を及ぼさないというものであろうと考えられたことによる。したがって、連帯債務者の１人を免除しても、それが他の連帯債務者に影響して債権全額の回収に支障をきたすということはなくなる。もっとも、この改正後も、債権者と連帯債務者の１人との間に債務の免除があった場合、弁済をした他の連帯債務者は、免除があった連帯債務者に求償ができることは、改正法445条に明記されている。③連帯債務者の１人についての時効の完成も、同様に絶対的効力事由としていた改正前439条が削除された。これによって、連帯債務の担保的機能の強化を図ったとされる（１人に時効が完成しても他の連帯債務者から回収できる）。なお、連帯債務者の１人に時効が完成した場合に、債権者に弁済をした他の連帯債務者は、その時効が完成した連帯債務者に求償ができることは、上記

の免除の場合と同様に、改正法445条に明記されている。

　その他、従来から相対的効力事由となっていたものとしては、請求を除く時効中断（改正法では更新）事由や時効停止（改正法では完成猶予）事由、連帯債務者の1人の過失、遅滞、1人に対してなされた判決の効力、1人に対してなされた通知の効力、などが挙げられる。

　したがって、平成29年改正によって、ほとんどのものが相対的効力事由となり、その結果、連帯債務にまつわる論点が減少して簡明になったということはいえよう。ただこの改正の結果、連帯債務がより広く使われるようになるかという点は明らかではない（ことに請求の絶対的効力が失われたことは、債権管理上の魅力の減少に繋がろう）。

　なお、1点注意してほしい。改正法441条ただし書には、「ただし、債権者及び他の連帯債務者の一人が別段の意思を表示したときは、当該他の連帯債務者に対する効力は、その意思に従う」とある。これは、平成29年改正の新設規定であり、相対的効力事由として規定してあるものについて、任意規定であるから絶対的効力事由にもできる、とするものである。ただ、この条文の読み方は、単純に「任意規定であるから絶対的効力にもできる」と読んだら不正確である。連帯債務者A・B・C、債権者D、とした場合に、DがAに請求するとして、他の連帯債務者の1人Bが、債権者Dと、そのAへの請求について「Bにも請求したことにする」と意思表示すれば、当該他の連帯債務者Bについては絶対的効力になるというだけであって、DとAが意思表示して「この請求はBに対してもしたことになる」としてもBについて絶対的効力を生じるわけではない。

　④**内部関係**　　ⓐ求償権の存在　　連帯債務者は、主観的な協力関係にあ

（◇2）まず事前の通知を怠った場合、たとえばA・B・Cの3人が負担部分平等でDに対して900万円の連帯債務を負っており、AがB・Cに黙って全額弁済したところ、CはDに対して100万円の相殺可能な債権を持っていたとする。この場合、AはCがDに相殺を主張する機会を奪ってしまったので、本来Cに300万円求償できたところを200万円しか求償できない（100万円の債権はAからDに請求する。443条①項

後段）。

同様にAが事後の通知も怠り、その後Cが自分が弁済することを通知して（返事がなかったので）二重払いしてしまったという場合は、Cは自分の第2弁済のほうを有効とみなして逆に求償することができる（同条②項）。

（♣1）それではAが事前通知も事後通知も怠り、第2弁済者Cも事前通知を怠った

るのだから、1人が弁済その他財産の出捐（しゅつえん）（♡3）をして総債務者の共同の免責を得たときは、当然他の連帯債務者に対して負担部分に応じた求償をすることができる（442条①項）。ここで大事なことは、「負担部分」というのは固定的な金額でなく、「負担割合」であるということである。具体的に言うと、A・B・Cが900万円の連帯債務者で負担部分が平等であるとすれば、（最終的には300万円ずつを負担することになるのだが）それは「3分の1ずつ」という意味だから、たとえばAが600万円だけ弁済したとしても、BとCに200万円ずつの求償ができるし、同じくAが90万円だけ弁済した場合も、AはBとCに30万円ずつ求償できるのである（♡4）。

　ⓑ求償権の制限　　一般には上記のように求償権が認められるが、それが制限される場合がある。つまり、自分が弁済することを他の債務者に知らせずに弁済すると他の債務者が不利になることがあるので（債権者に対して持っていた抗弁権を使い損なったり、知らずに二重払いしてしまったりする）、弁済の事前と事後に通知する義務を課し、その通知を怠って他の債務者に不利益を与えた場合は求償権を制限することにしたのである（443条）（◇2）（♣1）。

　ⓒ無資力者がある場合の求償　　連帯債務者の中に無資力者（償還する資力のない者）がいる場合は、求償者（弁済者）と他の資力ある連帯債務者が、それらの負担部分に応じて負担する（444条①項）。たとえばA・B・Cが負担部分平等でAが900万円を弁済したところBが無資力であったとすれば、AとCとで450万円ずつ負担しなさいということである（AはCに450万円求償できる）。

　では、この無資力者が出た場合の求償関係において、他の資力のある連帯

（双方ともに過失がある）場合はどうなる
か。学習の進んだ人は判例を調べてみよう
（最判昭和57・12・17民集36巻12号2399頁）。

債務者の中に、負担部分ゼロの者があった場合はどうなるか（負担部分ゼロ
の連帯債務者というのは、債権者に対しては全額弁済義務を負うが、自分が弁済
した分は他の連帯債務者に全額求償できる者である。実際、債権者に対する信用
力を高めるために、いわば「名前だけ加わる」という趣旨で、負担部分ゼロの者
が入ることがある）。たとえばAが全額弁済しCは負担部分ゼロでBが無資力
になった場合は、AはCには求償できないので全額負担せざるをえないだろ
うが、求償者Aも残りの連帯債務者Cも負担部分ゼロという場合には、Aと
Cが分割して負担することになる（AはCに450万請求できる。444条②項）。

　ただし、①項の場合も②項の場合も、もしAに過失があった場合（弁済後
Bに早く求償すればよかったのに放っておいたところBが無資力になった）は、
AはBの負担部分を全部負担しなければならないから（444条③項）、①項の
負担部分平等のケースではCに（弁済額から自己の負担部分とBの負担部分を
差し引いた）300万円しか求償できなくなるし、②項のA・Cとも負担部分
ゼロのケースでは、Cには請求できないことになる。

　ⓓ連帯債務者の１人との間の免除等と求償権　　改正法で新設された445
条は、改正法で相対的効力事由と変わることになった免除と消滅時効の完成
について、連帯債務者の１人に対して債務の免除がされ、または連帯債務者
の１人のために時効が完成した場合においても、他の連帯債務者は、その１
人の連帯債務者に対して、求償をすることができると明記した（つまり、免
除された連帯債務者は、債権者から請求されることはないが、弁済等をした他の
連帯債務者から求償はされるということである）。この点に関する解釈上の議論
に解答を与えたものである。

⑷　不真正連帯債務

　たとえば、Yの自動車とZのオートバイが衝突し、はずみで歩行者Xにケガをさせたとしよう。この場合、Y・Zの共同不法行為（719条）が成立し、XはY・Zの双方に損害賠償を請求しうる。このとき、719条の条文では「各自が連帯して」賠償責任を負うとしているが、YとZはお互いに相談して衝突したわけではない。連帯債務の基本的な性質を特徴づける主観的共同（結合）関係はまったくないのである。そこで、近年、このY・Zの債務関係を学説は「不真正連帯債務」と呼び、Y・Z双方が全額の弁済義務を負うものの、主観的共同関係を根拠とするいわゆる絶対的効力事由はないものと構成し、判例もこの考え方を採用していた。こう構成することによって、たとえばXがZを免除（当時は、絶対的効力事由）してもYには全額賠償義務が残り、現実の問題の処理としても被害者の保護が図れるというわけである。しかしながら、平成29年改正によって免除など多くの絶対的効力事由が相対的効力事由に移されたため、不真正連帯債務という概念を用いる実益はほぼなくなったといわれる（普通に連帯債務の規定を適用して同じ結論に至ればよい）（♣2）。

5　連帯債権

　先にも述べたように、今回、平成29年改正で、連帯債権についての規定が新設された（432条～435条の2）。その新設の理由は、あまり明らかではないが、不可分債権との対比という理論的な整合性が考えられたようである。すなわち、債権者複数のケースで債権の目的が不可分ならば不可分債権、可分ならば連帯債権という整理である。それ以外の、具体的な利用例への対処と

いう理由は立法段階であまり論じられていないようである。

　連帯債権の定義自体は、前述の連帯債務の定義と同様である。また、対外的効力（請求の仕方や履行の仕方）についても、連帯債務のそれと同様の規律となっている。しかし、連帯債権における、他の連帯債権者に対する影響関係は、連帯債務の、他の連帯債務者に対する影響関係とは異なる（絶対的効力事由、相対的効力事由が平成29年改正法の連帯債務とは一致していない）ことに注意したい。

　すなわち、連帯債権については、絶対的効力事由に、更改（433条）、相殺（434条）、混同（435条）が挙げられるところは連帯債務と同じなのであるが、連帯債務と異なり、免除（433条）が絶対的効力事由に加わっているのである。これは、免除を相対効にすると、他の連帯債権者は、債務者に対して債権全体の履行を請求できることになるが、これにより得た全体利益のうち、免除をした連帯債権者に分与すべき利益の部分は債務者に償還しなければならなくなる（不可分債権における429条参照）。しかし、可分債権における連帯債権の場合はそのような（全部もらってから一部を返すという）手続を踏むのは迂遠であると考えられたためという。

　次の第20課では保証債務の勉強に入る。「保証」については誰もが一応知っているはずだが、正確な知識があるかというと、いささか疑問である。そこで学習に入る前にチェックテストをしておきたい。

　〔第1問〕BはAから、Z銀行からお金を借りるので保証人になってほしいと頼まれた。さて、Bは誰と保証契約をするのか。

　〔第2問〕前例で、Aからは、他にも保証人がいるから安心してと言われた

　　　　が、契約後に、他の保証人はいないことがわかった。さて、Bは
　　　　保証人をやめられるか。
〔第3問〕前例で、Aにハンコを押してと言われた箇所には「連帯保証人」
　　　　と印刷してあった。さて、BはＺ銀行の弁済請求を受けたときに、
　　　　「債務者Aのほうに先に請求してくれ」と言えるか。
　現在持っている知識で考えて、とりあえず答えを出してから次の課を読ん
でほしい。

　私はある年のゼミの夏合宿で、「民法における主観的要件の研究」という壮
大なテーマで勉強をさせた。善意、善意無過失、悪意、背信的悪意、過失、
重過失、故意、害意、などという概念を、民法典の各条文から抜き出し、そ
れらの意味を、各条文をいくつかの根拠論理（相対効、権利外観理論、公信
の原則等）ごとに分類しながら分析していこうという無謀に近い大きなテー
マである。学生諸君は夏休みの間も大学に集まって準備をしたようである。
もちろん数日の合宿で完全なものはできないが、読者の諸君も、ある程度学
習が進んだら、こういうふうに民法を横断的に見直す勉強をしてみるとよい
だろう（なお、このテーマは、平成29年改正後はまた新たな分析ができるも
のである。ここではそういうヒントを示すだけにとどめるが）。

第**20**課　多数当事者の債権関係⑶　保証債務

　債権総論の学習もいよいよ佳境に入ってきた。この課で学ぶ保証債務の話
や、それに続く債権譲渡、その後の弁済などは、みな実際の取引の中で大変
重要な位置を占める。最近は、会社や銀行の中でも法務部門の重要性が増大
してきているが、それら企業法務や金融法務と呼ばれる分野でも、これらの
知識は必要不可欠となっている。一方で、日常生活の中で知人の債務の保証
人になってくれと頼まれることもあるだろうが、これが実はよくよく注意し
なければならないことなのである。人生が破滅的に変わるほどの悲劇すら起
こる。平成16（2004）年の民法現代語化改正では、とくに個人の保証人の責
任を一部制限する規定を新設し、それがさらに平成29（2017）年の民法大改
正では大幅に強化された。「将来は司法試験を受けるでもなし、ただ民間企業
に就職するのだからそんなに真面目に勉強しなくても」と思っている諸君、
今回のところは君たちにも絶対必要な知識である。

▶5　多数当事者の債権関係

6　保証債務

(1)　保証債務の意義

①**意義**　たとえば、ZがAに融資をする場合、Zは貸金の回収を確保するために、Aから物的担保や人的担保を取る（⇒第**16**課231頁）。A以外のBやCにも債務を負わせて、Aが弁済できなければBやCから回収できるようにするのが人的担保である。物的担保は確実性があるが、債務者が適当な担保物を持っていないと設定できない。これに対して人的担保は、第三者の資力を引当てにするので担保力の変動の危険も大きいが、比較的容易に設定できる利点がある。保証は、その人的担保の代表的なものである。

保証債務とは、債務者A（「主たる債務者」と呼ぶ）の債権者Zに対する債務の弁済を担保するために、保証人（1人でも複数でもよい）が債権者Zに対して負う債務である。したがって保証債務は、多数当事者の債務関係のひとつといっても、当事者が複数になった関係を整序するというより、もっぱら債権担保の機能のために当事者を増やした制度である。

なお、会社や学校に入るときに要求される「保証人」というのは、いわゆる身元保証というもので、少し性質が異なる。これについてもあとで説明する。

②**性質**　保証債務は以下のような性質を持つ。ことに付従性と補充性を問題にしながら後続の成立や効果を考えていくとよい。

ⓐ独立債務性　保証債務は、主たる債務とは独立の債務である。あとの

（♡1）しかし保証人がとくに保証債務について（主債務のほうにはない）違約金の約束をしたりすることはかまわない。これは、債務の内容を主債務より重くしているのではなく、保証債務の履行を確実にすることが意図されているだけだからである。

（◇1）ただし、債務引受といって債務者が交代する場合には、保証人がとくに同意しない限り随伴しない。保証人にとっては債務者がどういう人でどのくらい資産があるのかが最も重大な関心事なのであって、勝手に債務者が変わっては保証人が不利益を被るからである。債務引受については、第**22**課で学ぶ。

成立のところでも繰り返すように、保証債務は、債権者Ｚと保証人Ｂとの間の契約で成立するもので、債権者Ｚと債務者Ａとの間の契約で成立した主たる債務とは別物なのである。

　ⓑ付従性　保証債務は、主たる債務に付き従う性質を持つ。つまり、主たる債務の存在を前提とし、主たる債務と運命を共にするのである（成立・存続の付従性）。主たる債務が消滅すれば保証債務も消滅するというわけである。また、保証債務はその内容において主たる債務より軽くてもよいが重くはできない（内容の付従性。主債務が500万円で保証債務が600万円というときは、500万円まで縮減される。448条①項）（♡1）。

　ⓒ随伴性　保証債務は、担保の一種であるから、債権譲渡などで債権者が代わっても、債権に随伴（ずいはん）して新しい債権者のところに移る（◇1）。

　ⓓ補充性　保証人は、主たる債務者がその債務を履行しないときにはじめて履行の責任を負う（446条）のが原則である。これを保証債務の補充性という。補充性は、次の２つの抗弁権（請求に対して言い返せる権利）に現れている。①債権者の請求に対して、まず先に主たる債務者に請求してくれと言える「催告の抗弁権」と、②債権者が強制執行してきたときに、主たる債務者にも執行すべき財産があるとして先に主たる債務者に執行をかけてくれと言える「検索の抗弁権」である。ただし、注意すべきことは、後述の連帯保証になると、この補充性がなくなってしまうことである（つまり、連帯保証人は、本人より先に自分のほうが請求を受けても弁済しなければいけないのである）。

●保証契約

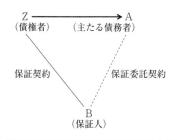

Z　　　　　　　→　A
（債権者）　　（主たる債務者）

保証契約　　　　保証委託契約

B
（保証人）

（♡2）なおこの「書面」はコンピューター上の電磁的記録によってされたものでもよい（同条③項）。

⑵　保証債務の成立

①**保証契約**　　保証債務は、債権者Zと保証人Bとの間の保証契約によって成立する。もっとも、多くの場合は、Bは債務者Aから保証人になってくれと頼まれて契約するのだろうが、そのときの契約の相手方はAではなくて債権者Zである。債務者Aと保証人Bの間の「保証委託契約」は、あってもなくてもZ・B間の保証契約の成立には関係がない。つまり、A・B間の事情は、Z・B間の保証契約の内容とはならないのである（したがって、Aから他にも保証人がいるからと言われて保証人になったが実は他には保証人がいなかったというケースでも、保証契約を錯誤により無効〔平成29年改正後は取消し〕にすることはできないとした判例がある）。

また、保証人は無償で一方的に債務の負担を負うことになる。そこで、軽々に契約を成立させないよう、平成16（2004）年の改正で、保証契約は書面でしなければその効力を生じないという規定を新設した。（446条②項。つまり保証は要式契約とされたのである）（♡2）。

②**保証人の資格**　　一般には、保証人となるためには別段資格を要しないが、主たる債務者が法律の規定や債権者との契約によって保証人を立てる義務を負っている場合には、行為能力を有し、弁済の資力を有する者を立てなければならない（450条①項）。

③**主たる債務の存在**　　上に述べた付従性から、主たる債務が不成立だったり、すでに消滅したりしているときは、保証債務も成立しない。また、主たる債務者が、民法が保護している制限行為能力者（未成年者、成年被後見人、被保佐人、被補助人）であった場合も保証契約自体は有効に成立するが、主たる債務を発生させた契約の意思表示が制限行為能力を理由に取り消され

（◇**2**）しかし例外として、主たる債務に債務者の制限行為能力を理由とする取消原因があることを保証人があらかじめ知っていた場合には、保証人は、主たる債務が取り消されても、「同一の目的を有する独立の債務」を負担したものと推定される（449条）。あらかじめ取消原因のあることを知っていたのだから、主契約が取り消されても債権者に損害を及ぼさない意思で保証したものと推定して保証人の責任を認めた規定であるが、保証人が一般的にそこまでの意思を持っているかは疑問もある。

（◇**3**）保証債務は金銭債務だけに成立するのではないから、たとえば売主の債務に保証人がつくこともある。その場合、品物に瑕疵があって、売主が代金を得た後で契約が解除されたとしよう。売主には解除によって原状回復義務（代金を返す義務）が発生するが、そこまで保証債務は及ぶか。

た場合は、保証債務も同様に消滅する（◇**2**）。

③ 保証債務の効力

①債権者・保証人間の効力（対外関係）　　連帯債務まででは、対外関係として債権者と複数の債務者（あるいは債務者と複数の債権者）との間の効力を学んだ。保証債務の場合には、債権者と主たる債務者との関係は本来の1対1の関係だからとくに論じる必要はなく、対外関係としては債権者と保証人との間の効力を検討することになる。

　ⓐ保証債務の内容　　保証債務の内容は、当事者の特約がなければ、保証債務の付従性と保証契約の契約内容とによって決定される。たとえば、100万円の主たる債務につき保証した場合は保証債務も100万円になるが、当事者（先に学んだ通り、保証人と債権者）がとくに50万円だけ保証するという契約をすれば、そういう保証債務が発生する。そして保証の範囲は、主債務のほか主債務に関する利息、違約金、損害賠償などに及ぶと規定されている（447条①項）（◇**3**）。

　ⓑ保証人の抗弁権　　保証人の抗弁権としては、保証契約の補充性から導かれる、催告の抗弁権と検索の抗弁権があることはすでに述べた。ただしこれらは連帯保証人には与えられていないことを繰り返し注意しておく。催告の抗弁権（452条）は、債権者がまず保証人に対して履行を請求してきた場合は、先に主たる債務者に請求してくれと言える権利である（ただしこれは主債務者が破産手続開始決定を受けたり、行方不明であるときには行使できない。同条ただし書）。検索の抗弁権（453条）は、債権者が先に保証人の財産に強制執行をかけてきたときには、保証人は、主債務者に弁済の資力があり、か

最高裁は昔は否定していたが、現在はこれを肯定している（売主本人が返せなければ保証人が返す義務を負う）。

（♣1）さらにその先の問題として、主債務者の持っている取消権（詐欺を理由とするものや未成年を理由とするものなど）を保証人が行使しうるかという論点がある。判例は、保証人は120条に規定する取消権者にあたらないとして、その行使を認めな

かったが、学説はこれに批判的であった。保証人の取消権行使を認める学説には何通りかの違いがあるが、平成29年改正法で、主債務者が取消権を行使して債務を免れる範囲で保証人も履行を拒絶できるとする説が採用された（相殺権、解除権とともに、履行拒絶ができるという規定になった。457条③項）。

つ執行の容易であることを証明すれば、まず主債務者の財産に対して執行すべきことを主張できる権利である。「執行の容易さ」については判断の微妙な点があるが、一般論としては、主債務者の財産が金銭や有価証券の形で存在すれば、執行は容易である（不動産のほうが困難とされる）。

　もうひとつ、保証債務の付従性から、保証人は、主債務者が債権者に対して持っている抗弁権を援用する（自分の利益のために使う）ことができる（457条②項）。たとえば、主債務者が債権者に対して同時履行の抗弁権（533条。品物を引き渡すまではお金は払わない、などということ）を持っている場合は、保証人も債権者に対してそれを行使できる（♣1）。（⚖）

⚖ **ルール創りの観点から**

　平成29年改正前には、「保証人は、主たる債務者の債権による相殺をもって債権者に対抗することができる」という規定があった。どこかで見た、やりすぎのルール？と気がつく人はしっかり学習のできている人である（連帯債務の改正後の439条②項参照）。いくら保証人でも主債務者の債権を勝手に使って相殺までできていいのだろうか、という疑問から、ここも改正法では履行を拒絶できる構成にし、上の取消権などと一緒にして、「主たる債務者が債権者に対して相殺権、取消権又は解除権を有するときは、これらの権利の行使によって主たる債務者がその債務を免れるべき限度において、保証人は、債権者に対して債務の履行を拒むことができる」という条文（457条③項）に改正されたのである。

②主債務者・保証人間の効力（影響関係）　　影響関係についても、連帯

債務までは、同列の債務者相互の影響関係をみたわけだが、保証債務の場合は、主債務者から保証人への影響と、保証人から主債務者への影響とではまったく状況が異なることに注意を要する。まず、主債務者に生じた事由は、保証の付従性によって、すべて保証人にも効力を生じる（457条①項）。これに対して、逆に保証人に生じた事由は、弁済その他債務を消滅させるものを除いては、原則として主債務者に影響を及ぼさない。たとえば、保証人が債務を承認して時効が更新されても主債務者の時効は更新しない（主債務者の時効が更新されれば保証人の時効も更新する。なお連帯保証の場合は後掲❺③ⓑ参照）。

③債権者の情報提供義務　　委託を受けた保証人の場合、債権者は、保証人から請求があったときは、主たる債務の元本、利息、違約金、損害賠償等についての不履行の有無等について情報を提供しなければならない（改正法458条の２）。保証人が主債務者の債務不履行状態を長期間知らずに多額の保証債務を抱えたりすることを避けるための新設ルールである。また、個人保証の場合、債権者は、主たる債務者が期限の利益を失ったときは、その利益の喪失を知った時から２か月以内に、保証人にその旨を通知しなければならない（改正法458条の３①項）。期間内に通知をしなかった場合は、期限の利益を喪失した時からその旨の通知をした時までの遅延損害金が請求できなくなる（同条②項）。これも同様に個人保証人保護のための新設ルールである。

⑷　保証人の求償権

保証人が主債務者に代わって債権者に弁済した場合は、保証人は主債務者に求償ができる（主債務者が弁済した場合は求償の問題は起こらない）。保証人

（♡3）もっとも、主債務者は、保証人が
事前の求償権を行使してきても、無条件で
それに応じる必要はない。事前求償に応じ
ても、保証人のほうで債権者に弁済してく
れない可能性が残されているからである。
そこで、主債務者としては保証人に担保の
提供を求めたり、自分を免責するよう要求
したり（461条①項。ただし「自己に免責
を得させることを請求する」という条文の
規定については、具体的にどのようなこと
を指すのか必ずしも明らかではない）、あ
るいは、保証人に対して償還すべき金額を
供託したり（同条②項）することができる。

は一般には主債務者に委託を受けて（頼まれて）保証人になるケースが多い
が、中には頼まれないのに保証人になるケースもある。民法は、委託を受け
たケースと受けないケースとで求償権のあり方に差をつけている。

　①**委託を受けた保証人の求償権**　　保証人は弁済などの出捐行為の後で求
償できるのは当然である（「**事後求償権**」という。459条①項）。求償権の範囲は、
連帯債務の場合と同じで、弁済額のほか、免責のあった日以後の法定利息や
避けることのできなかった費用、その他損害賠償に及ぶ（同条②項）。ただ
し連帯債務の場合と同様、この弁済などをする前と後に主債務者に通知をし
ておかないと、求償権が制限されることがある（463条）。委託を受けてなっ
た保証人の場合には、それに加えて、とくに、弁済などの出捐行為をする前
に求償できる場合が規定されている（「**事前求償権**」という）。これはもちろ
ん例外的な規定であるが、頼まれてなった保証人を不利にしすぎないように
配慮した（弁済した後で債務者が無資力のため求償できないような状況を避け
る）ものである。保証人が過失なしに、債権者へ弁済するよう判決の言渡し
を受けたとき（460条3号）とか、主債務者が破産手続開始決定を受け、かつ
債権者がその財団の配当に加入しないときなど（同条1号）、3つの場合が
規定されている（♡3）。

　②**委託を受けた保証人の弁済期前に弁済等をした場合の求償権**　　少し細
かい話になるが、委託を受けた保証人は、主債務の弁済期が来る前に保証債
務を履行することは許される。しかしその場合、保証人は、主たる債務者の
期限の利益（弁済期が来るまでは弁済しなくてよい）を害することはできない。
その配慮から、平成29年改正で付け加えられた459条の2では、保証人が主
債務者に対して求償権を行使できるのは弁済期が来てからであり（同条③

（◇**4**）第11課で勉強した「事務管理」を覚えているだろうか。「頼まれないのに他人のために何かしてやってそれがその他人の利益になっているのなら、報酬はもらえないが費用だけは返してもらえる」。委託を受けない保証人の求償権は、理論的にはこの事務管理の費用償還請求権で、それについての特別規定がここに置かれていることになる。

（♡**4**）連帯保証は、保証人が**主たる債務者と連帯**するのである。これを、複数の保証人同士が連帯するのだと間違える人が必ずいる。そればかりか、連帯保証は複数の人が保証負担を分かち合うのだから保証人と連帯保証人では連帯保証人のほうが負担が軽いのだと誤解している人もある。これはもちろん逆で、**連帯保証人のほうが圧倒的に負担が重い**。また後述するように、複数の保証人がいるのは**共同保証**であり、共

項）、かつその場合に取れる支払日までの法定利息は、弁済期が来てからの分のみであって、弁済期前に弁済をした日からではないとした（同条②項）。

さらに同条①項は、求償できる額は、主たる債務が消滅した当時利益を受けた限度とした。ということは、もし期限前弁済をした時点で主債務者が債権者に対して反対債権を持っていて相殺可能であったというのであれば、その当時利益を受けていないことになり、求償はできないことになる（ただその場合は、保証人はその相殺で消滅すべきだった分の額を債権者に請求できる。同条①項後段）。

③委託を受けない保証人の求償権　委託を受けない保証人は事前求償権は持たない。しかし実際に自己の財産の出捐をして債務を消滅させた後の事後求償権は、以下のような限定された範囲ではあるが持つことができる（出捐行為の事前と事後に債務者への通知を怠った場合の求償権の制限は、委託を受けた保証人の場合と同様である）。

ⓐ委託を受けないが保証人となったことが主債務者の意思に反しない場合は、保証人の出捐行為の当時に主債務者が利益を受けた限度で求償することができる（◇**4**）。すなわち、求償権の範囲として、利息、費用、損害賠償を含まない（462条①項）。

ⓑ保証人となったことが主債務者の意思に反する場合は、さらに範囲が狭く、求償の当時に主債務者が利益を受ける限度で求償しうるにとどまる（同条②項）。

なお、委託を受けない保証人が主たる債務について期限前弁済をしたとき、求償権を行使できるのは、先述の委託を受けた保証人が期限前弁済をした場合と同様に、主債務の弁済期が到来して以後である（462条③項による459条

同保証の場合の保証人同士が連帯するのは**保証連帯**という。

の2③項の準用）。

　④通知を怠った保証人の求償の制限等　保証人が主たる債務者にあらかじめ通知をしないで債務の消滅行為をした場合のルールは、平成29年改正前は、委託を受けた保証人も委託を受けない保証人も同じく連帯債務の443条の規定の準用に服するとされていた。平成29年改正は、それを委託を受けた保証人だけのルールに改めた（463条①項以下）。その理由は、委託を受けない保証人の場合は、そもそも求償できる範囲が限られているので、事前通知義務を課するまでもないと考えられたからということである。

⑤　連帯保証

　①意義　連帯保証とは、保証人が主債務者と連帯して債務を負担する特約のある保証である。学生諸君がよく間違えやすいのだが、複数の保証人同士が連帯するのではなくて、保証人が主たる債務者と連帯するのである（♡4）。連帯保証ももちろん保証債務の一種であるから、主たる債務に付従するので、付従性から生じる効果については通常の保証債務と同様であるが、連帯保証には、通常の保証（普通保証と呼ぶこともある）と異なり、保証人が主債務者と連帯していることから、補充性がないことが最大の特徴である。つまり、連帯保証人は主債務者が弁済しない場合にだけ責任を負うのではない。債権者としては、主債務者の資力の有無にかかわらず、最初からただちに連帯保証人に債務全額の請求ができる（⇧**ここがKey Point**）。

　このように、債権担保の効力が大きいので、連帯保証は、今日の取引社会では、事実上これが保証の原則形態になっているといわれるほどに広く利用されている。

②**成立**　連帯保証が成立するためには、保証契約においてとくに「連帯」である旨の特約があることを必要とする。なお、主たる債務が商行為によって発生したものであるとき、または保証契約が商行為にあたるときは、その保証は連帯保証となる（商法511条②項）。

③**効力**　ⓐ債権者・連帯保証人間の対外関係　債権者が連帯保証人に対して有する権利は、連帯債務の場合とほとんど異ならない。また、同一債務について複数の連帯保証人がいる場合も、それぞれが全額の賠償責任を負う（後述する共同保証の場合の「分別の利益〔ぶんべつのりえき〕」は連帯保証人にはない）。

ⓑ主たる債務者・連帯保証人間の影響関係　ここでは、保証債務の基本的性質の考察から入る必要がある。まず、保証債務の付従性の原理から、主たる債務者について生じた事由の効力は、普通の保証と同様、すべて連帯保証人に及ぶ（判例・通説）。したがって、すでに述べた457条は、普通保証の場合だけでなくそのまま連帯保証にも適用される。

逆に連帯保証人のほうに生じた事由が主たる債務者に及ぶのは、限定的で、458条に挙げられた中の3つの絶対的効力事由、すなわち、更改（438条）、相殺（439条①項）、混同（440条）のみが、連帯債務の規定の準用という形で主たる債務者に及ぶのである（もうひとつ441条が挙げられているが、441条は、その他の相対的効力事由の規定であるから、これらは準用されても連帯保証人に生じた事由は主たる債務者に及ばないということである）。

なお、平成29年改正前は、連帯債務の絶対的効力事由に履行の請求と免除が含まれていたが、改正によってそれらが相対的効力事由に変わったので、連帯保証人に請求や免除をしても主たる債務者には影響しないことになった

点が重要である。

　ⓒ連帯保証人から主たる債務者への求償関係　　これは普通保証の場合と同様である。

　③連帯債務と連帯保証の比較　　あまり教科書には書いていないことだが、連帯債務と連帯保証はどちらが債権者にとって有利か。全員を直接債務者とする連帯債務のほうが一見確実で有利に思えるかもしれないが、実は答えは連帯保証のほうである。なぜなら、まず債権の効力としては上にみたように両者はほとんど変わらないし、債権の維持・管理が連帯保証のほうが容易なのである。どういうことかというと、それは上記の付従性の問題である。平成29年改正後にはその違いがさらに顕著になったのだが、連帯債務の場合、改正後は請求に絶対効がなくなったので、1人の連帯債務者に請求しても他の連帯債務者には請求したことにならない。また、その他の通知などはもともと相対効しかないので、たとえば債権譲渡の対抗要件を具備する通知（第21課参照）についても、連帯債務者全員に通知しなければならない。しかし連帯保証ならば、請求も通知も、主たる債務者にすれば連帯保証人全員に効力を生ずる。

　つまり債権者としては、連帯債務の場合は常に全員の債務者を相手にしていなければならないが、連帯保証なら、（契約時に連帯保証人の保証意思を十分確認したうえで）主債務者だけを相手にして債権を維持・管理していけばいい。こういう債権管理が、企業法務や金融法務では大変重要なので、実務では連帯債務よりも連帯保証が多用されるのである（連帯債務者となることを嫌がっても、連帯保証人ならば1歩下がった感じなので比較的容易に契約する人も多いと聞くが、実際には連帯保証人になることは、連帯債務者と同様の、直

（◇**5**）なお♡**4**にも触れたように、共同保証の場合の保証人同士が、（たとえば普通保証人が2人いるなら本来債権者に対しては半分ずつ保証債務を負担すればいいところを）お互いに債権者に対しては相手の分まで支払うという約束をしている場合を「**保証連帯**」と呼ぶ。この場合も分別の利益はなくなる。

（◇**6**）ただしここでは連帯債務との違いに注意すべきである。連帯債務のほうでは、負担部分は負担割合であるから、弁済額が負担部分額を超えなくても、その割合で求償できると考えられている。第**19**課280頁参照。

接の債務者並みの負担を負うこととなる。これはぜひ覚えておいてほしい）。

⑥　共同保証

①共同保証の意義と分別の利益　　同一の主債務について複数の保証人のある場合を共同保証という。普通保証で保証人が複数の場合の共同保証では、各保証人は「分別の利益」を持ち、保証額を平等に人数で割った額についてのみ、保証債務を負担すればよい（456条による427条の準用）。たとえばC・Dの2人がBの500万円の債務の普通保証人となった場合は、2人とも250万円ずつ保証債務を負えばよいのである。しかし、C・DがそれぞれBの連帯保証人である場合は、それぞれが全額の負担義務を負うので、共同保証であっても分別の利益はない（連帯保証人は、何人いても、債権者に対する関係では、請求されたら各人が1人で全額払う義務があることに注意したい）（◇**5**）。

②共同保証人相互の求償　　各共同保証人は、主債務者に対して各自の弁済した負担部分につき求償権を取得することはもちろんであるが、分別の利益のある場合に、もし共同保証人の1人が自己の負担部分以上の弁済をしたときは、他の共同保証人に対する関係では、あたかも前述の委託を受けない保証人が弁済した場合と類似するので、その規定（462条）が準用され、他の共同保証人に対する求償権も取得する（465条②項）。

　分別の利益がない場合（連帯保証人同士、あるいは普通保証人同士でも相互に保証連帯がある場合）は、各共同保証人は、債権者に対して全額弁済の義務がある。そこで、1人の共同保証人が全額または自己の負担部分を超える額を弁済して他の共同保証人を免責させたときは、他の共同保証人に対して、連帯債務者相互間と同様な求償権を有することにした（465条①項による442

（◇7）個人のした極度額の定めのない貸金債務等の根保証契約は無効とし（465条の2②項）、責任期間についても、元本確定期日の規定を置いて、それを契約で定めておけば5年以内、定めていなければ3年で確定するとして、実質的に責任期間の限定をした（465条の3①項②項）。ここでいう「元本確定期日」というのは、一定期間保証対象金額が増減しながら継続する根保証契約について、契約の有効期間を限定するのではなく、その到来した期日での主債務者の債務額で、保証対象額を確定させる（それ以上には保証債務額が増えない）という考え方である。

～444条の準用）（◇6）。

⑺　継続的保証

①根保証・信用保証　　たとえばBがAから何度も繰り返して品物を買う契約を続けている場合（小売商と卸商の売掛取引など）のように、一定の継続的取引関係から発生する将来の債務を保証する保証を「根（ね）保証」という。Bがそのつど代金の支払をしていれば具体的な保証債務額は発生しないが、未払い分が増えれば保証債務額が大きくなるというように、保証債務額が増減するのが特徴である。同様なもので、ある人が銀行と継続的な融資取引の契約をした際に、それについて発生する将来の債務を保証するものをとくに「信用保証」と呼ぶこともある。これらの継続的保証については、通常は保証する極度額（最高限度額）と保証期間などを決めて契約する（そのような限定のないものを一般に包括根保証と呼ぶ）。

　根保証は、1度の契約で何回もの取引をまとめて保証するので、債権者には大変便利であるが、保証人にはそれだけ長期に大きな負担が課せられることになる（ことに包括根保証では危険が大きい）。そこで、平成16年改正では、個人のする貸金債務等の根保証については、極度額や元本確定期日の概念を入れて、責任を制限する規定を新設した（◇7）。そして、この個人根保証契約等における保証人の保護は、平成29年改正で一層強化されることになる（後述⑼参照）。

②保証債務の相続性　　父親が誰かの保証人になったまま死亡したとする。この保証債務は相続されるか。通常の保証の場合、相続開始前に発生した具体的な保証債務が相続の対象となるのはいうまでもない。問題は、根保証な

（◇**8**）この他継続的保証としては、賃借人の債務の保証がある。賃貸借契約から生じる、賃料債務などを保証するものである。これに特有の問題点は、保証期間（賃貸借契約が更新されても本来は保証契約は更新されない。ただし、特別法の規定によって期間の更新が原則的に認められている場合は、保証債務も継続すると解される）、賃借権の譲渡・転貸（賃借人が賃貸人の承諾を得て賃借権を譲渡した場合は、保証債務は当然に消滅する。承諾を得て転貸借した場合は、賃借人は転貸人として転借人の債務について責任を負うので、その限りで保証債務も存続する）、相続性（根保証のように急に負担が増えるおそれはないので、判例は、相続性を認めている）などがある。

（♠**1**）この他に、機関保証といって、信用保証協会等の保証専門機関が、中小企業等が金融機関から融資を受ける際に、業務

どで、具体的な保証債務が未発生（根保証契約はしたが、まだ債務者BはAから何も借り入れたりしていない）の場合はどうか。判例は、保証期間および限度額の定めのない根保証債務の相続性を否定しており、相続開始後に発生した債務については保証人の責任は及ばないとされている（◇**8**）。

⑻ 身元保証

たとえば、親戚の誰々が就職するので身元保証人を引き受けた、などという話を聞いたことがあるだろう。身元保証とは、雇用契約に際し、被用者が雇用期間中に使用者に与えるかもしれない損害を保証人が担保する契約である。これは、いわゆる保証債務が主たる債務に付従して、主債務の額を超えないものであるのに対し、被用者がいくら損害を与えるかわからないが将来損害が出ればその賠償を約束するというもので、継続的保証というよりは一種の損害担保契約である。こういう契約は、保証人に苛酷な結果を引き起こす可能性があるので、昭和8（1933）年に「身元保証ニ関スル法律」（身元保証法と略す）という特別法ができて、契約期間は5年以内とし、期間の定めがない場合は、通常は3年、商工業見習者の場合は5年とすることになった。また同法は、被用者に不適任・不誠実な行いがあったときなどは使用者が身元保証人にそれを通知することを義務づけ、通知を受けた身元保証人は契約の解除ができることとした。なお、身元保証債務は、身元保証人と被用者との強い人的信頼関係を基礎にしているので、相続はされない（判例・通説）（♠**1**）。

として保証人になるやり方がある。十分な
担保物を持たない者でも融資が受けられる
ように、専門機関が申込者から保証委託料
を取って保証をするものである。融資する
債権者にとっては（保証機関から必ず弁済
が受けられるので）大変安全である反面、
焦げつきのリスクを負う保証機関のほうは、
債務者への求償を強化するさまざまの手段
を契約中で講じている。上級者は問題点を
調べてみてほしい。

⑼　個人保証人の保護の強化

①個人根保証契約　　保証は、資金調達のために有効な仕組みではあるの
だが、必ずしも想定していなかった多額の保証債務の履行を求められて、財
産のほとんどを失うことになったり、家族の離散を招いたりという事案が、
近年では社会問題化している。そのため、平成29年改正法は、個人保証人の
保護にいっそう力を入れることになった。まず、個人がする貸金等の根保証
契約の保証人に関する保護規定（改正前465条の2）を、個人がする根保証契
約の保証人の保護全般に拡張したのである（改正法465条の2）。したがって、
改正前465条の2の内容が、個人のする根保証契約ならば貸金等の債務が含
まれるか否かを問わずに（前述の賃貸借契約の保証などでも）適用される。す
なわち、個人の根保証契約は、極度額を定めなければすべて無効となる（改
正法465条の2②項）。

　また、元本確定事由（その事由が起こればそれ以上保証すべき主たる債務の元
本が増えない）としては、改正前の465条の4に規定されているものが、個人
貸金等根保証契約から個人根保証契約全般に拡張される。すなわち、「債権
者が、保証人の財産について、金銭の支払を目的とする債権についての強制
執行又は担保権の実行を申し立てたとき」（ただし、強制執行または担保権の
実行の手続の開始があったときに限る）、「保証人が破産手続開始の決定を受け
たとき」「主たる債務者又は保証人が死亡したとき」の3つの場合である
（改正法465条の4①項）。これに対して、債権者による主たる債務者の財産に
対する強制執行または担保権の実行、および、主たる債務者の破産手続開始
については、貸金等根保証契約に限って元本確定事由となる（同条②項）。

　なお、前述の元本確定期日の概念（465条の3）は、改正法でも改正前と同

じく個人のする貸金等の根保証契約に限定される。

②事業債務についての個人保証契約　平成29年改正法は、事業に係る債務を個人が保証する契約について、形式要件や主債務者の義務を強化して保証人の保護を図る規定を新設した。それが、465条の6から465条の10までの規定である。

ⓐ公正証書の作成と保証の効力　改正法は、個人が事業債務の保証をする場合には、その保証意思の確認をいっそう厳格にし、公正証書で保証意思を表示しなければ無効とすることにした。すなわち、「事業のために負担した貸金等債務を主たる債務とする保証契約」または「主たる債務の範囲に事業のために負担する貸金等債務が含まれる根保証契約」で保証人が個人であるものについては、契約締結の日前1か月以内に作成された公正証書で保証人になろうとする者が保証債務を履行する意思を表示していなければ、その効力を生じないとしたのである（改正法465条の6①項、個人に限定されることは同条③項）。つまり、金額やリスクが大きいと考えられる事業債務について、公証人の前で意思確認を行わせることにしたのである。

　そしてその公正証書の作成方式については、公正証書遺言の作成方式（969条・969条の2）と同様に、保証人になろうとする者が公証人に保証意思を口授（口頭で伝えること）し、公証人がそれを筆記して読み聞かせまたは閲覧させる方式が採用された（改正法465条の6②項。保証人になろうとする者が口がきけない場合については改正法465条の7が定める）。なお、ここで要求される公正証書はあくまでも保証意思を表示する証書であり、保証契約自体を公正証書にすることが要求されているわけではない。

　ただこれらの規定には重要な例外がある。**経営者保証**と呼ばれる、主たる

債務者が法人である場合のその法人の理事、取締役、執行役またはそれらに準ずる者（改正法465条の9第1号）とか、その法人の過半数を有する株式会社株主（同条2号）などが個人保証人となる場合については、公正証書による意思確認は要求されない。ことに狭義の経営者保証（経営者が自分の会社の債務を保証する）は、ある意味で経営者が自己の経営する会社のリスクを負うのは当然ともいえ、また、金融法的には、このような保証をとらないと経営者が有限責任をいいことに放漫経営をしてしまうおそれもある（モラル・ハザードという）からである。

　そして、もうひとつ例外が規定されている。それが、法人ではない主たる債務者と共同して事業を行う者、またはその主たる債務者が行う事業に「現に従事している主たる債務者の配偶者」が保証人となる場合である（改正法465条の9第3号）。このうち、前者の共同事業者はよいとして、後者の主たる債務者の配偶者はいささか問題である。「現に従事している」という要件はあるが、配偶者が名前だけの役員となっているような場合がどう判断されるのか。配偶者は保証人になることを断りにくく、また家庭崩壊に繋がる危険もあることから、施行後も議論が残る点と考えられる。

　ⓑ情報提供義務　　平成29年改正法は新たに、事業に係る債務の場合、主たる債務者が個人保証人に対して契約締結時に情報提供をすることを義務づけた（465条の10）。提供すべき情報は、財産および収支の状況、主たる債務以外に負担している債務の有無ならびにその額や履行状況、などである（同条①項各号）。それらの情報を提供しなかったり、誤った情報を提供したために保証人となる者が誤認をして保証人となることを承諾したような場合には、債権者がその状況を知りまたは知ることができたときは、保証人は保証

契約を取り消すことができる（同条②項）。

さて、こうして債権総論の保証あたりまで学んできた君に、ここで「起業」のすすめをしたい。法学部生には、真面目に机に向かって勉強して、教わったことを答案に再現できるのは上手なのだけれど、独創性（オリジナリティ）や創造力（クリエイティビティ）に欠ける人が多いというのが従来の大方の評価である。しかし、それではいけない。これからの時代は、法学部生こそそれらの力を磨いて起業家を目指すべきなのである。

というのも、現代の取引社会は、実は法律にがんじがらめになっている。法律を知らなくては、会社ひとつ作れない。さらに、法律自体が進化している。つまり、取引の「規制」ばかりではなく「促進」の面でも、法律がいろいろと働く時代になっているのである。

それゆえ、法学部生諸君自身が変わらなければならない。大企業や地方公共団体に勤めて安定を志向することを否定はしないが、法律を学んだことは、起業の大きな武器になるのである。私は、「想像力と創造力」の豊かな諸君には、ぜひ起業の道も考えてほしいと思う（もっとも、どの進路に進むにしても、成功するためには「想像力と創造力」は必須なのだが）。

いずれにしても、早めに進路を定めて、それに必要な知識や経験を積んでいくことが必要な時代が来ていると私は思う。

第21課　債権関係の移転⑴ 債権譲渡

　　ここからは、債権関係の移転の説明に入る。債務の移転もできるが、世の中でよく行われるのは債権の移転、つまり債権譲渡である。これが今日の企業取引・金融取引の中ではひと昔前よりも大変活発に行われる重要なものとなっている。民法の全体の中でも、債権譲渡は物権の移転（物権変動）と並んで、理論的にも大きな問題である。その割には研究が遅れていたのだが、この四半世紀（1990年くらいから）で民法典の中で実務的にも理論的にも最も発展したのがこの債権譲渡の分野であると言ってよい。ことに、中小企業の資金調達というような具体的な場面を想像しながら、しっかり勉強していただきたい。

　　この課の末尾には、『模擬試験問題』も掲げてある。どのくらい理解できているか、自己診断のために解答を作ってみよう。現在債権総論の講義を履修している人は、力試しの機会としてとくに参考にしてほしい。

▶6　債権関係の移転

1　序説

(1)　債権譲渡・債務引受・契約上の地位の移転

　我々は品物を売買するとき、同時に所有権という、その品物についての物権（人の物に対する直接の支配権）を移転している。これと同じように、債権や債務も、他の人に移転することができる。AのBに対する債権をそのままCに移転する（Cが新しい債権者になる）のが「債権譲渡」、BのAに対する債務をDに移転する（Dが新しい債務者になる。Bが離脱する形態とBも債務者にとどまる形態がある）のが「債務引受」である。また、PとQの間の契約について、Pが自分の地位をそのままRに移転する（Qに対する債権も債務もひっくるめて移転する）のを「契約上の地位の移転」とか「契約譲渡」などと呼ぶ。これらのうち、債権譲渡はもちろん当初から民法上に規定があるが、債務引受と契約上の地位の移転についてはこれまで条文がなく、平成29年改正法ではじめて規定が置かれた。これは、歴史的な経緯に基づくものである。

　ローマ法の初期には、債権債務というものは特定の人と特定の人をつなぐ法の鎖であるから移転できないとされていたが、その後債権については譲渡性が承認されるに至り、近代法は等しく債権の譲渡性を認めている。債務の移転や契約上の地位の移転が認められたのはさらに新しいことで、フランス民法ではまだ規定が置かれず、その後ドイツ民法やスイス債務法で規定が置

（◇**1**）ここで、債権各論で学んだ賃貸借の612条の議論を思い出してほしい（第**9**課124頁）。

（♡**1**）譲渡禁止特約は、今日では通常、金融機関への預金債権に付けられているが、これはもっぱら債務者たる金融機関が、事務の煩雑化を避けたり自らの相殺の可能性（預金者に融資をしたときに返済されなければ預金で相殺する）を確保するために付している。

なお、最近は、この譲渡禁止特約が売掛債権などに付けられている場合、後述する債権を用いた資金調達（債権流動化や将来債権譲渡担保などの取引）に際して障害となるという批判が強く、平成29年改正のひとつの焦点となった。

かれたが、わが国ではフランスと同様、規定を置かずに判例法で承認した形になっていたのである（もちろん学説も積極的に認めている）。

　債権は譲渡性が確立したところで飛躍的に財産的価値を増大させ、さらに現代では、債権譲渡は明治民法の起草者の予定した形を超えて頻繁に行われるに至っている。

⑵　債権の譲渡性

　わが民法では、明文で債権の譲渡性の原則を認めている（466条①項本文）。ここで「譲渡性がある」というのは、現債権者である譲渡人（ゆずりわたしにん）が、新債権者である譲受人（ゆずりうけにん）との合意のみによって（つまり債務者の合意なしに）譲渡できるということである。しかし債権においては、物権と異なり、例外的に譲渡が制限される場合がある。

　①債権の性質による制限　　たとえば、画家に肖像画を描かせる債権のように、債権者（肖像者）が変わってしまえば給付内容がまったく変わってしまう債権は、本質的に譲渡性がない（466条①項ただし書）。また賃借権のように、債権者（賃借人）の人的特定性が重要な債権（賃貸人は、誰でもいいから貸すわけではない）も、原則的には債務者（賃貸人）が認めなければ譲渡できない（◇**1**）。

　②当事者意思による制限（平成29年改正前の譲渡禁止特約ルール）　　日本民法は、明治の制定時以来、「当事者〔債権者と債務者を指す〕が反対の意思を表示した場合」つまり債権者と債務者で譲渡禁止の特約をした場合は、譲渡性は失われるという規定を置いていた（改正前466条②項本文）。このような規定は、世界的に見ても少数派で、今日の立法としては稀なものである。

（◇2）この論点は、銀行預金に譲渡禁止特約が付いていることは周知の事実として重過失は悪意と同視できるとした最高裁昭和48年判決（最判昭和48・7・19民集27巻7号823頁）から始まっている。その後実務では、譲り受ける側は預金債権以外についても自衛のためにこの禁止特約の有無を調査するようになり、それが下級審裁判例ではこの特約の「調査義務」化にまで、いささか行き過ぎた形で傾斜してきたのであ

る（調べなければ重過失ありという論理である）。

（♣1）「物権的に」という表現は、当事者だけでなく第三者にも効力が及ぶという意味で使われている。したがってここでは、譲り受けようとする者などに対しても効力が及ぶということである。

起草当時は、取立業者のはびこることを防ぐ意図があったようであるが、その後、銀行預金契約などで立法当時の機能とはかなり違った使われ方をしてきた（♡1）。そして、譲渡禁止の特約は、これを知らない善意の第三者には対抗することができないという規定も置いていた（同条②項ただし書）。債権に原則として譲渡性がある以上、当事者間の内部的な禁止特約によって善意の第三者を害するのは適当でないからである。つまり、禁止特約があるにもかかわらず債権者が譲渡した場合、特約の存在を知らないで譲り受けた第三者は、債権を有効に取得するというルールだったのだが、その後判例が、条文には「善意」とあるが、重大な過失は悪意と同様に取り扱うべきという理由で、これを「善意無重過失」としたため、取引経験上、禁止特約がありそうだと知っていた場合は、悪意と同様に評価され、禁止特約が効いてしまうという状態になっていた（◇2）。そして、譲渡禁止特約付債権を譲渡した場合、譲受人が善意無重過失でない限り、その譲渡は物権的に無効とされている（♣1）。したがってこの譲渡禁止特約の効力が、平成29年改正の大きなポイントのひとつになったのである。（△Ｉ△）

△Ｉ△ ルール創りの観点から

ここは大変大きな、かつ複雑な改正がされたので、先にその概要を書いておく。この譲渡禁止特約は、現代の実務では、債権譲渡担保などを使った資金調達取引の弊害になっていると指摘されていた。そこで改正法は、譲渡禁止特約（改正法では「譲渡制限の意思表示」）付きの債権でも譲渡できることにした。けれども改正法は、債務者にも配慮し、債務者の支払先固定の利益のために、悪意重過失の譲受人には、債務者はその債務の履行を拒むことが

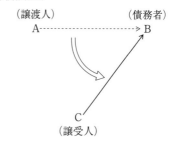

●債権譲渡

（譲渡人）　　　　　　　（債務者）

A - - - - - - - - - - - - - ->　B

C

（譲受人）

でき、かつ、譲渡人に弁済してもよいことにした。いわば譲渡禁止（制限）特約も有効としたのである。そうすると、この、譲渡も有効、特約も有効という構成をとったために、非常に複雑な規定を置くことになったのである（国民にわかりやすい民法にするという当初の発想とはまったく逆のルールになっている）。

　なお、このような譲渡禁止特約付きの債権を差し押さえることは可能である（差押債権者は禁止特約について善意でも悪意でもよい。判例・通説）。私人が特約で差押禁止財産を創り出すことができては不当であるからである。

　③法律による制限　　法律が、生活保障の見地から本来の債権者に対してのみ給付させようとする債権については、明文で譲渡が禁止されている。扶養請求権（881条）、恩給受給権（恩給法11条）、労働者災害補償請求権（労働基準法83条②項）などがその例である。これらの債権は差押えもできない。

③　移転の機能からみた債権の種類

　民法が中心的に規定するのは、売買代金債権や貸金債権などの、いわゆる特定人の特定人に対する債権（平成29年改正までは「指名債権」と呼ばれていたもの）である。これは本来はそれほど頻繁に譲渡されることを予定していたものではない。一方商法では、頻繁に移転・流通させる目的で手形や小切手などの「有価証券」を規定していた。さらに民法では、指名債権と有価証券の中間に位置するような債権を３種類規定していた。これらはある程度転々流通することを想定して規定されたもののようであるが、今日では実例は少なく、平成29年改正にあたって全部削除され、代わりに、有価証券の基

本規定が民法に置かれるに至った（改正法520条の2以下）。

2　債権譲渡

(1)　債権譲渡の意義と機能

①**意義**　債権譲渡とは、債権を、その同一性を変じることなく第三者に移転することで（つまりAのBに対する債権がそのままCのBに対する債権になる）、譲渡人（旧債権者）と譲受人（新債権者）との契約によってなされる。債権譲渡は契約による債権の移転であるから、相続や会社の合併などで債権が移転する場合は含まれない。また、契約による債権の移転といっても、あとに弁済のところで学ぶ、債権者の交替による更改（515条）の場合には、旧債権が消滅して新債権が発生するので、債権譲渡とは異なる。

②**機能**　債権譲渡は、その債権の弁済期前に売却して金銭を入手するために行われたり（つまり、来月にならないと支払われない債権をいま現金化するためにたとえば100万円の債権を98万円で譲渡する）、手元に資金がないときの弁済手段としてされる（100万円の現金での弁済に代えて相当額の債権を譲渡する）。また金融を受ける担保のために譲渡することもある（弁済できなかったときのためにあらかじめ相当額の債権を融資者に譲渡しておき、弁済できればそれを返却してもらい、できなかったときはそのままそれを取り立てて現金化してもらう）。すでに述べたように、立法時には、債権（当時の用語は指名債権）の譲渡はそれほど頻繁に行われるとは予測されていなかったと思われるが、現在の取引社会では、企業の資金調達のためにも大変重要な役割を果たすものになっている（♠1）。

（♡2）なお、改正法の条文が「譲渡制限の意思表示」としたことは、契約以外の単独行為でする場合もあるからという理由とのことだが、実質的変化はない。もともと改正前の規定でも条文上は「反対の意思を表示」となっていたのであって、「譲渡禁止特約」という文言が条文上に規定されていたわけではない。

（◇3）諸外国でも、アメリカ統一商事法典や国連国際債権譲渡条約など、譲渡禁止特約の対外効を全部または一部の債権について禁止している規定の例があり、もちろんこれらが資金調達のうえでは最も望ましいやり方である。

⑵　債権譲渡と譲渡制限特約

①平成29年改正の基本思想　債権譲渡がこの四半世紀に資金調達手段として大発展を遂げたことからすれば、債権譲渡による資金調達のさらなる円滑化を目指すのがひとつの改正の基本方針になるべきであったとも思われるのだが、改正法は、その方向（譲渡を制限する特約の効力を弱める）に配慮しつつ逆の債務者保護（債務者の支払先固定の利益等の保護）にも配慮をした。

つまり、改正法466条において、譲渡制限特約（改正法では従来の用語であった「譲渡禁止特約」ではなく「譲渡制限特約」という表現を採用した）の付された債権の譲渡も有効としながら、譲渡制限特約も実質有効とするという、両立志向的な規定の仕方をしたのである。

②制限特約付き債権の譲渡の有効性　改正法466条②項は、「当事者が債権の譲渡を禁止し、又は制限する旨の意思表示（以下「譲渡制限の意思表示」という。）をしたときであっても、債権の譲渡は、その効力を妨げられない」と規定した。これは改正前の考え方を根本から覆すもので、この②項の規定からは、譲渡制限特約付きの債権も譲渡担保や流動化取引の対象となしうることになったのである（♡2）。

そして、この②項を置くだけなら、改正法は債権譲渡による資金調達の活発化を図ることに大いに貢献すると思われた（◇3）。しかし今回の改正法については、次の③項で制限特約も実質有効としたため、資金調達実務においては、実効性に大きな疑問が投げかけられるに至っている。

③譲渡制限特約の有効性（債務者の対抗可能性）　改正法466条③項は、「前項に規定する場合には、譲渡制限の意思表示がされたことを知り、又は重大な過失によって知らなかった譲受人その他の第三者に対しては、債務者

（◇**4**）その理由は、有効な制限ないし禁
止の特約があるとわかっていて譲り受ける
のはコンプライアンス（法令遵守）違反で
あろうし、特約が有効ならそれに違反して
譲渡するのは譲渡人としては債務者との間
の契約の債務不履行になるのではないか、
という問題が提起されたためである（これ
らは至極もっともな反応であり、改正法
466条は、新規定に対する市民や取引社会
の反応の予測・検討が不十分な立法である

ことは否めない）。

は、その債務の履行を拒むことができ、かつ、譲渡人に対する弁済その他の
債務を消滅させる事由をもってその第三者に対抗することができる」と規定
した。

③項を置いた主たる理由は、債務者の支払先固定の利益の保護ということ
のようである。しかしこの③項で譲渡制限特約も実質有効としたため、金融
実務界では、債務者がしている有効な特約に反する譲受けをすることに対す
る否定的な反応が強い（◇**4**）。

さらに、同項は、悪意重過失の第三者には制限特約を対抗しうるというこ
とを明記したので、結局、悪意重過失の要件は改正前と変わらない（むしろ
改正前よりも明文化されて明瞭になった）。ということはつまり、①制限特約
も有効とし、②悪意重過失要件も明示的に残したことで、従来から問題点と
されているところ（制限特約が有効ならば債権譲渡による資金調達の弊害になる、
また譲り受ける側は、重過失と言われないように制限特約の存在を調査すること
になる、などの問題）がすべて残ることになったのである。

④両立的構成のための調整規定　さらに改正法466条は④項で、「前項の
規定は、債務者が債務を履行しない場合において、同項に規定する第三者が
相当の期間を定めて譲渡人への履行の催告をし、その期間内に履行がないと
きは、その債務者については、適用しない」と規定した。

この④項は、一読したところでは意味（置いた趣旨）がまったくわからな
い規定である（平成29年民法改正の中で、最もわかりにくい規定と言ってもよい
かもしれない）。これは、②項で譲渡を有効とし、しかし③項で悪意（重過
失）の譲受人に対しては制限特約も有効という構成をとったがために置かな
ければならなくなった規定なのである。つまり、悪意（重過失）の譲受人は

……その債務者については、適用しない」
という意味は、譲受人も譲渡人も請求を拒
まれる状況で、譲受人が、それでは相当期
間内に譲渡人に払えと債務者に要求し、そ
れでもなお払わない債務者は、譲受人から
の履行請求を拒めなくなる、という意味で
ある。

---

③項で債務者から支払を拒絶される。譲渡人も、②項で譲渡は有効なのだか
らもう権利者ではなく債務者に支払請求はできない。ではその状況で債務者
が任意に支払わない場合にはどうしたらよいか、ということで、対応に迫ら
れて置いたものなのである（♡3）。

　⑤**譲渡制限特約と差押えの優劣**　さらに、新設された466条の４①項は、
譲渡制限の意思表示がされた債権と差押えの関係について、「第四百六十六
条第三項の規定は、譲渡制限の意思表示がされた債権に対する強制執行をし
た差押債権者に対しては、適用しない」と規定した。これは、譲渡制限特約
付き債権が差し押さえられた場合には、差押債権者が当該債権の譲渡制限特
約の存在につき悪意重過失であることを理由として、債務者が466条③項に
より差押債権者への弁済金の引渡しを拒むことはできない（つまり簡単に言
えば、先述の通り、譲渡制限特約があっても差押えはできる）ことを規定するも
ので、従来の解釈の明文化である（なおこれは、そもそも明治民法制定時から
の立法趣旨そのものである）。

　また同条②項も、大変読みにくい規定だが、その意味は、そもそも譲受人
が譲渡制限特約の存在につき悪意重過失であったために債務者に対抗できな
い立場にある場合には、その譲受人の債権者は、当該債権を差し押さえても
対抗できない（譲受人が対抗できないのだからその譲受人の債権者は差押えをし
ても対抗できない）としたものである。考えてみれば当然の規定である。

　⑥**預貯金債権に係る適用除外**　さらに、新設された466条の５は、その
①項で、「預金口座又は貯金口座に係る預金又は貯金に係る債権（以下「預
貯金債権」という。）について当事者がした譲渡制限の意思表示は、第四百六
十六条第二項の規定にかかわらず、その譲渡制限の意思表示がされたことを

知り、又は重大な過失によって知らなかった譲受人その他の第三者に対抗することができる」と規定した。これは、預金債権（一般の銀行については「預金」という）や貯金債権（いわゆる従来からの郵便局の関係などでは関係法令で「貯金」という）の譲渡においては、改正法466条②項の原則を適用せず、制限特約の効力は、改正前の判例法理（物権的効力説、悪意重過失要件）や実務の取扱いのまま強力に認められるとする規定である。したがって、譲渡制限特約は悪意重過失の第三者に全面的に対抗できることになり、譲受人は債権者となれず、債権はあくまで譲渡人に帰属したままである。(⚖)

　なお、466条の5②項は、預貯金債権を差し押さえた者に対しては①項の特則が及ばず、銀行等は466条の4の規定通り譲渡制限特約によって対抗することができないことを規定するものである。

⚖ ルール創りの観点から

　この466条の5は、立法段階の最後になって追加されたのであるが、これがまたルールの作り方としては適切さを欠く形になっている。つまり、預貯金債権については、金融機関の、預金を担保にした貸付（とその後の相殺）などの取引を考えると、譲渡禁止にしておく一定の合理性があるのは確かなのだが、しかし、これを置くのならなぜ、最初から預貯金債権をルールから除外して、そのうえで譲渡禁止特約があっても債権譲渡は有効という構成にしなかったのかという疑問が生じるのである。その構成のほうがルールとしてよほど簡明だし、またそのようにすれば、資金調達のための債権譲渡が実質的に推進されたと考えられる（今回は、譲渡も有効、特約も有効という複雑な前提をそのままにして、最後になってこの預貯金債権除外を加えたので、

先に述べた、譲受けがコンプライアンス違反になるのではとか、譲渡自体が債務不履行ではないかなどという問題は何も解消していない)。

⑶　将来債権の譲渡

①将来債権の譲渡性　現在まだ発生していない、将来発生する可能性のある債権でも譲渡できることは、近年の判例・通説において異論のないところになっていたが、平成29年改正法は、後述の債権譲渡の対抗要件の規定中にも新たに「(現に発生していない債権の譲渡を含む。)」というかっこ書を追加するとともに（467条①項）、新設の466条の6に詳細な規定を置いた。以下にはその背景から説明しよう。

②将来債権譲渡の必要性と承認の歴史　資金調達のために債権を売却したり譲渡担保に供したりする場合には、現在はまだ発生していなくても、これから将来の取引で発生するであろう、いわゆる将来債権の譲渡が認められる必要がある。この点についてはかつては判例が乏しかったが、最判平成11・1・29民集53巻1号151頁は、複数年の先までの将来債権譲渡契約の有効性を認め、さらに最判平成12・4・21民集54巻4号1562頁は、その将来債権の特定性の問題についても、他の債権との識別可能性があればよいと比較的ゆるやかな基準を示した。そして最判平成13・11・22民集55巻6号1056頁は、将来債権譲渡担保の事例で、譲渡担保であっても、債権は確定的に譲渡されており、467条②項の通知で第三者対抗要件が具備できると判示したのである（実際は、「債権譲渡担保設定通知」というものでも「債権譲渡通知」として有効であるとした）。(⚖)

　なぜ現代では将来債権譲渡が重要になったのか。そういうことをしっかり考えてほしい。それは、売掛金などを担保にして資金を調達する債権譲渡担保という取引が盛んになったからである。ではそれはなぜか。中小企業などは、まず不動産を担保にして（たとえば工場の土地家屋に抵当権を設定して）お金を借りる。しかし、不動産にはすべて抵当権を設定し、保証人も立たない、ということになると、一転して資金調達が行き詰まる。そこで、売掛金や在庫動産を担保にする融資が行われるようになってきたのである。けれども、売掛金つまり納品をしてまだ払われていないお金は、現時点でどれだけあるか、というと、売掛金はほぼ60日とか90日先に払われる取引慣行が多いので（学生諸君は売買というのはお金と品物が引換えと思っている人が多いが、実際の取引では支払が後になるのが通例である）、たかだか２、３か月分である。それでは担保には足りないので、将来もこういう取引が続くということを前提に、３年先、５年先の売掛債権をまとめて譲渡担保にとるのが、将来債権譲渡担保なのである（そしてこの場合の第三者対抗要件具備には、本文で後述する債権譲渡登記が多く使われる）。現代では、売掛金と在庫動産を担保に中小企業の運転資金を融資する、動産債権担保融資（将来債権譲渡担保と集合動産譲渡担保を組み合わせる。ABLと呼ばれる）という取引システムも広く行われるようになっている。

　なお、将来債権譲渡の権利移転時期という論点がある。契約の時に権利が移るか、将来個々の将来債権が具体的に発生した時に移るか、という問題で

（♣2）契約時移転説の他に、発生時に契約時にさかのぼって移転するという説（フランス等で有力）もある。どちらも結論に大きな変わりはないが、ただし譲受人が当該将来債権を再譲渡する場合の権限などを考えると、契約時移転説のほうが明瞭かと思われる。

ある。判例は、将来債権譲渡担保と国税の差押えの優劣の事案（前述の最判平成13・11・22と同一事案）で、契約時移転説に親和的な判断を示したが、明示的に示したものはなく、平成29年改正法でも触れられていない（♣2）。

　③改正法における対応　ⓐ判例法理の明文化　以上の判例・学説（および実務）の進展を踏まえて、平成29年改正法の新設規定である466条の6は、将来債権の譲渡について詳細な規定を置いた。その①項は、「債権の譲渡は、その意思表示の時に債権が現に発生していることを要しない」とし、同条②項は、「債権が譲渡された場合において、その意思表示の時に債権が現に発生していないときは、譲受人は、発生した債権を当然に取得する」と規定した。

　①項は、将来債権譲渡について上に掲げた従来の判例法理（前掲最判平成11・1・29等）を取り入れ、将来債権の譲渡が可能であることを明示するものである。②項は、将来債権譲渡がなされたときに譲受人が当該債権を取得することについて従来の判例法理（前掲最判平成13・11・22、最判平成19・2・15民集61巻1号243頁）を具体化して、当該債権が発生すればそれを当然に取得することを明示するものである。

　ただ、これらの条文の書き方は、将来債権譲渡を明示的に肯定し、これまでの判例法理をリステイトしただけで、上述のいわゆる「将来債権の権利移転時期」の「時点」議論について新たに言及するものではない。

　ⓑ将来債権譲渡と譲渡制限特約の優劣関係　これに対して、466条の6の③項は、将来債権譲渡と譲渡制限特約との優劣関係について、新たな規範を定立するものである。同項は、「前項に規定する場合において、譲渡人が次条の規定による通知をし、又は債務者が同条の規定による承諾をした時（以下「対抗要件具備時」という。）までに譲渡制限の意思表示がされたときは、

317

譲受人その他の第三者がそのことを知っていたものとみなして、第四百六十六条第三項（譲渡制限の意思表示がされた債権が預貯金債権の場合にあっては、前条第一項）の規定を適用する」と定めた。これは、同条②項に関連して、将来債権譲渡がなされた後に当該債権に譲渡制限特約が付された場合における当該特約の効力、という、近年問題とされていた争点について明示の規定を定めたものである。

　すなわち、将来債権譲渡がなされたがいまだ譲受人が後述467条における対抗要件（正確には債務者に弁済等を要求できる権利行使要件）を具備していないタイミングにおいて、当該債権に譲渡制限特約が付された場合には、譲受人は譲渡制限特約の存在につき当初から悪意であったものと擬制され、債務者は改正法466条③項により譲渡制限特約を譲受人に対抗することができるのである。逆に言えば、将来債権の譲渡がなされて、その対抗要件具備（通知・承諾）までがなされれば、その後で具体的な債権が発生した時点で債務者が譲渡制限特約を付けても、それは譲受人には対抗できない（譲受人の譲渡が有効）というのである。

⑷　債権譲渡の成立要件

　債権譲渡は、譲渡人と譲受人との契約によって行われ、その契約は、規定はないが物権（176条）におけると同様、両当事者の合意の意思表示のみによって成立すると解される。譲渡契約書の作成や、債権証書の引渡しは、民法上は債権譲渡を成立させるために必要な要件ではない。債権の移転時期についても、規定はないが、理論的には物権と同様に契約成立時に移転するものと考えられる。

（◇5）ドイツ民法は、対抗要件主義を採らず、当事者間での契約だけで第三者にも主張できるが、譲渡を知らなかった債務者が不利益を被ることのないように、善意の債務者を個別に保護する方式を採っている。

●**ザ・条文**

467条①項 債権の譲渡（現に発生していない債権の譲渡を含む。）は、譲渡人が債務者に通知をし、又は債務者が承諾をしなければ、債務者その他の第三者に対抗することができない。

同条②項 前項の通知又は承諾は、確定日付のある証書によってしなければ、債務者以外の第三者に対抗することができない。

（注）①項は「債務者その他の第三者」と書いているが、これは②項の規定を引き出すための表現で、第三者に対しては②項の確定日付がなければ対抗できないのだから、

---

⑤ 債権譲渡の対抗要件

①対抗要件主義の採用　日本民法は、フランス民法と同様に、債権譲渡についても、物権の移転と等しく対抗要件主義を採用した。つまり、当事者間では合意のみで権利が移転するが、それを世間の第三者に主張・対抗するためには法の定めた手続（対抗要件）を踏まなければならないのである（この、一定の手続を行うことを「対抗要件を具備する」などという）。この点、構造的に異なる立法をしている国もある（◇5）。

②債権譲渡の対抗要件とその特殊性　債権譲渡の対抗要件は、いわゆる第三者対抗要件としては、確定日付のある証書による、債務者への通知か債務者による承諾である（467条②項）。しかし、債務者に対する関係だけならば（債務者に対する権利行使要件としては）、それらを確定日付ある証書によってする必要はなく、無方式の通知か承諾があればよい（同条①項）（⇧**ザ・条文**）。

　この対抗要件の意義について説明を加えておこう。不動産の移転の場合は登記が対抗要件である。不動産ならその所在地の登記所に行けばよいが、債権の場合は、そのような一定の場所に登記をするような方式は（債権者も債務者も所在を変えることがあるので）一般には採用しがたい。さらに債権というものは、そもそも債務者の給付があってはじめて実現できるものであるから、債権譲渡契約は債務者抜きでできるといっても、債権を実現する過程のどこかで、債務者は正式に移転を知らされていなければならないはずである。そこで債権譲渡の場合は、「債務者に対する通知か債務者による承諾」という形で、債務者を基軸にした対抗要件を採用したわけである。

　さらに、本来「対抗要件」というものは、それが備わったことを世間の人

①項は対債務者だけに通用する要件である。なお本文の説明を参照。

（♡4）ただしこれは公示機能としてははなはだ不完全ではある。債務者が正しく回答しない場合もあるし、債務者には回答義務はない（たとえば債務者が銀行であれば、債権者たる預金者について回答しないこともできる）。

（♡5）ただし通知に利害関係があるのは譲受人であり、本来は譲受人からもできるほうがよい（フランスなどでは譲受人からもできる。フランスでは対抗要件の手続がより厳密なので、譲受人からできるとしても問題がない）。

が知りうる「公示性」を持っていなければならない。また、たとえば同じ土地を所有者がX・Yの2人に売ってしまった、というようなとき、つまり「両立しえない権利の承継者が現れたときに、そのどちらが権利者となるのか」（こういうケースを「対抗問題」と呼ぶことがある）を決定できる「優劣決定機能」を持つものでなければならない。この公示性については、明治民法の起草者は、フランス民法での説明と同様に、まず通知または承諾によって譲渡を債務者に正式に認識させておけば、この債権に利害関係を持とうとする第三者が現れたときには、その者は債務者に問い合わせて債権の所在等を確認することができるから、それをもって公示の機能を果たせると考えた（債務者がインフォメーション・センターになる）（♡4）。さらに「優劣決定機能」を持つためには、（登記なら先に移転登記をした者が権利者となるが）通知は何人でもできるので、どの通知が一番早いものかで決めなければならない。そのために、先後関係についての証拠力のある、「確定日付ある証書」によることを要件としたのである。

③対抗要件の構成要素　　ⓐ通知　　通知は、債務者に対して債権譲渡の事実を知らせるもので、法的性質でいえば、意思表示ではなく、観念の表示（ある出来事を伝えるもの）であり、準法律行為と分類される。しかし通説は、意思表示の規定が類推適用されるとしている。したがって、一般の意思表示と同様に、到達した時に効力を生じるし（97条①項）、代理人によって通知したりすることができる。通知の主体は譲渡人であって、譲受人から通知することはできない（467条①項）。これは、譲受人と詐称する者からの虚偽の通知を防ぐためである（♡5）。

　　ⓑ承諾　　承諾も通知と同じく債権譲渡の事実を知ったという観念の表示

（♡**6**）内容証明郵便については、池田真朗編『民法 Visual Materials』（有斐閣）69頁、73頁参照。ちなみに、速達郵便などには確定日付はない。書留にしてもだめである（内容物の証書の日付が付かない）。

であるとされている（しかしこれについては、債務者が積極的に債権譲渡を承認する意思表示の色彩もあると指摘する説もある。実際には、債務承認などの意思表示としてされる場合も当然あろうが、対抗要件としては観念の表示で足りる、という理解をすればよい）。承諾をするのはもちろん債務者であるが、承諾の相手方は譲渡人・譲受人のいずれでもよいとするのが現在の通説である。

ⓒ確定日付　確定日付というのは、それがあるとその証書がその日に存在したことが完全な証拠力をもって証明されるものである。確定日付の種類は民法施行法に規定されている。中でもよく使われるのは、通知の場合には内容証明郵便（民法施行法5条①項6号）（♡**6**）、承諾の場合には公証役場での確定日付の付与（同項2号。公証役場に私署証書を持っていって日付印を押してもらう）である。もちろん公証人が作成する公正証書の日付は確定日付であるし（同項1号）、裁判所の差押命令の送達書の日付も確定日付である。

④債務者に対する対抗要件具備の効果　467条②項の確定日付ある証書による通知・承諾でも、同条①項の無方式の通知・承諾でも、とにかく対抗要件を具備すれば、譲受人はその時（通知が着いた時か承諾をした時）から債務者に対して債権の行使ができる（ただし複数の譲渡通知が競合した場合については後述⑥参照）。この意味での債務者に対する対抗要件は、（本来の権利帰属を争う対抗問題ではないのだから）債務者に対する「権利行使要件」と呼んだほうがわかりやすい。したがって逆に通知も承諾もない間は、（すでに譲渡人・譲受人間で有効な譲渡自体はあったとしても、対抗要件がないのだから）債務者は譲受人からの弁済請求を拒むことができ、譲渡人のほうに弁済すれば適法な弁済となる。

⑤第三者に対する対抗要件具備の効果　467条②項の確定日付ある証書

による通知か確定日付ある証書による承諾を（他の譲受人などに優先して）得た譲受人は、その時点から債務者に権利主張しうることはもちろん、債務者以外の第三者に対しても、自分が債権者であると主張しうる。

　ここでいう「第三者」とは、譲渡された債権そのものについて両立しえない法律的地位を取得した第三者に限る。具体例としては、債権の二重譲受人、債権を質にとった者、譲渡人の債権者で譲渡債権を差し押さえて転付命令を得た者などである。それ以外の、譲渡された債権について間接的に影響を受けるにすぎない者はここには含まれない（そういう者については、譲受人は確定日付ある通知・承諾なしに譲受けを対抗できる）。第三者にあたらない具体例としては、AのBに対する債権がCに譲渡された際の、債務者Bの他の債権者Dなどが挙げられる。

　ここでいう「第三者」は一般的には悪意者（債権譲渡の行われたことを知っている者）も含むと解されているが、一部には悪意者排除説（悪意の者には対抗要件なしに対抗できるとする説）もある。

　なお、このような「第三者」に対する対抗の問題（たとえば、二重譲渡がされて2人の譲受人のどちらが優先するか）が起こるためには、債権が存在していることが必要である。二重譲渡のケースで、第1譲渡については確定日付のない通知しかなかった（債務者にしか対抗できない）としても、その段階で譲受人が債務者から弁済まで受けてしまい、その後で第2譲渡の通知が届いたというのであれば、いくら第2譲渡の通知に第三者対抗要件としての確定日付があっても、すでに債権が消滅しているので対抗問題にはならない。

　⑥対抗要件の優劣決定基準　　債権は、二重三重に譲渡されることがある（たとえば、資金繰りが苦しくなった人が、何人もから取立てを迫られて、自分が

ここが Key Point

1 **債権譲渡の優劣決定**の際には、実際
の譲渡の先後は問題ではなく、**対抗要件の
具備の先後が問題**になる。

2 467条①項の通知は、②**項の通知が
あると実際には意味を持たなくなる。**

3 二重譲渡の**優劣決定基準**となる対抗
要件具備の時は、通知については確定日付
ある通知の**到達時**である。

持っている同じ債権を弁済に代えて譲渡することがある）。二重譲渡などのあっ
た場合、優劣決定の際には、実際の譲渡の先後は問題にならない。対抗要件
の具備の先後が問題になる（不動産物権であれば、早く対抗要件としての登記
をしたほうが勝ち、遅れた人はもはや登記できないのだが、債権の場合は対抗要
件自体が複数具備できてしまう）（⇧**ここが Key Point 1**）。さらに、債権譲渡の
場合は上記の2種類の対抗要件があるので、それら相互の関係も問題になる。

ⓐ **467条①項の通知と②項の通知が具備された場合** 　譲受人Xへの譲渡
について、譲渡人Aが確定日付のない通知を債務者Bに対してなし（まだ弁
済はされていない）、さらにAはYにも譲渡してこれについては確定日付のあ
る通知をBにした場合は、譲渡通知の日付や到達の先後に関係なく、第三者
対抗要件となるのはYについての通知のみであるから、Yが唯一の債権者と
なる。Xの得た①項の通知は、債務者に対する権利行使を可能にする要件で
はあるが、他の第三者に対抗できない（負ける）ものであるので、他に競合
する第三者が出現した場合には、債務者に対しても権利主張ができなくなる
（債務者は優先するYに払わなければならないので、Xの請求を拒める）ことに注
意したい（⇧**ここが Key Point 2**）。

ⓑ **467条①項の対抗要件のみが複数具備された場合** 　XとYについて、
譲渡人Aがいずれも確定日付のない通知のみを債務者に対してした場合は、
X・Yのいずれも対第三者の関係では対抗要件を得ていないので、この段階
では優劣は決まらず、先に②項の対抗要件を得たほうが権利者となる。

ⓒ **467条②項の対抗要件が複数具備された場合** 　467条②項の対抗要件
が複数具備された場合は、いずれの対抗要件の具備が早かったかで優劣を決
する。この場合、いつ具備されたとみるかということが問題になる。ここで

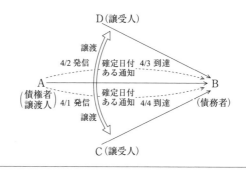

●指名債権の二重譲渡と
　優劣の基準

　右の場合は、Dが優先
し、唯一の譲受人とな
る。

前に述べた、この対抗要件は「債務者の正式の認識」が基準になるものであ
ることを想起してほしい。したがって、債務者の確定日付ある承諾の場合は、
その承諾がなされた時点（正確には確定日付ある承諾ができあがった時点だか
ら、承諾書に公証役場で確定日付を付ける場合ならその確定日付が付いた時点）
ということで何ら疑問はない。問題は、通知の場合である。判例は、最初、
通知された時点を確定日付で証明するよう求めていたが、通知書に確定日付
があればよいと変更している（大連判大正3・12・22民録20輯1146頁）。そう
すると、たとえば内容証明郵便でした場合、通知の日付は郵便局での発信時
であって、債務者の認識時とは乖離してしまう。この点が論議の対象となり、
判例（最判昭和49・3・7民集28巻2号174頁）は、債務者への到達の時点であ
ると明示した（到達時説）（⇧**ここが Key Point 3**）。

　これには、（到達時は一般の証拠で証明させるので）確定日付という手段を
単なる添えものにしてしまうという批判があるが、学説の多数も賛成してい
る。なお、この複数の通知の競合については、譲渡通知と差押通知の競合の
場合も同様に扱われている。

　⑦**対抗要件の衝突（通知の同時到達）**　　さて、上に述べたように複数の
対抗要件が具備された場合、通知であればその債務者への到達時を優劣決定
基準にするのだが、その基準で決まらない通知同時到達（到達の先後が不明
の場合を含む）のときはどうするか。判例はこの点について、二重譲受人は、
両名とも債務者に対する関係では完全な債権者としての地位を得ているので、
いずれもが債務者に対して全額の弁済を請求できるとした（最判昭和55・
1・11民集34巻1号42頁）。ただ、この判決はその理由づけ（複数の譲受人相互
の債権関係の法的性質）や1人の譲受人が全額受領した後の関係などについ

（♣3）学説ではこの場合の各譲受人間の債権関係について、連帯債権説、不真正連帯債権説、多数当事者の債権関係にはならないとする説、などが主張された。池田「債権譲渡の対抗要件具備の衝突」民法の争点Ⅱ62頁以下（池田『債権譲渡の研究〔増補2版〕』（弘文堂、2004年）131頁以下）参照。

（◇6）この改正と同時に、上記の動産譲渡登記の制度が新設され、法律の名称も変わって、動産債権譲渡特例法となった。動産譲渡登記は、集合動産譲渡担保などに使われる。

（♠2）1点注意したいことは、特例法登記では第三者対抗要件は備わるのだが、債務者に知らせていないのだから、いわゆる（債務者に払えというための、民法では467条①項にあたる）権利行使要件は備わらな

て何も述べていなかったので、学説は、結論には大多数が賛成したものの、その説明には多数の見解が現われている（♣3）。さらにその後の判例は、譲渡通知と差押通知の同時到達（到達の先後が不明）のケースで債務者が債権額を供託し、譲受人と差押債権者が供託金還付請求をした事案で、公平の原則から、譲受債権額と被差押債権額に応じて供託金額を案分した額で分け合うという判断を示している（最判平成5・3・30民集47巻4号3334頁）。

⑧**債権譲渡登記**　平成10（1998）年10月に施行された「債権譲渡の対抗要件に関する民法の特例等に関する法律」（債権譲渡特例法）は、企業が資金調達のために多数の債権をまとめて譲渡する場合などのために、債権譲渡登記という制度を創設し、法人が金銭債権を譲渡する場合、法務局のコンピューターに譲渡データを登記すれば、第三者に対しては467条②項の確定日付ある証書による通知・承諾があったとみなすこととした（現在は動産譲渡登記の制度も加えて動産債権譲渡特例法になっている）。この登記をすれば、債務者への通知なしに多数の債権譲渡について効率的に第三者対抗要件が具備できる（登記完了日時から対抗可能となる）。したがって法人は、467条の対抗要件を得ても、債権譲渡登記をしてもよい。なお、売掛債権等を活用した資金調達の要請にさらに応えるため、平成16（2004）年の同法改正によって、債務者がまだ不特定の将来債権についても、他の要素から債権を特定して登記ができることになった（平成17〔2005〕年10月施行）（◇6）（♠2）。（⚖）

⚖ ルール創りの観点から

　特例法、と聞くと、民法本体よりも勉強しなくていいと思う人がいるが、大変な間違いである。債権譲渡登記は、法人にとっては、467条②項の確定日

い。権利行使要件を備えるためには別途登
記事項証明書を付して通知をするか、債務
者の承諾をもらわなければならない。かえ
って面倒ではないか、と思うかもしれない
が、それでいいのである。なぜか。考えて
みてほしい。

付のある証書でする通知の等価代替手段である。そして、債権譲渡登記は、
①大量の債権を譲渡して資金を調達するためには、個々に確定日付のある通
知をしているのでは手間とコストがかかる、②債務者に知らせなくても第三
者対抗要件が備わるほうが便利な場合が多い、という実務上の要請に応えて
作られた、取引促進のためのルールである。そしてこの特例法登記は大成功
をして、現在では法人のする債権譲渡では非常に多く使われている。だから、
この現在は動産債権譲渡特例法となっている法律は、とくにこの対抗要件制
度については、民法と同じだけ勉強しなければいけないのである。なお改正
法においても、この民法の確定日付ある通知・承諾と特例法登記の併用には
変更がない。

⑹　債権譲渡と供託による解決

①債務者の供託権　　さて、上述⑸⑺のような、どちらの譲受人に払えば
よいかわからないという二重譲渡の対抗要件の衝突の場合以外にも、すでに
述べた譲渡制限特約を付けた債権を譲渡された債務者は、改正法466条③項
で元の債権者である譲渡人に払ってもよいとされても、その結果生じる可能
性のある譲受人とのトラブルを避けたいと考えることもあろう。したがって
それらのケースでも、債務者が供託という手段によって紛争から逃れること
を可能にすべきであろう。

供託についての詳細は第24課で学ぶが、すでに述べたように、供託は、債
務消滅原因のひとつであって、法務局の供託所に、給付すべき金銭や目的物
を持って行って供託すれば、債務者は、弁済したのと同じ効果を得ることが

できるのである。ただ、供託は、民法上はいつでもできるわけではなく、後
述のように規定にあてはまる場合しかできない（♣ 4）。

　平成29年改正法で新設された466条の2は、譲渡制限の意思表示がされた
債権に係る債務者の供託権について、その①項で、「債務者は、譲渡制限の
意思表示がされた金銭の給付を目的とする債権が譲渡されたときは、その債
権の全額に相当する金銭を債務の履行地（債務の履行地が債権者の現在の住所
により定まる場合にあっては、譲渡人の現在の住所を含む。次条において同じ。）
の供託所に供託することができる」との規定を置いた。

　確かに、前述のように、債務者が二重譲渡や譲渡と差押えの競合などの場
合に供託によって紛争から離脱できるようにすることは、一連の二重譲渡の
優劣規準の判例法理の形成の中で認められてきた。ただその民法上の根拠規
定は494条なのだが、そこに規定されている供託原因は、債権者の受領拒絶
か債権者不確知だけなのである。しかし今回の改正法では、制限特約付きの
債権でも債権譲渡が有効となるのだから、譲受人は明らかに債権者になるの
で、「不確知」にはあてはまらない。したがって、466条の2で、この場合も
明示的に供託ができることを規定したわけである。

　なお同条②項は、供託をした債務者の、譲渡人および譲受人に対する通知
義務を定め、同条③項は、供託金は譲受人に限り還付請求ができることを定
めている。

　②譲受人の供託請求権　　上記の関連で、新設された466条の3は、譲受
人（新債権者）側からの供託請求権について定めたものだが、まだ破産法を
学んでいない諸君はわからなくていい。譲渡人について破産手続開始の決定
があったときは、譲受人は、譲渡制限の意思表示について知っている場合で

も、債務者に供託させることができ、それによって債権の優先的な確保を図れるという規定である（♣5）。

⑺　債権譲渡と債務者の抗弁

①債務者の抗弁事由発生時期の原則　　債務者は、対抗要件具備時までに譲渡人（旧債権者）に対して生じた事由（たとえば、債権額の半分を弁済したなど）があればそれをそのまま譲受人に対抗できる（改正法468条①項。改正前同条②項にあったものと趣旨は同じである。改正前の規定では「債権譲渡通知を受けるまで」としていたのを「対抗要件具備時まで」と改めることにより、債務者が債権譲渡通知を受けた場合だけでなく債務者が債権譲渡を承諾した場合についても規定の適用範囲を拡大したものとされるが、これまでも承諾を含めた解釈はされていたので、実質的な内容や解釈への影響はない）。つまり債権譲渡を債務者が正式に認識するまでに債務者に生じた事由は譲受人にも対抗できる、と考えればよい。これは、債務者は、譲渡人と譲受人の2人でできる債権譲渡契約によって、それがなかったときよりも不利になってはおかしいので、当然の規定である。

　なお、すでに述べたように、「対抗要件具備時」の「対抗要件」というのは、債務者の認識が問題なのだから、467条②項の第三者対抗要件ではなく、同条①項の対債務者権利行使要件と考えるべきである。したがって、これもすでに述べたように、債権譲渡特例法登記だけでは、第三者対抗要件しか具備できないので、（債務者の認識が問題なのに債務者は登記の事実を知らないのだから）同特例法4条②項の、登記事項証明書を付した通知があるまでは（または債務者の承諾があるまでは）この対抗可能な抗弁事由は増え続けるとみる

（◇**7**）今回の立法担当者は、代わりに抗
弁放棄の意思表示をさせればよいという態
度であったのだが、実は、包括的な抗弁放
棄が認められるかどうかについては、学理
的には異論もあり、今後早期の判例・学説
の確立が望まれる場面と思われる。

べきである。なお、抗弁事由としては、債権の消滅・不成立や相殺などがあ
るが、相殺については、すでに相殺したというだけでなく「反対債権がある
ので相殺する」と言えるとされているが、別途明文規定が置かれたのでこの
あとに述べる。

　②**異議をとどめない承諾の廃止**　　平成29年改正法までは、債務者が異議
をとどめないで譲渡を承諾すると、譲渡人に対抗できた事由でも譲受人に対
抗できなくなる、という特殊な規定が置かれていた（改正前468条①項）。こ
れは、ボワソナード旧民法由来の規定で、ボワソナードは、承諾の意思表示
をした以上は抗弁ができなくなる、という、禁反言に似た倫理的な規定とし
て置いたようなのであるが、これが明治民法では「前条の承諾」つまり467
条の対抗要件としての承諾という規定上の表現になったため（すなわち、こ
の「承諾」は債権譲渡の事実を知ったというだけのものでよく、債務を承認する
等の意思表示である必要はない）、観念の通知にすぎないものによって抗弁を
すべて喪失するのはおかしい、という批判がされ、学理的に説明が難しい規
定とされて、債権譲渡分野のひとつの争点となっていたのである。そしてこ
の規定は、平成29年改正で削除されるに至った。条文がなくても一般に抗弁
の放棄はできるのだからという理由である。

　ただ、実はこの異議をとどめない承諾の規定は、1990年代以降になって、
資金調達のための債権譲渡が盛んになると、譲受人（つまり譲渡人に対する
融資者）にとって、取得する債権に抗弁が付着していないことが示される便
利な規定として、取引実務の中でかなり使われるようになっていた。したが
って、その代替策がなければ資金調達取引の実務を阻害することになる
（◇**7**）。

③債権譲渡と相殺の抗弁　　@総説　債権譲渡と相殺の抗弁という論点は、債権譲渡があった場合に、債務者は譲渡人に対する反対債権による相殺で対抗できるかという問題である。これについては、従来から差押えと相殺（511条）の論点（差押えを受けた場合に、債務者は譲渡人に対する反対債権による相殺で対抗できるかというもの。第**24**課参照）と並行して議論され、判例法理も横並びで展開されてきた。今回、平成29年改正法では、469条に債権の譲渡における相殺権の規定を新設し、従来の議論を明文化するとともに、さらに一歩を進めて、差押えと相殺の場合よりも相殺可能となる範囲が広くなる規定を置いた。

　　ⓑ従来の判例法理を踏襲する規定　　469条①項は、債務者は、対抗要件具備時より前に取得した譲渡人に対する債権による相殺をもって譲受人に対抗することができるとするもので、これは、最高裁の判例である無制限説（債権譲渡があった時に債務者が譲渡人に対して反対債権を持ってさえいれば、反対債権〔自働債権〕の弁済期と譲渡債権〔受働債権〕の弁済期の先後などを問わずに、相殺適状になれば債務者は相殺ができるというもの。最判昭和50・12・8民集29巻11号1864頁）を明文化したものであって、特段の問題はない。なお、ここでいう対抗要件具備時の意味は、すでに述べたように、債務者に対する権利行使要件具備時ということである。

　　ⓒ差押えと相殺と同一の拡張部分　　しかし、同条②項はさらに、債務者が対抗要件具備時より後に取得した譲渡人に対する債権であっても、「対抗要件具備時より前の原因に基づいて生じた債権」（同項１号）と、「譲受人の取得した債権の発生原因である契約に基づいて生じた債権」（同項２号）については、相殺権の行使を認めた（それだけ債務者の保護に厚い規定を置いた

ことになる）。

　このうち②項１号は、譲受人による権利行使要件具備時より後に取得した債権であっても、その発生原因が前にある債権であれば、債務者は相殺をもって譲受人に対抗することができることを規定するものであり、これにより債務者が譲受人に対して対抗することができる相殺対象範囲が改正法以前のいわゆる無制限説の解釈よりも拡大することになった。しかしこの１号は、今般の改正で民法511条の②項に加えられた改正と同じであって、その意味ではこの１号までは、511条の差押えと相殺についての規定とパラレルな取扱いをしたものと理解される（♣6）。

　いずれにしても、ここまでの部分は、（将来債権の譲受人にとって不利な要素が増えることは否めないが）差押えと相殺の場面と同一の処理をするということでは一定の合理性を見出せるというべきであろう。

　ⓓ差押えと相殺の規定を超える拡張部分　　しかし、469条②項２号については、その立法の理由は非常に疑問である。立法資料によれば、②項２号の対象は、明文で示されていないものの、将来債権譲渡の場面に限定されるという。たとえば、将来の請負報酬債権が譲渡され、対抗要件が具備された後で請負契約が締結され、その契約に基づく修補に代わる損害賠償請求権が発生したような場合に拡張されるというのである。同一の契約から生じた債権・債務であるにもかかわらず債務者の相殺の期待を保護しないのは衡平に失するとの観点から設けられたものと説明される。これにより債務者が譲受人に対して対抗することができる相殺対象が差押えと相殺の場面以上に広がり、債務者の相殺の期待利益が保護されることになった。

　そのようにした理由は、立法担当者によると、将来債権が譲渡された場合

（♣7）これらの理由づけは、一見すると
つじつまが合っているように読めるが、結
局将来債権譲渡の場面における債務者保護
を言っているだけであって、当事者のリス
ク配分の合理性という観点からは、十分な
検証がされているわけではない。つまり、
将来債権の譲受人のリスク（あとから抗弁
事由が増える）を高めて、そこまで債務者
保護を強化することの説得力があるとはい
えないように思われる。また、取引実務に

おける予測可能性という意味でも、債権譲
渡の場合と差押えの場合の取扱いを同一に
したほうが合理性があるといえる。

については、譲渡後も譲渡人と債務者との間における取引が継続することが
想定されるので、法定相殺と差押えの場合よりも相殺の期待利益を広く保護
する必要性が高い（譲受人も、継続的取引から生じる将来債権を譲り受ける以上、
相殺のリスクを計算に入れておくべきである）という考慮に基づき、相殺の抗
弁を対抗することができるとしたものであるという（♣7）。

> ♡◇模擬試験問題♣♠
> （第13〜21課までの範囲で出題。判例付きでない六法の参照可）

問題Ⅰ〔初心者コース〕

以下の(1)〜(3)の文章の正誤を○×で示し、その理由を書きなさい（正誤が
合っているだけでは正答とならない）。

(1)　「A社の倉庫にある平成元年産のコシヒカリ100俵」が売買契約の目的
となっていた場合、A社の倉庫が全焼したとしても、売主は、平成元年産の
コシヒカリが市場にある限りはそれを調達して給付する義務がある。

(2)　特定物売買において目的物が売主の帰責事由によって滅失し、目的物
の価格が履行不能による填補賠償の対象となった。売買契約時および履行不
能時の価格は100万円だったが、その後に130万円に上昇した。判例の考え方
によると、これは損害の拡大と捉えられ、損害賠償の範囲は、130万円まで
が通常損害として賠償請求しうることになる。

(3)　判例によれば、土地の買主Aは、売主Bが、その前の所有者Cから登
記を移してもらっていないためにAへの移転登記をしてくれない場合は、B
の無資力を要件として、債権者代位権を行使して、Bに代わってCに対して
CからBへの移転登記を請求しうる。

問題Ⅱ〔中級者コース〕

　AはBに対して500万円の貸金債権を有していた。この貸金債権には、Cの連帯保証が付されていた。そしてBもたまたまAに対して200万円の売掛金債権を持つに至った（両債権とも弁済期は到来している）。この状態でAはBに対する500万円の貸金債権をDに譲渡した。

　この債権譲渡は、内容証明郵便でAから連帯保証人Cに通知されたが、Bには通知されていない。CがDから弁済請求を受けた場合、Cはどのような対処が可能か。またCがBに相談せずにDに対して500万円を弁済した場合の関係当事者間の法律関係を説明しなさい。

　季節のめぐりは早い。君にとって「学問の秋」は実り多く終わっただろうか。私も、大学の行政の仕事に追われているときほど、学会や研究会などになるべく出席して、いささか意地になって議論に参加したりするのだが、そういうときは、結局勉強不足がはっきり実感できてしまい、あとで反省することが多い。やはりものをいうのは、日頃の着実な勉強の積み重ねである。

　何事にもわずらわされず、1年くらいかけてたった1本の論文を推敲に推敲を重ねて書いてみたい、と切実に思うときがある。

　　二つなき玉を磨きてその中に

　　　　　　花穿つごとき仕事をしたし

第22課　債権関係の移転⑵ 債務引受・契約譲渡

　大学ではいよいよ学年末試験の季節が近づいてきた。あと数回、という講義の教壇に向かうとき、今年も学生諸君に役に立つ講義ができただろうか、と自問することがある。本書をここまで読み続けてくれた諸君、学年末試験は君達の成長ぶりが問われるときであるとともに、本書の価値が評価される機会でもある。この課のあとには『模擬試験問題』の解答例と解説を掲げてある。どれだけ力が付いているか、しっかり確認してほしい。

▶6　債権関係の移転

3　債務引受・契約譲渡

⑴　序説──広義の債務引受

　債務引受とは、最も広い意味では、債務者の債務を他人が引き受ける契約全般をいう。しかしこの中には、3種類のものが含まれる。①免責的債務引受、②併存的（重畳的〔ちょうじょうてき〕）債務引受、③履行引受、の3種である。これらはいずれも、契約による債務の移転であり、法律の規定によ

●免責的債務引受

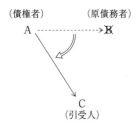

（債権者）　　（原債務者）
　　A ------------->~~B~~

　　　　　　　　　↓

　　　　　　　C
　　　　　（引受人）

る移転（たとえば、相続や会社の合併によるもの）を含まない。また、この分野には平成29年改正でようやく民法の条文が置かれた。（⚖️）

> ⚖️ **ルール創りの観点から**
>
> 　実はこの分野は、日本民法典が世界の民法典と比較して一番遅れていた部分といえる。古くドイツ民法典ではすでに債務引受の規定が置かれており、さらにイタリア、ポルトガル、ブラジル等、1940年代以降に作られた（あるいは旧法典を新しく修正した）民法典では、債務引受の規定があるのは当然なのである。ようやく平成29年改正法では470条以下に債務引受の規定が置かれることになったが、新しい規定が十分なものかどうか、内容的に適切かどうかの検証はこれからである。

⑵　免責的債務引受

　①意義　　これは債権譲渡のいわば裏返しで、債務が同一性を保って移転する契約を考えればよい（ただ同一性を保ってといっても、後述③の効果のところで示されるように、保証などの担保がそのまま移転するかどうかというところが、債権譲渡と異なる）。つまりAのBに対する債権があるとすれば、Bの債務をそのまま引受人（新債務者）Cに移転させる契約であり、これによって原債務者Bは債務を免れる（472条①項）。つまりBは債権関係から離脱し、AのCに対する債権のみがあることになる（ただし正確に言うと、改正法は472条①項で移転という表現は採用せず、引受人Cが債務者Bと同一の債務を負担し、Bは自己の債務を免れるという、後述の併存的債務引受を基本にしたような

表現をしている）。しかし考えてみると、この契約では債務者が変わる（したがって債務者の財産状態が変わる）わけであるから、債権の実現可能性に大きな影響がある。債権者としては原債務者と引受人とに勝手にこのような契約をさせるわけにはいかないことがわかるだろう。

　②**要件**　　ⓐ債務の性質　　当然ながら、債務の性質が金銭債務のように別の債務者によっても履行しうるものであることが必要である。

　ⓑ当事者　　債務者の交代が債権者の利害に大きく影響するところから、債権者の何らかの関与がなければ、免責的債務引受は認めるべきではない。そこで、まず債権者・原債務者・引受人の３者で契約する（こういう形を三面契約という）のであれば問題なく有効である。また、債権者と引受人の間で契約することも可能である（472条②項前段。これは従来の判例・通説である。原債務者抜きで契約されても、原債務者は債務を免れるだけであるから不都合はない）。しかしその場合は、債権者が債務者に対してその契約をした旨を通知した時に効力を生ずる（同項後段）。原債務者と引受人だけで契約した場合は、それだけでは有効にならず、債権者の承諾（同意）の意思表示があってはじめて有効になるというのが現在の通説であり、改正法でもその旨が規定された（債権者が引受人となる者に対して承諾をすることによってもすることができる。同条③項）。

　③**効果**　　ⓐ債務　　免責的債務引受によって、債務本体は、引受当時の状態で同一性を失わずに引受人に移転する形となる。

　ⓑ抗弁　　引受人は、債務と、それに付随して引受当時に原債務者が持っていた債権者への抗弁事由（一部を弁済してあるとか、同時履行の抗弁権があるとか）の一切をそのまま引き継ぐことになる（472条の２①項）。ただし、

引受人は債務を引き継いだだけで、元の債権者と債務者の間の契約の当事者の資格を引き継ぐわけではないから、引き継いだ債務の元になっている契約を自分で解除したり取り消したりはできないというのが判例・通説である。この点、改正法は、その代わりに、引受人は、免責的債務引受がなければこれらの権利の行使によって債務者がその債務を免れることができた限度において、債権者に対して債務の履行を拒むことができると規定した（472条の2②項。履行拒絶権構成を採用したわけである）。

　ⓒ引受人の求償権　　免責的債務引受の引受人は、債務者に対して求償権を取得しない（472条の3）。引受人は、債務の履行を自分のコストで負担する意思があると一般に考えられるという趣旨で規定されたものである。もとより、債務者と引受人間で、何らかの引受けの対価を債務者が支払う合意をすることは可能である。

　ⓓ担保の移転　　問題なのは、原債務に付いていた人的・物的の担保がどうなるかである。これについては、改正法は以下のように規定した。①まず、債権者は、免責的債務引受を承諾するに際して、債務者に設定していた担保権を引受人に移すことができる（472条の4①項本文）。ただし、「引受人以外の者」が提供している担保については、その担保提供者の承諾を得なければならない（同項ただし書）。この場合の担保提供者の「承諾」は、担保移転の承諾の意思表示である。注意すべきは、債務者は「引受人以外の者」であるから、債務者の提供している担保の移転には債務者の承諾がいるということである。つまり、何が言いたい規定かといえば、債権者は、免責的債務引受を承諾するに際して、債務者が負担していた担保を引受人が負担することに応じなければ承諾しないと言える、ということである。②また、その同条①

項の担保移転は、免責的債務引受契約に先立って、あるいはそれと同時に、引受人に対してする意思表示によってしなければならない（同条②項）。免責的債務引受があると、原債務者の債務は消滅するのだから、消滅に関する付従性によって担保も消滅するという問題を避けるためであるとされる。③保証人の保証債務を移す場合にも、同様に保証人の承諾を必要とする（同条③項）。つまり、債務者の責任財産の変化が保証人に大きく影響するのであるから、保証人の承諾がない限り、免責的債務引受によって保証債務は消滅すると考えるのが、従来からの判例（大判大正11・3・1民集1巻80頁）・通説であり、これは当然の規定である。さらにその場合の保証人の承諾は、書面によってしなければ効力を生じない（同条④項）。これは、すでに学んだ保証契約の要式行為性（446条②項）と平仄を合わせたものである。承諾が電磁的記録でなされたときは、書面によってなされたものとみなす（472条の4⑤項。これも446条③項と同様の規定である）。（⚖）

⚖ ルール創りの観点から

　ひとつ注意してほしいのは、改正法では、債務引受の成立や担保の移転などについて「（債権者）承諾した時」とか「承諾を得なければ」などという表現がされているが、ここでいう「承諾」は、債権譲渡の対抗要件で用いる「承諾」とは異なり、「意思表示」であるということである。つまり、467条の債権譲渡の対抗要件における「承諾」は、もちろん（債務承認や抗弁放棄などの）「意思表示」である場合もあるだろうが、対抗要件としては、「譲渡の事実を知りました」というだけの「観念通知」でも足りるのである。しかし「承諾」という用語の使い方としてはそちらが例外で、本来は「意思表示」と

●併存的（重畳的）債務引受

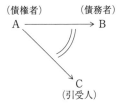

して使うと理解すべきであろう。

③　併存的（重畳的）債務引受

①意義　　これは、債務が引受人に引き受けられる一方、原債務者も離脱しないという契約である。つまりAのBに対する債権があるとすれば、Bが債務者であり続けながら、同一内容の債務をそのまま引受人（新債務者）Cにも負担させる契約であり、これによって債権者Aは原債務者Bと引受人Cとの両者に対して債権を持つことになる。

　この結果、債務者が1人増えた形になるので、債権の担保力は増大する（AはBとCの双方の財産をあてにできる）。このように併存的（重畳的）債務引受は債権者に有利な契約であるので、債権者の意思は免責的債務引受のように重視される必要はない。契約としても認められやすいということになる（⇧ここが Key Point）。

　ちなみに、改正法は、この併存的債務引受を免責的債務引受よりも先に規定し、しかも免責的債務引受については、あたかも併存的債務引受から債務者を免除するかのような法律構成を採っているが、これは諸外国の民法から見ると少数派の構成であり、諸外国では債権譲渡との対比で免責的債務引受から規定するほうが多い。

　確かに今日の取引社会では、併存的債務引受のほうが利用状況は多いが、免責的と併存的とでは、当事者の契約の意図は最初から大きく異なっていると考えられ、免責的債務引受はもともと債務者の交代を意図し、併存的債務引受はもともと協力して債務履行にあたる状況を作る（実際後述のように連

（◇**1**）保証が主たる債務者の意思に反し
てもなしうる（462条②項）こととのバラ
ンスからもこうあるべきだとされる。

帯債務になる）ことを想定していると思われる。

　②**要件**　　まず債権者・原債務者・引受人の三面契約ですることができる
のは当然である。また、債権者と引受人の間で契約することも可能である
（470条②項）。しかも、債務者の意思に反していてもなしうると解されてい
る（判例・通説）（◇**1**）。原債務者と引受人だけで契約することもできるが、
その場合は、債権者が引受人となる者に対して承諾をした時にその効力を生
ずる（同条③項）。なお、この場合は、債権者に引受人に対する債権を取得
させるという利益を与える契約ということになるから、いわゆる第三者のた
めにする契約（⇒第**3**課36頁）ということになる。したがって、債権者のた
めにすることの明示の約定と、債権者の受益の意思表示（537条③項）が必要
とされるというのが従来の判例であり、その趣旨が470条④項に明記された。
もっとも、債権者が引受人に対して請求するなど、債権者の権利を行使すれ
ば、受益の意思表示ありと解してよい。

　③**効果**　　ⓐ債務　　原債務者Ｂの債務がそのまま存続するとともに、引
受人ＣがＢと同一の債務を負うことになるのだから、ＢとＣの債務の関係が
問題になる。この両者の債務の関係について、改正法は、連帯債務であるこ
とを明示した（470条①項）。この点について、判例は以前から連帯債務（⇒
第**19**課273頁以下）と解してきたが、すでに学んだように、平成29年改正前の
連帯債務では絶対的効力事由が多かったために、場合によっては債権者に不
利になることもあり、学説では、一律に連帯債務とすることに批判もあった
（Ｂ・Ｃ間に主観的共同関係がある場合は連帯債務になるが、そのような関係がな
いときは不真正連帯債務となるという主張も有力だった）。けれども今回の平成
29年改正では連帯債務の絶対的効力事由が減少したので、連帯債務と明示し

●履行引受

（債権者）　　（債務者）

A ——————→ B

C
（引受人）

●契約譲渡

A ┈┈┈┈┈┈┈→ B

C
（承継人）

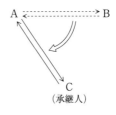

て特段の不都合はないと思われる。

　ⓑ抗弁　　また、引受人は、原債務者と同一の債務を負うことになるのだから、引受契約の効力が生じた当時に原債務者が持っていた一切の抗弁事由をもって債権者に対抗しうるのは当然である（471条①項）。この点では、免責的債務引受と変わるところはない。また、債務者の取消権、解除権についても、引受人は（併存的に債務を引き受けるとはいっても、元の契約当事者ではないので）その限度での履行拒絶権を持つのも免責的債務引受と同様である（同条②項）。

　ⓒ担保　　なお、原債務がそのまま存続しているのだから、免責的債務引受におけるような担保の消滅の問題は生じない。

⑷　履行引受

　これは狭義の債務引受とは異なるが、引受人Cは原債務者Bとの内部関係でのみ債務の履行を引き受け、債権者Aとの関係では従来通り原債務者Bのみが債務者であり続ける、というB・C間の契約である。債権者Aと引受人Cの間には何の法律関係も生じない（Cは、Aに対し、第三者として弁済する〔474条〕にすぎない。CはBに対して、Aに弁済する義務を負い、BはCに対して、Aへの弁済を請求できるが、Aの側からはCに請求はできない）。

⑸　契約譲渡（契約引受・契約上の地位の移転）

　①意義　　契約当事者としての地位をそのまま移転する契約を、契約譲渡あるいは契約引受と呼ぶ。たとえばA・Bが店舗の賃貸借とそこでの営業の許諾の契約を結んでいるとしたら、賃借人Bのその契約上の地位をCに移転

するというもので（Ｃを承継人と呼ぶ）、ＢがＡに対して持っていた債権（店舗の利用などを請求できる権利）も債務（賃料債務や営業許諾料債務など）もひっくるめてＣに移転する。ここで注意すべきことは、契約譲渡の場合は債権譲渡と債務引受をプラスしただけのものではなく、それに加えて、契約当事者だけが持ちうる権能、つまりそもそもの契約についての解除権や取消権なども移転するということである。

　この契約上の地位の移転については、これまでわが民法上には規定がなかったが、改正法は、契約総則の「第三者のためにする契約」の規定の後に、１か条だけ、「契約の当事者の一方が第三者との間で契約上の地位を譲渡する旨の合意をした場合において、その契約の相手方がその譲渡を承諾したときは、契約上の地位は、その第三者に移転する」との規定を置いた（539条の２⇒第**3**課37頁以下参照）。しかしこれは単に契約上の地位の移転ができることを示しただけの規定にすぎない。また、諸外国の民法典の立法例では、債権譲渡、債務引受の次にこの契約上の地位の移転（契約譲渡）の規定を（より詳細な形で）置くものが圧倒的に多く、規定の位置も疑問である。

　なお、賃貸不動産の譲渡と賃貸人の地位の移転に関しては、契約各則（債権各論で扱う）の賃貸借のところに、特別の規定が置かれている（605条の２・605条の３）。

　②**要件**　　この契約譲渡（契約引受）も、元の両当事者Ａ・Ｂに承継人Ｃを加えた三面契約でなしうるのはもちろんである。問題は、ＢとＣだけでできるかということであるが、原則的に相手方Ａの権利義務に与える影響が大きいときは、（免責的債務引受のときと同様に）Ａの承諾（同意）がなければ有効にならない。ただし相手方の権利義務に与える影響が小さい場合（たとえ

ば賃貸人のほうの交代）は、相手方の承諾がなくてもよいとされる（判例・通説）。（⚖）

⚖ ルール創りの観点から

　この契約譲渡についても、今回の改正法ではじめて日本民法典に規定が置かれることになった。しかしたった1か条の規定にとどまり、内容的にも、契約上の地位の譲渡契約ができるというだけのものである。したがって具体的にはまだほとんど何も規定されていないという状況である。

　実はゴルフ会員権の譲渡や過払金返還訴訟関係（契約を引き継いだ金融会社が債権のみしか引き継がず、マイナスの債務を承継しない）などでこの契約譲渡が問題になっている判例はすでにいくつもあるのである。今後は、契約の二重譲渡などの紛争も予想される。これらの紛争の解決については、今後の議論に委ねられる（なお、賃貸不動産の譲渡と賃貸人の地位の移転に関しては、賃貸借のところに個別規定が置かれたので、そちらで分けて論じられることになる）。

　ここで読者諸君に、令和時代の法律学教育イノベーションという話をしておきたい。時代が変わり、ITだAIだという時代に、この50年、100年という単位で一番変わっていないのが法律学教育ではないのか、という話である。

　私はかつて日本の法学教育の歴史について論文を書いたことがあるのだが、明治初期の官僚・法曹養成教育が今日まで続いていて、社会のニーズの変化に法学教育が対応できていないのではないかと強く感じている。

まず、法学部はどういう人材を社会に送り込むべきか、次に、そのために
はどういう法学教育を施すべきか、という順番で考えなければならない。本
書が志向している「ルール創り教育」もそのひとつであり、私が実践してい
る対話型の「大教室双方向授業」も、その私見の表れなのである。

　イノベーションとは「創造的破壊」であると表現されることがある。時代
のニーズに合わない、教育効果の上がらないやり方は、淘汰されるべきなの
である。

　ただ一方で、変えてはならない本質、というものもある。たとえば、フラ
ンスでは、現在でも、小学校の１年生から卒業まで、毎週、一編の詩を暗唱
させる宿題が出されている（辻仁成「フランスの国語教育」中央公論2019年
12月号）。40年前に私が留学していた頃もそうだった。言語感覚、文章の調べ
の会得、そういう身に染み付けた総合的な国語力の基礎の上に、本来、法の
論理は展開されるべきなのである。

　もっとも、本書が初版以来少しずつ減らしつつも残している素人短歌では、
国語力重視の反面教師にしかならないのかもしれないが、読者に知ってほし
いのは、法律学はあくまでも「言葉の学問」であるということについての、
私なりの意識である。

問題Ⅰ〔初心者コース〕

以下の(1)～(3)の文章の正誤を○×で示し、その理由を書きなさい（正誤が合っているだけでは正答とならない）。

(1) 「A社の倉庫にある平成元年産のコシヒカリ100俵」が売買契約の目的となっていた場合、A社の倉庫が全焼したとしても、売主は、平成元年産のコシヒカリが市場にある限りはそれを調達して給付する義務がある。

(2) 特定物売買において目的物が売主の帰責事由によって滅失し、目的物の価格が履行不能による填補賠償の対象となった。売買契約時および履行不能時の価格は100万円だったが、その後に130万円に上昇した。判例の考え方によると、これは損害の拡大ととらえられ、損害賠償の範囲は、130万円までが通常損害として賠償請求しうることになる。

(3) 判例によれば、土地の買主Aは、売

模擬試験問題・解答例と解説

それではここで、模擬試験問題について、解答例などを示しながら解説しておこう。まず、初心者コースとした問題Ⅰの正誤問題からである。問題は上段に再録してある。

問題Ⅰ ▶▶解答と解説

問題Ⅰは前回のミニテストと同様の形式である。

(1)の答えは×である。理由は、「A社の倉庫にある平成元年産のコシヒカリ100俵」が売買契約の目的となっているのであれば、制限（限定）種類債権が成立しているものと考えられるので、その制限範囲外、つまりA社の倉庫以外には調達義務がないからである（⇒第**13**課196頁）。

(2)の答えも×である。判例の考え方によると、履行不能時の価格がその後訴訟時までに騰貴した場合、賠償すべき損害の拡大ととらえるのだが（したがってここまでは問題文も正しいのだが）、履行不能となった時点の損害（100万円）が通常損害であり、価格上昇による損害（もう30万円）は特別損害であるとしている。したがって、価格上昇の予見可能性があれば130万円まで賠償請求が認められるが、予見可能性がなければ100万円の賠償にとどまる（⇒第**15**課221頁）。

(3)の答えも×である。この問題は少々意地の悪い問題かもしれない。とい

主Bが、その前の所有者Cから登記を移してもらっていないためにAへの移転登記をしてくれない場合は、Bの無資力を要件として、債権者代位権を行使して、Bに代わってCに対してCからBへの移転登記を請求しうる。

問題Ⅱ〔中級者コース〕

AはBに対して500万円の貸金債権を有していた。この貸金債権には、Cの連帯保証が付されていた。そしてBもたまたまAに対して200万円の売掛金債権を持つに至った（両債権とも弁済期は到来している）。この状態でAはBに対する500万円の貸金債権をDに譲渡した。

この債権譲渡は、内容証明郵便でAから連帯保証人Cに通知されたが、Bには通知されていない。CがDから弁済請求を受けた場合、Cはどのような対処が可能か。またCがBに相談せずにDに対して500万円

うのは、問題文の移転登記請求権（これも特定債権）の事例は、確かに債権者代位権が認められるものである。しかし、○と速断してはいけない。これは、金銭債権以外にも代位行使が認められるという、いわゆる債権者代位権の転用のケースである。そして、このような転用ケースでは、債務者の無資力は要件になっていない。つまり、Aは、Bの資力の有無に関係なく、保全の必要性があれば代位権を行使できるのである（⇒第16課234頁参照）。

以上いずれも、この本のこれまでの記述を読むだけで答えられる問題であるが、○×が合っているだけではいけない。正確な理由が書いてあってはじめて点が与えられる。

問題Ⅱ ▶▶解答例と解説

次に、中級者コースとした問題Ⅱである。こちらは、解答例を載せて解説を加えよう。問題文はⅠと同様に上段に再録してある。

①解答例

一　Cは、Bに対する通知がなされていないことを確認したうえで、弁済を拒絶することができると解する。まず、A・D間の債権譲渡契約は問題文より有効と考える。それゆえDはBに対してCの連帯保証付きの500万円の金銭債権を有するに至る。しかし本問では、対抗要件たる通知が連帯保証人Cに送られ、債務者Bに送られていない。保証契約の付従性により、債務者に生じた事由は保証人に効力を生じるが、逆は成り立たない。この点、連帯保証の場合は、連帯債務の規定が準用されるが（民法458条）、債権譲渡の通知の効果は、連帯債務においても絶対的

を弁済した場合の関係当事者間の法律関係
を説明しなさい。

効力事由ではない。したがって、譲渡人Aが連帯保証人Cにした通知に
よっては、譲受人Dには債務者Bに対する対抗要件は備わっておらず、
前述の付従性から、Cも弁済を拒絶することができる（判例同旨）。

　二　CがBに相談せずに500万円を弁済した場合の処理は以下の通り
である。まず、A・D間の債権譲渡契約は内部的には有効で、DはB・
Cに対抗できないだけだから、債務者側からDを債権者と認めて弁済す
ることは可能である。それゆえCが連帯保証人としてした弁済も、有効
ではある。しかし、CはBに対して事前の通知を怠っているので、求償
権の制限を受ける。本問の場合、CはBの相殺の機会を奪ってしまった
ので、BからCへその相殺の抗弁がなされ、CはBに対しては300万円
の限度で求償できるにすぎない（民法463条１項）。その場合Cは、相殺
によって消滅すべきであった債務の履行、つまり200万円を、Bに代わっ
てAに対して請求できる（民法463条１項後段。請求の相手方は、そもそもD
は債務を負担していないのだから、Bが相殺を予定していた相手のAである）。

②解答例に対する批評　　この中級者コースでは、まず、与えられた事例
に対して的確な条文をあてはめて解決する、「条文あてはめ能力」が試され
る。複数の適用条文をつなぐ論理力も重要である。

　解答例は手際良く論理的に、かつ、ほぼ必要十分に書けている。とくに、
最初に結論を呈示しているのは大変良い。ただ、これは答案構成に時間の余
裕と自信がないとできない技である。もう少し大きな事例問題の場合は、答
案構成にどれくらいの時間をかけてから書き出すのがよいか、などというこ
ともポイントになる。

③**解答内容についての解説**　　解答例では、「対抗要件たる通知」とある。
これはこれで本問の解答としては必要十分な記述である。具体的には、本問
では467条①項の債務者に対する対抗要件（権利行使要件）があればよいわけ
である。本問では「内容証明郵便」で通知しているので、467条②項の第三
者対抗要件になっているが、もちろん②項の通知は①項の通知を含んでいる
（なお、本問では関係がないが、内容証明郵便〔第**21**課321頁参照〕を第三者対抗
要件たる通知にならないと間違える答案があるので注意したい）。

　また、これも本問では直接関係がないが、平成29年改正で変更された、注
意すべき点のひとつとして、改正前は連帯保証人に請求すれば主たる債務者
にも請求したことになったのだが（連帯債務の規定の準用）、改正後は、連帯
債務のほうで請求を相対的効力事由に変えたので、連帯債務の規定を準用す
るのはそのままだが（458条による441条の準用）、結果的に連帯保証人に請求
しても主たる債務者に請求したことにならない点が挙げられる。

　そして1点注意しておきたい。上記解説に書いたことは、本問の場合は答
案には書かなくてよいし、書いてもそこまで配点がない場合が多い。答案は、
知識量や「薀蓄」を示すものではなく、**聞かれたことに必要十分で答えるべ
きもの**、と考えてほしい。

④**まとめ**　　さて、君はどのくらい書けただろうか。問題Ⅱの解答例は模
範的なものだから、このように書けなくても、少しも悲観することはない。
本書97頁以下の「ミニテスト問題・解説」でのアドバイスも参考にして、各
自の試験に臨んでほしい。ご健闘を祈る！

第**23**課　債権の消滅⑴ 弁済

> 　兼好法師は、『徒然草』の中で、木登り名人の話を書いている。名人は、人を木に登らせて、高いところにいるときには何も注意せず、降りてきてもう軒の高さくらいまでに来たところで、はじめて気をつけよと声をかけたという。
>
> 　債権総論もいよいよここからの債権の消滅の説明で終わる。私自身も心していい仕上げをしたいものだと思うし、読者の皆さんにとっても満足感の得られるフィナーレであってほしいと願っている。この課では弁済について説明する。

▶**7**　債権の消滅

1　序説

⑴　債権の目的と債権の消滅

　民法債権編第1章の第6節は、「債権の消滅」と題されている。しかしこれは、存在した債権がただ消えてなくなるという問題ではない。債権とは、

（♡1）債権は、もちろんその他の権利一般に共通な消滅原因によっても消滅する。たとえば消滅時効の完成とか、契約によって発生した債権であれば解除の意思表示などによって消滅する。ただしそれらはここで学ぶものではない。

特定の人が特定の人に特定の行為（給付）を請求しうる権利であるから、その行為（給付）がされれば、債権は目的を達成して消滅することになる（たとえば100万円の貸金債権は、100万円と所定の利息を返済してもらえば消滅する）。ここでは主としてそのような意味での債権の消滅を学ぶのである。

⑵　債権の消滅原因

　この『スタートライン債権法』の勉強は、債権各論から始まった。債権各論というのは、債権の4つの発生原因（つまり、契約、事務管理、不当利得、不法行為）について規定しているところだった。そして今、債権総論の最後にさしかかって我々は債権の消滅を学ぶ。ということは、ここでは、債権はどのような消滅原因を持つのかを列挙して、それを順に学んでいけばよいということになる。

　民法典は、債権の消滅原因を、弁済（べんさい）、相殺（そうさい）、更改（こうかい）、免除、混同の5つの款に分けて規定している。しかしこの弁済の款の中には、弁済とは法的性質の異なる代物弁済（だいぶつべんさい）と供託（きょうたく）についての規定が含まれている。そこで、この2つを含めて7種類の債権消滅原因があると説明するのが一般的である。なお、その他の権利一般の消滅原因によって債権が消滅する場合もある（♡1）。

⑶　目的の実現からみた消滅原因

①**内容実現による消滅**　　すでに述べたように、給付内容がその通り実現して債権が消滅するのが債権の本来の消滅の仕方である。弁済はその代表的なものである。その内容的あるいは態様的なヴァリエーションとして代物弁

済と供託がある。さらに相殺も、弁済を相互にするのと同様の効果を持つという意味でここに位置づけてよいだろう。

　②内容実現の理由の喪失による消滅　　本来の給付内容が実現されたわけではないが、債権が本来の給付をさせる理由を失って消滅する場合がある。債権者による免除や、例外的に債権者と債務者が同一人物になってしまう混同、債権者と債務者の合意で本来の債権を消滅させて別債権を発生させる更改がこれに含まれよう。

　③内容実現不能による消滅　　たとえば、家屋（「特定物」である）の売買契約において、その家屋が焼失してしまった場合、もはやその家屋を引き渡すことはできない。買主からみれば、その家屋の引渡しを請求する債権は実現不能である。しかしこの焼失が売主の責任によるものであれば、これは売主の債務不履行であるから、本来の債権は実現不能となっても、履行不能に基づく損害賠償債権に転化して存続することになる（⇒第**15**課220〜221頁）。これに対して、その焼失が債務者たる売主の責めに帰すことのできない事由（たとえば天災などの不可抗力）によるものである場合は、引渡債権は、従来は文字通り消滅すると考え、あとには売主の買主に対する代金債権のほうがどうなるか（これも消滅するか）という問題が残るだけであるとしてきた（これがすでに学んだ危険負担である）。ただ、平成29年改正法では、危険負担について、権利消滅構成ではなく履行拒絶権構成を採用したので、今後は、当事者双方の責めに帰すことができない事由で家屋が焼失して引渡債務が履行できなくなったときは、債権者（買主）は代金債務の履行を拒むことができる、と説明することになる（⇒第**3**課35頁以下）。

（♡2）ただ語感からして、不作為債務（たとえば、「夜9時以降はピアノを弾かない」）の場合は、その不作為を実行することを「履行」とは言うが「弁済」とはあまり言わない。

（◇1）債務消滅の意思表示が必要ならば弁済は契約などと同様の法律行為であると分類されることになるが、そこまでは必要ではないということから、多数学説は弁済を準法律行為であると説明している。ただしこれには異論もある。また弁済の給付内容が権利移転など法律行為をすることである場合には、当然法律行為のルールが適用される（法律行為については、第13課200頁欄外の「用語解説」を参照）。

2 弁済

(1) 弁済の意義と性質

弁済とは、債権の給付内容を実現させる行為であり、その結果、債権は消滅する（473条）。通常は金銭の支払や物の引渡しのような積極的な行為であることが多いが、不作為債務の場合は何もしないこと（不作為）が弁済になる。弁済とほぼ同様の意味で、履行という表現が使われる。弁済は、債権の消滅という結果に、履行はその実現過程に重きを置いた表現であるといわれる（♡2）。弁済は、普通はもちろん債務者本人が行うが、後述のように、第三者によって行われる場合もある。

弁済の法的性質というのは、実は議論のあるところである。たとえば、100万円の借金をしている債務者Bが、債権者Aに贈与する意思を示してAの了解のうえで100万円を渡した場合は、贈与契約の履行ということになり、借金の弁済にはならない（100万円の債権はまだ残っている）。しかしBがAに対して何も言わずに100万円支払った場合は、100万円の借金の弁済とみなされよう。ということは、弁済というためには、他の債務の履行とみなされる状況があってはならないが、債務消滅を欲する意思表示までは必要ではないということになる（◇1）。

(2) 弁済の内容と方法

①特定物の現状による引渡し　もとより売買や請負の場合は、引き渡す特定物については、契約の目的に適合することが必要になる。その引き渡す特定物の品質等について定めることができない場合、つまり不当利得返還請

求権などの法定債権の引渡しの場合は、目的物の現状による引渡しをすればよい（483条。もちろん不当利得等についての特別規定があればそれに従う）。

②**弁済の場所、時間、費用**　　別段の意思表示がなければ、特定物の引渡しは債権発生時にその物が存在した場所で、その他の弁済は債権者の現在の住所地で行う（484条①項）。銀行の開店時間などで、法令や慣習によって取引時間の定めがあるときは、その時間内で行う（同条②項）。

弁済の費用は、別段の意思表示がない場合は債務者の負担であるが、債権者が住所移転などでその弁済費用を増加させた場合は、その増加分は債権者が負担する（485条）。

⑶　弁済の提供

次に確認すべきは、どのような状況でどこまでやれば弁済といえるのか、弁済といえるところまで実行した債務者にはどういう利益が与えられるのか、ということである。

①**弁済提供と責任軽減**　　たとえば代金債権について言えば、その金銭を現実に相手に引き渡せば完全な弁済である。しかしそれでは、たとえば相手が行方不明であったりわざと受け取らなかったりという場合には、債務者は弁済ができないことになる。その場合、債務者は債務不履行の責任を負わされてしまうのか。ほとんどの債権（債務）の場合には、債務者がそれを実現するためには債権者の受領という協力が必要である（騒音を出さないというような、受領行為がいらない債権債務もあるが）。したがって、債務者側でなしうる必要な準備行為をして債権者の受領を求めるところまでいけば、（債務そのものは消滅はしないが）少なくとも、不履行の責任（契約解除や損害賠

（◇**2**）この規定と、すでに学んだ受領遅
滞の規定（413条）の関連を確認しておこ
う（⇒第15課224頁以下）

償）は免れる（492条）。これが「弁済の提供」とそれによる責任軽減である
（◇**2**）。

②弁済の提供の方法　　民法は、弁済の提供の方法について、２つの方法
を規定している。

③現実の提供　　給付内容が、単に債権者が受領さえすればよいようなも
のである場合には、これを給付場所へ持参すれば、弁済の提供があったとい
うことになる。これを現実の提供という（493条本文。たとえば金銭を持参し
たら債権者が留守だったというときは現実の提供ありということになる）。これが
弁済提供の原則である。

⑤口頭の提供　　債権者があらかじめ受領を拒んだ場合（売主が代金を受
け取らないと言う場合など）は、債務者は債務の弁済に必要な準備を完了して、
債権者に取立てに来るよう催告すれば、弁済の提供の効果が認められる。こ
れを口頭の提供という（493条ただし書前段）。弁済にもともと債権者の行為
が必要な場合（最初から債権者が取立てに来る約束の取立債務である場合とか、
弁済地を債権者が指定する債務など）にも、この口頭の提供があれば弁済提供
の効果が認められる（同条ただし書後段。持参債務と取立債務については、第15
課223頁の「用語解説」を参照）。

(4)　弁済の充当

たとえばＢがＡに対して50万円の貸金債務と50万円の代金債務を負ってお
り、貸金債務のほうが利息が高いとする。いまＢがＡに60万円弁済できると
すれば、この60万円がどの債務の弁済に充てられるのかはＢにとって重要で
ある（利息の高い債務を先に消滅させるのがＢにとっては利益になる）。そこで

民法は、弁済として提供した給付がすべての債務を消滅させるのに足りない
ときは、以下のように弁済の充当のルールを定めている。

　①**指定充当**（488条①〜③項）　　充当について合意があればそれが最優先
するが、合意がなければまず弁済者が指定できる（488条①項）。弁済者の指
定がなければ受領者が指定できる（同条②項。ただしそれに対して弁済者が異
議を述べると指定の効力はなくなる〔同項ただし書〕。その場合は通説によれば、
次の法定充当によることになる）。指定は相手方に対する意思表示によってす
る（同条③項）。

　②**法定充当**（488条④項）　　当事者が指定をしなかったり、債権者の指定
が拒絶されたりした場合は法定充当になる。総債務のうち弁済期の到来して
いるものから優先するとか、ともに弁済期にある債務では、債務者の利益の
大きいものから充当することなどが規定されている（同項各号）。なお、費
用や利息の負担もある場合には、費用、利息、元本の順に充当する（489条）。

⑤　弁済を証明するための弁済者の権利

　①**受取証書交付請求権**（486条）　　弁済者は、二重払いの危険を避ける等
の理由から、弁済受領者に対して、受取証書の交付を請求できる。受取証書
は、レジのレシートなどでは不十分で、弁済者名、弁済受領者名、金額、日
付などが記載された正規の領収書と考えればよい。なお、この受取証書は、
弁済後ではなく弁済と引換えに交付を請求できる（改正法で法文上明示された。
533条の同時履行の抗弁〔第**3**課30頁以下参照〕の拡張適用ケースと言える）。

　②**債権証書返還請求権**（487条）　　たとえば、借金の借用証書を債権者が
所持していると、債権の存在が推定される。したがって、全額弁済をした債

（♡**3**）たとえばアイザック・スターンの
バイオリン演奏債務を学生アルバイトが代
わるわけにはいかない。

務者は、債権証書の返還を請求できる。なおこの返還請求権は、弁済後に債
権者が債権証書を持ち続けていては不都合という理由で規定されているもの
なので、証書返還と引換えに弁済する、という同時履行の抗弁はできないと
考えられている。

⑥　第三者による弁済

　たとえば金銭の支払など、多くの債務は、第三者が弁済することも可能で
ある（474条①項）。ただし、性質上第三者にできないものは除かれる（同条
④項前段）（♡**3**）。また、当事者が反対の意思を表示した場合、つまり、当
事者が第三者による弁済を禁じたり制限をしている場合も、第三者弁済はで
きない（同項後段）。ちなみにここでいう第三者というのは、他人の債務を
自己の名において弁済する者をいうのであって、本人の代理人や履行補助者
は含まない。

　他人の債務をわざと弁済するというのは、実際にあることである。友人の
窮状を見かねてなどというケースもあろうし、たとえば物上保証人のように、
他人のために自分の土地等を担保に提供していて、その他人が弁済できず土
地が競売されてしまうのを防ぐために自分から他人に代わって弁済するとい
うケースも多い。後者のような、弁済をするについて正当な利益を有する第
三者は、債務者の意思に反してでも弁済をすることができるが、正当な利益
を有しない第三者は、債務者の意思に反して弁済することは許されない
（474条②項本文）。もっとも、債務者の意思に反することを債権者が知らなか
ったときは、この限りでない（同項ただし書。このただし書は平成29年改正法
で追加された規定で、債権者は、その第三者の弁済が債務者の意思に反すること

356 ──●第23課　債権の消滅⑴ **弁済**

を知らなければ有効な弁済として受領してよいことになる）。

　さらに、同条②項に規定する、つまり弁済をするに正当な利益を有しない第三者は、債務者の意思に反しない場合でも、債権者の意思に反する場合は、弁済することができない（債権者は受領を拒絶できる。同条③項本文）。ただし、その第三者が債務者の委託を受けて弁済をする場合において、そのことを債権者が知っていたときは、この限りでない（同項ただし書）。以上の474条③項の本文とただし書は、いずれも平成29年改正での新設規定である（♡**4**）。

⑺　弁済による代位

　ここで、弁済の款の中では理論的に難しい（上級者には面白い）制度が登場する。それが「弁済による代位」である。これをなるべくわかりやすく説明してみよう。話は上に述べた第三者による弁済から繋がる。

　①**意義と制度の目的**　　弁済による代位とは、他人のために債務を弁済した第三者が、債権者の地位にとって代われるという制度である（499条）。では何のためにこういう制度を置くのか。

　たとえば、BがAから借金するにあたって、Cが保証人になり、Dが物上保証人となった（D所有の不動産を担保として提供し抵当権を設定した）とする。もしBが無資力になり、保証人CがBに代わってAに全額弁済した場合は、当然、Cはその弁済した金額全部をBに求償することができる。しかし、求償できてもBに支払能力がないのではCは現実には一銭も回収できない。こういうときに、Bの債務を弁済したCが今度は元の債権者Aの立場にとって代わり、元のAの債権も、それに付いているD所有不動産への抵当権も、Cが行使できると考えたらどうか。そうすればCのBに対する求償権の実現は

357

ここが Key Point

弁済による代位は**弁済した第三者の求償権の実現を確保するための制度**である。だから**求償権の範囲**で原債権者の地位にとって代われる。

（♡**5**）民法の条文では「代位弁済」との表現も使われているが（502条など）、この制度は、「代わって弁済する」ことよりも

「その結果弁済者が債権者の地位にとって代わる」点が重要なのだから、必ず「弁済による代位」と呼ぶべきである。

（♡**6**）弁済による代位は、求償権の実現を確保するための制度だから、債務者への贈与の意思で弁済するときのように求償権を放棄していれば成立しない。

より確実なものになる。弁済による代位とは、このように、第三者が債務者の代わりに弁済した場合、その弁済者は、求償権の範囲内で、弁済によって消滅するはずの、債権者の債務者に対する債権（原債権という）とそれに付随する担保権などの法定的な（つまり当事者の契約なしに起こる）移転を受けてこれらを行使しうるとする制度で、これによって求償権の実現の確保を図っているのである（△**ここが Key Point**）（♡**5**）。

②**成立要件と種類**　弁済による代位が成立する要件は、債権者を満足させる出捐（代物弁済や供託も含む）があったことと、弁済者に求償権が発生することである（♡**6**）。弁済による代位には、任意代位と法定代位がある。

任意代位では、弁済する者は誰でもよいが、代位することについて弁済と同時に債権者の同意（承諾）を得る必要があり、さらにこの同意があったことを債務者や第三者に対抗するには、債権譲渡の場合と同じ対抗要件（467条参照）を具備する必要がある（500条）（♣**1**）。しかし、弁済をする正当の利益のある者（たとえば代わって弁済しなければ自分が強制執行を受ける可能性がある者）が弁済する場合は、その債権者の同意なしで、当然に債権者に代位する（対抗要件も不要である。同条かっこ書）。これが後者の法定代位である。弁済をする正当の利益のある者とは、保証人、物上保証人、連帯債務者、後順位抵当権者、担保目的物の第三取得者などがこれにあたる。

③**効果**　弁済による代位があると、弁済者は、求償権の範囲で、ⓐ債権の効力として債権者が持っていた一切の権利や権能、すなわち、債務者に対する履行請求権、損害賠償請求権、債権保全のための債権者代位権や詐害行為取消権などを行使することができ、ⓑ債権の担保として債権者が持っていた物的担保・人的担保（抵当権や保証など）についての一切の権利をも行使

（♣1）任意代位の場合は、債権譲渡と同様の対抗要件（467条参照）を必要とする。これは、わが国の民法起草者が、この制度をフランス民法から継受した際に、フランスでは任意代位にこのような対抗要件が不要で、他方債権譲渡には面倒な対抗要件があるために、債権譲渡の代わりに弁済による代位を多用するという状況があるのをみて、そういう使い方をさせないように規定を置いたものである。その結果日本では任意代位はあまり使われず、法定代位が重要となっている。

（♡7）つまり、比喩的に言えば、トランプのカードのように、強さを決めておくものだと思えばよい。

することができる（501条①項）。

　代位者に移転した原債権および担保権は、制度の目的（求償権の実現の確保）からして、あくまでも代位者の求償権に付従する性質のもので、求償権の範囲に限定して行使されるものであることに注意したい（同条②項）。

　一部だけを弁済した場合は、その部分についてのみ代位が生じるので、代位者は、債権者の同意を得たうえで、その弁済した価額に応じて、残存部分についてなお権利を持つ債権者とともにその権利を行使できることになる（一部代位。502条①項）。

　④**法定代位者相互間の関係**　いささか面倒なのは、法定代位者となりうる者（保証人や物上保証人など）が複数いて、そのうちの1人が弁済した場合の処理である。これらの場合については、どういう法定代位者が弁済したらどう代位するか、という相互間の関係を決めておく必要がある（複数いる代位可能者のうち、誰が弁済したとしても、その立場によって代位する条件が一定であるようにしておくのである）（♡7）。ここではそのルール（501条③項）の概要だけを述べておく。

　ⓐ保証人と、第三取得者（債務者が担保設定した目的物を債務者から譲渡等で取得した者）との関係は、第三取得者を債務者に準じて考え、保証人は弁済したら全額につき第三取得者に対し代位できるが（これは当然ということで平成29年改正法では明文規定は置かれていない）、逆に第三取得者は弁済しても保証人に対してまったく代位できない（同項1号）。

　ⓑ債務者の担保物が複数あり、それぞれに第三取得者がある場合には、第三取得者相互には、そのそれぞれが取得した不動産等の財産の価額に応じて代位する（同項2号）。

（◇**3**）このような場面では、具体的に設例をして計算をしてみるのがよい。では債務者Ｂの600万円の債務に保証人Ｄ・Ｅと物上保証人Ｆ（抵当権設定不動産の価額は400万円）・Ｇ（抵当権設定不動産の価額は200万円）がいた場合に、Ｄが600万円全額を弁済したら、代位の割合はどうなるか。計算してみよう（計算結果はこの課の欄外の最後に掲げる。自分の分を忘れないように）。

代位割合の計算

① 保証人同士なら人数割り、物上保証人同士なら設定担保物の価額比、両方いたらとりあえず人数割りして、その上で物上保証人同士の分は価額比とする。

② 二重資格者は１人と数える。

③ 弁済者自身も人数のうちであり、最初に弁済者自身の割り付け額を除外するこ

ⓒ物上保証人相互でも、その担保に供した財産の価額に応じて代位する（同項3号）。

ⓓ保証人と物上保証人では、（本来比べにくいが）頭割りで、人数に応じた平等の割合で代位する（同項4号本文。そのうえで、物上保証人が複数いれば、物上保証人同士の分は担保財産の価額比とする。同号ただし書）。

ⓔ第三取得者から担保目的物を譲り受けた者は、第三取得者とみなして上記1号・2号の規定を適用し、物上保証人から担保目的物を譲り受けた者は、物上保証人とみなして上記1号・3号・4号の規定を適用する（同項5号）。

ⓕなお、保証人相互の場合は保証の規定から当然頭割り（平等に人数で割る）になる。

以上から、保証人と物上保証人関係の基本的なルールは、「**保証人同士なら頭割り、物上保証人同士なら設定した担保物の価額による。両方いたらとりあえず人数割りして、物上保証人同士の分は価額で分ける**」と覚えておけばよい（◇**3**）（⇧**ここがKnow How**）。

なお、もし法定代位ができる者の中に、保証人であり物上保証人である者（二重資格者とか資格兼併者などと呼ぶ）がいた場合は、別に2倍の負担を引き受ける意思ではないだろうということから、判例は、公平の理念に基づいて、1人と扱い、全員の頭数に応じた平等の割合で計算すべきとしている。

⑧ 弁済受領権と受領権のない者への弁済

①**弁済受領権**　　次に、弁済を受ける側の問題を検討する。弁済は、当然ながら弁済を受領する正当な権利を持つ者に対してなされなければならない。通常はもちろん債権者本人に弁済受領権がある。しかし、例外的に、債権者

とを忘れないように。

（◇4）占有（権）とは本来、物を保持していること（またそれによって得られる法的な権利）を指すが、民法は205条で、その占有に関する規定を、自己のためにする意思で債権などの財産権を行使する場合に準用するとしているので、ここでも「債権準占有者」という表現が採用されている。ただしここでの考え方の中心は、規定の沿革からみても、債権者らしい地位の占有、つまり、その身に債権者らしい外観を持っているという点にある。

本人が破産手続開始決定を受けたりしたときは、本人の受領権が制限される（破産手続開始決定のあったときは破産管財人に対して弁済しなければならない）。また逆に、本人以外にも弁済受領権者がいる場合がある。債権者の代理人や、受領の委任を受けた者がそれにあたる。

②弁済受領権のない者への弁済　弁済受領権のない者に弁済したときは、もちろん弁済の効果を生じないのが原則である。不当利得をした受領者から取り返し、再度真正の受領権者に弁済しなければならない。もっとも、違う人に弁済してその人が正当な受領権者に渡してくれた場合などのように、債権者が利益を受けた場合はその限度で有効な弁済となる（479条）。では、それ以外では、受領権限のない者に対してされた弁済は常に無効か。この点について、平成29年改正前の民法は2つの例外を置いていたが、平成29年改正によって以下のように一般的な外観信頼保護法理を示す条文に単純化された。

③受領権者としての外観を有する者に対する弁済　いま、誰が見てもあの人が債権者だという外観を持った人間がいるとしよう。たとえば、ある村でAさんが死亡し、Aの妻はすでになく、息子のBは戦死したと思われていたのでAの弟CがAの相続人になったと村人全員が信じた。そしてAの債務者DはCをAの相続人と信じてCに弁済した。ところがBが生きて帰ってきた（相続人はBになる）。このような場合、Dのした弁済は、誰もが犯す誤りで、仕方のないものである。こういう趣旨で（フランス民法典由来で）明治民法典に置かれたのが、「債権準占有者」（債権者の地位を占有する者という意味で誰が見ても債権者らしく見える者）に対する善意での弁済は有効とする規定であった（改正前478条）（◇4）。したがって本来この規定は、最低限の倫理的要求に応える例外的な規定であったのだが、今日のわが国では、この規

（♣2）この規定の元になったフランス民
法の規定は、今日でも本来の趣旨で限定的
に使われている。なお、わが国での判例・
学説上の解釈論の拡大の過程については、
池田「債権の準占有者に対する弁済」『分
析と展開・民法Ⅱ〔第4版〕』（弘文堂）
100頁以下参照。

定は弁済者保護のために便利な規定であるという理解で、銀行預金の預金者
以外への払戻し（通帳と印鑑を窃取して提示した者に払い戻したケースなど）そ
の他について大変広く使われるようになっている（♣2）。そしてわが国で
は、「債権準占有者」の概念はかなりゆるやかに解されてきたので（判例・
多数説では詐称代理人も含まれる）、そのためもあって、判例・多数説は、条
文では弁済者に善意だけが要求されていたのを「善意無過失」と読み替えて、
債権者という外観を信頼するにつき過失があったかどうかで適用の可否を判
定してきた。そして、平成16（2004）年の民法改正では、この判例法理が確
立したとみて、478条の要件に無過失（「かつ、過失がなかったときに限り」）
を加えたのである。それがさらに今回の平成29年改正で徹底されて、「債権
準占有者」という用語も廃され、「受領権者としての外観を有する者」に対
してした弁済は、弁済者が善意無過失ならば有効とされるに至ったのである。
（△Ｔ△）

> ### △Ｔ△ **ルール創りの観点から**
> 　改正前478条の「債権準占有者」の概念は、改正法では、「取引上の社会通
> 念に照らして受領権者としての外観を有するもの」に改められた。つまり、
> フランス民法由来の「その身に債権者らしい資格、法的地位を占有してい
> る」という狭い概念（詐称代理人や通帳・印鑑の窃取者などは含まれない）
> を完全に捨て去って、単純に一般の外観信頼保護法理の規定としたわけであ
> る。もちろん、その意味で「わかりやすくなった」とは言えよう。

　なお、改正前の民法では、もうひとつの例外規定として、受取証書持参人

（♠1）改正前478条は債権者本人らしい
法的地位を持っているという「人の外観」
に着目したもので、改正前480条は受取証
書を持ってきた人は誰でもよく、とにかく
受取証書に弁済受領権限を乗せたという
「紙」に着目した規定である。改正前480条
の規定はドイツ民法草案から継受したもの
で、フランス民法にはこういう規定はない。
また改正前478条の規定はフランス民法に
あってドイツ民法にない。これが日本民法

には2つとも取り込まれたわけである。上
級者が民法の起草の経緯やその後の解釈論
の展開を研究するには恰好の素材であった。

〈◇3の計算結果〉Dはまず頭数に応じて
自己の割り付け額150万円を除き、E・
F・Gに450万円を代位する。内訳は、E
に150万円、Fに200万円、Gに100万円と
なる。

に対する弁済の規定があった（改正前480条）（♠1）。これは、受取証書（債
権者名や債務者名などの入った正式の領収書）を持参した者に対して善意無過
失でした弁済は、持参人が誰であっても弁済受領権限のある者に対する弁済
とみなして有効とするというドイツ民法由来の規定であったのだが、今回の
改正で廃止され、新478条の判断に吸収されることになった。

「いつまでも覚えててもらえそうだから」

　　　　　朱（あか）き表紙の卒論を置く

　大学では、4年生が着々と巣立ちの準備をする季節になった。いろいろな
学生の、いろいろな巣立ちの形がある。送る側にも、さまざまな感慨が残る。

　酒・麻雀、卒論書けず片想い

　　　　それでも彼の「男」に賭ける

　確かに30年くらい前には、そんな学生がいた。今の時代の学生諸君には考
えられないことかもしれない。でも時代がどう変わっても、大学生活の4年
間が、「自分を紡ぎ出す」貴重な時間であることには変わりがない。大学の教
員にできることは、一人ひとりの学生をしっかり観察して、肝心のところで
ちょっと背中を押してあげることだけかもしれない。

　しばらくはキャンパスに探すかも知れぬ

　　　　　君に似た髪似た面影を

第24課　債権の消滅⑵ 代物弁済・供託・相殺ほか

　いくつもの季節を見送り、また春がめぐってきた。この課で債権法全体の
ひととおりの学習が終わる。
　毎年最後の教壇に昇るときに思うのは、最初から最後まで熱心に受講して
くれた諸君への感謝である。本書の読者の皆さん一人ひとりに感謝を込めな
がら、最終課は、弁済以外の債権の消滅原因である、代物弁済、供託、相殺
などを解説することにしたい。

▶7　債権の消滅

3　代物弁済

⑴　意義と性質

　たとえば、AがBに1000万円の貸金債権を持っているとしよう。Bは、こ
の1000万円の弁済の代わりにB所有の土地をAに譲渡することを申し入れ、
Aもこれを承諾して、土地がAに引き渡されたとする。これが代物弁済であ
る。このように、代物弁済とは、弁済者（債務者その他弁済のできる資格者）

（◇1）ただ、その結果、法制審議会の部
会資料では、代物弁済契約が（諾成契約と
して）なされた後も、債権者が「当初の給
付」を請求することは妨げられないという
見解も示されている。そうすると、代物弁
済契約という合意の拘束力が問題になる。

が債権者と合意のうえで、本来の債権の給付内容とは異なる他の給付を現実
にすることによって本来の債権を消滅させることをいう（482条）。

　そうすると代物弁済は、弁済者と債権者との間の合意を必要とするから、
単純な弁済と異なって明らかに新たな法律関係を形成するひとつの契約であ
る。ただこの代物弁済についても、平成29年改正法は、概念のあり方を変え
た。つまり、改正前482条では、代物弁済は代物を給付してはじめて効力を
生ずる要物契約（→第2課18頁）と考えられていたのを、「他の給付をするこ
とにより債務を消滅させる旨の契約」自体は諾成契約として、「その弁済者
が当該他の給付をしたときは、その給付は、弁済と同一の効力を有する」と
規定したのである（改正法482条）。いわば契約の効果と給付の効果が分離す
るわけであるが、（別の物で）払うという約束は諾成で認めても、払わなけ
れば弁済にはならないのだから、これは当然である（◇1）。（⚖️）

⚖️ ルール創りの観点から

　改正法では、482条は、代物弁済契約を諾成契約とし、その代物給付が現実
になされた時点で弁済と同一の効力が生まれる（債権が消滅する）という内
容に改められた。ただそうすると新たな問題として、代物弁済契約をした後
でも債権者は元の給付を請求できるのか、債権者が代物の給付を請求したと
きに債務者はなお元の給付をすることができるのか、などという問題が出て
くることになる。それは平成29年改正の目指した契約の拘束力を重視する方
向とは逆行する議論になるし、立法担当者たちは、個々の契約の解釈に委ね
るという態度のようだが、債権者は「別の物で払ってもいい」と思い、債務
者は「別の物で払うことを承知してもらった」と思っているなどのトラブル

（◇2）不動産を目的とするこのような予約あるいは停止条件付き契約では、弁済期日までに債務者に不動産を他に売却したりされないよう、債権者は仮登記をして順位を確保することが行われる。

（♣1）このような契約は昭和40年代に盛んに行われ、非典型担保として効力が問題になったが、判例は、代物弁済される目的物の価額と被担保債権額との差額の清算義務を課したうえでその効力を認め、さらにそれらの判例法の形成を受けて昭和53（1978）年には「仮登記担保契約に関する法律」（仮登記担保法）が制定された。ただ、そのようにルールを整備すると、融資者にうまみがなくなり、あまり使われなくなった。詳しくは担保物権法で学んでほしい。

が当然予想される。理論的には正しくても、新しいルールを作って新しい論点を増やすというのは、いささか無責任な改正の仕方ともいえる。

(2) 代物弁済における「他の給付」

代物弁済としてなされる「他の給付」は、当事者が合意さえすれば、本来の給付に相当する価値を持つ必要はなく、性質の違いも問われない。前記の例でいえば、1000万円の金銭の代わりに給付される土地は、800万円相当のものでも1200万円相当のものでもよい。もっとも、あまりに過大な価値のものによる代物弁済については、公序良俗違反による無効（90条）が問題になりうる。

(3) 代物弁済の担保利用

代物弁済は担保手段としても利用されてきた。たとえば、AがBに融資をするにあたり、期限に弁済しないときはB所有の土地の所有権をAに移転すると両者が合意したとする。平成29年改正前は、代物弁済は現実に給付があってはじめて効力を生じる要物契約であったから、当時はこの合意は代物弁済そのものではない。期限に弁済しないときにはBの土地が当然にAのものになるというのであれば、停止条件付代物弁済契約、また、期限に弁済しないときにはBの土地をAに移転する契約をするという約束をしたというのであれば、代物弁済の予約という形で、担保として機能してきたわけである（◇2）（♣1）。

4　供託

(1)　意義と性質

　まず、前課の「弁済の提供」を思い出してほしい。たとえ債権者が受取り
を拒絶したりしても、債務者は弁済の提供をすれば、不履行の責めは免れる、
と説明した。しかし、提供をしただけでは、まだ債務自体は残ったままであ
る。金銭以外の引渡債務の場合であれば、提供後は保管義務は軽減されるけ
れども保管自体は継続しなければならない。それでは、このような場合に、
債務者が債務自体を消滅させる方策はないものか。それが供託という手段な
のである。供託は、供託者（通常は債務者）が供託所に弁済の目的物を寄託
して債務そのものを消滅させる制度である。

(2)　供託原因

　債務者は、本来の弁済が可能な場合にいきなり供託することはできない。
供託は、以下の2つの事由（供託原因という）がある場合に可能になる（494
条）。

　①**債権者の受領拒絶**　　第1は、債権者が受領を拒んだり、受領すること
ができないときである（494条①項1号・2号）。たとえば、アパートの貸主
が法外に賃料を値上げして、前の家賃では受け取らないといってきた場合、
借主はまったく支払わずにいると債務不履行になってしまうが、従前の家賃
あるいは適当と思われる値上げ後の家賃の金額を供託すればよい。なお判例
では従来から、債権者が受領を拒むことがわかっていても債務者は一応口頭
の提供をしてからでないと供託できないとしていたが、この点は平成29年改

正で「弁済の提供をした場合において」と明文化された（同項1号）。

　②**債権者不確知**　　第2は、債務者が過失なくして債権者を確知できないときである（494条②項）。たとえば、債権者が死亡して相続人が見つからない場合とか、債権が二重に譲渡されて、複数の通知が到達したがその到達の先後がわからない（したがってどちらの譲受人が債権者かわからない）という場合はこれを理由に供託すればよい（♣2）。

⑶　供託の場所と方法

　供託すべき場所は、原則として債務履行地の供託所（◇3）である（495条①項）。供託されるのは金銭である場合が多いが、不動産のように供託所に寄託できないものについては、裁判所が弁済者の請求によって供託物保管者を選任してその者に保管させる（同条②項）。弁済の目的物が、腐敗しやすい食品のような滅失・損傷のおそれがあるものの場合とか、家畜などのようにその保管に過分の費用がかかる場合には、弁済者は、裁判所の許可を得てそれを競売してその代価を供託することができる（497条）。なお、債務額の一部を供託してもその部分だけについての債務消滅の効果を主張することはできない（ただし判例は、一部供託を何回か繰り返して合計で債務全額に達するときは全債務額について有効な供託になるとしている）。

⑷　供託物引渡（還付）請求権と供託物取戻請求権

　供託すると債務者の債務は消滅するから、あとは債権者が供託所に対してその目的物の引渡（払渡）請求権を持つことになる（この引渡請求権については、とくに金銭の場合、実務上では「還付請求権」という表現が使われている）。

（◇4）これはすでに学んだ「第三者のためにする契約」（→第3課36頁以下）を思い出すとわかりやすい。供託はいわば、供託者と供託所が、債権者という第三者に還付請求権という権利を与える、「第三者のためにする契約」（537条）である。第三者のためにする契約は、受益者が受益の意思表示をした後は、それを撤回できない（538条①項）。ここも同じ発想の規定である。

（♡1）自働・受働を自動・受動と書き間違えないように。日本民法の規定では、相殺するには意思表示が必要で、自動的にできるわけではない。また、対当額を対等額と書き間違えないように。立場が対等なのではなく、反対向きに相当する額なのである。

もっとも、たとえば代金を供託された売主は、まだ買主への反対債務（品物の引渡し）を履行していなければこの引渡（払渡）請求権は行使できない。また、供託は債務者の利益のために認められている制度なのだから、供託者は、もし債権者の不利益にならないのであれば、いったんした供託を撤回して供託物を取り戻すこともできる。ただし、債権者が供託を受諾したときなどには、この取戻しは認められない（496条①項）（◇4）。

5　相殺

(1)　意義と性質

　たとえばAがBに対して300万円の貸金債権を持っている状態で、BがAに対して品物を売り、200万円の売掛代金債権を持ったとする。この場合、AがBに対して貸金の弁済を求めてきたときには、BはAに対し、一方的な意思表示によって、**対当額**（つまりここでは200万円分）について双方の債権・債務を消滅させることができる。これが相殺（そうさい）である（505条・506条）。上の例では、Bの200万円の債権を、自ら相殺を働きかける自働（じどう）債権、相殺を受けるAの反対債権を受働（じゅどう）債権と呼ぶ（♡1）。

　民法が規定する相殺の法的性質は、法律行為の中の単独行為ということになるが、もちろん双方の契約（相殺契約）による債権・債務の清算も認められる。単独行為としての相殺の場合は、後述するように双方の債権が同種のものであることなどの制約があるが、契約による場合には、それらの制約はなくなる。なお、将来一定の条件を満たした時に相殺する旨の合意も、停止条件付相殺契約または相殺の予約として有効に成立する（なお、以下に「相

ここが Key Point

　相殺の最も重要な機能は、担保的機能であるというが、実際の取引では、相殺は、とにかく**一番簡単な債権回収手段**であることを覚えておきたい。

（♠1）左の**ここが Key Point**に関連して、経営が怪しくなった取引先から急いで債権を回収したいというときはどうするか。まずは、反対債権（こちらが先方に弁済する債務）はないかと探して相殺して回収するのである。こういうことを考えるのが「企業法務」である。

殺」というのは、すべて単独行為としての相殺を指している）。

⑵　相殺制度の機能

　相殺はどういう機能を持つのか。ⓐまず第1には、決済事務の簡略化という機能がある。相互に実際に弁済する場合に比べ、時間と費用が節約できるし、何よりも弁済の目的物を動かさなくて済む（金銭でいえば、現実の振込み等をする必要がない）。ⓑ第2の機能は、決済における当事者の公平を図りうるという点にある。たとえば上記の例で、まずBがAに300万円弁済し、その直後にAが倒産したとすると、Bは200万円の回収が困難になってしまい、はなはだ不公平な結果になる。ⓒそこから考えられる重要な第3の機能は、担保的機能である。相殺ができるということは、対立する債権債務がその対当額の範囲で、相手が弁済してくれなくても回収できる、という意味で、相互に担保の機能を果たしているのである。この機能が実務的には大変重要である。もっとも、担保的機能といってもわかりにくいが、要するに相殺は一番簡易迅速な債権回収手段なのであり、相殺をかけてその債権回収が確実に実現する状況が担保的機能の確保されている状況ということである（⇧**ここが Key Point**）（♠1）。

⑶　相殺の可能となる要件（相殺適状）

　相殺をなしうる要件を具備する債権の対立状態を「相殺適状（そうさいてきじょう）」と呼んでいる。その要件は以下の通りである（505条①項本文）。

　①**債権の対立**　　原則として、相殺をする者と相手方との間に相互に債権が対立していることが必要である。ただ、例外としてたとえば保証人は主債

というのは、債務者Bが払わなくてはいけ
ない状態にあるということである。簡単な
ことなのだが、試験で学生諸君が逆にして
間違えるケースが非常に多いので気をつけ
よう。

務者が債権者に対して持つ債権を使って相殺できるとか、債権譲渡の場合の
債務者は、譲受人からの請求に対し、譲渡人（旧債権者）に対して有する債
権で相殺できるなどの場合がある。

②双方の債権が同種の目的を有すること　　一方的に相殺を許すのである
から、双方の債権の目的（給付内容）が同種のものでなければならない。た
とえば一方が金銭債権で他方が特定物の引渡債権であれば相殺はできない
（したがって実際にはほとんど金銭債権同士になる）。

③双方の債権が弁済期にあること　　当然のことながら、債務者は契約で
定めた弁済期が来るまでは、弁済しなくてよい。これを「**期限の利益**」とい
う。さて、上記の例でAのBに対する債権の弁済期が来ていて（つまりBは
払わなければいけない）、BのAに対する債権の弁済期が未到来だった（Aは
まだ払わなくてよい）とする。この状態でAがBに請求したときにBが相殺
できるとしたら、まだ支払をしなくてよいはずのAは、理由なく期限の利益
を失ってしまう。したがって、相殺ができるためには相互に債権が弁済期に
来ていることが必要になる。ただし、期限の利益を放棄することはできるか
ら（136条②項）、上記の例で、まだ払わなくていいAの側が期限の利益を放
棄して自ら相殺することは可能である（♡**2**）。

⑷　相殺の方法と効果

前述の通り、民法の定める単独行為としての相殺は、相手方に対する意思
表示によってなされる（506条①項）。相殺の意思表示によって、双方の債権
は、その対当額において消滅する（505条①項本文）。先の例で言えば、双方
200万円分が消滅し、AのBに対する100万円の債権のみが残ることになる。

この債権消滅の効果は、相殺の時点ではなく、双方の債務が相殺適状を生じた時点に遡及して生ずる（506条②項）。なお、相殺の相手方が相殺適状にある複数の債権を有していて、その総額よりも自働債権の額のほうが少ない場合は、相殺の充当の問題が生じるが、民法はこの場合、弁済の充当の規定（⇒第**23**課354頁）を準用している（512条②項）。

⑤　相殺の禁止

①**債務の性質による相殺禁止**　　同種の目的を持つ債務同士でも、債務の性質によっては相殺が許されない場合がある（505条①項ただし書）。たとえば、相互に騒音を出さないというような不作為債務を負っている場合などがその例である。

②**当事者の意思表示による相殺禁止**　　当事者が債務の現実の履行を求め、相殺を禁止し、または制限する旨の意思表示をした場合は、相殺はできない（505条②項）。しかしこの禁止の意思表示は、すでに学んだ債権譲渡の禁止・制限特約と同様、それを知らない善意無過失の第三者には対抗できない（同項）。

③**法律による禁止**　　民法は、受働債権とされる債権が現実に履行されることを確保するために、次のような相殺禁止規定を置いている。

ⓐ不法行為に基づく債権を受働債権とする相殺の禁止　　たとえば、Bに対して貸金債権を有しているAが、交通事故を起こしてBにケガをさせ、BがAに対して不法行為に基づく損害賠償債権を持つに至ったとする。貸金債権も損害賠償債権も同種の金銭債権であるが、Aは自己の貸金債権を自働債権として、不法行為に基づく損害賠償債権を受働債権にして相殺することは

できないとされてきた（改正前509条）。これは、不法行為の誘発防止と、被害者の現実の救済を確保するためである。したがって、上の例の被害者Bのほうから損害賠償債権を自働債権として相殺することは差し支えない。

　ただ、改正前の509条は、この趣旨から、加害者（賠償債務者）側からの相殺を全面的に禁じていたが、平成29年改正法の同条では、この趣旨により沿った形で一部修正を加えた。すなわち、改正法の同条1号は、「悪意による不法行為に基づく損害賠償の債務」と限定を加えて、損害を加える意図（害意）による不法行為で生じた賠償債権の場合にだけそれを受働債権として相殺をすることを禁じた。したがって、過失による不法行為から生じた物損に関するような損害賠償債権の場合は、加害者側から相殺で処理することができることになった（◇5）。

　また同条2号は、1号以外の、生命・身体の侵害に基づく損害賠償請求権を受働債権とする相殺を禁止するもので、被害者に現実の給付を得させるという趣旨に出たものである（したがってこの2号には不法行為によるものだけでなく債務不履行による損害賠償請求権も含まれる）。

　なお、これらの被害者保護の趣旨からして、その債権者が、他人からその債権を譲り受けた者である場合（つまり現在の債権者は被害者本人ではない）はこの509条のルールの対象外となる（同条柱書ただし書）。

　ⓑ差押禁止債権を受働債権とする相殺の禁止　　扶養料、給料、退職金などの請求権のような債権は、債権者の生活保障に関わる債権なので、とくに現実に給付されるべきであることから、その全部または一部につき差押えが禁止されている（民事執行法152条等）。これらの債権を受働債権とする相殺も禁止されている（510条）。

⑥　差押えと相殺

　ここで相殺の規定の中で理論的には最も議論の多い部分に入る。それは、「差押えと相殺はどちらが強いか」という問題である。そしてこの問題は先に述べた「相殺の担保的機能」に関係していることをまず理解しておこう。

　たとえば、先の例のようにＡがＢに300万円の貸金債権を持ち、ＢがＡに200万円の売掛代金の反対債権を持っている場合に、Ａの債権者Ｃが、Ａが支払ってくれないのでこのＡのＢに対する貸金債権を差し押さえてその支払の差止めをしたとする（差押えがされると、その債権は勝手に弁済したりできなくなる。そして差し押さえた債権者は、その弁済を差し止めた債権に対して執行して自分の債権を回収するのである）。この場合、Ｃの差押えが優先してＢはＣの債権執行に服さなければいけないのか、Ｂはなお相殺をして200万円分を優先して回収することができるのかが問題になる。

　民法は、第三債務者（ＣとＡを当事者とすると、ＢはＣからみて第三債務者ということになる）は支払の差止めを受けた後に取得した債権により相殺をもって差押債権者（Ｃ）に対抗できないと規定している（511条）。つまりＣが先にＡのＢに対する債権を差し押さえ、そのあとでＢがＡに対して反対債権を得ても相殺できない。ということは、Ａの債権に差押えがされないうちにＢが反対債権を取得したのなら、それからＣがＡの債権に差押えをかけても、Ｂは相殺可能ということになる。これは、支払の差止めを受ける以前に取得した債権については、相殺により回収できるという期待を保護し、他の債権者の債権執行に優先させるという規定である。

　しかし一方で、相殺するには先述の通り双方の債権が弁済期にあることが要件であるから、差し押さえられた債権の弁済期がその時点で未到来の場合

（◇6）かつての判例は、双方の債権は存在するものの差押えの時点で双方の債権の弁済期（債務者の弁済期限）が来ていないというケースについて、自働債権のほうの弁済期が先に到来するのなら、（その場合自働債権の債権者は、自分はまだ払わなくてよい時期に先に相手に弁済請求できることになるので、自分の弁済期限の利益を放棄して相殺を宣告できるはずだから）自働債権の債権者の相殺期待利益を保護して相殺を認めるが、逆に相手の債権の弁済期が先に到来するのであれば（自分はそこで支払わされてしまうので相殺をかけることは期待できないはずだから）相殺は許されない、という制限説を採っていた（昭和39年の最高裁判決）。しかしその後まもなく、相殺への期待はできる限り尊重されるべきであるとして、双方の債権の弁済期の前後を問わず、差押えの時点で対立する両債権が存在していさえすれば相殺が優先すると

などに（相殺が勝てるのかどうか）問題になる。この点については判例の変遷があり、当初は相殺を制限する説に立っていたが、徐々に相殺の期待を保護する方向に（上の例のBに有利に）変わり、現在では判例は、とにかく差押えの時点で対立する債権が存在する限り（A・Bいずれの債権も弁済期が来ていなくても、またどちらの債権の弁済期が先かも問わず）相殺が優先するという立場を採用している（無制限説）（◇6）。この結果、相殺の担保的機能が強まったと説明されるが、しかしもともとはこれが511条の文言（もんごん）通りの解釈なのであり、判例が不要な変遷をしたともいえる。

　そして平成29年改正では、511条①項で上記無制限説を明言したうえで、さらに（無制限説以上に）相殺の可能範囲を拡げる修正がなされた。

　すなわち、改正法511条②項では、「差押え後に取得した債権が差押え前の原因に基づいて生じたものであるときは、その第三債務者は、その債権による相殺をもって差押債権者に対抗することができる」と規定したのである。例として、差押え前に委託を受けた保証人が、差押え後に保証債務を履行したことにより生じた事後求償権を自働債権として相殺することができるとされる。これによって、相殺への期待の保護は改正前よりも拡張されることになる。（⚖）

⚖ **ルール創りの観点から**

　改正法では、511条の①項で、上記の無制限説にあたるルール（差押え前に取得した債権による相殺をもって対抗できる）を明示し、さらに同条②項を新設して、「差押え後に取得した債権」であっても「差押え前の原因に基づいて生じたものである」ときは、債務者は相殺をもって差押債権者に対抗でき

いう、いわゆる無制限説に判例変更された（最大判昭和45・6・24民集24巻6号587頁）。なお、この差押えと相殺の優劣関係と同様な関係に立つものに、債権譲渡と相殺の関係があり、これについても判例は同様に変遷して、結局、譲渡通知の前に両債権が存在していさえすれば、弁済期に関係なく債務者は譲渡に優先して相殺できることになった。ここで差押えと相殺の規律と債権譲渡と相殺の規律はパラレルな形になったの

だが、平成29年改正で、債権譲渡と相殺のほうが広がった形になったのである（⇒第**21**課330頁以下参照）。

るとした。これは、破産法のルールと合わせることを目的とした改正ということであるが、結果的にこれまでの無制限説よりも相殺できる範囲がさらに広がることになる。これが民法として良いルール改正かどうかはしばらくやってみないとわからない（さらに、第21課の債権譲渡と相殺では、この差押えと相殺よりもさらに相殺できる範囲を拡げた規定になったが、その合理性も疑わしい）。

⑺　相殺充当

　複数の債権債務が対立状態にある場合に、相殺をする債権者の債権が、債務者に対して負担する債務の全部に足りないときは、当事者の合意がなければ、元本債権相互間で、相殺適状が生じた時期の順序に従って充当する（512条①項。改正前からの判例法理の明文化である）。①項でも前後が決まらない、相殺適状時期を同じくする債権が複数ある場合は、先述の弁済充当の規定のうち、488条④項等の規定を用いる（512条②項）。

6　更改・免除・混同

⑴　更改

　①意義　　更改（こうかい）は、当事者が従前の債務に代えて、新債務を発生させ、旧債務を消滅させる契約である（513条）。改正前の513条では、「債務の要素を変更」と表現していたが、平成29年改正法は、それを具体的に、①給付の内容についての重要な変更（同条1号）、②債務者の交替（同条2号）、③債権者の交替（同条3号）、と列挙することにしたものである（し

たがって、従来の解釈問題であった、何が債務の「要素の変更」にあたるかという論点はなくなった）。しかし、これらの変更は今日では一般に他の方法（債権譲渡、債務引受、代物弁済など）によってより簡易かつ有利に実行されており（♡**3**）、更改はあまり使われない。更改は、かつて債権譲渡などの方法が認められていなかった時代に利用された方式が残存するものであり、今日では重要性は低い。

更改にあたる場合は、本来は旧債務の物的担保や保証なども当然に消滅することになり、それらを更改後の新債務に移すには特段の合意がいるということになる（後述518条参照）。

②債務者の交替による更改　債務者の交替による更改は、債権者と旧債務者、新債務者の三者契約でできることは当然であるが、債権者と更改後に債務者となる者との契約によってすることができると規定した。この場合には、更改は、債権者が更改前の債務者に対してその契約をした旨を通知した時に効力を生ずる（514条①項。平成29年改正前の規定では、更改前の債務者の意思に反してはできない——つまり結局は三面契約と同様になる——とされていたので、この点でニュアンスが変えられている）。すでに述べた免責的債務引受の規定（472条②項）と要件面で平仄を合わせたものという。またその場合に、新債務者が旧債務者に対して求償権を取得しない（514条②項）というのも、免責的債務引受（472条の3）に合わせた規定である（ただし後述④も参照）。

③債権者の交替による更改　債権者の交替による更改は、三面契約でできるのは当然である（515条①項。これを平成29年の改正でわざわざ規定した意味は不明である）。本来、債権譲渡と同様の機能を果たすものであるから、債

（♣3）ただ、この改正法518条①項・②項には基本的な疑問がある。そもそも、更改は債務消滅原因として規定されている（これは平成29年改正法でも何ら変わりはない）。旧債務を消滅させて新債務を発生させるのであるから、本来担保は随伴しないのである（改正前518条は、その前提で、関係する「当事者」〔全員の意味〕の合意があれば質権と抵当権を更改後の債務に「移す」ことができると例外則を規定して

いたのである）。したがって、改正法518条①項が、担保を移転させることを「債権者」の権能のように書き換えていることにまず違和感があり（債権譲渡に近づけたい意図か）、さらに②項で免責的債務引受に揃えている点にも違和感がある（免責的債務引受の場合は、原債務自体の「移転」構成が可能なので、それに伴う担保の移転を矛盾なく説明する必要があると思われるが、原債務を消滅させる制度である更改で免責

権譲渡の第三者対抗要件（467条②項）と同じく、確定日付のある証書によってしなければ、第三者に対抗することができない（515条②項。これは平成29年改正前からあった規定である。すでに注記したように、そもそも歴史的には、二者間の債権譲渡が認められなかったローマ法の初期には、三面契約で更改をするしかなかったという経緯がある）。

　④更改後の債務への担保の移転　　平成29年改正法は、債権者（債権者の交替による更改の場合は、更改前の債権者）は、その債務の担保として設定された質権または抵当権を更改後の債務に移すことができると規定した（518条①項本文。平成29年改正前の規定にあった「質権又は抵当権」に限定して、それ以外の保証や譲渡担保などは排除している）。ただし、その担保が第三者（更改契約の当事者以外の者）が設定したものであるときには、その設定者の承諾を得なければならない（同項ただし書）のは当然である。

　そしてこの質権または抵当権の移転は、「あらかじめ又は同時に」更改の相手方に対してする意思表示によってしなければならないと新たに規定された（518条②項）。これは、更改によって債務が消滅してしまうので、その後で質権や抵当権を移転させるわけにはいかないからという理由で、免責的債務引受の472条の4②項と同旨であると説明されている（♣3）。

⑵　免除

　免除は、債務者の負担なしに（無償で）債権を消滅させる、債権者の一方的な意思表示をいう（519条）。たとえば、交通事故で損害賠償債務を負った加害者に対して、被害者が、何らかの理由から、その全部または一部を支払わなくてよいと告げるような場合である。民法は一方的な意思表示による免

的債務引受とわざわざ平仄を合わせた規定を置くのが適切な立法かどうかは、疑わしい）。

（◇7）不真正連帯債務の論点の消長についても復習しておこう。

（◇8）たとえば、家屋の賃借人Aが賃貸人（所有者）Bからその家屋の譲渡を受ければ、通常はその段階で賃借権は混同によって消滅する。しかし、その所有権移転登記を経由しないうちに当該家屋が二重譲渡されて第2譲受人のCが先に所有権移転登記をしてしまったという場合には、混同による消滅を貫くと、AはCの明渡請求に対して所有権はもちろん賃借権でも対抗できないことになってしまう。こういうケースで、Aの賃借権は復活し、消滅しなかったことになるとされた判例がある。

除（法律行為の中の「単独行為」のひとつ）を定めるが、もちろん両当事者の契約で免除すること（免除契約）もできる。免除は、すでに学んだように、平成29年改正前の連帯債務の場合に絶対的効力事由として議論になることがあったが、改正法では相対的効力事由に変わっている（⇒第**19**課279頁）（◇**7**）。なお、その債権が質入れされているときのように、債権が第三者の権利の目的となっている場合には、債権者はそれを免除して消滅させることはできない。

③　混同

　混同は、あまり起こることではないが、同一の債権について同一人に債権者の地位と債務者の地位とが帰属することをいう。たとえば、息子Bが父親Aから借金をしていて、Aが死亡してBが相続人になったとすると、BはAの債権を承継して自分自身に対する債権者となる。このような場合、債権は原則として消滅する（520条本文）。原則として、というのは、この場合も免除の場合と同様、混同した債権に第三者の権利がかかっている場合（たとえばAがこのBへの債権をCに質入れしてCから融資を受けていた場合など）は、債権は消滅しないと規定されている（同条ただし書）からである。混同は、相続の他に会社の合併や債権譲渡によって起こることがある。混同そのものの法的性質は、法律行為などではなく、単なる「事件」（ある行為や出来事によって結果的に起こってしまった事実）といわれる。

　なお、混同による消滅は、その債権を存続させることに意味がないことから生じるのであるから、第三者の権利の目的となっている場合でなくても、存続させる理由がある場合には、混同の効果は否定される（◇**8**）。

▶8 民法上の有価証券

(1) 平成29年改正前の状況──「証券的債権」の規定

　いわゆる「債権」（平成29年改正前の「指名債権」）は、発生や移転に法的に
書面の存在を必要としない。一方、広い意味での商法の分野では、手形、小
切手など、権利の発生や移転に必ず書面を必要とするいわゆる有価証券（証
券に価値がある、つまり、紙の上に完全にその債権が乗っていて、紙と権利が切
り離されないもの）が規定されている。それらには、証券の流通の保護のた
めに、所持人の権利の推定規定や、善意取得、抗弁の切断などの規定が置か
れるのが一般である。

　そして平成29年改正前の民法は、権利の発生・移転にある程度書面を必要
とする中間的な「証券的債権」を３種規定していた。それが指図債権、記名
式所持人払債権、無記名債権である。これらは、完全な有価証券ではなく、
指名債権と有価証券の中間的なもので、「証券的債権」と呼ばれていたので
ある。そしてこれらの実例は少なかった。

(2) 平成29年改正の内容──「有価証券」の規定

　平成29年改正では、上記の「証券的債権」の規定を全廃し、民法典の中に
有価証券の一般規定を置くことになった（520条の２から520条の20まで）。た
だその意義は、理論的な整理以上のものはあまり見出せない。つまり、たと
えば次の指図証券の規定は、証券に権利者と指定された者またはその者が指
示する者に対して給付をする旨の記載がある証券すべてについての一般規定

であるが、実際には手形なら手形法、小切手なら小切手法というように、汎用されている指図証券にはそれぞれ固有の法律があるので、そちらが使われることになるからである。以下は概説にとどめる。

(3)　指図証券・記名式所持人払証券・無記名証券

指図証券とは、特定の者またはその指図人として証券上に指定された者を権利者とする有価証券である。520条の2は、指図証券について、裏書と証券の交付が譲渡の効力要件であることを定める。520条の3は、その裏書の方式を定める（手形法の裏書の方式に関する規定を準用する）。

記名式所持人払証券とは、債権者を指名する記載がされている証券で、かつその所持人に弁済すべき旨が付記されているものをいう。具体例が少ないが、都バスの通勤用定期乗車券は、名前が書かれているが別の人が使ってもよいというもので、この例に挙げられよう。

無記名証券は、証券の上に特定の権利者名が書かれておらず、債務者はその証券の所持人に履行をしなければならない証券をいう。入場券、乗車券、商品券、劇場チケットなどが例として挙げられる。

平成29年改正前の民法典では、これを動産とみなしていたが（改正前86条③項）、その規定は廃され、520条の20は、記名式所持人払証券の規定を準用すると規定した。したがって、記名式所持人払証券と同一に扱われるので、譲渡や質入れは、証券の交付によって行われ、善意取得や抗弁の制限などの流通保護の規定も適用される。

（◇**9**）このような性質から、本来免責証
券が対象としている債権（預託債権などの
通常のいわゆる指名債権）自体を譲渡する
ケースはあまり考えにくいが（預けた荷物
を友人に引き取らせるのは、引取りの委託
にすぎない）、もし譲渡する場合は、467条
の債権譲渡の規定が適用されると解される。
また、免責証券に対する善意弁済が保護さ
れるのは、免責証券の性質から直接に生じ
る結果とみるべきで、これに520条の２以

下の有価証券の規定が適用されるわけでは
ない。

⑷　免責証券

　最後に免責証券と呼ばれるものを説明しておく。これは実は有価証券では
なく、また民法に規定があるものでもない。証券の所持人に弁済すれば、そ
の所持人が真正の債権者でなくても、債務者が善意無重過失（説によっては
善意無過失）である限り、その責任を免れる証券を免責証券と呼ぶ。例とし
て、手荷物引換証、携帯品預かり証、下足札などが挙げられる。これらは一
見、権利推定効など、上述の記名式所持人払証券や無記名証券に類似する機
能を持つが、免責証券と呼ばれるものは、いずれもまったく流通を念頭に置
いたものではなく、単なる証拠の書類である。したがって、その書類を見て
荷物などを引き渡せば、引き渡した側は免責されるというだけであって、債
権者の側が、たとえばその引換証を紛失してしまっても、自分が権利者であ
ることを何らかの方法で証明できれば、債権を行使できる（たとえば預けた
カバンの中身を述べて、カバンの引渡しを求めることができる）。それゆえ、免
責証券が発行されているときの債権それ自体の性質は、通常の債権（従来の
表現でいう指名債権）である。特定の債権者と債務者の間に、権利について
の証拠証券が発行され、その証券に、債務者（実際には多数の債権者を個々に
識別できない）のために免責的効力が認められているわけである（債権者のほ
うにも、預けた荷物を引換証を友人に渡して取りに行かせるというメリットもあ
る）（◇**9**）。

　およそ人間には、無数の行動の選択肢がある。その中で君が、民法を学ぶ
という行動を選んだことは、結果がどうであれ、それだけで素晴らしいこと
だった。そして、その初心を保ち続けて、君は今日ここまで来た。

思い出してほしい。幼い日、はじめての運動会の朝、校庭の特別に引かれた白線を踏んだとき、これから走り出す距離はとてつもなく長いものに思えた。前方に向けて身構え、息を詰めて、最初の一歩を踏み出すことは、君なりに大きな決意が要った。そして結果が何等でも、ある距離を走り切ったそのことが、大きな充実感になった。――人は、いくつになってもあの日と同じだと思う。ただ、勝手に走り出しては止めたりする、許される試行錯誤の数が（すなわち、繰り返せる失敗の数が）、だんだん減っていくだけだ。

　この距離を走り切って、いま君は本当の意味で民法学のスタートラインについたところなのだ、と言うべきなのかもしれない。けれど実際には、こうして、フォームを覚え、筋肉を鍛え、ウォーミングアップを十分に済ませてスタートラインに立つことができた人は、もうそれだけで民法学の半ばまでは見通せる力を身に付けているように思う。

　私は、決してそれほど優秀なコーチではない。けれど、できるだけ初心者の気持ちになるという努力については絶対に人に負けない、というささやかな自負を持って、ある時はペースメーカーになり、ある時は応援団になって今日までやってきた。「もう大丈夫、これから先は、君自身の力で自由に走って」と、それだけのことを言ってあげたくて、頑張ってきた。また、それだけ言えれば、私の任務は十分達成されたはずだと思う。

　さあ、もう大丈夫。これから先は、自由に走ってください。そして、ここまでお付き合いくださったことに、心から感謝します。ありがとう。またいつか、人生の広いグラウンドのどこかで。

●事 項 索 引●

――あ 行――

悪意‥‥‥‥‥‥‥‥‥‥‥‥‥‥249
与える債務‥‥‥‥‥‥‥‥‥193, 205

異議をとどめない承諾‥‥‥‥‥‥329
遺言‥‥‥‥‥‥‥‥‥‥‥‥‥‥71
意思自治の原則‥‥‥‥‥‥‥‥‥7
意思実現‥‥‥‥‥‥‥‥‥‥‥23
遺失物拾得‥‥‥‥‥‥‥‥‥‥201
意思表示‥‥‥‥‥‥‥‥‥‥‥22
医師法‥‥‥‥‥‥‥‥‥‥‥‥141
慰謝料‥‥‥‥‥‥‥‥‥‥173, 216
　――請求権‥‥‥‥‥‥‥‥‥237
遺贈‥‥‥‥‥‥‥‥‥‥‥‥‥70
一部代位‥‥‥‥‥‥‥‥‥‥‥359
一物一権主義‥‥‥‥‥‥‥‥‥10
逸失利益‥‥‥‥‥‥‥‥‥168, 216
一身専属権‥‥‥‥‥‥‥‥‥‥236
一般債権者‥‥‥‥‥‥‥‥‥‥231
移転登記請求権‥‥‥‥‥‥‥‥235
委任‥‥‥‥‥‥‥‥‥‥‥‥‥140
　――の不解除特約‥‥‥‥‥‥144
委任者‥‥‥‥‥‥‥‥‥‥‥‥140
違法性‥‥‥‥‥‥‥‥‥‥‥‥171
違約金‥‥‥‥‥‥‥‥‥‥‥‥223
違約手付‥‥‥‥‥‥‥‥‥‥‥78
違約罰‥‥‥‥‥‥‥‥‥‥‥‥78
医療過誤‥‥‥‥‥‥‥‥‥‥‥217
因果関係‥‥‥‥‥‥‥‥‥173, 217

ウィーン売買条約‥‥‥‥‥‥‥45
請負‥‥‥‥‥‥‥‥‥‥‥‥‥132
請負人原始帰属説‥‥‥‥‥‥‥136
受取証書‥‥‥‥‥‥‥‥‥‥‥363
　――持参人に対する弁済‥‥‥362

得べかりし利益‥‥‥‥‥‥‥‥216
運行供用者‥‥‥‥‥‥‥‥‥‥186

影響関係‥‥‥‥‥‥‥‥‥‥‥262
営造物責任‥‥‥‥‥‥‥‥‥‥188

恩給受給権‥‥‥‥‥‥‥‥237, 309

――か 行――

害意‥‥‥‥‥‥‥‥‥‥‥‥‥249
外形理論‥‥‥‥‥‥‥‥‥‥‥179
解除‥‥‥‥‥‥‥‥‥‥‥‥‥40
　――と第三者‥‥‥‥‥‥‥‥49
解除権‥‥‥‥‥‥‥‥‥‥‥‥42
　――の不可分性‥‥‥‥‥‥‥51
蓋然性‥‥‥‥‥‥‥‥‥‥‥‥173
買戻し‥‥‥‥‥‥‥‥‥‥‥‥93
解約‥‥‥‥‥‥‥‥‥‥‥‥‥40
　――手付‥‥‥‥‥‥‥‥‥‥77
確定日付
　――のある証書‥‥‥‥‥319, 321
　――の付与‥‥‥‥‥‥‥‥‥321
瑕疵‥‥‥‥‥‥‥‥‥‥‥‥30, 81
貸金業法‥‥‥‥‥‥‥‥‥‥‥102
瑕疵担保責任‥‥‥‥‥‥‥‥‥82
過失責任の原則‥‥‥‥‥‥‥‥169
過失相殺‥‥‥‥‥‥‥‥‥176, 222
割賦販売法‥‥‥‥‥‥‥‥‥‥75
貨幣価値‥‥‥‥‥‥‥‥‥‥‥197
仮登記担保法‥‥‥‥‥‥‥‥‥366
環境権‥‥‥‥‥‥‥‥‥‥‥‥175
元金‥‥‥‥‥‥‥‥‥‥‥‥‥198
間接強制‥‥‥‥‥‥‥‥‥‥‥205
完全賠償主義‥‥‥‥‥‥‥‥‥217
元本確定期日‥‥‥‥‥‥‥‥‥299
元本債権‥‥‥‥‥‥‥‥‥‥‥198

管理行為····························116
管理者·····························153

機関保証···························300
危険責任···························169
期限の利益·························371
　　──喪失約款···················106
危険負担····························32
期限前弁済·························162
帰責事由···················43, 208, 209
寄託·····························145
記名式所持人払証券··················381
客観的他人の事務···················154
旧借地法··························115
旧借家法··························115
求償権·················180, 292, 358
給付
　　──の確定性···················192
　　──の可能性···················191
　　──の経済的価値················192
　　──の適法性···················191
給付保持力·························204
給付利得··························158
旧民法（典）····················9, 254
給料債権··························237
強行規定····························6
教唆した者·························180
強制競売···························92
強制執行·······················92, 233
強制通用力·························197
強制履行··························204
供託·····························367
　　──原因······················367
　　──所·······················368
供託物取戻請求権···················368
供託物引渡（還付）請求権···········368
共同相続··························264
共同不法行為·······················180
共同保証··························298
緊急事務管理·······················156
緊急避難··························172

金銭債権·················192, 196, 234
金銭消費貸借···············102, 106, 198
金銭賠償··························175
近代私法の三大原則·················169

クーリング・オフ····················53
組合·························148, 264

経営者保証·························302
継続的契約関係·····················114
継続的債権関係·····················114
継続的保証·························299
契約各論···························61
契約自由の原則·······················8
契約譲渡·······················306, 341
契約上の地位の移転··············306, 341
契約責任説··························84
契約総論···························61
契約適合性··························83
契約
　　──の拘束力····················19
　　──の成立·····················21
　　──時期······················26
　　──の定義·····················22
契約引受··························341
結果回避義務違反···················170
欠缺·····························81
結果債務··························193
欠陥·····························169
原債権···························358
検索の抗弁権···················288, 290
現実の提供·························354
現実売買···························74
原始的不能··························34
原状回復義務·······················42
懸賞広告···························27
建設業法··························136
現存利益··························159
権利金···························115
権利行使要件·······················319
権利侵害··························171

権利能力なき社団‥‥‥‥‥‥‥264
権利保護資格要件‥‥‥‥‥‥‥50
牽連性‥‥‥‥‥‥‥‥‥‥‥‥30

故意・過失‥‥‥‥‥‥‥170, 210
効果‥‥‥‥‥‥‥‥‥‥‥‥‥31
更改‥‥‥‥‥‥‥‥‥‥‥‥376
交換‥‥‥‥‥‥‥‥‥‥‥‥‥99
交叉申込み‥‥‥‥‥‥‥‥‥‥22
公証人‥‥‥‥‥‥‥‥‥‥‥‥75
――法‥‥‥‥‥‥‥‥‥‥141
公証役場‥‥‥‥‥‥‥‥‥‥‥65
公序良俗違反‥‥‥‥‥6, 163, 191
更新料‥‥‥‥‥‥‥‥‥‥‥114
公正証書‥‥‥‥‥65, 75, 302, 321
――遺言‥‥‥‥‥‥‥‥‥‥70
合同行為‥‥‥‥‥‥‥‥‥‥‥22
口頭の提供‥‥‥‥‥‥‥354, 367
後発的不能‥‥‥‥‥‥‥‥‥‥34
抗弁権‥‥‥‥‥‥‥‥‥‥‥290
合有的帰属‥‥‥‥‥‥‥‥‥264
国民年金の受給権‥‥‥‥‥‥237
国家賠償法‥‥‥‥‥‥‥‥‥187
雇用‥‥‥‥‥‥‥‥‥‥‥‥130
婚姻‥‥‥‥‥‥‥‥‥‥‥‥247
混合契約‥‥‥‥‥‥‥‥19, 133
混同‥‥‥‥‥‥‥‥‥‥‥‥379
困惑‥‥‥‥‥‥‥‥‥‥‥‥‥54

――さ　行――

債権‥‥‥‥‥‥‥‥‥‥‥7, 320
――の共有的帰属‥‥‥‥‥261
――の効力‥‥‥‥‥‥‥‥203
――の譲渡性‥‥‥‥‥‥‥307
――の消滅‥‥‥‥‥‥‥‥349
――の相対性‥‥‥‥‥‥‥‥9
――の対外的効力‥‥‥‥‥228
――の発生原因‥‥‥‥‥‥‥10
――の目的‥‥‥‥‥‥‥‥189
――の流動化‥‥‥‥‥‥‥310
債権各論‥‥‥‥‥‥‥‥‥‥‥11

債権管理‥‥‥‥‥‥‥‥‥‥297
債権者‥‥‥‥‥‥‥‥‥‥‥‥7
債権者主義‥‥‥‥‥‥‥‥‥34
債権者代位権‥‥‥‥‥‥‥‥230
――の転用‥‥‥‥‥‥‥‥235
債権者不確知‥‥‥‥‥‥‥368
債権準占有者‥‥‥‥‥‥‥361
債権譲渡‥‥‥‥‥‥‥‥‥306
――と相殺‥‥‥‥‥‥‥‥330
――の対抗要件‥‥‥‥‥‥319
債権譲渡登記‥‥‥‥‥‥‥325
債権譲渡特例法‥‥‥‥‥‥325
債権総論‥‥‥‥‥‥‥‥11, 189
債権担保の機能‥‥‥‥‥‥262
最高裁大法廷判決‥‥‥‥‥‥180
最高裁判決‥‥‥‥‥‥‥‥180
最高裁判所民事判例集‥‥viii, 180
催告の抗弁権‥‥‥‥‥‥288, 290
財産的損害‥‥‥‥‥‥‥172, 216
財産分与‥‥‥‥‥‥‥‥‥247
最大判‥‥‥‥‥‥‥‥‥‥180
再売買の一方の予約‥‥‥‥‥94
最判‥‥‥‥‥‥‥‥‥‥‥180
裁判例‥‥‥‥‥‥‥‥‥‥‥ix
債務‥‥‥‥‥‥‥‥‥‥‥‥‥7
――の本旨‥‥‥‥‥‥‥‥209
債務者‥‥‥‥‥‥‥‥‥‥‥‥7
債務者主義‥‥‥‥‥‥‥‥‥34
債務引受‥‥‥‥‥‥‥306, 334
債務不履行‥‥‥‥‥‥‥43, 207
債務名義‥‥‥‥‥‥‥‥‥234
詐害行為‥‥‥‥‥‥‥‥‥245
詐害行為取消権‥‥‥‥‥‥245
詐害的短期賃貸借‥‥‥‥‥117
詐欺‥‥‥‥‥‥‥‥‥‥‥‥53
作為‥‥‥‥‥‥‥‥‥‥‥‥‥7
作為債務‥‥‥‥‥‥‥‥‥193
錯誤‥‥‥‥‥‥‥‥‥‥23, 53
差押えと相殺‥‥‥‥‥‥‥374
指図証券‥‥‥‥‥‥‥‥‥381
差止め‥‥‥‥‥‥‥‥‥‥175

サブリース‥‥‥‥‥‥‥‥‥‥‥123

死因贈与‥‥‥‥‥‥‥‥‥‥‥‥70
敷金‥‥‥‥‥‥‥‥‥‥‥‥‥114
事件‥‥‥‥‥‥‥‥‥‥‥‥‥379
私権の享有‥‥‥‥‥‥‥‥‥‥183
時効‥‥‥‥‥‥‥‥‥‥‥‥‥10
　——の完成‥‥‥‥‥‥‥‥‥279
事後求償権‥‥‥‥‥‥‥‥‥‥293
自己執行義務‥‥‥‥‥‥‥‥‥142
事後の通知‥‥‥‥‥‥‥‥‥‥281
持参債務‥‥‥‥‥‥‥‥‥‥‥223
事実行為‥‥‥‥‥‥‥‥‥‥‥200
事実的因果関係‥‥‥‥‥‥173, 216
支出利得‥‥‥‥‥‥‥‥‥‥‥158
事情変更の原則‥‥‥‥‥‥20, 197
地震売買‥‥‥‥‥‥‥‥‥‥‥119
自身服務の原則‥‥‥‥‥‥‥‥142
事前求償権‥‥‥‥‥‥‥‥‥‥293
自然債務‥‥‥‥‥‥‥‥‥‥‥204
事前の通知‥‥‥‥‥‥‥‥‥‥281
地代・借賃等の増減請求権‥‥‥122
下請負‥‥‥‥‥‥‥‥‥‥‥‥133
失火責任法‥‥‥‥‥‥‥‥166, 171
指定充当‥‥‥‥‥‥‥‥‥‥‥355
私的所有権絶対の原則‥‥‥‥‥169
自働債権‥‥‥‥‥‥‥‥‥‥‥369
自動車損害賠償保障法‥‥‥‥‥186
自賠責保険‥‥‥‥‥‥‥‥‥‥187
自賠法‥‥‥‥‥‥‥‥‥‥‥‥186
自筆証書遺言‥‥‥‥‥‥‥‥‥70
事務管理‥‥‥‥‥‥‥‥‥‥‥152
事務管理意思‥‥‥‥‥‥‥‥‥154
指名債権‥‥‥‥‥‥‥‥‥‥‥309
借地権‥‥‥‥‥‥‥‥‥‥‥‥117
借地借家法‥‥‥‥‥‥‥‥‥‥115
謝罪広告‥‥‥‥‥‥‥‥‥175, 206
終身定期金‥‥‥‥‥‥‥‥‥‥149
修補請求‥‥‥‥‥‥‥‥‥‥‥87
受益者‥‥‥‥‥‥‥‥‥‥‥‥37
受益の意思表示‥‥‥‥‥‥‥‥36

主観的他人の事務‥‥‥‥‥‥‥154
受贈者‥‥‥‥‥‥‥‥‥‥‥‥62
主たる債務‥‥‥‥‥‥‥‥‥‥289
手段債務‥‥‥‥‥‥‥‥‥‥‥193
出捐‥‥‥‥‥‥‥‥‥‥‥‥‥280
出資取締法‥‥‥‥‥‥‥‥102, 198
受働債権‥‥‥‥‥‥‥‥‥‥‥369
受任者‥‥‥‥‥‥‥‥‥‥‥‥140
受領義務‥‥‥‥‥‥‥‥‥‥‥225
受領拒絶‥‥‥‥‥‥‥‥‥‥‥367
受領遅滞‥‥‥‥‥‥‥‥‥‥‥224
受領物引渡義務‥‥‥‥‥‥‥‥142
種類債権‥‥‥‥‥‥‥‥‥‥‥195
　——の特定（集中）‥‥‥‥‥195
種類物‥‥‥‥‥‥‥‥‥‥‥‥196
準委任‥‥‥‥‥‥‥‥‥‥‥‥140
準消費貸借‥‥‥‥‥‥‥‥‥‥104
準法律行為‥‥‥‥‥‥‥‥205, 352
準用‥‥‥‥‥‥‥‥‥‥‥70, 268
消極的損害‥‥‥‥‥‥‥‥‥‥172
消極的損害‥‥‥‥‥‥‥‥‥‥216
条件‥‥‥‥‥‥‥‥‥‥‥‥‥206
証券的債権‥‥‥‥‥‥‥‥‥‥380
商事法定利率‥‥‥‥‥‥‥‥‥199
使用者‥‥‥‥‥‥‥‥‥‥‥‥178
使用者責任‥‥‥‥‥‥‥‥‥‥178
使用貸借‥‥‥‥‥‥‥‥‥107, 212
承諾‥‥‥‥‥‥‥‥‥22, 320, 336
譲渡禁止特約‥‥‥‥‥‥‥‥‥307
譲渡人‥‥‥‥‥‥‥‥‥‥‥‥310
消費寄託契約‥‥‥‥‥‥‥‥‥104
消費者契約法‥‥‥‥‥‥‥‥‥54
消費貸借‥‥‥‥‥‥‥‥‥100, 212
情報提供義務‥‥‥‥‥‥‥‥‥303
消滅時効‥‥‥‥‥‥‥‥184, 232
証約手付‥‥‥‥‥‥‥‥‥‥‥78
将来債権の譲渡‥‥‥‥‥‥‥‥315
除斥期間‥‥‥‥‥‥‥‥‥90, 185
処分行為‥‥‥‥‥‥‥‥‥‥‥116
書面によらない贈与‥‥‥‥‥‥65
自力救済‥‥‥‥‥‥‥‥‥‥‥205

侵害利得‥‥‥‥‥‥‥‥‥‥‥‥‥158
信義則‥‥‥‥‥‥‥‥‥179, 196, 197
人的担保‥‥‥‥‥‥‥‥‥‥231, 287
信用保証‥‥‥‥‥‥‥‥‥‥‥‥299
信用保証協会‥‥‥‥‥‥‥‥‥‥300
信頼関係破壊の法理‥‥‥‥‥‥124
信頼利益‥‥‥‥‥‥‥‥‥‥‥‥69
診療債務‥‥‥‥‥‥‥‥‥‥193, 214

推定する‥‥‥‥‥‥‥‥‥‥‥‥78
随伴性‥‥‥‥‥‥‥‥‥‥‥‥‥288
数量指示売買‥‥‥‥‥‥‥‥‥‥89

請求権競合‥‥‥‥‥‥‥‥‥‥213
請求力‥‥‥‥‥‥‥‥‥‥‥‥204
制限（限定）種類債権‥‥‥‥‥196
制限賠償主義‥‥‥‥‥‥‥‥‥217
製作物供給契約‥‥‥‥‥‥‥‥133
精神的損害‥‥‥‥‥‥‥‥172, 216
製造物責任法‥‥‥‥‥‥‥‥‥169
正当防衛‥‥‥‥‥‥‥‥‥‥‥172
成年被後見人‥‥‥‥‥‥‥‥‥144
生命侵害‥‥‥‥‥‥‥‥‥‥‥173
成約手付‥‥‥‥‥‥‥‥‥‥‥78
成立要件‥‥‥‥‥‥‥‥‥‥‥206
責任財産‥‥‥‥‥‥‥‥‥‥‥232
──の保全‥‥‥‥‥‥‥‥‥‥232
責任能力‥‥‥‥‥‥‥‥‥‥‥174
責任弁識能力‥‥‥‥‥‥‥‥‥174
責任無能力者‥‥‥‥‥‥‥‥‥174
積極的債権侵害‥‥‥‥‥‥‥‥213
積極的損害‥‥‥‥‥‥‥‥172, 216
絶対効‥‥‥‥‥‥‥‥‥‥‥‥267
絶対的効力‥‥‥‥‥‥‥‥‥‥276
──事由‥‥‥‥‥‥‥‥‥‥‥276
責めに帰すべき事由‥‥‥‥‥‥208
善意‥‥‥‥‥‥‥‥‥‥‥‥‥249
善意無重過失‥‥‥‥‥‥‥‥‥308
善管注意義務‥‥‥‥‥‥‥142, 194
選択権‥‥‥‥‥‥‥‥‥‥‥‥200
選択権者‥‥‥‥‥‥‥‥‥‥‥200

選択債権‥‥‥‥‥‥‥‥‥‥‥200
占有者‥‥‥‥‥‥‥‥‥‥‥‥180

相殺‥‥‥‥‥‥‥‥‥‥‥‥‥369
──契約‥‥‥‥‥‥‥‥‥‥‥369
──適状‥‥‥‥‥‥‥‥‥‥‥370
──の禁止‥‥‥‥‥‥‥‥‥‥372
──の担保的機能‥‥‥‥‥‥‥370
──の予約‥‥‥‥‥‥‥‥‥‥369
総債権者‥‥‥‥‥‥‥‥‥‥‥254
造作買取請求権‥‥‥‥‥‥‥‥128
相対効‥‥‥‥‥‥‥‥‥‥‥‥267
相当因果関係‥‥‥‥‥‥‥‥‥219
双務契約‥‥‥‥‥‥‥‥‥‥‥17
総有的帰属‥‥‥‥‥‥‥‥‥‥264
贈与‥‥‥‥‥‥‥‥‥‥‥‥‥62
──の解除‥‥‥‥‥‥‥‥‥‥68
贈与者‥‥‥‥‥‥‥‥‥‥‥‥62
遡及効‥‥‥‥‥‥‥‥‥‥41, 200
訴求力‥‥‥‥‥‥‥‥‥‥‥‥204
損益相殺‥‥‥‥‥‥‥‥‥177, 222
損害額算定‥‥‥‥‥‥‥‥‥‥221
損害の公平な分担‥‥‥‥‥‥‥169
損害の填補‥‥‥‥‥‥‥‥‥‥169
損害賠償‥‥‥‥‥‥‥‥‥166, 215
──額の予定‥‥‥‥‥‥‥‥‥222
──の予定‥‥‥‥‥‥‥‥‥‥78

──た　行──

代位権‥‥‥‥‥‥‥‥‥‥‥‥233
代償請求権‥‥‥‥‥‥‥‥‥‥224
代位訴訟‥‥‥‥‥‥‥‥‥‥‥240
対外関係‥‥‥‥‥‥‥‥‥‥‥262
対抗問題‥‥‥‥‥‥‥‥‥‥‥320
対抗要件‥‥‥‥‥‥‥‥‥50, 319
──の優劣決定基準‥‥‥‥‥‥322
第三者‥‥‥‥‥‥‥‥‥‥‥‥322
──対抗要件‥‥‥‥‥‥‥‥‥319
──による弁済‥‥‥‥163, 265, 356
──のためにする契約‥‥‥‥‥35
胎児‥‥‥‥‥‥‥‥‥‥‥‥‥183

大審院民事判決録‥‥‥‥‥‥‥viii, 180
大審院民事判例集‥‥‥‥‥‥‥viii, 180
大審院連合部判決‥‥‥‥‥‥‥‥‥180
代替執行‥‥‥‥‥‥‥‥‥‥‥‥‥205
代物請求‥‥‥‥‥‥‥‥‥‥‥‥‥‥87
代物弁済‥‥‥‥‥‥‥‥‥‥‥250, 364
　──の予約‥‥‥‥‥‥‥‥‥‥‥366
代理監督者‥‥‥‥‥‥‥‥‥‥‥‥174
代理権‥‥‥‥‥‥‥‥‥‥‥‥‥‥233
大連判‥‥‥‥‥‥‥‥‥‥‥‥‥‥180
諾成契約‥‥‥‥‥‥‥‥‥‥‥‥‥‥18
宅地建物取引業法‥‥‥‥‥‥‥‥‥‥75
諾約者‥‥‥‥‥‥‥‥‥‥‥‥‥‥‥37
多数当事者の債権関係‥‥‥‥‥‥‥260
立退料‥‥‥‥‥‥‥‥‥‥‥‥‥‥114
建物買取請求権‥‥‥‥‥‥‥‥‥‥128
建物保護法‥‥‥‥‥‥‥‥‥‥‥‥115
他人の債務の弁済‥‥‥‥‥‥‥‥‥162
短期賃貸借‥‥‥‥‥‥‥‥‥‥‥‥116
単純悪意‥‥‥‥‥‥‥‥‥‥‥‥‥249
単独行為‥‥‥‥‥‥‥‥‥‥22, 70, 370
担保責任‥‥‥‥‥‥‥‥67, 80, 86, 137
　──免除特約‥‥‥‥‥‥‥‥‥‥‥93
単利‥‥‥‥‥‥‥‥‥‥‥‥‥‥‥199

遅延賠償‥‥‥‥‥‥‥‥‥‥‥212, 220
中間最高価格‥‥‥‥‥‥‥‥‥‥‥221
中間的責任‥‥‥‥‥‥‥‥‥‥‥‥178
中間利息控除‥‥‥‥‥‥‥‥‥‥‥222
注文者原始帰属説‥‥‥‥‥‥‥‥‥136
調達義務‥‥‥‥‥‥‥‥‥‥‥‥‥196
直接強制‥‥‥‥‥‥‥‥‥‥‥‥‥205
賃借権の物権化‥‥‥‥‥‥‥‥‥‥119
賃貸借‥‥‥‥‥‥‥‥‥‥‥‥‥‥113

追完請求権‥‥‥‥‥‥‥‥‥‥‥‥‥86
通貨‥‥‥‥‥‥‥‥‥‥‥‥‥‥‥197
通常損害‥‥‥‥‥‥‥‥‥‥‥‥‥218
通知‥‥‥‥‥‥‥‥‥‥‥‥‥‥‥320
　──の同時到達‥‥‥‥‥‥‥‥‥324

定期行為‥‥‥‥‥‥‥‥‥‥‥‥‥‥48
定期借地権‥‥‥‥‥‥‥‥‥‥‥‥118
定期贈与‥‥‥‥‥‥‥‥‥‥‥‥‥‥70
定型取引‥‥‥‥‥‥‥‥‥‥‥‥‥‥55
定型約款‥‥‥‥‥‥‥‥‥‥‥‥16, 54
停止条件‥‥‥‥‥‥‥‥‥‥‥‥‥‥70
　──付相殺契約‥‥‥‥‥‥‥‥‥369
　──付代物弁済契約‥‥‥‥‥‥‥366
適用‥‥‥‥‥‥‥‥‥‥‥‥‥‥‥268
撤回‥‥‥‥‥‥‥‥‥‥‥‥‥‥‥‥23
手付‥‥‥‥‥‥‥‥‥‥‥‥‥‥‥‥76
　──流し‥‥‥‥‥‥‥‥‥‥‥‥‥77
　──倍返し‥‥‥‥‥‥‥‥‥‥‥‥77
典型契約‥‥‥‥‥‥‥‥‥‥‥‥‥‥18
転売利益‥‥‥‥‥‥‥‥‥‥‥‥‥218
填補賠償‥‥‥‥‥‥‥‥‥‥‥213, 221
転用物訴権‥‥‥‥‥‥‥‥‥‥‥‥160

ドイツ民法‥‥‥‥‥‥‥‥‥‥‥‥‥11
同意‥‥‥‥‥‥‥‥‥‥‥‥‥‥‥336
動産債権譲渡特例法‥‥‥‥‥‥‥‥325
同時履行の抗弁‥‥‥‥‥‥‥‥‥‥‥30
到達時説‥‥‥‥‥‥‥‥‥‥‥‥‥324
到達主義‥‥‥‥‥‥‥‥‥‥‥‥‥‥26
動物の占有者‥‥‥‥‥‥‥‥‥‥‥178
特定債権‥‥‥‥‥‥‥‥‥‥‥194, 234
特定商取引法‥‥‥‥‥‥‥‥‥‥53, 75
特定物‥‥‥‥‥‥‥‥‥‥‥‥‥‥194
　──債権‥‥‥‥‥‥‥‥‥‥‥‥194
特別損害‥‥‥‥‥‥‥‥‥‥‥‥‥218
土地工作物責任‥‥‥‥‥‥‥‥‥‥179
取消し‥‥‥‥‥‥‥‥‥‥‥‥23, 275
取立債務‥‥‥‥‥‥‥‥‥‥‥‥‥223
取引的不法行為‥‥‥‥‥‥‥‥‥‥228

──な　行──

内部関係‥‥‥‥‥‥‥‥‥‥‥‥‥262
内容証明郵便‥‥‥‥‥‥‥‥‥‥‥321
なす債務‥‥‥‥‥‥‥‥‥‥‥193, 205

任意規定‥‥‥‥‥‥‥‥‥‥‥‥‥‥‥6

任意債権······················197
任意代位······················358

根保証························299

──は　行──

賠償者の代位················224
背信性理論····················124
売買··························73
──の一方の予約············76
破産法························244
判決代用······················205
パンデクテン・システム·········11
判例····························viii
──法理····················124

PL法··························169
引取義務······················226
非債弁済······················162
被代位権利····················236
必要費························122
非典型契約····················18
否認権························244
被保佐人······················116
被保全債権····················234
秘密証書遺言··················70
被用者························178

不可分債権····················265
不可分債務····················265
不完全履行················43, 213
複利··························199
付合契約······················16
不作為························8
不作為債務·············193, 206
不実告知······················54
付従性························288
不真正連帯債務·······179, 181, 283
負担付死因贈与契約············71
負担付贈与····················69
負担部分··········273, 277, 281, 298

普通保証······················295
物権··························9
──の絶対性··················9
──の排他性··················9
物権法定主義··················10
物的担保······················231
不動産賃借権··················115
不当利得······················157
不法原因給付··················163
不法行為······················168
扶養請求権····················309
プライバシー··················175
フランス民法··················11
分割債権······················263
分割債務······················263
分別の利益····················298

併存的（重畳的）債務引受······339
変更権························196
弁済··························352
──による代位··············357
──の充当··················354
──の提供··············225, 353
弁済期························31
弁済受領権····················360
──のない者への弁済········361
変動利率······················199
片務契約······················17

妨害排除請求権················119
包括根保証····················299
報告義務······················142
報償責任······················169
幇助した者····················180
法人··························261
法定解除······················41
法定充当······················355
法定重利······················199
法定責任説····················83
法定代位······················359
──者相互間の関係··········359

法定利率‥‥‥‥‥‥‥‥‥‥198
法務局‥‥‥‥‥‥‥‥‥‥‥368
訪問販売法（旧法名）‥‥‥53, 75
法律行為‥‥‥‥‥‥‥‥22, 200
補充性‥‥‥‥‥‥‥‥‥‥‥288
保証契約‥‥‥‥‥‥‥‥‥‥289
保証債務‥‥‥‥‥‥‥‥‥‥287
保証人‥‥‥‥‥‥‥‥287, 289
保証連帯‥‥‥‥‥‥‥‥‥‥298
保存登記‥‥‥‥‥‥‥‥‥‥119
ボワソナード‥‥‥‥‥‥‥‥254
　──旧民法‥‥‥‥‥‥‥‥11
本旨弁済‥‥‥‥‥‥‥‥‥‥250

──ま　行──

未完成建物‥‥‥‥‥‥‥‥‥137
みなす‥‥‥‥‥‥‥‥‥‥‥79
身元保証‥‥‥‥‥‥‥‥‥‥300
　──人‥‥‥‥‥‥‥‥‥‥300
　──法‥‥‥‥‥‥‥‥‥‥300
民事執行法‥‥‥‥‥‥‥‥‥205
民事法定利率‥‥‥‥‥‥‥‥198
民集‥‥‥‥‥‥‥‥‥‥‥‥180
民法施行法‥‥‥‥‥‥‥‥‥321
民法総則‥‥‥‥‥‥‥‥‥‥10
民録‥‥‥‥‥‥‥‥‥‥‥‥180

無過失責任‥‥‥‥‥‥‥‥‥178
無記名証券‥‥‥‥‥‥‥‥‥381
無効‥‥‥‥‥‥‥‥‥‥163, 275
無償契約‥‥‥‥‥‥‥‥‥‥17
　──性‥‥‥‥‥‥‥‥‥‥64
無償の原則‥‥‥‥‥‥‥‥‥140
無資力‥‥‥‥‥‥‥‥‥‥‥234
無名契約‥‥‥‥‥‥‥‥‥‥18

名目主義‥‥‥‥‥‥‥‥‥‥197
名誉毀損‥‥‥‥‥‥‥‥175, 237
免除‥‥‥‥‥‥‥‥‥‥‥‥378
免責証券‥‥‥‥‥‥‥‥‥‥382
免責的債務引受‥‥‥‥‥‥‥335

申込み‥‥‥‥‥‥‥‥‥‥‥22
　──の誘引‥‥‥‥‥‥‥‥22
申込証拠金‥‥‥‥‥‥‥‥‥77
黙示の意思表示‥‥‥‥‥‥‥275
黙示の更新‥‥‥‥‥‥‥‥‥116

──や　行──

約定解除‥‥‥‥‥‥‥‥‥‥41
約定利率‥‥‥‥‥‥‥‥‥‥198
約款‥‥‥‥‥‥‥‥‥‥‥‥16

有益費‥‥‥‥‥‥‥‥‥‥‥122
有価証券‥‥‥‥‥‥‥‥309, 380
有効要件‥‥‥‥‥‥‥‥‥‥206
有償契約‥‥‥‥‥‥‥‥‥‥17
有名契約‥‥‥‥‥‥‥‥‥‥18
譲受人‥‥‥‥‥‥‥‥‥‥‥310

要件‥‥‥‥‥‥‥‥‥‥‥‥206
養子縁組‥‥‥‥‥‥‥‥‥‥247
要式契約‥‥‥‥‥‥‥‥‥‥18
要式行為‥‥‥‥‥‥‥‥‥‥65
要物契約‥‥‥‥‥‥‥‥‥‥18
用法遵守義務‥‥‥‥‥‥‥‥122
要約者‥‥‥‥‥‥‥‥‥‥‥37
予見可能性‥‥‥‥‥‥‥‥‥218
予約‥‥‥‥‥‥‥‥‥‥‥‥76
予約完結権者‥‥‥‥‥‥‥‥76

──ら　行──

履行期‥‥‥‥‥‥‥‥‥212, 236
履行遅滞‥‥‥‥‥‥‥‥43, 212
履行引受‥‥‥‥‥‥‥‥‥‥341
履行不能‥‥‥‥‥‥‥‥43, 213
履行利益‥‥‥‥‥‥‥‥‥‥69
離婚‥‥‥‥‥‥‥‥‥‥‥‥247
利息債権‥‥‥‥‥‥‥‥‥‥198
利息制限法‥‥‥‥‥‥96, 102, 198
立証責任‥‥‥‥‥‥‥‥170, 211
立法事実‥‥‥‥‥‥‥‥‥‥84

類推適用‥‥‥‥‥‥‥‥‥‥‥‥268

礼金‥‥‥‥‥‥‥‥‥‥‥‥‥‥114
連帯債権‥‥‥‥‥‥‥‥‥‥‥283
連帯債務‥‥‥‥‥‥‥‥181, 273
連帯の意思‥‥‥‥‥‥‥‥‥274
連帯の推定‥‥‥‥‥‥‥‥‥275
連帯保証‥‥‥‥‥‥‥‥‥‥295

労働関係調整法‥‥‥‥‥‥‥132
労働基準法‥‥‥‥‥‥‥‥‥132
労働組合法‥‥‥‥‥‥‥‥‥132
労働者災害補償請求権‥‥‥‥309
労働法‥‥‥‥‥‥‥‥‥‥‥132

——わ 行——

和解‥‥‥‥‥‥‥‥‥‥‥‥150

池田真朗（いけだ・まさお）　1949年　東京生まれ
1973年　慶應義塾大学経済学部卒業
1978年　慶應義塾大学大学院法学研究科博士課程修了
現　在　武蔵野大学法学部教授・大学院法学研究科長，慶應義塾大学名誉教授，博士（法学）
1992年から1993年までフランス国立東洋言語文明研究所招聘教授
1996年から2006年まで司法試験第二次試験考査委員・新司法試験考査委員（民法主査）
国連国際商取引法委員会作業部会日本代表，日本学術会議法学委員長等を歴任

主要著書

債権譲渡の研究［弘文堂，増補2版，2004］
債権譲渡法理の展開［弘文堂，2001］
債権譲渡の発展と特例法［弘文堂，2010］
債権譲渡と電子化・国際化［弘文堂，2010］
債権譲渡と民法改正［弘文堂，2022］
ボワソナードとその民法［慶應義塾大学出版会，増補完結版，2021］
スタートライン民法総論［日本評論社，第3版，2018］
新標準講義民法債権総論［慶應義塾大学出版会，全訂3版，2019］同各論［第2版，2019］
民法への招待［税務経理協会，第6版，2020］
SDGs・ESGとビジネス法務学［編著，武蔵野大学出版会，2023］
法の世界へ［共著，有斐閣，第9版，2023］
判例学習のA to Z［編著，有斐閣，2010］
民法Visual Materials［編著，有斐閣，第3版，2021］
プレステップ法学［編著，弘文堂，第5版，2023］
民法はおもしろい［講談社現代新書，2012］

●スタートライン債権法〔第7版〕

1995年 9月20日	第1版第1刷発行	2017年 3月20日	第6版第1刷発行
1997年11月20日	第1版第6刷発行	2019年 2月20日	第6版第3刷発行
1998年 3月30日	第2版第1刷発行	2020年 3月25日	第7版第1刷発行
2001年 9月20日	第2版第6刷発行	2023年 8月25日	第7版第4刷発行
2002年 3月25日	第3版第1刷発行		
2004年10月20日	第3版第6刷発行		
2005年 3月20日	第4版第1刷発行		
2009年 6月20日	第4版第5刷発行		
2010年 3月25日	第5版第1刷発行		
2016年 1月30日	第5版第6刷発行		

著　者——池田真朗
発行所——株式会社　日本評論社
　　　　　東京都豊島区南大塚3-12-4　郵便番号170-8474
　　　　　電話　03-3987-8621［販売］　-8631［第一編集部］
印　刷——平文社　　製本所——難波製本

装丁　銀山宏子　　カバー写真　永山弘子